# Xᴱ CONGRÈS NATION

## (IVᵉ de la Confédération Gé... du Travail)

### Tenu à Rennes les 26, 27, 28, 29, 30 Septembre et 1ᵉʳ Octobre 1898

# COMPTE RENDU

### DES

# TRAVAUX DU CONGRÈS

RENNES

IMP. DES ARTS & MANUFACTURES

3, PLACE DE LA HALLE-AUX-BLÉS, 3

1898

*Travail exécuté par des syndiqués*

# Xᴱ CONGRÈS NATIONAL CORPORATIF

### (IVᵉ de la Confédération Générale du Travail)

# COMPTE RENDU DES TRAVAUX

# Xᴱ CONGRÈS NATIONAL CORPORATIF

## (IVᵉ de la Confédération Générale du Travail)

Tenu à Rennes les 26, 27, 28, 29, 30 Septembre et 1ᵉʳ Octobre 1898

---

# COMPTE RENDU

### DES

# TRAVAUX DU CONGRÈS

RENNES

IMP. DES ARTS & MANUFACTURES

3, PLACE DE LA HALLE-AUX-BLÉS, 3

1898

# AUX TRAVAILLEURS

## APPEL

### Aux Bourses du Travail, Fédérations, Chambres syndicales et Groupes corporatifs.

Rennes, le 15 juillet 1898.

Citoyens,

Les groupes ouvriers de Rennes (Ille-et-Vilaine), heureux du choix fait par la Confédération générale du Travail, pour ses assises de 1898, vous convient au Congrès national corporatif qui aura lieu en cette ville les 26, 27, 28, 29, 30 septembre et 1er octobre prochain pour venir exposer et défendre vos droits à l'existence par le travail.

Nous sommes certains que les organisations ouvrières s'empresseront d'accourir en nombre pour montrer à ceux qui prétendent que les travailleurs ne savent pas faire leurs affaires eux-mêmes, qu'il y a là un outrage qui ne saurait les atteindre.

Montrons à tous que nous sommes des hommes soucieux de nos devoirs et de nos droits, et que devant notre volonté rien ne saurait y faire obstacle.

A ceux qui croient que le travailleur est impuissant pour donner l'impulsion au mouvement d'émancipation sociale, montrons ce spectacle grandiose des foules en masse sur la route de l'avenir !

Camarades des villes et des champs, exploités au même titre par les mêmes oppresseurs, serrons nos rangs !

*Vive le Travail émancipé !*
*Vive le Prolétariat libre !*

La Commission d'organisation.

# X<sup>e</sup> Congrès National Corporatif

*(4<sup>e</sup> de la Confédération générale du Travail)*

# Aux Organisations ouvrières de France
# et des Colonies

CAMARADES,

La Commission d'organisation du Congrès national corporatif pour l'année 1898, légalement investie des pouvoirs qui lui sont dévolus en vertu de nos Statuts, et faisant suite à notre Circulaire du 4 juin dernier, vient de vous faire connaître l'époque où devra se tenir le *Congrès national corporatif pour 1898.*

La Commission d'organisation, d'accord avec nous, fait appel aux groupements corporatifs, pour qu'ils aient à indiquer, *avant le 10 août*, les questions qu'ils désirent voir figurer à l'ordre du jour.

Passé cette date, l'ordre du jour sera établi sur les demandes qui seront adressées, deviendra définitif et sera communiqué par une Circulaire.

Notre appel du 4 juin contenait un exposé de la tâche qui nous incombe à tous dans ces assises du travail ; il serait inutile d'y revenir.

Le Prolétariat, plus opprimé que jamais, doit secouer d'un effort puissant cette chaîne qui le lie et le fait l'esclave d'une secte incapable de rien produire sans son intelligence et son énergie.

Travailleurs, si vous le voulez il est temps encore. Hâtons-nous !

<table>
<tr><td>Paris, le 15 juillet 1898.</td><td>Rennes, le 15 juillet 1898.</td></tr>
<tr><td>Pour la Confédération générale<br>du Travail :.</td><td>Pour la Commission<br>d'organisation :</td></tr>
<tr><td>Le Secrétaire général,</td><td>Le Secrétaire général,</td></tr>
<tr><td>A. LAGAILSE,</td><td>P. BOURGES.</td></tr>
<tr><td>53, rue du Commerce, Paris.</td><td></td></tr>
</table>

*Les communications peuvent être adressées, soit au citoyen* BOURGES, *secrétaire de la Bourse du Travail de Rennes, 14, place du Champ-Jacquet, ou au citoyen* A. LAGAILSE, *secrétaire général de la Confédération du Travail, 53, rue du Commerce, à Paris.*

CONFÉDÉRATION GÉNÉRALE DU TRAVAIL

## Aux Travailleurs de France et des Colonies

*Rennes, le 20 août 1898.*

CAMARADES,

A l'heure où le prolétariat doit plus que jamais lutter pour son indépendance. nous avons la conviction que toutes les organisations ouvrières se feront un devoir d'assister au Congrès national corporatif organisé en cette ville.

Les exploités du travail savent que de ces discussions ouvrières seules, peut résulter l'amélioration du sort des mercenaires du capitalisme.

La bourgeoisie qui a profité de toutes les luttes depuis 1789, entend ne faire aucune part au véritable producteur de cette fortune accumulée à ses dépens.

Pour cela elle fera tout pour étouffer ses réclamations si vous ne savez vous mettre en garde ! Et puis l'armée et la magistrature ne sont-elles pas là pour les faire triompher ?

La situation présente vous indique tout votre devoir !

Vive le travail émancipé !

Vive le prolétariat libre !

Pour le Conseil national :

*Le Secrétaire général,*      *La Commission d'organisation,*

A. LAGAILSE.      LE MAITRE, FAUCHARD, BOURGES, LE BRAS, BEAUPÉRIN.

N B. — Adresser toutes les communications au citoyen BOURGES, secrétaire de la Bourse du Travail, place du Champ-Jacquet, Rennes (Ille-et-Vilaine).

Les Organisations qui ne pourraient envoyer de délégués au Congrès, peuvent s'y faire représenter en envoyant un mandat régulier à la Commission d'organisation, qui le transmettra à un des délégués rennais.

Afin de permettre à la Commission d'organisation d'assurer aux délégués tout ce qui a trait à leur séjour à Rennes, les groupes ouvriers sont invités à indiquer d'ici au 10 septembre le nom et le nombre de leurs délégués.

Tous les délégués devront être syndiqués et porteurs de leur carte ou livret de membre adhérent à un syndicat.

Il est fixé un droit d'entrée de cinq francs, dont un franc pour le Congrès de Rennes et quatre francs pour les premiers frais d'organisation du Congrès international corporatif en 1900, à Paris.

L'ouverture du Congrès aura lieu le lundi 26 septembre, à huit heures du matin, à la Bourse du Travail, 14, place du Champ-Jacquet.

*NOTA.* — *Prière aux Organisations de dire à leurs délégués le nombre de brochures qu'elles désirent.*

---

CONFÉDÉRATION GÉNÉRALE DU TRAVAIL

---

## Xe Congrès National Corporatif. — IVe de la Confédération générale du Travail.

---

CITOYENS,

Ainsi que vous l'a fait connaître notre précédente circulaire, en date du 15 juillet dernier, le Congrès National corporatif se tiendra à Rennes (Ille-et-Vilaine), les 26, 27, 28, 29, 30 septembre et 1er octobre.

Suivant les demandes qui nous ont été adressées, l'ordre du jour est ainsi établi :

# QUESTION PRÉJUDICIELLE

Les votes sur les questions de principe auront lieu en tenant compte de l'importance numérique des Syndicats. (Proposition du Syndicat national des Chemins de fer.)

### ORDRE DU JOUR

1. — *Constitution de la Confédération générale du Travail (des Bourses du Travail, des Fédérations locales, Unions de Syndicats, des Syndicats isolés, des Fédérations nationales d'industrie, des Syndicats nationaux)* (proposition des travailleurs municipaux de Paris).

2. — *L'alcoolisme, ses causes et ses effets* (proposition de l'Union des Syndicats du département de la Seine).

3. — *Etude des modifications à apporter au système des adjudications des travaux de l'Etat, des départements, des communes; établissement de la régie ou tout au moins introduction dans le cahier des charges de clauses destinées à protéger les conditions du travail* (proposition de la Fédération du Livre).

4. — *La marque du connaissement sur les travaux exécutés par les ouvriers syndiqués* (proposition de la Typographie parisienne).

5. — *Le travail des femmes dans l'industrie* (proposition des Cordonniers de Fougères).

6. — *La question de l'apprentissage* (propositions diverses).

7. — *Organisation en 1899 d'un Congrès national de la Prud'homie* (propositions diverses).

8. — *Extension de la juridiction des Conseils de Prud'hommes; examiner les meilleurs moyens propres à obtenir ce résultat* (proposition de la Fédération du Livre).

9. — *Extension de la prud'homie à tous les salariés* (propositions diverses).

10. — *Création d'inspecteurs ouvriers du travail pris parmi les ouvriers appartenant aux Chambres syndicales* (propositions diverses).

11. — *Limitation des heures de la journée de travail à huit heures avec minimum de salaire* (propositions diverses).

. 12. — *Limitation de la charge traînée par homme, dans une voiture à bras.* (proposition du Syndicat des Cochers-Livreurs de Paris).

13. — *Repos hebdomadaire* (propositions diverses).

14. — *Voies et moyens pour assurer la vitalité des cours professionnels* (proposition de la Fédération du bâtiment).

15. — *Création de boulangeries municipales* (propositions diverses).

16. — *Quels ont été, depuis le Congrès de Toulouse, les effets du boycottage et du sabottage* (proposition des ouvriers et ouvrières en cuirs d'Amiens).

17. — *Engagements à prendre par les Syndicats pour l'apparition du journal l'*Eveil, *organe du prolétariat* (proposition du Conseil national).

18. — *Projet de loi pour assurer une retraite à tous les travailleurs des deux sexes* (proposition du Conseil national).

19. — *Suppression des bureaux de placement* (propositions diverses).

20. — *Les appels pour secours de grèves devront parvenir aux Syndicats par l'intermédiaire de la Confédération* (proposition du Syndicat national des Chemins de fer de France et des colonies).

Pour la Confédération générale du Travail :

*Le Secrétaire général,*

A. Lagailse.

Pour la Commission d'organisation :
*Le Secrétaire général,*
P. Bourges.

# LISTE DES ORGANISATIONS OUVRIÈRES

REPRÉSENTÉES

# AU Xᵉ CONGRÈS CORPORATIF

ET AU

## IVᵉ Congrès de la Confédération générale du Travail
### De Rennes en 1898



---

**Allibert** (Auguste), rue Saint-Sébastien, 128, Paris.
Société générale des Chapeliers de France. — Chambre syndicale de la Chapellerie, Paris.

**Amouroux**, rue d'Embarthe, 31, Toulouse.
Bourse du Travail de Toulouse.

**Aubertin,** passage Comtois, à Paris.
Fédération nationale de la voiture. — — Syndicat des Ouvriers maréchaux de la Seine. — Syndicat des Selliers en voitures de la Seine.

**Augé** (Auguste).
Chambre syndicale des Employés (Paris).

**Auvray,** rue de Sèvres, 66, Paris.
Fédération régionale des Syndicats ouvriers de la Seine-Inférieure. — Bourse du Travail de Rouen. — Syndicat des Ouvriers en instruments de précision de Paris.

**Barlan,** boulevard Lascrosses, Toulouse.
Fédération des Ouvriers et des Ouvrières des manufactures des tabacs de France. — Union des Syndicats de Toulouse.

**Batbielle,** place Saint-André-des-Arts, 9.
Fédération des Travailleurs du Livre. — Syndicat de la Reliure-Dorure de Paris. — Syndicat des Ouvriers Imprimeurs en taille-douce, Paris.

**Beaupérin,** faub. d'Antrain, 3, Rennes.
Bourse du Travail de Rennes.

**Beausoleil,** rue Greneta, 13, Paris.
Bourse du Travail de Versailles. — Syndicat des Travailleurs de l'air comprimé et de l'électricité, Paris. — Syndicat des Employés du département de la Seine.

| | |
|---|---|
| **Besombes,** boulevard de Belleville, 15, Paris. | Union des Syndicats de la Seine. — Syndicat des Ouvriers teinturiers et dégraisseurs de Paris. |
| **Blanchart** (J.). | Bourse du Travail de Nantes.— Conseil local du Bâtiment. — Syndicat des Ouvriers chaudronniers, Nantes. |
| **Bourges,** Bourse du Travail de Rennes. | Bourse du Travail de Saint-Nazaire. — Syndicat du Bâtiment de Morlaix (Finistère). — Des Ouvriers mineurs de Pont-Péan (Ille-et-Vilaine). |
| **Bouyer,** rue de l'Evêché, 32, Le Mans. | Syndicat des Ouvriers maçons, Le Mans. — Syndicat des Ouvriers charpentiers, Le Mans. — Syndicat des Ouvriers ferblantiers, boîtiers, plombiers, zingueurs, Le Mans. — Conseil local du Bâtiment, Le Mans. |
| **Branque** (Maryus), Grande-rue-Saint-Michel, 115, Toulouse. | Syndicat des Ouvriers Menuisiers en bâtiment, Toulouse. |
| **Braun,** rue de la Grange-aux-Belles, 10, Paris. | Fédération de la Métallurgie. |
| **Brisse,** rue J.-J.-Rousseau, 37, Paris. | Syndicat des Ouvriers Chocolatiers de la Seine. — Syndicat des Ouvriers Confiseurs de Paris. — Syndicat des Ouvriers Biscuitiers, Pain d'épices, Paris. |
| **Brousse,** faub. Figuerolles, 6, Montpellier. | Bourse du Travail de Montpellier. |
| **Bry,** r. Saint-Lan, 32, Angers. | Bourse du Travail d'Angers. |
| **Capjuzan,** r. Pastourelle, 35, Paris. | Syndicat de la Cordonnerie ouvrière de France. |
| **Cardet,** r. de la Glacière, 64, Paris. | Fédération des Cuirs et Peaux. — Union syndicale des Cuirs et Peaux d'Issoudun (Indre). |
| **Carmantrant,** r. Pastourelle, 28, Paris. | Syndicat de la Tabletterie, Paris. — Syndicat des Garçons Restaurateurs, Limonadiers de la Seine. |
| **Cauchois** (C.), allée des Citeaux, Issy-les-Moulineaux. | Syndicat des Ouvriers Cartouchiers de la Seine et de Seine-et-Oise. |
| **Cayol** (Jean-Baptiste), rue de la Loi, 14, Marseille. | Syndicat des Ouvriers Mécaniciens de Marseille. |
| **Charlet** (Pierre), rue des Pêcheurs, 10, à Moulins. | Union syndicale de Moulins. |
| **Charlot** (Philippe), r. Alboury, 7, Paris. | Syndicat des Ouvriers Charpentiers de la Seine. |
| **Chinault** (Joseph), rue de l'Alma, 14, Rennes. | Syndicat des Cuirs et Peaux de Rennes. |
| **Cior,** rue d'Angoulême, 84, Paris. | Syndicat des Ouvriers en outils à découper, Paris. |

**Claverie** (Maurice), rue de Paris, 117, à Sannoy (Seine-et-Oise).

Union des Employés du Gaz, Paris.

**Collet** (Jules), route de Flandre, 63, Aubervilliers (Seine).

Syndicat des Travailleurs du Gaz, Paris.

**Constant**, rue Traverse-de-l'Eglise, 2, Brest.

Union syndicale des Travailleurs de Brest.

**Copigneaux**, rue Pouchet, 23, Paris.

Fédération des Travailleurs municipaux de la ville de Paris. — Syndicat des Jardiniers de la ville de Paris. — Confédération Générale du Travail.

**Coquet**, faub. d'Antrain, 74, Rennes.

Syndicat des Ouvriers Meuniers d'Ille-et-Vilaine.

**Corompt**, rue de la Saucière, 26, Boulogne sur-Seine.

Syndicat des Chauffeurs, Conducteurs, Mécaniciens de la Seine.

**Dalle**.

Fédération nationale des Employés.

**Dangin** (Edouard), rue Pavée, 14, Paris.

Syndicat des Conducteurs, Margeurs Minervistes de Paris.

**Davy**, rue de Quineleu, 25, Rennes.

Syndicat des Ouvriers Maçons et Tailleurs de pierre de Pau.

**Derchain**, Jouye-Rouve, 9, Paris.

Syndicat des Coupeurs et Brocheurs en chaussures de la Seine.

**Dugoy** (Louis), 26, rue Feutrier, Paris.

Union syndicale des Employés d'hôtel de Paris. — Chambre syndicale ouvrière de la Boucherie de Paris. — Fédération des Cuisiniers, Pâtissiers, Confiseurs de France et des colonies. — Chambre syndicale ouvrière des Cuisiniers de Paris.

**Esnault** (Auguste), 8, boulevard de la Gare, Fougères.

Chambre syndicale ouvrière des Coupeurs en chaussures de Fougères.

**Fernbach**, 98, r. Dam, Paris.

Chambre syndicale des Ouvriers plombiers-zingueurs de Paris.

**Fleury**, 52, rue Saint-Sauveur, Tours.

Fédération des Syndicats ouvriers d'Indre et-Loire. — Syndicat des Ouvriers tanneurs et corroyeurs de Châteaureneault. — Union syndicale des Ouvriers en cuirs d'Amboise. — Les Syndicats de la ville de Tours. — Bourse du Travail de Tours.

**Fourage**, 30 *bis*, rue Pierre-Leroux, Paris.

Syndicat des Services réunis des Travaux de la Ville de Paris.

**Fournet**, 67, r. Greneta, Paris.

Chambre syndicale des Porteurs, Employés et Marchands de journaux de Paris.

**Galantus**, 31, rue de la Folie-Regnault, Paris.

Syndicat des Ouvriers ferblantiers de la Seine. — Syndicat des Ouvriers tôliers de la Seine.

**Gannat,** av. de Lyon, Vichy. — Fédération des Syndicats ouvriers de Vichy.

**Garcin,** 10, r. Claude-Pouillet, Paris. — Fédération des Mouleurs en métaux. — Syndicat des Ouvriers mouleurs de Rennes.

**Girard,** 13, rue Michel-Le-comte, Paris. — Comité de propagande de la Grève générale. — Union syndicale du Bronze de Paris.

**Goumet** (Louis), 20, rue Saint-Louis, Fourchambault. — Union syndicale des Ouvriers métallurgistes de Fourchambault (Nièvre).

**Grassaval** (Eugène), 25, rue Porte-Basse, Bordeaux. — Bourse du Travail de Bordeaux.

**Guérard,** 74, rue de Seine, Paris. — Syndicat national des Travailleurs de Chemins de fer de France et des colonies.

**Guérin** (René), quartier de la Bube, à Cholet (M.-et-L.). — Syndicat du Bâtiment de Cholet. — Syndicat des Ouvriers charpentiers. — Syndicat des Cordonniers, Monteurs en galoches et Sabotiers de Cholet. — Syndicat des Tisserands du rayon industriel de Cholet.

**Guérin,** Vallée Saint-Samson, Angers. — Syndicat des Ouvriers scieurs-de-long d'Angers. — Syndicat des Ouvriers couvreurs d'Angers. — Syndicat des Ouvriers terrassiers et manœuvres d'Angers. — Syndicat des Ouvriers maçons d'Angers.

**Hamelin,** 55, rue Pernety, Paris. — Syndicat des Ouvriers mineurs du Tarn. — Verrerie ouvrière de Carmaux.

**Hotte,** 16, rue Borromée, Paris. — Syndicat des Ouvriers charrons de la Seine.

**Jouault** (Jean), 37, rue de Nantes, Rennes. — Chambre syndicale des Ouvriers cordonniers de Rennes. — Chambre syndicale des Bûcherons de la forêt de Villers-Cotterets (Aisne).

**Jousse,** 3, rue Peinterie, Fougères. — Chambre syndicale des Ouvriers en chaussures de Fougères.

**Lacaille,** 139, rue Ville-Vieille, Nancy. — Fédération des Syndicats ouvriers de Meurthe-et-Moselle.

**Lagailse** (A.), 53, rue du Commerce, Paris. — Syndicat de la Traction mécanique de la Compagnie générale des Omnibus. — Syndicat des Ouvriers mineurs de Faymoreau (Vendée). — Syndicat de l'Ameublement de Saint-Loup (Haute-Saône). — Syndicat national des Travailleurs des Chemins de fer de France et des colonies. — Confédération générale du Travail.

**Langlois,** 27, rue de Tanger, Paris. — Chambre syndicale des Ouvriers layetiers-emballeurs de la Seine.

**Larsonneur,** 11, rue Albert, Paris. — Union syndicale de la Brosserie de Paris.

**Lauche,** — Union des Ouvriers mécaniciens de la Seine.

**Le Bras,** 25, boulevard de La Tour d'Auvergne, Rennes. — Chambre syndicale des Ouvriers menuisiers et ébénistes de Rennes. — Chambre syndicale des Ouvriers plâtriers de Rennes.

**Lebret,** 19, rue Pierre-Levée, Paris. — Chambre syndicale des Ouvriers tourneurs en optique, Paris. — Chambre syndicale des Ouvriers serruriers en bâtiment, Paris.

**Le Corre** (Hyacinthe), 52, rue Victor-Hugo, Brest. — Union syndicale des Travailleurs de Brest.

**Lephilipponnat,** 82, faubourg Saint-Denis, Paris. — Chambre syndicale des Fondeurs typographes de Paris.

**Lemaître,** 221, avenue Dumesnil, Paris. — Fédération des Peintres en bâtiment de la Seine.

**Lemaître** (Paul), 11, rue Saint-Melaine, Rennes. — Fédération des Syndicats ouvriers lyonnais. — Fédération des Mouleurs en métaux de France. — Syndicat des Maçons et Tailleurs de pierres de Vanves.

**Le Ray,** 4, rue des Trente, Rennes. — Chambre syndicale des Métallurgistes de Fumel (Lot-et-Garonne). — Chambre syndicale des Ouvriers brossiers de Rennes. — Bourse du Travail de Saint-Etienne.

**Levavasseur,** 33, faub. de Redon, Rennes. — Chambre syndicale des Ouvriers en voitures de Rennes.

**Liouville,** 18, faubourg de Fougères, Rennes. — Chambre syndicale des Ouvriers plombiers, zingueurs et chaudronniers de Rennes. — Chambre syndicale des charpentiers de Rennes. — Bourse du Travail d'Alger.

**Luce,** 32, rue Le Graverend, Rennes. — Syndicat des Ouvriers maçons de Rennes.

**Majot** fils, 114, boulevard de Ménilmontant, Paris. — Union des Ouvriers métallurgistes de l'Oise.

**Maynier,** 56, rue Polonceau, Paris. — Chambre syndicale typographique parisienne.

**Meyer** (Louis), 104, avenue Daumesnil, Paris. — Chambre syndicale des Pâtissiers de la Seine.

**Michon,** 14, rue du Rendez-vous, Paris. — Chambre syndicale des Ouvriers ornemanistes sur métaux.

**Millard,** à Saint-Martin-Vierzon-Village (Cher). — Fédération des Chambres syndicales ouvrières du Cher.

**Morel** (Félix), 7, rue de la Cloche, Paris. — Chambre syndicale des Mouleurs en cuivre de la Seine.

**Morin** (Jean-Eugène), 81, rue Saint-Maur, Paris. — Chambre syndicale des Ouvriers fumistes de la Seine.

**Nicoud**, 106, Grande-Rue, Pré Saint-Gervais (Seine).
Chambre syndicale des Ouvriers acheveurs, coquilleurs de Paris. — Chambre syndicale des Ouvriers estampeurs et découpeurs sur métaux de la Seine.

**Oriot**, 26, rue Curiol, Paris.
Syndicat des Tailleurs de pierres de Versailles et de Seine-et-Oise. — Union syndicale des Tailleurs de pierres de la Seine.

**Pellier** (Augustin), 84, Grande-Rue, Le Mans.
Chambre syndicale des Ouvriers couvreurs du Mans.

**Pelloutier**, 11, rue des Deux-Ponts, Paris.
Comité fédéral des Bourses du Travail.

**Pelletier**, 22, rue du Vert-Bois, Paris.
Chambre syndicale des Ouvrières et Ouvriers tailleurs de Paris.

**Petit** (Urbain), 7, rue Fébret, Dijon.
Fédération des Syndicats ouvriers de Dijon et de la Côte-d'Or.

**Philippe** (Auguste), 19, r. aux Moines, à Sauvic, Le Havre.
Bourse du Travail du Havre.

**Pouget** (Emile), 13, r. Lavieuville, Montmartre, Paris.
Chambre syndicale de l'industrie lainière de Reims. — Union syndicale des Ouvriers en cuirs d'Amiens.

**Pouriel**, r. Victor Hugo, Fougères.
Chambre syndicale des Ouvriers en chaussures de Fougères.

**Reynier** (Victor), 5, r. Brueys, Aix-en-Provence.
Union des Chambres syndicales ouvrières d'Aix.

**Richard** (Albert), 3, imp. des Partants, Paris.
Chambre syndicale des Fondeurs en fer de la Seine.

**Richer** (N.), Bourse du Travail, Le Mans.
Bourse du Travail du Mans. — Chambre syndicale des Ouvriers tailleurs de pierres du Mans. — Chambre syndicale des Ouvriers et Ouvrières galochiers de La Flèche. — Chambre syndicale des Ouvriers plâtriers d'Alençon. — Chambre syndicale des Ouvriers menuisiers en bâtiment du Mans.

**Riom**, 113, rue du Mont-Cenis, Paris.
Chambre syndicale des Ouvriers terrassiers, puisatiers, mineurs de la Seine. — Chambre syndicale des Ouvriers maçons (Solidarité de la Seine). — Fédération nationale du Bâtiment. — Fédération du Bâtiment de la Seine.

**Riou** (Jean), 2, r. Ernest Renan, Brest.
Union syndicale des Travailleurs de Brest.

**Robillard**, 2 *bis*, rue du Sénégal, Paris.
Chambre syndicale des Ouvriers de la fonderie de cuivre de la Seine.

**Roche**, 5, r. des Filles-du-Calvaire, Paris.
Syndicat général des Garçons de magasins et Cochers-Livreurs de la Seine.

**Rousseau**, 29, r. du Terrage, Paris.
Syndicat des Ouvriers limonadiers-restaurateurs de Paris.

**Rozier** (Arthur), 26, r. Erard, Paris. — Chambre syndicale des Employés de Paris.

**Sabourin** (Charles), 13, r. des Rigoles, Paris. — Société de Résistance des Ouvriers imprimeurs-lithographes de la Seine.

**Ternet** (Auguste), 94, avenue Parmentier, Paris. — Chambre syndicale des Ouvriers boulangers de la Seine.

**Terrier** (Jean), 200, r. de Crimée, Paris. — Chambre syndicale des Ouvriers maréchaux de la Seine.

**Trabaud** (Joseph), 28, rue Droite, Nice. — Bourse du Travail de Nice.

**Verger,** 27, rue Saint-Malo, Rennes. — Chambre syndicale des Ouvriers couvreurs de Rennes.

# RÉCAPITULATION

| NOM DU DÉLÉGUÉ | NOMBRE D'ORGANISATIONS qu'il représente effectivement |
|---|---|
| Allibert, Paris | 2 |
| Amouroux, Toulouse | 1 |
| Aubertin, Paris | 3 |
| Augé, — | 1 |
| Auvray, — | 3 |
| Barlan, Toulouse | 2 |
| Batbielle, Paris | 3 |
| Beaupérin, Rennes | 1 |
| Beausoleil, Paris | 3 |
| Besombes, — | 2 |
| Blanchart, Nantes | 3 |
| Bourges, Rennes | 3 |
| Bouyer, Le Mans | 4 |
| Branque, Toulouse | 1 |
| Braun, Paris | 1 |
| Brisse, — | 3 |
| Brousse, Montpellier | 1 |
| Bry, Angers | 1 |
| Capjuzan, Paris | 1 |
| Cardet, — | 2 |
| Carmantrant, Paris | 2 |
| Cauchois, Issy-les-Moulineaux | 1 |
| Cayol, Marseille | 1 |
| Charlet, Paris | 1 |
| Charlot, — | 1 |

| NOM DU DÉLÉGUÉ | NOMBRE D'ORGANISATIONS qu'il représente effectivement |
|---|---|
| Chinault, Rennes | 1 |
| Cior, Paris | 1 |
| Claverie, Paris | 1 |
| Collet, — | 1 |
| Constant, Brest | 1 |
| Copigneaux, Paris | 3 |
| Coquet, Rennes | 1 |
| Corompt, Paris | 1 |
| Dalle, Paris | 1 |
| Dangin, Paris | 1 |
| Davry, Rennes | 1 |
| Derchain, Paris | 1 |
| Dugoy, — | 4 |
| Esnault, Fougères | 1 |
| Fernbach, Paris | 1 |
| Fleury, Tours | 18 |
| Fourage, Paris | 1 |
| Fournet, — | 1 |
| Galantus, Paris | 2 |
| Gannat, Vichy | 1 |
| Garcin, Paris | 2 |
| Girard, — | 2 |
| Goumet, Fourchambault | 1 |
| Grassaval, Bordeaux | 1 |
| Guérard, Paris | 1 |
| Guérin, Cholet | 4 |
| Guérin, Angers | 4 |
| Hamelin, Paris | 2 |
| Hotte, — | 1 |
| Jouault, Rennes | 2 |
| Jousse, Fougères | » |
| Lacaille, Paris | 1 |
| Lagailse, — | 3 |
| Langlois, — | 1 |
| Larsonneur, — | 1 |
| Lauche, — | 1 |
| Le Bras, Rennes | 2 |
| Lebret, Paris | 2 |
| Le Corre, Brest | 1 |
| Lephilipponnat, Paris | 1 |
| Lemaître, — | 1 |
| Lemaître, Rennes | 3 |
| Le Ray, — | 3 |
| Levavasseur, — | 1 |
| Liouville, — | 3 |

| NOM DU DÉLÉGUÉ | NOMBRE D'ORGANISATIONS qu'il représente effectivement |
|---|---|
| Luce, — | 1 |
| Majot, Paris | 1 |
| Maynier, — | 1 |
| Meyer, — | 1 |
| Michon, - | 1 |
| Millard, Vierzon | 1 |
| Morel, Paris | 1 |
| Morin, — | 2 |
| Nicoud, — | 2 |
| Oriot, — | 1 |
| Pellier, Le Mans | 1 |
| Pelletier, Paris | 1 |
| Pelloutier, — | 1 |
| Petit, Dijon | 2 |
| Philippe, Le Hâvre | 1 |
| Pouget, Paris | 1 |
| Pouriel, Fougères | 1 |
| Reynier, Aix | 1 |
| Richard, Paris | 5 |
| Richer, Le Mans | 4 |
| Riom, Paris | 1 |
| Riou, Brest | 1 |
| Robillard, Paris | 1 |
| Roche, — | 1 |
| Rousseau, — | 1 |
| Rozier, — | 1 |
| Sabourin, — | 1 |
| Ternet, — a | 1 |
| Terrier, — | 1 |
| Trabaud, Nice | 1 |
| Verger, Rennes | 1 |

# Xᵉ CONGRÈS CORPORATIF

## IVᵉ CONGRÈS DE LA CONFÉDÉRATION GÉNÉRALE DU TRAVAIL

### SÉANCE D'OUVERTURE

### Lundi 26 Septembre 1898 (matin)

La séance est ouverte à 9 heures 15.

Le camarade *Bourges*, secrétaire de la Bourse de Rennes, au nom de la Commission d'organisation des Congrès et au nom des Travailleurs de la ville de Rennes, souhaite la bienvenue aux Congressistes et forme des vœux pour que le Congrès soit digne du prolétariat. Il ajoute que les Congressistes sont chez eux dans la Maison du Travail, et termine en demandant que tous s'unissent pour travailler en commun à l'affranchissement du travail.

*Bourges* — Il y a lieu de procéder à la nomination du président et à celle de deux assesseurs, je prie le Congrès de désigner son bureau.

Sont désignés : *Copigneau*, président.

*Meyer* et *Branque*, assesseurs.

*Copigneau*, président. — Camarades, je remercie le Congrès de m'avoir nommé pour présider cette séance d'ouverture; j'espère que nous allons faire de bon travail et faire en sorte que le Congrès qui vient de s'ouvrir soit digne des précédents.

Il demande au Congrès de nommer quatre secrétaires de séance.

*Besombe.* — Je demande au Congrès de laisser les camarades de Rennes s'occuper des procès verbaux et de ne pas en charger les délégués. Les camarades de Rennes ont plus de facilité de surveiller la rédaction et l'impression des procès-verbaux, étant de la ville même.

Le délégué des Syndicats de Dijon trouve que les camarades de Rennes sont surchargés de besogne pour l'organisation des Congrès et estime que les secrétaires doivent être pris parmi les délégués assistant au Congrès.

*Beausoleil.* — La rédaction des procès-verbaux est assurée par un secrétaire choisi par les camarades de Rennes. Ce n'est que par mesure d'ordre, pour surveiller l'impression des procès-verbaux qu'il est demandé des secrétaires.

Les camarades *Jouault* et *Leray* des syndicats de Rennes, prennent place au bureau comme secrétaires.

*Fleury* lit la déclaration suivante au Congrès :

Camarades,

Je viens au nom des 17 organisations ouvrières de Tours, vous demander quele Congrès apporte toute son attention sur la question du droit d'adhésionporté à cinq francs (Décision du Congrès de Toulouse).

Il nous est impossible de remplir cet engagement étant donné surtout les frais qus nous supportons depuis le Congrès de Tours où un stock considérable de brochures ont été invendues.

Nous acceptons la somme de *un franc* pour le Congrès national ; mais c'est tout le sacrifice que nous pouvons faire. D'un autre côté, nous nous sommes préoccupés si réellement le Congrès de Toulouse avait pour mandat de se prononcer d'une façon catégorique ou s'il devait en référer à toutes les organisations.

A notre avis, les délégués n'avaient pas mandat. A cet effet, nous demandons au Congrès de bien vouloir décider si les petits syndicats qui sont pauvres auront les mêmes droits que ceux qui possèdent des ressources suffisantes.

A vous de nous dicter la conduite à suivre et si je dois représenter les organisations ouvrières de Tours.

*Guérard.* — C'est pour faciliter l'organisation du Congrès international que les cotisations ont été portées à cinq francs. Si le Congrès accepte la manière de voir du délégué de Tours, il peut se trouver dans le Congrès d'autres petits syndicats qui viendront demander la même faveur et l'on ne pourra, par suite, réunir les ressources suffisantes pour assurer la tenue du Congrès international.

*Richer*, du Mans. — Il ne s'agit pas de savoir si toutes les organisations ne paieront qu'un franc. Les associations ouvrières de Tours sont dans une situation exceptionnelle et il importe d'en tenir compte. Aussi est-il d'avis qu'il faut autoriser le délégué des syndicats de Tours à ne rien verser comme droit d'ahésion.

*Beausoleil*. — On ne peut procéder comme vient de le proposer le délégué du Mans. D'autres cas peuvent se présenter et on ne pourrait sans danger s'engager dans cette voie. Ce qu'on peut faire, c'est dégrever Tours seulement pour les frais qu'il a eu à supporter et lui faire remise de la dette contractée. Il paiera ensuite le droit d'adhésion comme tout autre délégué.

*Lagailse*. CONFÉDÉRATION GÉNÉRALE DU TRAVAIL. — Il est fâcheux que cette question empêche le Congrès de commencer ses travaux. En ce qui concerne la question de droit d'adhésion pour les syndicats de Tours, si nous devions accepter le principe du dégrèvement proposé, ce serait créer un précédent qui pourrait être invoqué plus tard par d'autres syndicats.

La Bourse du Travail de Tours n'a pu faire face aux frais d'organisation du Congrès, cela est certain. Quant aux syndicats, on ne leur demande que leurs cotisations, rien de plus.

*Besombe*, de Paris. — Je ne partage pas cet avis. J'estime que les camarades de Tours qui ont fait de grands sacrifices pour l'organisation d'un Congrès et qui se sont endettés de la faute des syndicats qui n'ont pas pris suffisamment de brochures, doivent être exemptés d'une manière quelconque de faire un nouveau sacrifice. Je me range à la proposition du camarade Bausoleil.

*Claverie*. — J'appuie la proposition de Tours, puisque c'est de la faute des Syndicats si cette dette a été contractée par les camarades de Tours. En conséquence, je voterai la proposition Beausoleil.

*Guérard*. — Nous désirons que la Confédération générale ait des fonds pour organiser le Congrès international, et si on adopte la proposition formulée par les camarades de Tours, il est à craindre que dans la suite on ne vienne invoquer ce précédent pour des associations moins intéressantes que celles de Tours.

*Beausoleil*. — Si on n'entre pas dans les vues du délégué de Tours, il est à craindre que les organisations de cette ville ne puissent adhérer au Congrès. Il convient de tenir compte des sacrifices faits par les Syndicats de Tours.

*Allibert* appuie la proposition de Guérard.

*Richer*, du Mans, et *Braun* demandent que la demande de Tours soit admise, puisqu'on n'a pas tenu les engagements pris pour les brochures.

*Fleury*, de Tours. — J'ai mandat de verser un franc de droit d'adhésion pour chaque Syndicat; mais nous ne pouvons payer les cinq francs que l'on exige pour chaque organisation.

*Pelloutier*. — Je fais remarquer au Congrès que le délégué de Tours ne demande pas le dégrèvement intégral; qu'il ne désire qu'être exempté de verser les quatre francs pour l'organisation du Congrès international. La proposition Beausoleil donne entière satisfaction puisque la Confédération paiera pour Tours. Au point de vue financier, il n'y aura rien de changé; il n'entrera pas d'argent, mais il n'en sortira pas non plus. et cela permettra aux camarades de Tours d'avoir un mandat régulier pour tous leurs Syndicats.

*Le Président*. — La clôture de la discussion sur cette question est demandée. Une décision doit intervenir, je mets donc aux voix la proposition du camarade Beausoleil. Voici cette proposition :

« La Confédération est autorisée à disposer de la somme de soixante-huit francs comme participation du Congrès pour couvrir le reliquat de la dette du Congrès de Tours.

« Cette somme sera prélevée sur la recette résultant des cotisations au Congrès de Rennes. » — Adopté.

*Le Président*. — Camarades, pour nous conformer aux règlements des précédents Congrès, il faudrait nommer une commission de cinq membres pour procéder à la vérification des mandats et des pouvoirs des délégués.

*Besombe*. — Il serait préférable de nommer une commission plus nombreuse. Il faut songer que nos camarades qui feront partie de la commission chargée de la vérification des pouvoirs, auront à examiner plus de 150 mandats et si l'on ne nomme que cinq membres pour cette commission, elle n'aura pas terminé sa vérification pour cinq heures de l'après-midi. Au lieu de cinq membres, j'en proposerai neuf. — Adopté.

*Le Président*. — Camarades, vous êtes priés de me faire parvenir des noms pour la commission de vérification des pouvoirs. Sont nommés :

Maynier, Cior, Barlan, Batbielle, Richart. Fournelle, Philiponat, Richer, Claverie.

*Meyer*, Alimentation parisienne. — Camarades. les camarades qui vont faire la vérification des mandats vont avoir à examiner une grande quantité de pouvoirs. Nous ne pouvons siéger tant que cette Commission n'aura pas présenté son rapport. Je propose de lever la séance jusqu'à ce que la vérification soit terminée.

*Riom*. — J'accepte que l'on lève la séance, mais auparavant je demande que l'on constitue immédiatement les Commissions.

*Claverie*. — Je reconnais qu'il y a urgence pour que la Commission procède à la vérification des mandats, mais on ne peut nommer de Commissions avant que cette vérification ne soit terminée.

*Besombe*, Union des Syndicats de Paris — J'ai mandat de déposer une proposition sur ces questions. Tout d'abord, que ce soit les Associations qui parlent et non les délégués ; que lorsqu'un délégué a la parole, on le désigne sous le nom du Syndicat qu'il représente. Puis ensuite, que l'on discute les questions à l'ordre du jour avant de nommer des Commissions qui n'auraient qu'à faire des rapports sur ces questions dans le sens que semble indiquer la discussion. Si on nomme les Commissions d'abord, elles établiront des rapports qui seront ensuite démolis en séance générale. C'est du temps que l'on a ainsi perdu inutilement.

*Le Président.* — Voici une objection qui me vient à l'esprit. Si, sur une question de l'ordre du jour, on fait un vote définitif, il ne sera plus utile de nommer une Commission.

*Meyer.* — J'appuie la proposition Besombe, parce qu'à Toulouse j'avais déposé un rapport sur la caisse de retraites Escuyer. qui fut présenté au Congrès intégralement, mais sous la signature d'un rapporteur. Si on accepte la proposition Besombe, les camarades qui ont des rapports sur les questions de l'ordre du jour peuvent les discuter avant l'envoi à la Commission.

*Le Président* met aux voix la première proposition du camarade Besombe, que l'on ne désigne les délégués que sous le nom de l'organisation qu'ils représentent au Congrès. — Adopté.

*L'Union du département de la Seine* développe sa deuxième proposition. Elle n'est présentée que dans le but de faire de bon travail. Les commissions s'inspireront des vues du Congrès et formuleront des conclusions dans ce sens.

*Comité fédéral des Bourses du Travail.* — Dans les derniers Congrès et notamment à celui de Nantes, en 1894, qui marquera dans la série des Congrès pour avoir été le plus brillant pour le travail fait et les décisions qui y ont été prises, on a décidé que l'on ouvrirait la discussion générale sur toutes les questions à l'ordre du jour, les commissions s'inspirant ensuite des votes du Congrès.

*Riom.* — Il est entendu qu'aucun vote ne viendra sanc-

tionner la discussion générale ; on ne votera que sur les conclusions des commissions.

*Délégué du Gaz de Paris.* — Il pourrait se faire que
le moyen proposé pour la discussion du Congrès et le mode
de nomination des commissions ne fassent double emploi et
que l'on ne recommence une deuxième discussion sur une
même question.

*Union des Syndicats de la Seine.* — L'inconvénient que vient de signaler le délégué du gaz est le même
lorsque les commissions établissent des rapports : elles sont
mises en demeure, presque toujours, de faire un deuxième
rapport.

*La Typographie Parisienne.* — Les délégués qui sont
venus au Congrès et qui ont des rapports devraient les lire
tout d'abord et si les rapports plaisent au Congrès, il serait
inutile de nommer une commission.

*Le Président.* — Je prie le Congrès de fixer les heures
de ses séances.

*Union des Syndicats de la Seine.* — Je demande
que les séances aient lieu de 8 heures à midi et de 2 heures à
6 heures du soir.

*La Typographie Parisienne.* — Je demande que
l'on fasse l'appel nominal à l'ouverture de chaque séance,
pour que l'on connaisse les membres absents.

*Les Mécaniciens de Marseille.* — Je désire que le
Congrès ne tienne pas de séances de nuit; que l'on commence les séances à 7 heures le matin, s'il le faut, pour
éviter les séances de nuit.

*Le Mans.* — Je désire savoir comment on fera l'appel
nominal. Est-ce par délégué ou par organisation représentée.
On devrait faire l'appel par délégué.

*La Typographie Parisienne.* — Je suis d'avis
qu'il faut dépenser le plus de temps possible au Congrès et
que l'on commence les séances dès 7 heures le matin.

*L'Union des Syndicats de la Seine.* — Il faut
ouvrir la séance à 8 heures du matin et non pas à 7 heures,

parce qu'il y a des camarades qui profitent de leur séjour à Rennes, pour faire des réunions, pour les ouvriers de leur profession; ces réunions finissent très tard le soir, et les délégués ne pourront pas être à la séance à 7 heures du matin. Il faut permettre à tous de se reposer.

*Les Mécaniciens de Paris.* — Dans tous les Congrès il s'est passé un fait anormal. On fixe l'ouverture des séances à une heure, et les délégués n'étant pas là, on ne peut jamais commencer à l'heure fixée. Il faut être énergique, il faut être à l'heure.

*Les Pâtissiers de Paris.* — J'appuie la proposition des Mécaniciens de Paris. On n'a pas les moyens de faire des voyages tous les jours pour faire de la propagande syndicale. Il faut donc employer bien son temps et pour cela il faut commencer à l'heure.

*Les Cochers livreurs de Paris.* — Que l'on fixe l'ouverture à 8 heures le matin, sans s'occuper des absents.

*Le Bâtiment de Paris.* — Si l'on fixe à 8 heures l'ouverture de la séance, les camarades ne viendront pas avant 9 heures; c'est toujours ainsi. Je propose que les séances commencent à 9 heures le matin.

*Les Mécaniciens de Marseille.* — Je suis venu ici, au Congrès, pour faire du travail. Je vous demande que l'on commence à 8 heures juste du matin, on vient pour travailler et non pour s'amuser.

*Le Président.* — La clôture est demandée. — Je la mets aux voix (elle est adoptée). — Je mets également aux voix la question de savoir si les séances du Congrès auront lieu de 8 heures à midi, et de 2 heures à 6 heures du soir (adopté).

L'appel nominal au commencement de chaque séance est adopté, avec l'amendement, présenté par les *Bâtiments de Paris,* que les délégués qui n'étaient pas présents lors de l'appel nominal ne pourront pas se faire inscrire comme présents.

*L'Union des Syndicats de Paris.* — Pour éviter

des frais d'impression à la Commission d'organisation du Congrès, ne faire figurer dans les procès-verbaux que les noms des absents.

*Tailleurs de Paris.* — On ne peut accepter la proposition de l'*Union des Syndicats de Paris*, car il y a une anomalie. Lorsque la discussion se fera, un délégué porté comme absent prendra la parole, et ainsi prouvera qu'il assistait à la séance. Je demande qu'il soit fait un contre-appel à la suite de l'appel nominal.

*Les Ouvriers de la Fonderie de la Seine.* — Un délégué porté présent peut aussi s'en aller après avoir pris une seule fois la parole dès le début de la séance.

La séance est levée.

## DEUXIÈME SÉANCE

### Lundi 26 Septembre 1898 (soir)

La séance est ouverte à 2 heures sous la présidence du camarade *Constant*, de Brest; *Beausoleil*, de la Fédération des Employés de la Seine, *Robillard*, de la Fonderie de la Seine, assesseurs.

*Le Président* demande que l'on procède à l'appel nominal.

Un des membres de la Commission de vérification des pouvoirs fait savoir au Congrès que cette Commission n'a pas encore relevé la liste de tous les délégués. Le rapporteur de la Commission termine son rapport qui sera prêt dans quelques instants.

*Les Cochers-Livreurs de Paris.* — Il faut mettre immédiatement en pratique les décisions du Congrès. Que l'on fasse l'appel nominal par le brouillon que la Commission d'organisation du Congrès a en sa possession.

Il est procédé à l'appel nominal : les camarades *Fernbac*, *Levavasseur*, *Morin*, sont absents. Les camarades qui n'ont pas été appelés viennent se faire inscrire sur l'invitation des *Fondeurs de la Seine.*

*Le Président.* — Je consulte le Congrès pour qu'il décide si la Presse pourra assister aux séances.

Il n'y a rien à craindre d'avoir la Presse à nos séances. C'est elle qui nous est la meilleure auxiliaire puisque par elle les idées du Congrès sont propagées aux quatre coins du pays.

Nous sommes des travailleurs indépendants, nous n'avons rien à cacher et nous n'avons rien à craindre puisque nous avons tous reçu des mandats fermes de nos syndicats. Nous devons nous trouver heureux que la Presse assiste à nos délibérations ; laissons-la donc suivre nos travaux. Disons-lui : « Vous êtes des nôtres, mais nous vous demandons une seule chose : que vous rendiez compte de nos travaux très exactement ; à cette condition nous voulons bien vous admettre à nos séances. »

*La Fédération des Employés de la Seine.* — Cette motion est très justifiée. Si un des journalistes que nous admettons à nos séances faisait de nos discussions un compte-rendu par trop fantaisiste, il faudrait donner une sanction à la motion précédente, il faudrait interdire l'accès de notre salle de discussion à ce journaliste.

*La Typographie parisienne.* — Je déclare qu'il est en effet nécessaire de prendre des mesures de répression contre la Presse qui voudrait dénaturer le sens de nos discussions. Mais pour éviter des exécutions inutiles, on pourrait ne pas admettre à nos séances la Presse connue déjà pour ne pas être avec nous et qui nous combat de parti-pris. Il faut admettre au contraire celle sur qui nous pouvons compter.

*Les Pâtissiers de la Seine.* — Camarades, nous avons été qualifiés de bandes d'avinés par un journal de Toulouse quand nous avons été voir la Verrerie Ouvrière. Il ne faudrait pas permettre aux journalistes de répéter ce qui a été dit à cette époque. Où nous avons été discutés, c'est surtout à Toulouse et à Tours. Je me rallie donc à la proposition de la Fédération des Employés de la Seine.

Je suis du même avis que les précédents orateurs. Il ne faut pas admettre la Presse qui nous est défavorable. Il n'y a pas que des malhonnêtes gens, il y en a de bons chez elle qui nous ont rendu des services et qui nous en rendront encore.

*Les Conducteurs-Margeurs-Pointeurs de la Seine.* — Je dis que la Presse peut venir assister à nos séances ; celle qui ne sera pas assez impartiale, nous lui interdirons l'entrée des séances.

*Les Travailleurs municipaux de Paris.* — Je ne vois pas pourquoi nous n'admettrions pas la Presse. Je confirme ce qui a déjà été dit. Nous devons discuter au grand jour ce que nous faisons ; pas de huis clos. Il faut que les travailleurs sachent ce que nous faisons.

*Les Cochers-Livreurs de Paris.* — La Presse nous est nécessaire. Nous avons constaté trop souvent que grâce à elle les travailleurs ont été éclairés. Si nous constatons qu'elle veut combattre l'émancipation des travailleurs, nous ne la recevrons plus.

Un camarade se plaint au Président qu'on lui a retiré la parole pour la donner à un autre qui a pris part à la discussion à sa place.

*Les Coupeurs-Brocheurs.* — Je désire que les camarades se pénètrent de ce qui a déjà été dit et qu'ils ne répètent pas indéfiniment la même chose.

*La Typographie Parisienne.* — Je demande que le Congrès fasse bon accueil à un camarade qui collabore au *Journal des Débats*, organe qui est composé par des syndiqués. Je vous demande de le laisser assister à nos discussions. Il a déjà rendu compte, dans le *Journal des Débats*, de nos réunions en termes excellents pour nous ; il nous a rendu service et il peut encore le faire.

*La Fonderie de la Seine.* — Je considère que le Congrès doit s'ouvrir à tous les journalistes sans distinction.

*Le Président* donne lecture des vœux suivants :

« Nous proposons liberté entière pour l'entrée de la Presse dans nos salles de réunion.

« Signé : Dugoy, Meyer, Branque, Ternet, Brisse, Fournet. »

« Le Congrès décide d'admettre la Presse sans aucune restriction, même malgré ses critiques insidieuses.

« Pouget, de Reims. »

« Considérant que les organes corporatifs sont assez nombreux pour faire connaître au prolétariat les décisions que nous prenons dans nos Congrès, décidons que nous n'avons pas besoin de la Presse officieuse.

« Allibert, Galantus. »

*Le Président* met aux voix la première proposition qui est adoptée.

La Presse est donc admise à suivre les discussions du Congrès.

Le rapporteur de la Commission de vérification des mandats donne lecture de son rapport :

# RAPPORT

### de la Commission de vérification des Mandats

Conformément au mandat qu'elle en avait reçu de vous, la Commission s'est réunie et a procédé incontinent à la vérification des mandats, qui s'élèvent jusqu'ici à 147.

Ils sont en général régulièrement établis, sauf les suivants, entachés de quelques irrégularités que nous allons soumettre à votre appréciation :

La Chambre syndicale des Ouvriers Métallurgistes a présenté un mandat non revêtu du timbre corporatif. Mais, dans une lettre dont nous allons vous donner communication, elle donne à cet égard des explications sur lesquelles vous aurez à vous prononcer, mais qui ont paru suffisantes à la Commission.

La Chambre des Chauffeurs-Conducteurs Mécaniciens apporte un mandat délivré pour toucher l'indemnité accordée par la Ville de Paris, mais qui ne paraît pas valable pour le Congrès.

Le Syndicat national des Travailleurs des Chemins de fer a désigné deux délégués, selon un usage consacré par lui, avec la réserve que l'un des deux de ces mandataires seulement prendra part aux votes. Mais cette réserve ne figure pas au mandat ; elle n'est que verbale.

La Chambre syndicale des corporations réunies du bâtiment, de Morlaix, a fait parvenir la somme de 5 francs réglementaire sans désigner de délégué. La Commission a pensé qu'il y avait lieu d'en désigner un d'office et elle vous propose de choisir le camarade Bourges de la Bourse de Rennes.

Chambre Syndicale des Plombiers.

   Id.   des Charpentiers.

   Id.   des Fumistes.

Le citoyen RIOM a donné les explications suivantes en ce qui concerne le mandat délivré par ces corporations. RIOM avait été choisi d'abord pour les représenter, mais à la suite du vote de la somme de 5,000 francs par la ville de Paris, elles ont pu se faire représenter directement. Le citoyen RIOM demande acte de cette situation.

La Chambre syndicale des Ouvriers Cordonniers de Fougères présente un triple mandat sans apposition de timbre.

En dehors de ces irrégularités la Commission croit devoir attirer l'attention du Congrès sur ce point que beaucoup de délégués acumulent un certain nombre de mandats. Vous aurez à vous prononcer sur l'étendue de ces mandats et sur le mode de votation à adopter. La question a été déjà soumise au Congrès de Toulouse et voici à titre d'indication à quelle disposition il s'était arrêtée à la suite d'une longue discussion :

« Les votes auront lieu par mains levées, et par conséquent, par délégué, à moins que le vote par appel nominal soit demandé par dix délégués.

» Dans ce cas, les délégués auront autant de voix qu'ils auront de mandats déterminés. »

A. RICHAR, CH. FOURNET, BATBIELLE, CIOR, M. CLAVERIE,<br>
J. MAYNIER, N. RICHER, CH. LEPHILIPPONNAT, G. BARLAN.

La Commission a reçu les mandats de 147 organisations ; elle présente des observations sur les mandats de la Chambre syndicale des ouvriers métallurgistes, la Chambre syndicale des chauffeurs, conducteurs, mécaniciens, le Syndicat national des chemins de fer, la Chambre syndicale de la corporation réunie du Bâtiment de Morlaix, les Chambres syndicales des plombiers, charpentiers, fumistes de Paris, la Chambre syndicale des ouvriers cordonniers de Fougères.

*Les Chemins de fer.* — Nous avons toujours envoyé deux délégués dans tous les Congrès. Le Syndicat national des chemins de fer est un peu méfiant; il envoie deux délégués pour qu'ils se contrôlent, pour qu'ils se complètent l'un l'autre. Mais il demeure entendu que jusqu'à ce que le Congrès en décide autrement, il n'y aura qu'un seul délégué à prendre part aux votes.

Lagailse, l'un des deux délégués, ajoute : « Guérard a un seul mandat et votera au titre du Syndicat National des Ouvriers et Employés des Chemins de Fer. Quant à moi, qui suis porteur de quatre autres mandats, je voterai au nom de ses organisations. »

*Le rapporteur.* — La Commission de vérification des pouvoirs partage cette manière de voir, cependant le Congrès a le devoir de se garantir de la sincérité du vote.

*Les Mécaniciens de Marseille.* — Puisque le délégué des chemins de fer s'est prononcé et a reconnu n'avoir pour l'instant qu'une seule voix, nous devons nous en tenir là, nous occuper de ce qui se fait au Congrès de Rennes.

*Le Comité fédéral des Bourses du Travail.* — La Fédération des Bourses du Travail demande que son délégué soit admis au Congrès quoique n'ayant pas de mandat écrit.

*Le rapporteur* décerne acte de la déclaration du Comité fédéral des Bourses du Travail et est d'avis de l'admettre.

*Les Métallurgistes de Fumel.* — Je déclare que notre Syndicat m'a bien délégué au Congrès. Le secrétaire de notre Syndicat fait ses 28 jours et n'a pu mettre le timbre du Syndicat sur mon mandat.

Je demande néanmoins, puisque le rapporteur ne s'y oppose pas, que mon mandat soit admis.

*Syndicat des Employés du département de la Seine.* — Je demande que le taux de la cotisation d'adhésion de ce Syndicat soit le plus tôt possible complété.

*Le Président.* — Le mandat du délégué de Fougères sera régularisé demain.

Sur ce point le délégué de la Chambre Syndicale Ouvrière des Coupeurs en Chaussures de Fougères fait remarquer qu'il est ici en vertu d'un mandat régulier et unique qu'il ne faut pas confondre avec celui des cordonniers.

Le rapport de la Commision, mis aux voix, est adopté.

*Lemaître,* Fédération des Peintres en batiment de la Seine. — J'ai mandat de ma Fédération de soulever une protestation sur le cas d'un délégué. Tout en ne voulant pas créer de personnalité et quoique la question soit d'intérêt local, je désirerais savoir quel est le mandat du camarade Beausoleil et quelles sont les Organisations qu'il représente au Congrès.

*Syndicat des Employés du département de la Seine.* — Je représente au Congrès la Bourse du Travail de Versailles, le Syndicat des Employés du département de la Seine, le Syndicat des Travailleurs de l'air comprimé et de l'électricité de la Seine.

*L'Union des Syndicats de la Seine.* — Le rapporteur de la Commission de vérification des pouvoirs a émis un vœu dans son rapport pour que tous les délégués aient des cartes en main pour voter.

Le rapporteur fait savoir que ces cartes vont être distribuées par les soins de la Commission d'organisation du Congrès.

Il est dit dans l'ordre du jour qui a été envoyé dans toutes les organisations, que tous les délégués devront avoir une carte ainsi que leur livret. Je demande des explications à ce sujet.

*Les Pâtissiers de la Seine.* — La carte ou le livret est suffisant ; il n'est pas nécessaire d'avoir les deux, un seul suffit.

*La Confédération générale du Travail.* — Citoyens, la Commission d'organisation des Congrès a cru devoir demander le livret ou la carte de syndiqué par mesure d'ordre, pour éviter plus facilement les Syndicats mixtes. Il y a des Syndicats qui ont le droit de siéger ici, et d'autres qu'on doit mettre à la porte.

*Le Mans.* — J'approuve la prévoyance de la Commission d'organisation du Congrès de ne pas accepter des individus sans mandat. Les nôtres sont réguliers puisqu'ils ont été admis par la Commission d'organisation.

*La Typographie parisienne.* — J'ai entendu la Confédération générale du Travail parler de Syndicats mixtes. Je désire savoir ce qu'elle entend par Syndicats mixtes.

*La Confédération générale du Travail.* — Les Syndicats mixtes sont composés de patrons et d'ouvriers. Jusqu'à ce jour, on n'a admis dans nos Congrès que les Syndicats ouvriers.

*La Fonderie de la Seine.* — Je désire poser une question au camarade Besombe. Est-il délégué de la Bourse du Travail de Paris ou de l'Union des Syndicats de la Seine?

*L'Union des Syndicats de la Seine.* — J'estime que tous les Congrès ont reconnu jusqu'à ce jour l'Union des Syndicats de la Seine. Le titre de la Bourse du Travail n'est pas la propriété des Travailleurs ; aussi sont-ils obligés de le remplacer par celui de l'Union des Syndicats de la Seine. J'ai siégé au titre de délégué de l'Union des Syndicats au Congrès des Bourses, où l'on m'a admis sans discussion. Appelez-moi délégué de la Bourse du Travail de Paris, qui n'existe pas, ou délégué de l'Union des Syndicats, cela m'est égal.

Une discussion assez longue s'engage sur cette question de la Bourse de Paris.

Le Président met aux voix la proposition d'admettre le camarade Besombe comme délégué de l'Union des Syndicats de la Seine. — Adopté.

*Toulouse.* — Je n'ai pas pu prendre part au vote, parce que je n'ai rien entendu ; il y a trop de bruit.

*Le Délégué du Livre.* — Je demande que chaque délégué ne prenne pas la parole plus de deux fois et pendant plus de cinq minutes chaque fois.

*Les Mécaniciens de Marseille*. — La proposition qui vient d'être faite n'est pas acceptable. Ne soyons pas longs dans nos explications, laissons les personnalités de côté, mais que l'on ne limite pas le droit à la discussion.

*Le Délégué du Livre*. — Il est évident que dans la proposition que je viens de faire, il ne faudrait pas comprendre les camarades qui ont émis une proposition. Ceux-ci pourraient prendre la parole pour répondre à toutes les questions qui leur seront posées.

*Dijon*. — J'estime que la discussion s'éternise beaucoup trop. Je demande que l'on passe à l'ordre du jour.

*La Métallurgie*. — Je voudrais savoir si les procès-verbaux seront imprimés et communiqués aux délégués. Je demande qu'il soit remis à tous les délégués une épreuve du compte rendu de chaque séance, tous les matins. L'année dernière, au Congrès de Toulouse, les délégués avaient été consultés sur le nombre de brochures qu'ils prendraient. Je crois que chaque délégué pourrait s'engager à prendre au moins 10 comptes-rendus du présent Congrès.

*Le Président* met aux voix la proposition suivante :

« Toute proposition pour un vote devra être formulée par écrit. » — Adopté.

*L'Union des Syndicats de la Seine*. — Je dépose une proposition qui doit venir en discussion en même temps que la question préjudicielle qui est en tête de l'ordre du jour.

Le Syndicat des Ouvriers en instruments de précision, fait la proposiion suivante :

« Le Syndicat des Ouvriers en instruments de précision propose de repousser sans discussion la question préjudicielle demandée par le Syndicat des Chemins de Fer et propose comme question préjudicielle la modification des articles 414 et 415 du Code pénal qui supprime les Syndicats ouvriers. »

*Les Mécaniciens de Marseille*. — Doit-on suivre l'ordre du jour établi, cela devrait être. Autrement, on n'a pas de mandat pour traiter des questions qui n'ont pas figuré à l'ordre du jour.

*La Typographie Parisienne.* — A mon avis, la question préjudicielle doit être discutée puisqu'elle a figuré sur l'ordre du jour ; repousser la proposition par la question préalable, c'est une injure à commettre envers un collègue, je ne puis m'y associer.

Plusieurs délégués demandent que la proposition des chemins de fer ne soit pas discutée. L'ordre du jour pur et simple est repoussé par le Congrès.

*Les Chemins de fer.* — Citoyens, je remercie le Congrès de ne pas avoir empêché le Syndicat des Chemins de fer de soutenir sa proposition tendant à ce que, dans les votes sur les questions de principe, on tienne compte de l'importance numérique des syndicats.

Au Congrès de Toulouse, il a été admis que les délégués aient le droit de représenter un nombre illimité de Syndicats, de sorte qu'un délégué représentant vingt Syndicats ayant ensemble 2.000 membres, disposait de vingt voix, alors que le représentant d'un Syndicat comprenant à lui seul 20,000 membres n'avait qu'une seule voix. Dans ces conditions, l'indication donnée par les votes est inexacte.

On dit qu'il ne faut pas que les grands Syndicats écrasent les petits ; nous sommes de cet avis, mais il ne faut pas que le contraire se produise.

Ce que nous désirons, c'est que, sur les questions de principe seulement, la grève générale, par exemple, on sache exactement. non pas le nombre de Syndicats, mais le nombre de syndiqués pour ou contre.

C'est la méthode adoptée par les Congrès des Trades-Unions d'Angleterre, ainsi que par les mineurs de France ; elle a pour résultat de mieux faire connaître les tendances des travailleurs.

Le vote proportionnel a d'ailleurs été admis dans les assemblées d'actionnaires de la Verrerie Ouvrière où les Organisations ont droit à un nombre de voix basé sur le nombre d'actions qu'elles possèdent.

Nous ne demandons pas que le Syndicat des Chemins de fer dispose de 60,000 voix, mais nous voudrions que l'on adopte un système quelconque qui fasse disparaître l'abus que l'on a constaté à Toulouse et qui se renouvelle aujourd'hui.

D'autre part, chaque année on perd un temps précieux à discuter la réglementation du Congrès. Il serait bon qu'une fois pour toutes on établisse un règlement qui trancherait les questions de détail qui reviennent en discussion à tous les Congrès.

Je conclus en demandant que la Confédération générale du Travail étudie notre proposition et qu'elle prépare un règlement qui sera discuté au prochain Congrès. On évitera ainsi des pertes de temps.

*Les Cochers-Livreurs de Paris.* — Dans mon Syndicat, on n'a pas pris en considération la proposition des Chemins de fer. Si vous donnez plusieurs voix au Syndicat des Chemins de fer, vous découragerez les militants. Nous avons cru qu'il n'y avait pas lieu de voter la proposition, ni de donner une trop grande prépondérance au Syndicat des Chemins de fer.

*Le Mans.* — Je repousse la proposition : c'est une preuve que si un syndicat prospère a une grève et qu'il vient à perdre une grande partie de ses membres, il arrive à tomber. On ne peut donc pas admettre que ce syndicat ne soit pas intéressant, et son mandat vaut plus par la qualité que par le nombre.

*La Typographie Parisienne.* — Dans notre Syndicat, nous avons depuis longtemps étudié cette question ; aussi avons-nous été heureux de la voir figurer à l'ordre du jour.

Nous y souscrivons entièrement parce qu'elle nous paraît rationnelle. La représentation proportionnelle ou progressive, ne peut, à mon avis, soulever aucun débat, la logique en découle, et prétendre que ce système n'est pas démocratique, c'est commettre la plus grosse hérésie.

Personne ne s'élève contre ce qui existe que le département de la Seine ait quarante-deux députés alors que d'autres départements n'en ont que trois, c'est que chacun comprend que cette différence est la conséquence du nombre d'électeurs.

Si on ne veut pas admettre la proportion demandée par les chemins de fer, ces derniers peuvent fonder des syndicats dans toutes les villes où ils ont des sections. De plus, dans les chemins de fer il y a des ouvriers de toutes les professions ; si encore les chemins de fer font des syndicats pour chaque spécialité et que ces syndicats viennent au Congrès, à eux seuls ils seront la majorité. Ils nous écraseront tous. Nous ne pourrons pas les récuser.

Qu'est-ce qu'un Congrès ? C'est une réunion des délégués de tous les syndicats qui viennent discuter en commun sur des questions qui les intéressent. Si par un coup de baguette magique on pouvait amener dans une salle de Congrès tous les ouvriers syndiqués, au moment de passer au vote n'y admettrait-on pas tous ces syndiqués ? Eh bien, leurs organisations sont représentées au Congrès et demandent à être traitées en conséquence.

Dans les Bourses du travail les cotisations sont basées sur le nombre des syndiqués ; cela ne souffre aucune difficulté. On connaît très exactement les effectifs dont on dispose.

Le jour où les décisions de nos Congrès seront suivies du nombre d'ouvriers qui font partie de la majorité ou de la minorité, ces décisions auront plus de valeur.

*Le Comité fédéral des Bourses du travail.* — En lisant le texte de la proposition préjudicielle, nous avions cru que le syndicat des Chemins de fer s'était décidé à reconnaître le peu de valeur des votes des Congrès, nous pensions, par suite, que, suivant lui, les Congrès devaient cesser d'être des Parlements et, pour arriver à supprimer les mesures de défiance mutuelle demandées à l'ouverture de chaque Congrès par les syndicats, de même que les inconvénients de résolutions totalement méconnues, devaient se transformer en lieux d'étude, propres à faire connaître les tendances économiques diverses qui se partagent le prolétariat. Comme nous nous sommes trompés, nous reprenons, nous — pour l'élargir —

la proposition des Chemins de fer et nous demandons qu'en instituant désormais le vote par nombre de syndiqués adhérents, au lieu de conserver le vote par syndicat ou par délégué, les Congrès remplissent leur but, qui est de permettre de savoir combien d'hommes admettent ou repoussent tel principe ou telle mode d'action ouvrière, sans prétendre — ce qui n'a pas de sens — que les minorités doivent non seulement subir mais défendre les principes qui blessent leur conscience.

*Pouget,* L'INDUSTRIE LAINIÈRE, REIMS, appuie ce que vient de développer Pelloutier ; il serait heureux que les Congrès en arrivent à une conception plus exacte de leur réunion ; ils doivent être des propagandistes, des éducateurs et non des légiféreurs. Au lieu de formuler des décrets, il faut dégager l'orientation des groupements. En venir à cette tactique serait mettre fin aux zizanies regrettables qui naissent de la votation et de la division en majorités et minorités.

*Le Président.* — J'ai reçu la motion d'ordre suivante, signée BOURGES et LAGAILSE :

En raison de l'exiguïté du local où se tient le Congrès national corporatif, le Congrès désigne une délégation qui se rendra auprès de la Municipalité pour lui demander de continuer l'hospitalité qu'il lui a accordée, en mettant à sa disposition un local plus spacieux.

La Commission d'organisation, consultée, croit que la Municipalité de Rennes s'empressera d'accéder à ce désir.

BOURGES, LAGAILSE.

Les camarades BOURGES, CARMANTRAN et LAGAILSE sont désignés pour se rendre près de la Municipalité.

*Fonderie de cuivre de Paris.* — Je ne pourrai pas voter pour la proposition des Chemins de fer, notre syndicat s'y oppose. Il n'est pas possible de réunir en un seul faisceau tous les ouvriers de même profession et ceux des professions similaires.

*L'Union du Bronze.* — Dans les Congrès internationaux, ce sont les petites puissances comme la Roumanie, la Serbie qui ont fait échouer tout ce qui était bon et qu'approuvaient les organisations d'Angleterre, d'Allemagne, de France. Je m'en tiens à la proposition des Chemins de fer.

*Le Bâtiment de Paris.* — Le Bâtiment déclare illogique que les corporations qui ont davantage l'esprit syndical, parce que, travaillant dans de grandes administrations, elles sont faciles à grouper, majorent celles qui, plus nombreuses mais plus dispersées, se syndiquent difficilement. Il serait alors plus rationnel de prendre comme base le nombre d'ouvriers des corporations plutôt que celui des Syndicats qui n'est nullement relatif. Quant au système parlementaire, on est suffisamment édifié si l'on considère que sur 10 millions 1/2 d'électeurs, 4 millions 1/2 sont représentés et que certaines décisions sont prises par des majorités représentant 1 million 1/2 d'électeurs. Voilà qui n'engage guère à recourir à ce procédé.

*Les Tailleurs de Paris.* — Tout le monde sent qu'il y a quelque chose d'anormal dans la proposition des Chemins de fer. Mais on ne demande pas que ce soit tranché aujourd'hui.

Le camarade LAGAILSE rend compte de son mandat. La Municipalité met une des salles de la Mairie à la disposition du Congrès pour demain matin, neuf heures. Le Maire invite en outre tous les Congressistes à venir à une réception d'une délégation du Conseil Municipal. Monsieur le Maire a cru devoir ajouter que la municipalité serait heureuse dans la circonstance d'offrir un champagne et de boire à la prospérité des travailleurs.

La discussion reprend sur la question du vote préjudiciel. Les camarades du Comité fédéral des Bourses, de la Fédération des Employés de la Seine, de Montpellier, du Mans, du bâtiment, parlent dans le même sens et appuient la proposition des Chemins de fer avec différents amendements.

*L'Union des Syndicats de la Seine.* — Les Chemins de fer ont pu grouper tous les ouvriers des Compagnies autour de leur Syndicat, parce qu'ils n'avaient affaire qu'à un seul patron. Ce n'est pas la même chose pour les ouvriers qu'on spécialise.

Pour répondre au délégué des Chemins de fer, qui reproche aux organisateurs de ne pas se conformer aux décisions des Congrès, il fait remarquer qu'au moment de la déposition de la loi Merlin-Trarieux, le Congrès des Chemins de fer avait voté contre la grève générale, ce qui n'empêchait pas ses délégués de voter pour dans les Congrès ouvriers.

*Les Chemins de fer* refusent de satisfaire la curiosité de l'*Union des Syndicats de la Seine* qui désire savoir si leur Syndicat a voté la grève générale lors de la discussion de la loi Merlin-Trarieux.

Le rapporteur de la commission de vérification des mandats donne communication de quatre nouveaux mandats.

*L'Union des Employés de la Seine* demande au Congrès de se prononcer et de dire que si un Syndicat a cinq délégués, il devra payer pour cinq délégués.

*Le Président* donne lecture des propositions qui sont faites au Congrès.

« La Confédération du Travail est chargée d'établir pour l'avenir un règlement des Congrès, en s'inspirant non seulement des usages établis, mais encore des discussions antérieures et actuelles.

» En outre, le présent Congrès décide dès maintenant que, dorénavant, un délégué ne pourra être muni que de trois mandats au maximum. »

*Proposition du Syndicat des Chemins de Fer.*

Par ordre,

E. Guérard.

« Le Syndicat des Estampeurs et Découpeurs sur métaux, et le Syndicat des Acheveurs coquilleurs du département de la Seine proposent que les Syndicats n'aient droit qu'à une voix, et les Fédérations aient droit à cinq voix, en tenant compte de la minorité. »

*Le Délégué*, Nicoud.

« Je proteste contre la question préjudicielle, étant mandaté

par la Chambre syndicale des Ouvriers en Voitures de Paris
de voter contre. »

*Le Délégué,* AUBERTIN.

« Le Syndicat des Ouvriers en Outils à découper combat
énergiquement la question préjudicielle et engage toutes les
organisations à la repousser. »

*Le Délégué,* CIOR.

« Au nom des Travailleurs du Livre, je propose la représentation proportionnelle suivante :

| De | 10 à | 500 | syndiqués. | 1 voix. |
|----|------|-----|-----------|---------|
| — | 500 à | 1.000 | — | 2 — |
| — | 1.000 à | 2.000 | — | 3 — |
| — | 2.000 à | 4.000 | — | 4 — |
| — | 4.000 à | 6.000 | — | 5 — |
| — | 6.000 à | 8.000 | — | 6 — |
| — | 8.000 à | 10.000 | — | 7 — |
| — | 10.000 à | 15.000 | — | 8 — |
| — | 15.000 à | 20.000 | — | 9 — |
| — | 20.000 à | 25.000 | et au delà | 10 — |

» Si les Syndicats compris dans une Fédération sont
représentés au Congrès, la Fédération représentée par un
délégué n'aura droit qu'à un nombre de voix proportionnel
au nombre de Sociétaires non représentés par les autres
délégués de sections adhérentes à ladite Fédération. »

BATBIELLE.

« Au nom de la Chambre syndicale des Ouvriers Serruriers et parties similaires du département de la Seine, j'ai
l'honneur de déposer la proposition suivante : que les votes
se fassent par organisations et non par nombre numérique.
» Décision prise en assemblée et repousse la question
préjudicielle. »

*Le Délégué,* LEBRET.

« La Société générale des Ouvriers chapeliers de France ainsi que la Chambre syndicale des Ouvriers et Ouvrières en chapellerie de Paris, demandent à ce que la question au point de vue de la représentation numérique, soit soumise à toutes les Fédérations et Syndicats pour y être étudiée d'une façon approfondie qui sera soumise au prochain Congrès ; et quel que soit le nombre de délégués envoyés par chaque Fédération ou Syndicat, devra payer pour chaque délégué, et passe à l'ordre du jour avec la clôture. »

ALLIBERT.

« Considérant qu'il y a lieu de mettre fin aux mesures de défiance mutuelle qu'impose à tous les Congrès ouvriers, la recherche d'un mode de votation égalitaire ;

» Que le moyen d'y mettre fin, c'est-à-dire de sauvegarder les intérêts de toutes les organisations, et, pour voir les choses de plus haut, les intérêts de la cause ouvrière elle-même, c'est de permettre à tous les syndicats, quelle que soit leur importance, d'exprimer librement et hardiment leur opinion sans avoir à se demander s'ils ne seront pas victimes de majorités irrégulières ;

» Le Congrès invite sa Commission de la question préjudicielle à examiner les deux résolutions suivantes :

« 1° Les votes sur les questions de principe auront lieu en tenant compte de l'importance numérique absolue des syndicats ;

» 2° Ces votes ne seront considérés que comme le moyen de dégager les diverses tendances économiques du prolétariat. »

COMITÉ FÉDÉRAL DES BOURSES DU TRAVAIL.

« La Chambre syndicale des Métallurgistes de Fourchambault, soutient énergiquement la propositions des Chemins de Fer et invite le Congrès à voter pour cette proposition. »

*Le délégué,* GOUMET.

« Le Bâtiment demande le renvoi de *toutes* les propositions à la Confédération pour un rapport sur *toutes* sans décision définitive. »

Le délégué, Riom.

*Le Syndicat général des Garçons de magasin, Cochers-Livreurs et Parties similaires de la Seine*, dépose le rapport suivant sur la question préjudicielle :

Nous estimons qu'un Syndicat, quel qu'il soit, ne doit jamais se prévaloir du nombre de ses adhérents ; que, s'il en était ainsi, certains Syndicats acquéreraient une trop grand grande prépondérance et par cela même supprimeraient le droit des minorités La conclusion de ceci, c'est que tous les Syndicats doivent être égaux et avoir les mêmes droits.

Notre Délégué devra donc voter contre cette proposition.

Rapport adopté en assemblée générale, à Paris, le 4 septembre 1898.

Le délégué, F. Roche.

Le délégué de la Bourse du Travail de Dijon propose d'adresser à tous les Syndicats les propositions déposées au Congrès de Rennes, concernant le mode de votation dans les Congrès.

Cette proposition n'a pas été adoptée.

La proposition de la Fédération des Bourses est prise en considération par le Congrès.

*L'Union des Employés de la Seine.* — Il y a une autre question préjudicielle qui devrait venir en discussion en ce moment.

*L'Union du bronze* demande le renvoi de la discussion de cette question lorsque le rapport de la grève générale viendra en discussion.

*Les Chemins de fer* demandent si le Congrès entend passer à la discussion sur les mandats multiples.

*Le bâtiment de Paris.* — On peut mettre cette question en tête de l'ordre du jour du Congrès : il sera exécutoire dès l'instant où il sera voté.

*L'Union des Syndicats de la Seine.* — Sur les questions de principe, on votera par appel nominal, et pour les autres votes, à mains levées, chaque délégué n'ayant droit qu'à une voix. — Adopté.

Adopté également à 5 le nombre de mandats que pourra avoir chaque délégué.

*Le Mans* demande comment on fera pour représenter une ville où il y aura 17 Syndicats.

*L'Union des Syndicats de la Seine* dit qu'on les répartira entre tous les délégués.

*Le Bâtiment de Paris* propose qu'une adresse, solidarisant le Congrès avec les terrassiers en grève, soit jointe à une collecte en leur faveur.

*Le Mans* demande la même faveur pour les camarades du Mans qui sont en grève.

Sur la proposition du délégué des Cartouchiers d'Issy-les-Moulineaux, un vote de sympathie est envoyé aux Terrassiers de Paris.

*Le Délégué du Livre*. — Citoyens, s'il est une question à l'ordre du jour qui intéresse tous les travailleurs, c'est, sans contredit, la troisième traitant des adjudications; le Secrétaire Général de la Fédération du Livre ayant fait un remarquable rapport sur cette question, notre Fédération a décidé de mettre gratuitement à la disposition des congressistes un exemplaire de ce rapport.

La séance est levée à 6 heures.

---

## TROISIÈME SÉANCE

### Mardi 27 septembre 1898 (matin)

La séance est ouverte à 9 heures du matin.

Président : *Roche*; assesseurs : *Ternet* et *Corompt*.

La parole est au rapporteur de la Commission de vérification des pouvoirs. Il demande au Congrès d'accepter les nouveaux délégués dont les mandats sont arrivés depuis hier. — Adopté.

Il est donné lecture des procès-verbaux des deux premières séances du Congrès.

Sur les observations présentées aux procès-verbaux, il est décidé que les rectifications devront être notifiées par écrit, signées, et parvenir au bureau où on en tiendra compte. Il est en outre décidé que, dans le but de faciliter la rédaction des procès-verbaux, chaque orateur donnera son nom ainsi que celui de l'organisation qu'il représente; qu'une première épreuve sera communiquée aux délégués avant l'adoption définitive du procès-verbal.

La Commission de vérification des pouvoirs soumet au Congrès le mandat du camarade Hamelin représentant l a Verrerie Ouvrière. — Adopté.

*Le Président* donne lecture d'une lettre de la Municipalité de Rennes invitant tous les membres du Congrès à une réception à la Mairie de Rennes pour le mardi soir à neuf heures. La Municipalité est heureuse d'offrir le champagne à tous les congressistes.

*Le délégué de la Brosserie de Paris.* — Je propose au Congrès qu'il soit désigné un camarade qui prendra la parole au cours de la réception à la Mairie de Rennes pour remercier le Maire et la Municipalité de la généreuse hospitalité offerte aux Congressistes.

*Le délégué des Travailleurs du Livre, de Paris*, appuie la proposition précédente. Il demande qu'une commission soit nommée pour arrêter le sens des remerciements qui seront adressés à la Municipalité Rennaise.

Les camarades CLAVERIE, GUÉRARD, HAMELIN, LAGAILSE, LAUCHE sont désignés pour faire partie de cette Commission.

*Délégué des Cuirs et Peaux de Paris.* — On oublie d'appliquer les décisions prises par le Congrès. L'appel nominal n'a pas été fait à l'ouverture de la séance. Je demande que l'appel soit fait.

*Le Président* fait savoir au Congrès que l'on n'a pas sous

la main la liste d'appel ; qu'elle est restée dans la salle où ont eu lieu les deux premières séances. Il sera procédé à l'appel nominal dès que cette liste sera communiquée au bureau.

*Mécaniciens de Marseille.* — Je propose qu'il soit demandé quelqu'un pour faire l'appel à toutes les séances.

Cette proposition est adoptée et le délégué de Marseille est chargé de son application.

La parole est donnée au camarade Lagailse, secrétaire de la Confédération du Travail, pour la lecture du rapport du Conseil national.

*L'Union des Syndicats de la Seine.* — Je trouve qu'il est absolument inutile de donner lecture du rapport du Conseil national, qui est imprimé et que tous les délégués du Congrès ont en leur possession.

*Fédération des Bourses.* — J'aurais été de l'avis de l'Union des Syndicats de la Seine si la Fédération des Bourses avait pu, comme le Conseil national de la Confédération générale du Travail, mettre à la disposition des membres du Congrès le compte-rendu du Comité fédéral des Bourses du Travail. Le Comité fédéral des Bourses n'a pas pu prévoir les attaques dont il serait l'objet de la part du Conseil national ; s'il l'avait prévu, il aurait fait imprimer suffisamment de comptes-rendus pour les mettre à la disposition du Congrès. Or, si on ne lit pas le rapport du Conseil national, il ne pourra être donné lecture de celui du Comité fédéral des Bourses du Travail, qui est attaqué dans le rapport du Conseil national.

Je demande, en conséquence, que le Congrès permette la lecture du rapport du Conseil national, afin de permettre au Comité fédéral des Bourses de lire son rapport.

*Fondeurs typographes.* — Je demande que le camarade Lagailse ne donne pas lecture du rapport entier, mais des passages intéressants, et qu'il veuille bien fournir des explications au fur et à mesure. Cette proposition est appuyée par l'Union des Syndicats de la Seine et par le Comité fédéral des Bourses du Travail.

Le Congrès, consulté, l'adopte également.

Le Secrétaire du Conseil national de la Confédération générale du Travail donne lecture du rapport du Conseil National.

# RAPPORT du CONSEIL NATIONAL

## PREMIÈRE PARTIE

Citoyens,

l'our la troisième fois, nous voici devant les délégués du prolétariat.

Vous allez être juges et vous aurez à vous prononcer sur ceux qui avaient accepté la direction de cette organisation sur laquelle espèrent bon nombre de travailleurs.

Au nombre des citoyens délégués par leur organisation et qui composaient le Conseil dont le mandat expire aujourd'hui, il en est plusieurs qui sont de la première heure et qui depuis l'existence de la Confédération sont là, sur la brèche — chaque année leur organisation ayant cru devoir leur maintenir leur mandat.

Ces citoyens n'ont pas hésité dans la tâche qui leur incombait, et n'ont pas marchandé les heures de travail qu'ils devaient apporter après leur journée terminée.

Militantisme tout d'abnégation, puisqu'il n'existe, quelles que soient les attributions, aucune rétribution ni salaire pour les membres qui composent ledit Conseil.

Nous devions tout d'abord exposer ce fait, pour cette raison que certaines critiques ont été faites.

On prétend que la propagande que nous aurions dû faire aurait laissé à désirer.

De pareilles exigences s'expliqueraient peut-être autant qu'un secrétaire permanent serait à la tête de notre organisation. Et vous seriez alors en droit de lui demander compte de son temps.

Ceci dit, qu'il nous soit permis, pour un instant, de revenir en arrière de quelques années et d'examiner les motifs qui avaient fait décréter à Limoges la création de cette organisation centralisatrice.

Bien avant le Congrès de Londres les partis politiques avaient nettement déclaré que l'action économique n'était que secondaire pour l'émancipation des peuples, les organisations ouvrières relevèrent ce défi et les groupes corporatifs s'émurent de ce peu de valeur qu'on accordait, dans certains milieux, à leur action, et tinrent à prouver qu'ils n'étaient pas quantité aussi négligeable que cela pouvait être dans l'esprit de ces politiciens.

*Alors était née l'idée d'une grande organisation du travail.*

Aux premières rumeurs, les partis politiques partirent en guerre dans leurs journaux, et la bourgeoisie, dans la personne d'un ancien ministre des travaux publics, un ancien radical, qui jadis invitait les cheminots en résidence à Paris à danser dans son hôtel, nous avons cité M. Yves Guyot, disait : « Ce sera le quatrième Etat avec lequel il faudra que comptent les gouvernants ». Et aussi s'empressait-il d'indiquer comment on devait lui tordre le cou.

Nous devons reconnaître que, pris dans un autre milieu, il est des hommes qui se sont empressés d'exposer la situation sous son véritable jour.

Le citoyen Edouard Vaillant, dans le *Rappel des Travailleurs*, organe de la Fédération des Travailleurs socialistes de l'Est, à la date du 13 septembre 1896, disait dans un article « leader », ayant pour titre : *La Confédération générale du Travail :*

## LA CONFÉDÉRATION DU TRAVAIL

Si même, et cela est faux, le Congrès de Londres n'avait pas fortifié l'union, l'organisation internationale des socialistes, il aurait rendu au socialisme français le plus grand des services en l'obligeant à un véritable examen de conscience, à la suite d'incidents divers où il a été mis sur la sellette et où on lui a reproché de ne pas ressembler assez aux autres, de ne pas être façonné suivant le modèle breveté, d'être trop varié, divers et libre.

Il y aurait une part de vérité dans la critique, mais combien plus encore d'erreurs ! Les initiateurs se fourvoient en frayant les chemins où passeront ensuite allègrement ceux qui les suivent. Cependant, loin de renier cette histoire qu'ont faite, avec les circonstances, le génie et le tempérament de la race, le parti de la Révolution, en France, doit chercher à le développer en l'éclairant, en éclairant, en rectifiant sa marche, son organisation, son action

On ne subit pas impunément des désastres comme ceux de la Commune, des massacres de Paris, de la Terreur et de la proscription Versaillaise. Pendant de longues années, il n'était pas possible, sous peine de fusillade et de déportation, de relever le drapeau des vaincus, et c'était tout au plus si les vainqueurs permettaient aux ouvriers de s'occuper de leurs intérêts de métier, de la défense de leurs salaires, de l'amélioration de leurs conditions de travail. Ce fut la renaissance timide d'abord des syndicats, rapidement grandissante par suite du progrès industriel.

Peu à peu la France démocratique échappait à l'étreinte réactionnaire; le socialisme réapparaissait dans les congrès ouvriers; l'amnistie rappelait les proscrits, et la lutte politique, c'est-à-dire active, recommençait. Elle prenait le caractère que lui donnaient les circonstances, l'inorganisation, la contagion du milieu.

Les partis ouvriers se formaient de syndicats qui, ainsi, en même temps que les groupes corporatifs, devenaient des groupes politiques.

Ce fut la grande cause d'interruption et d'échec de l'organisation économique du prolétariat français. Un syndicat adhérait à un parti politique, et aussitôt sa croissance s'arrêtait. Les ouvriers de la même corporation, qui ne partageaient pas les idées du parti auquel leur syndicat adhérait, devaient ou rester en dehors de toute organisation, ou former un nouveau groupement corporatif, qui, le plus souvent, par une même et funeste erreur, génératrice de divisions nouvelles, adhérait à un autre parti et entrait en conflit, plus ou moins avoué, avec le syndicat rival. Nous avons vu à l'origine de la Bourse du Travail le tableau de ces divisions.

Elles diminuent, assurément, mais elles n'ont pas encore disparu et il faut les faire disparaître. Il faut pour cela achever l'évolution qui les a fait décroître.

Quand syndicats et groupes ainsi divisés et hostiles se sont rencontrés dans la Bourse du Travail, ils n'ont pas été longtemps à reconnaître que, d'accord sur toutes les questions économiques, ils n'étaient séparés que par la politique. Aucun n'avait envie d'être mangé par le voisin, qu'il avait le très visible désir d'absorber dans son organisation politique. La force des choses et la nécessité de la lutte contre le capitalisme engendrèrent une neutralité politique qui rendait possible une action économique commune.

C'est ainsi que le prolétariat français s'acheminait à cette conclusion que nous n'avions cessé de lui demander d'adopter : la formation d'une organisation exclusivement économique pour une action exclusivement économique. Sur la proposition de nos amis, le Congrès de Limoges a enfin reconnu cette vérité et décidé que la confédération du travail serait formée en dehors de toute adhésion et ingérence politiciennes.

La confédération du travail est une organisation strictement économique, formée des syndicats redevenus groupes exclusivement corporatifs et fédérés dans le pays entier, avec les Bourses du Travail pour centre d'une organisation unitaire et foyers de l'action économique de la classe ouvrière contre la classe capitaliste.

A cette condition seule, peuvent disparaître des syndicats et de la confédération du travail toutes les causes de désunion; à cette condition seule, peuvent s'unir, dans une même organisation et pour une action coordonnée et efficace, toutes les forces de la classe ouvrière.

Les faits ont tellement montré la nécessité, la valeur de cette décision, qu'il n'y a pas de doute qu'elle ne soit prise. Et comme chacun sait que toute organisation est animée de l'esprit des militants qui la dirigent, il est certain que les syndicats devenus ainsi la forme organisée des revendications économiques du prolétariat, seront, quelque variées que soient les opinions de leurs membres, animés de l'esprit, de l'énergie socialiste et que c'est une vraie et ardente guerre sociale, émancipatrice du travail, qu'entreprendra et mènera contre le capitalisme la confédération du travail.

Sur cette question donc il y a toute chance que tous s'entendent. Cela sera plus facile que pour la question de l'action politique étrangère, d'ailleurs, aux délibérations de Tours, et non moins évidente pour nous, mais encore si obscure pour tous ceux qui n'ont pas compris qu'à chaque fonction il fallait un organe distinct et correspondant et que le même militant qui, dans son syndicat et dans la confédération du travail, mènerait la lutte économique devait, dans son parti, mener la lutte efficace entre toutes, la lutte politique, la lutte électorale et révolutionnaire. Certains ne considérant que les inconvénients des discussions politiciennes des syndicats qui ont fonctionné comme groupes politiques au lieu de reconnaître la nécessité de réformer l'organisation sur des bases nouvelles, ne voient plus que l'utilité de l'action spéciale conforme à leur tempérament et nient tout le reste. C'est ainsi que plus d'un organisateur de syndicat en arrive à nier l'action politique, ne pensant pas que si son avis prédominait, le prolétariat resterait désarmé devant le capitalisme maître du pouvoir sur le champ de bataille où il importe le plus de vaincre, car c'est là où il conquerra son émancipation.

En tout cas, et comme c'est là le point initial de cette double, distincte et nécessaire organisation, nous espérons qu'à Tours les délégués des syndicats seront à la hauteur de leur mandat, qu'ils achèveront l'œuvre commencée à Limoges en donnant à la classe ouvrière française l'instrument organisé de la lutte économique contre la classe capitaliste, l'organisation indépendante de toute adhésion, ingérence et immixtion politicienne qui doit être, que sera la confédération du travail. »

Nous avons tenu à faire passer cette étude sous vos yeux, car notre conviction est que cette conception de l'union des forces ouvrières est bien celle que nous avons comprise, et la compétence d'un vieux lutteur, comme le citoyen E. Vaillant, était pour nous une indication qui n'était pas à dédaigner.

Pour tous ceux qui ont conscience de la situation faite au prolétariat, devant l'antagonisme du capital, qui tend à monopoliser de la plus petite à la plus grande industrie, devant le machinisme puissant, notre plus terrible ennemi, il est certain que si les travailleurs ne savent se grouper économiquement; si en face du capital exploiteur, le prolétariat n'oppose pas une autre puissance, c'en est fait de ses revendications.

———

Ceci exposé, nous entrons dans la voie des travaux accomplis pendant l'exercice 1897-98.

Suivant les indications données par le Congrès, le Conseil national fit appel à la Fédération des Bourses pour former ses commissions.

Dès ce premier début, nous fûmes fixés sur l'esprit de certains camarades. Pelloutier, qui dirigeait les rouages, avait pris ses dispositions.

Dès la première réunion, il avait été décidé dans ce milieu, d'éliminer les camarades qui composaient le bureau.

Bien que les statu's ne prévoyaient pas que le bureau dût être pris ailleurs que parmi les membres délégués par les Fédérations de métiers, la Fédération des Bourses entendait avoir comme électeurs tout son contingent, c'est-à-dire plus de quarante délégués.

Afin de montrer que sur cette question nous ne voulions pas faire obstacle, nous accédâmes.

Et leurs candidatures eurent lieu.

Un des leurs, le citoyen Delesalle, fut nommé secrétaire-général-adjoint. Nous verrons plus tard comment il s'acquitta de sa tâche......

La grève des mécaniciens anglais battait son plein. Nous crûmes qu'il était de notre devoir de nous préoccuper de la situation de nos frères du prolétariat. Aussi décidâmes-nous de lancer une circulaire invitant toutes les organisations à venir en aide à nos camarades.

En voici la teneur :

## CONFÉDÉRATION GÉNÉRALE DU TRAVAIL

Secrétariat : **53, rue du Commerce, PARIS-GRENELLE**

———

## APPEL A LA SOLIDARITÉ

### en faveur des Ouvriers Mécaniciens anglais

———

AUX CAMARADES DE FRANCE ET DES COLONIES.

Camarades,

Depuis des mois nos camarades, les mécaniciens d'Angleterre, luttent pour la journée de huit heures.

Le patronat qui, dans ce pays, avait fait de ce droit un principe (puisque plusieurs l'avaient accepté) vient une fois encore de faillir à la parole donnée.

Certains patrons sont revenus sur ce qu'ils avaient admis, et se déjugent dans l'accomplissement d'engagements librement consentis envers les travailleurs.

Ce défi, jeté à la face du prolétariat, les camarades d'outre-Manche l'ont relevé comme l'imposait un tel acte de félonie, et, après s'être mûrement concertés, ont déclaré la *Grève*.

Les exploiteurs du travail savaient qu'ils allaient se trouver en face d'une organisation ouvrière des plus puissantes, mais, comme en toutes circonstances, ils ont pensé qu'après avoir épuisé leur caisse, la faim, cette mauvaise conseillère, viendrait apporter le découragement dans leurs rangs.

Aussi semblent-ils peu se préoccuper du mouvement qui s'opère et, lâchement, auprès d'une table bien servie, attendent-ils l'heure où, à bout de ressources, les travailleurs viendront faire amende honorable.

Citoyens, il ne faut pas que leur rêve s'accomplisse. Au prix des plus grands sacrifices, il faut que les travailleurs de toutes les nations apportent, non seulement la modeste obole qu'en chaque occasion ils ont toujours donnée, mais s'imposent plus encore, pour le triomphe de cette cause.

Si nos camarades étaient vaincus malgré une telle abnégation de leur part, malgré tant de solidarité, il serait à désespérer, pour longtemps, qu'une semblable lutte pût s'engager à nouveau.

Camarades, ce n'est pas les travailleurs qui ont élevé les frontières, et tous les producteurs manuels ou intellectuels, à quelque pays qu'ils appartiennent, doivent se considérer comme les fils de cette grande famille : *Le Prolétariat !*

La cause des travailleurs anglais devient aussi la nôtre, et nous devons apporter tous nos efforts pour la voir réussir.

Pour cela, il faut que chaque Syndicat, Bourse du Travail, Fédération nationale d'industries ou de métiers, en un mot, que le prolétariat tout entier s'anime et que, par tous les moyens possibles, souscriptions, fêtes, réunions, etc., il apporte les gros sous qui sont indispensables pour l'accomplissement de la victoire ouvrière

Montrons aux exploiteurs que les travailleurs sont frères dans la lutte pour la vie comme dans le devoir.

Si nous savons nous sentir les coudes, les camarades qui combattent dans un but qui nous est commun seront *victorieux*.

L'heure est solennelle ; travailleurs, debout !

Le Comité confédéral.

Pour toute la correspondance, s'adresser au citoyen A. Lagailse, secrétaire général de la Confédération, 53, rue du Commerce, Paris.

Et les envois de fonds au citoyen Copigneaux, trésorier, 23, rue Pouchet, Paris.

*Les Listes de Souscriptions seront publiées par la Presse parisienne.*

Vous trouverez plus loin le résultat pécuniairement obtenu.

---

Dans nos travaux il fut décidé de faire une consultation sur la situation économique des travailleurs. A cet effet, par la voie de la presse nous avisâmes les organisations ouvrières qu'une circulaire allait être lancée par nos soins et nous invitions lesdites organisations d'y faire le meilleur accueil.

Nous avons recueilli des renseignements de la plus haute importance au point de vue des conditions du travail.

Bon nombre de camarades y ont apporté, non pas que de la bonne volonté, mais encore plusieurs nous ont fourni des pages historiques de leur industrie qui ont une grande valeur et que nous saurons mettre à profit.

Nous croyons devoir reproduire ici cette demande de renseignements, certains que plusieurs organisations qui ne nous ont pas répondu, comprendront dans ce rapport toute l'importance de cette statistique et se feront un devoir de la reprendre pour nous fournir les renseignements demandés.

Bien que le *nota* indique que les réponses devront nous parvenir fin février au plus tard (février 1898) nous disons aux camarades que les renseignements qui nous seront fournis trouveront place dans le travail en préparation.

Nous publions ci-dessous la note communiquée par la presse à la date du 4 janvier 1898, et reproduite par l'*Aurore* et la *Petite République française.*

*Paris, le 4 janvier 1898.*

### AUX TRAVAILLEURS FRANÇAIS

Les Bourses du Travail, les Syndicats ouvriers ainsi que tous les militants qui désirent faire œuvre prolétarienne, sont priés de nous aviser aussitôt qu'une grève partielle se produira dans leur centre ou reviendra à leur connaissance.

La Confédération générale du Travail qui vient de faire établir un questionnaire s'empressera de l'adresser aux organisations en heurt avec le capital, afin d'être renseignée sur la situation économique faite aux travailleurs.

A l'aide de ces renseignements, le Comité confédéral espère démontrer à ceux qui prétendent que tout est pour le mieux dans le monde du travail, quelles sont les misères subies en France par les producteurs de la fortune publique.

Cet exposé n'a pu être fait jusqu'à ce jour que par un service qui relève directement *du pouvoir*, documenté par des personnages officiels et conséquemment susceptibles d'erreurs plus ou moins volontaires.

En cette circonstance, comme en toute autre, et dans l'intérêt de la vérité, les travailleurs doivent faire leurs affaires eux-mêmes.

Tous les camarades manuels ou intellectuels comprendront quelle importance s'attache à ces renseignements et nous ne saurions trop leur recommander d'apporter le plus grand soin dans leur établissement.

*Le Secrétaire général,*
A. LAGAILSE.

• Un deuxième questionnaire vient d'être adressé à toutes les organisations ; prière d'y attacher beaucoup d'importance.

# CONFÉDÉRATION GÉNÉRALE DU TRAVAIL

SECRÉTARIAT GÉNÉRAL

53, Rue du Commerce

PARIS

CITOYENS,

Malgré le nombre et l'importance des grèves soutenues depuis trente ans par le prolétariat, malgré les sacrifices considérables qu'ont nécessités ces conflits, il est manifeste que les conditions de l'existence ouvrière se sont plutôt aggravées qu'améliorées. Il s'agit de savoir quelle part les grèves ont eue dans ce résultat et s'il est exact que les grèves partielles, comme l'ont indiqué les Congrès ouvriers tenus pendant les dix dernières années, sont, malgré les avantages apparents qu'elles offrent parfois, sans effet notable et certain sur la situation du prolétariat.

C'est là le but de l'enquête permanente qu'ouvre la Confédération générale du Travail sur le mouvement gréviste. Les Syndicats en comprendront donc toute l'importance et s'efforceront de nous faciliter la tâche en répondant, pour chaque grève, aux questions suivantes :

| TIMBRE de L'ORGANISATION | DATES du commencement et de la fin de la grève | DURÉE des JOURS DE GRÈVE | NOMBRE DES GRÉVISTES | NOMBRE des établissements atteints par la grève | CAUSE DE LA GRÈVE et réclamations des grévistes | RÉSULTATS pour LES GRÉVISTES | SOMMES | | NOMBRE D'ARRESTATIONS | Montant des Peines ajoutées | DURÉE du travail quotidien | | SALAIRE | | AVEZ-VOUS PRATIQUÉ L'ARBITRAGE | | OBSERVATIONS |
|---|---|---|---|---|---|---|---|---|---|---|---|---|---|---|---|---|---|
| | | | | | | | perçus par le Comité de la grève | dépensées en secours par le Comité de la grève | | | avant la grève | après la grève | avant la grève | après la grève | Si oui Quels résultats | Si non Pourquoi ? | |
| | | | | | | | | | | | | | | | | | |

Pour le Comité Confédéral :
*Le Secrétaire général :* **A. LAGAILSE.**

*Adresser toutes les Communications au Citoyen LAGAILSE, 53, Rue du Commerce, PARIS.*

# CONFÉDÉRATION GÉNÉRALE DU TRAVAIL

## STATISTIQUE

### sur les Conditions Générales du Travail en France

1ᵉʳ Questionnaire        Timbre de l'organisation :

1º Quel est le nombre de salariés dans votre corporation ?
      Hommes :
      Femmes :
      Enfants :

2º Quel est le nombre d'établissements de fabrication ?

    (a) La proportion de leur personnel :
      Hommes :
      Femmes :
      Enfants :

3º Avez-vous remarqué une tendance à remplacer les ouvriers par des ouvrières ou des enfants ?
    Dans quelles proportions ?
    Veuillez nous faire une historique de votre profession.

4º Quelle est la durée du travail ?     par jour
      Hommes :
      Femmes :
      Fnfants :

                              par an
      Hommes :
      Femmes :
      Enfants :

5º Quelle est l'influence produite sur le salarié, par la subtitution du travail féminin au travail masculin ?

6º (a) Le travail se fait-il à la pièce
    (b) ou à la journée ?

    (c) Dans quelles proportions !
      Hommes :
      Femmes :
      Enfants :

7º Quel est votre salaire quotidien ?
      Hommes :
      Femmes :
      Enfants :

8º Quel est votre salaire annuel ?
      Hommes :
      Femmes :
      Enfants :

9º Veuillez nous adresser un exposé succint technique du travail dans votre profession.

10º Dans quelles conditions est appliquée la loi du 2 Novembre 92 (Inspection du travail).

11º Combien de fois votre inspecteur visite-t-il chacun des établissements de votre localité, par an ?

Nota. — Les réponses seront faites sur des feuilles volantes que vous établirez.

Afin de faciliter le travail de la Commission de statistique, prière de ne pas répondre à deux questions sur une même feuille et ne pas écrire au **verso.**

Prière d'apposer le timbre de votre organisation sur chaque feuille des réponses, afin d'établir l'authenticité des renseignements.

Pour le Comité Confédéral :

*Le Secrétaire Général,*

A. LAGAILSE.

*Adresser toutes correspondances au Citoyen LAGAILSE, 53, Rue du Commerce, à PARIS.*

*Les réponses devront être adressées fin février au plus tard.*

Pendant ce temps, certains événements se succédaient et les organisations ouvrières travaillées par une presse sans nom jetaient dans nos rangs la note discordante.

Le travailleur, toujours prêt à enfourcher son dada de bataille, allait peut-être se prêter follement à une combinaison politique, qui, sous une forme chauvine, n'était purement et simplement que le rétablissement du pouvoir du sabre et du catholicisme.

Le Conseil s'émut et pour prévenir les camarades, décida de lancer à profusion cette circulaire :

# CONFÉDÉRATION GÉNÉRALE DU TRAVAIL

*Au Peuple !*
*A l'Armée !*

Citoyens,

Est-ce le glas de la Société capitaliste qui sonne ?

Nous, Travailleurs, les éternels exploités, nous n'avons pas à prendre parti dans ce conflit entre Juifs et Chrétiens ! Les uns et les autres se valent, puisqu'ils nous dominent et nous exploitent.

Nous ne pouvons, nous ne devons considérer que l'occasion, depuis longtemps attendue et qui se présentera peut être demain, d'en finir avec tous nos exploiteurs, à quelque religion qu'ils appartiennent.

En présence de la gravité de l'heure actuelle, nous devons tous nous organiser, et par tous les moyens dont puissent disposer les travailleurs: manifestes, meetings, grève générale, etc., afin de pouvoir bientôt faire face à l'ennemi commun, pour défendre nos droits.

Depuis quelque temps, le bruit des sacs d'écus et les croassements des corbeaux se font entendre. La Juiverie cosmopolite et les financiers cléricaux s'imaginent déjà pouvoir déchiqueter le cadavre de la République, que la lâcheté gouvernementale est en train de leur livrer.

Que les Révolutionnaires, que les Socialistes, que tous les Républicains sincères s'unissent dans un même élan de solidarité pour opposer une barrière infranchissable à la caste des agioteurs Jésuites et Israélites réunis.

Travailleurs !

La République, principe indispensable des futures émancipations sociales, est en péril.

Socialistes révolutionnaires !

Rappelons-nous les dates mémorables de 1793, 1830, 1848, 1871 ; soyons prêts pour défendre la République et conquérir toute notre indépendance.

Soldats !

N'oubliez pas que vous êtes fils de Travailleurs ; que demain, en sortant de l'armée soi-disant nationale, vous rentrerez presque tous dans l'armée universelle du Prolétariat.

Prolétaires !

Une armée républicaine n'a d'autres devoirs que de défendre les libertés menacées, au lieu de s'employer exclusivement au maintien de l'oligarchie et du despotisme de la classe capitaliste.

*Vive la Révolution sociale !*

Le Comité Confédéral.

Nous arrivons à la périole électorale.

Point n'est besoin de dire quelles dificultés il y a pour réunir les camarades à tel moment.

Les militants sont tout entiers à la lutte de l'instant.

Pendant ce temps, nous tentions d'organiser la Fédération nationale du textile et parties similaires, en même temps qu'un Congrès national de cette industrie, qui se tiendra à Reims dans les derniers jours d'octobre prochain.

Nous vous donnons le texte de la circulaire lancée à cet effet :

# CONFÉDÉRATION GÉNÉRALE DU TRAVAIL

SIÈGE SOCIAL :
*Bourse Centrale du Travail*

Paris, le 20 mai 1898.

SECRÉTARIAT GÉNÉRAL :
*53, rue du Commerce, 53*
PARIS

**Citoyens Camarades de l'industrie lainière de France,**

Conformément au paragraphe III de l'article 1er des statuts de la Confédération générale du Travail, le Conseil national, d'accord avec la

Chambre syndicale ouvrière de l'Union des Travailleurs de l'Industrie lainière de Reims, croit de son devoir d'appeler votre attention sur l'utilité de constituer une Fédération nationale corporative de l'industrie lainière, afin d'unir sur le terrain économique les travailleurs de cette corporation.

Déjà des efforts ont été faits, mais sont restés vains, pour cette raison : que la lutte politique primait la question économique.

Aujourd'hui nous connaissons, pour notre malheur, toutes les difficultés qui surgissent d'un tel état de choses, et c'est pour le conjurer que les Congrès nationaux corporatifs de Limoges 1895, Tours 1896 et Toulouse 1897, ont décidé à l'unanimité de leurs délégués (1) de repousser toutes discussions politiques dans le sein des organisations corporatives.

Camarades, l'œuvre que nous entreprenons vous est connue ; nous voulons résister à l'exploitation patronale de plus en plus grande dans votre malheureuse corporation. C'est parce que la vie des travailleurs du tissage, de la filature, du peignage, etc., etc., n'est plus qu'un *véritable bagne*, que nous vous invitons à vous grouper pour la résistance.

Il faut que les travailleurs de votre industrie se solidarisent avec leurs frères du travail pour la lutte contre le capital, pour défendre leur droit à la vie.

Votre corporation est devenue la plus malheureuse des industries françaises, c'est pourquoi nous vous disons : Travailleurs de l'industrie lainière debout !

Comptant que vous répondrez à cet appel de vos frères des bagnes de Reims, nous vous soumettons les questions suivantes :

1° Etes-vous partisans qu'un Congrès national de votre corporation ait lieu dans la ville de Reims, pour la fin d'août 1898 ?

2° Etes-vous partisans de créer une Fédération nationale de l'industrie lainière, dans laquelle toutes questions politiques ou personnelles seront exclues ?

Fraternellement à vous.

Vive l'émancipation des travailleurs par les travailleurs eux-mêmes !

Pour la Confédération générale du travail,
*Le Secrétaire général,*

A. LAGAILSE,

Pour l'Union des travailleurs de l'Industrie lainière de Reims,
*Le délégué à la Confédération,*

THIERRARD.

## BULLETIN D'ADHÉSION

*Nous soussignés, membres de l'organisation* (1)
*de la ville ou commune de :*      *département de :*
*déclarons adhérer ou repousser* (2) *la proposition des camarades de Reims.*

---

(1) Titre de l'organisation.
(2) Biffer l'une des deux formules.

*Les camarades qui auraient des propositions à faire figurer à l'ordre du jour du Congrès voudront bien nous les faire parvenir jointes au bulletin d'adhésion.*

*Les réponses devront nous parvenir pour le 20 juin au plus tard, afin de permettre, s'il y a lieu, l'organisation du Congrès à la date sus-mentionnée.*

*Adresser toutes les correspondances au Citoyen LAGAILSE. secrétaire-général de la Confédération générale du Travail, 53, rue du Commerce. — Paris.*

***

Le Secrétaire général de la Fédération des Bourses a cru devoir faire suivre dans son rapport une critique assez hardie en ce qui concerne la création d'une Fédération nationale des ouvriers du Gaz.

Cette question a été exploitée un peu partout, par ce citoyen, qui croyait trouver là un argument qui pouvait déconsidérer nos efforts. Après les vôtes de blâme au Congrès d'Amiens, où Pelloutier — qu'il soit dit en passant — trouve le moyen de nous incriminer lorsque nous ne quittons pas la Bourse du Travail, attendu, fait-il dire, que nous en avons reçu l'ordre du Congrès. Mais ce qu'il oublie de dire, c'est la question financière qui nous préoccupe, et la Fédération des Bourses nous est à cette heure débitrice de quelques centaines de francs.

Mais revenons à la création de la Fédération du Gaz.

Le dossier de cette affaire est là, à la disposition du Congrès. Nous voudrions publier toute la correspondance échangée. Mais il serait inutile, car une seule lettre du Secrétaire du Syndicat du Gaz de Grenoble éclairera votre jugement :

« Grenoble, 14 janvier 1898.

CAMARADE,

Par suite d'occupations très urgentes, ce n'est qu'aujourd'hui que je viens m'excuser du long retard que j'ai mis à répondre à votre aimable lettre du 12 décembre dernier. Je tiens tout d'abord à vous remercier du concours *aussi important qu'inattendu* que vous nous apportez. »

. . . . . . . . . . . . . . . . . . . . . . . . . . . . . . . . . . . . . . . . . . . . . . . . . . . . . .

Puis à la date du 9 juillet 1898 :

« MON CHER LAGAILSE,

Votre lettre du 4 courant m'a causé un bien vif plaisir, en échange, dois-je le dire, une bien vive émotion. . . . . . . . . . . . . . . . . . . . . . . . . . . . . . . .
Personne mieux que moi ne peut comprendre l'amertume que vous ressentez en voyant vos efforts impuissants contre la force d'inertie de ceux auxquels vous vous adressez et incompris des camarades impatients de faire aboutir la réalisation d'une organisation dont ils ont conscience de toute l'importance.

Comme vous, je travaille très péniblement pour assurer mes moyens d'existence; comme vous, j'ai hâte de voir réussir les projets dont je m'efforce de faire saisir l'utilité à des camarades qui sont plus intéressés que moi-même à leur réalisation; et comme vous aussi, souvent je m'arrête las et presque vaincu devant tant d'indifférence et d'ignorance.

Et quand une campagne de dénigrement vient couronner des *efforts restés stériles* par la faute du manque d'éducation syndicale et du défaut de sentiment révolutionnaire, on est bien tenté de tout abandonner pour s'enfermer dans la tour d'ivoire si chère à ceux qui cultivent précieusement leur « *moi* » ...............................

Je crois qu'il serait inutile d'insister pour que le Congrès soit certain qu'il n'y a rien eu de notre faute. Cependant nous devons ajouter qu'aussitôt le Congrès terminé, notre premier travail sera d'entreprendre la création de cette Fédération nationale, et nous y apporterons tous nos efforts.

Ainsi que l'indique la lettre du citoyen Roche, et quoique y puisse dire le Secrétaire de la Fédération des Bourses, ce n'est pas cette organisation qui avait suscité les premiers pourparlers. C'était bien nous.

Non seulement nous l'avons fait pour cette organisation, mais nous avons fait des démarches auprès de toutes les Fédérations nationales. Nous devons ajouter que peu nous ont répondu, et que pas une n'a fait adhésion à notre organisation (sauf celles adhérentes antérieurement).

Nous aurions voulu n'avoir à vous entretenir spécialement que de nos travaux, ainsi que doit être notre rôle, mais en face du parti pris contre nous par le citoyen Pelloutier, agissant au nom d'un groupement d'importance, lequel a cru devoir, dans son rapport, faire sur notre organisation une critique qui a pu, chez certains, laisser une mauvaise impression, nous croyons de notre devoir de reprendre les passages les plus acerbes et en faire bonne justice.

Pelloutier prétend que le Comité fédéral était partie intégrante de la Confédération générale et qu'à ce titre il prenait part à toutes les réunions du Comité. Et il ajoute : « Dès le début, les séances confédérales « eurent une périodicité régulière qui leur donnait le caractère perma- « nent interdit par le Congrès. Néanmoins, après avoir constaté que « sur dix-neuf ou vingt fédérations nationales de métiers existantes, « le Conseil confédéral n'en comptait que quelques-unes, et que, du « reste, aucune œuvre utile ne serait possible tant que les fédérations « de métiers seraient aussi inférieures au nombre des professions dans « lesquelles il existe au moins cinq syndicats, les délégués des Bourses « du Travail ne songèrent point à s'en tenir à la lettre des statuts et « manifestèrent la volonté d'apporter au Conseil national corporatif le « concours de leur expérience en matière d'organisation ouvrière. »

Cette façon d'écrire l'histoire est des plus mensongère. Voici la vérité.

Nous l'avons dit déjà, la frayeur de Pelloutier et de ses quelques lieu-tenants était si grande qu'ils voyaient la Confédération *absorber en partie les organisations cotisantes* et là un grave danger pour le traitement de leur secrétaire.

Aussi, dès la première heure, on avait voulu asseoir un fidèle au Secrétariat de la Confédération et c'est avec dépit que le soir de l'élection ils quittèrent le Conseil.

Mais Pelloutier veillait, et avec la fécondité d'esprit que nous lui connaissons tous, il fit admettre par les siens une autre tactique.

Il s'agissait, ni plus ni moins, que de discuter d'une façon continuelle les attributions de chacune de ces deux artères : la Fédération des Bourses, le Conseil national des Fédérations de métiers.

Par cette manière de faire, on espérait créer une division et dégoûter (si nous pouvons employer cette expression) les camarades d'assister aux réunions.

Cette fois encore, la conception de Pelloutier n'enfantait qu'un fœtus.

Pelloutier, dans cette partie citée de son rapport, ainsi qu'on peut s'en rendre compte en analysant cette phrase, ne dit rien moins que ceci : « Ils étaient si peu et leur expérience si moindre que nous leur avons fait un peu de charité de nos connaissances. » Et alors il s'empresse d'ajouter :

« Dès les premières séances confédérales, en effet, ils (les fédéraux) « firent présenter par la commission de statistique (la seule qui ait « jamais pu se réunir) deux projets d'enquête... »

Mais ce que Pelloutier n'ajoute pas, c'est qu'il avait pensé, en faisant faire cette proposition par Stroobant, que les doucuments qui allaient en découler lui seraient d'une certaine importance. Aussi que de fois a-il fait tout son possible pour en être en possession ! Et lorsqu'il ajoute « que dans une période d'un trimestre cette concentration aurait pu être terminée », il se ment à lui-même, car il sait bien qu'un travail aussi complet ne se fait pas en si peu de temps par des hommes qui n'ont que quelques heures à dépenser par jour aux besoins de la cause.

Ayant brossé un aussi sombre tableau, il croit le moment favorable d'ajouter :

« En tout cas, ce premier échec (on se demande où est l'échec ?), « sans ébranler la confiance des délégués des Bourses du Travail, leur « fit comprendre qu'avant de tenter aucune entreprise d'ordre général « le Conseil national corporatif devait à la fois obtenir des Fédérations « le composant qu'elles se fissent représenter dans son sein. »

Et cette parenthèse :

« Les séances ne réunissant parfois que trois ou quatre membres. »

Voyez cette gueuserie : voyant qu'on n'avait pu se faire *maître* dans la place, les délégués de la Fédération des Bourses ne viennent plus, ou parfois entre dix heures et demie et onze heures. C'est à la cantonnade — comme on dit au Vaudeville — les mains dans les poches. On en profite pour jeter quelques paroles sans valeur, puis on disparaît après avoir reçu du *maître* un coup d'œil approbateur. Voilà la représentation effective !

Et lorsque la généralité des camarades des Fédérations de métiers sont à leur poste, et c'est grâce à leur assiduité que la citadelle n'a pas été prise d'assaut, on s'empresse de dire qu'ils n'assistaient pas.

Mais quand on ment avec autant de sottise, on oublie toujours quelque chose, et ce quelque chose, les délégués au Conseil national, qui seront encore en nombre au Congrès de Rennes, vous diront au milieu de ces assises : « Citoyen Pelloutier, vous avez voulu déconsi-« dérer des citoyens en publiant, des choses que vous saviez pertinem-« ment fausses. Nous vous disons : Vous en avez menti ! »

Nous vous disons aussi : vous avez été le mauvais génie de la Verrerie ouvrière. Vous avez fait pour la citadelle du prolétariat ce que vous avez fait pour la confédération.

Par tous les moyens vous avez essayé de pénétrer dans la place. Puis lorsque vous avez vu que vous ne pouviez en être le maître, vous avez tenté son effondrement.

Qui a suscité tous les procès : vous !

Qui a été semer la haine et la division à Albi : vous.

Qui a renseigné certains journaux bourgeois sur la situation critique que subissait la verrerie ?...

Depuis la réunion du 20 mars, réunion où toutes les organisations créatrices de la verrerie étaient représentées. Depuis ce jour où vous avez été bafoué et toutes vos saletés mises à découvert, vous auriez dû vous terrer et ne plus réapparaître.

En ce qui concerne les passages relatifs à la création d'une fédération nationale du gaz, nous y avons déjà répondu. On y retrouve encore là cette bassesse d'âme commune à notre antagoniste, qui prend encore à son actif des efforts de sa part qui ne se sont jamais produits.

Nous arrivons à cette convocation pour la réunion plénière, dans laquelle Pelloutier et consorts ont décidé de faire de nouveaux statuts pour la Confédération.

Le Conseil National décide : que seuls les congrès ont ce droit et qu'il n'appartient pas à une poignée d'hommes de prendre de telles dispositions.

Le secrétaire général répond à la demande de Pelloutier. Que fait celui-ci dans son rapport ? Il s'empresse de publier cette lettre qui en faisait ressortir un refus formel de la part de Lagailse. Et systémati-quement, il retranche la dernière phrase de cette lettre, phrase ainsi conçue : « Il n'y a donc pas péril en la demeure et si le Conseil le juge

« à propos il vous sera donné satisfaction *aussitôt que possible.* » Et le 26 juillet, Lagailse lui écrivait cette lettre : « Vous pouvez convoquer, « pour le mardi 2 août, à 9 heures du soir, au lieu habituel; vous « porterez à l'ordre du jour : *proposition du Comité fédéral des* « *Bourses.* » Encore un mensonge de plus établi à son actif.

Il serait puéril de suivre plus longtemps cette critique qui tombe d'elle-même. Cependant un point encore.

Pelloutier croit devoir dire : « La Confédération ne vit pas. Tandis que la Fédération des Bourses, elle, a une marche ascendante. »

Cependant il faut reconnaître que notre organisation a fait acte de vitalité, même pour le compte de la Fédération des Bourses. Voyez plutôt.

Tondis que le Comité fédéral ne pouvait même pas payer ses cotisations à la Confédération, lors de la circulaire relative à l'affaire Zola, circulaire émanant du Comité fédéral des Bourses, où il était entendu que la Confédération qui, jusqu'à ce jour, avait fait face à toutes les dépenses communes, la Fédération des Bourses prendrait ces frais à son débit, qu'arriva-t-il ?

Alors que les 20,000 circulaires étaient tirées, qu'il fallait payer l'imprimeur, et qu'il fallait en faire l'expédition, Pelloutier, qui, bien qu'il y eût à cette époque un trésorier titulaire à son organisation, répondit, lui, le véritable trésorier : « Je n'ai pas d'argent. Arrangez-vous! » Ses plus grands amis eux-mêmes en furent contrits. Voici la dépêche qu'écrivait à ce sujet Delesalle, à la date du 3 février 1898 :

« MON CHER LAGAILSE,

« Comme j'en avais été chargé par le Comité confédéral, j'ai été « chez Pelloutier pour lui réclamer *l'argent.* Celui-ci m'a déclaré ne « pas en avoir. Nous n'avons donc pu faire l'expédition ce soir. J'ai été « cité Riverin (où il espérait trouver Lagailse), où Pacotte m'a prêté « dix francs, plus quatre de ma poche; cela nous a permis d'expédier « 4,000 exemplaires en province.

« J'ai promis d'expédier aux journaux, *venez sans faute,* ce soir, à « la Bourse, salle 8, pour aviser à ce qu'il y a à faire. *Les manifestes* « *sont tirés, il faut qu'ils partent.*

« Je n'ai pu retrouver l'adresse de notre trésorier (celui de la Confé-« dération). Prévenez-le. Peut-être pourra-t-il nous tirer d'embarras.

« Salut fraternel.

« DELESALLE. »

Inutile de dire qu'immédiatement notre secrétaire général fut à la Bourse, mais ne trouva pas Delesalle qui avait eu besoin de s'absenter, et Lagailse, ayant reçu cette dépêche à 9 heures du soir, n'a pu être à la Bourse qu'à 10 heures. Il n'y trouva que deux camarades qui préparaient des petits colis.

Le 5, c'est-à-dire 48 heures après — Pelloutier, toujours dans les mêmes dispositions — Stroobant passe à Lagailse un nouveau télégramme :

CHER CAMARADE,

Il est de toute nécessité que nous nous voyons, pour prendre les mesures nécessaires concernant l'expédition.

Viens ce soir, je serai à la Bourse jusqu'à minuit.

*Je suis écœuré et peiné de ce qui se passe.*

STROOBANT.

Le soir même, Lagailse avançait, de sa poche, cinquante francs qu'il remettait à Stroobant, et l'expédition eut lieu.

Pelloutier a dit aux reproches qui lui étaient adressés à ce sujet :

« En effet, je n'avais pas d'argent — vous savez que les Bourses ne versent leurs cotisations que par trimestre. Or, je n'avais de provision, pour mon salaire, que pour mars, et je réservais ces fonds pour me payer. »

On n'est pas plus pessimiste!...

Et il est à retenir que c'était Pelloutier qui avait fait adopter l'envoi de cette circulaire. Il en fut même très félicité à l'*Aurore*, où il est employé.

Mais ce que certainement il ne leur dit pas, c'était la façon qu'il employait pour la faire parvenir aux organisations.

Enfin, et c'est par là que nous voulons terminer à ce sujet :

La Fédération des Bourses doit à cette heure à la Confédération *plusieurs centaines de francs*, dette librement consentie par elle.

Malgré cela, elle n'a jamais versé un rouge liard, *sous prétexte qu'elle n'a pas de fonds*.

Nous croyons que, dans la circonstance, il y avait là une question d'amour-propre, et qu'il y avait mieux à faire pour Pelloutier que d'allumer l'incendie et de se sauver en criant au feu!.....

A notre tour, nous déclarons que cette façon de faire avait été concertée entre certains délégués de la Fédération des Bourses, car un soir, dans une réunion confédérale, Delesalle, peu maître de sa parole, déclara que les délégués du Comité fédéral em... les membres du Conseil national.

Il y avait là plusieurs délégués et Pelloutier. Mais aucun d'eux ne s'inscrivit en faux contre cette insulte.

Plus tard, Lagailse souleva cette sortie malheureuse de Delesalle. Certains de ses amis déclarèrent alors qu'il y avait eu *débordement* de sa pensée.

Il est cependant une chose à retenir : c'est que depuis ce soir, Delesalle, secrétaire général adjoint, chargé de la convocation des membres de la Fédération des Bourses, chargé de la rédaction des procès-verbaux, n'assista plus aux séances, conserva par devers lui le registre desdits procès-verbaux et déclara, au sein du Conseil fédéral des Bourses, un soir que Lagailse, en tant que délégué de la Bourse de Rennes, assistait à cette réunion et que Briat avait cru devoir interpeller relativement aux non convocations : « Lagailse m'avise bien des réunions, *mais moi je ne convoque pas,* parce que cela ne me plaît pas (1) ».

Le Congrès jugera de cette attitude et tiendra compte de la façon de toutes ces bonnes volontés, mises en évidence dans le rapport Pelloutier.

Enfin, l'heure du Congrès était arrivée et nous avons fait encore, en cette circonstance, tout notre possible pour mener à bien cette partie de notre tâche.

Grenoble, qui s'était engagée, a cru devoir se retrancher derrière des considérants que nous n'acceptons pas pour notre compte. Mais, plutôt que de récriminer, nous avons cru plus efficace de nous adresser ailleurs.

Rennes, consultée, a favorablement accueilli notre demande.

Aussitôt, nous avons lancé l'appel suivant, qui a été adressé à toutes les organisations de France et des colonies :

CONFÉDÉRATION GÉNÉRALE DU TRAVAIL

# Xᵉ CONGRÈS NATIONAL CORPORATIF

(IVᵉ DE LA CONFÉDÉRATION GÉNÉRALE DU TRAVAIL)

**SECRÉTARIAT**  
53, rue du Commerce, 53  
PARIS

*Paris, le 4 juin 1898.*

**Aux Travailleurs de France et des Colonies.**

CITOYENS,

Ainsi que nous en avons mandat des Congrès nationaux corporatifs, nous venons vous convier au grand Congrès national corporatif de 1898, qui se tiendra en septembre prochain, en la ville de Rennes (Ille-et-Vilaine).

Le Congrès de Toulouse (1897) avait indiqué la ville de Grenoble, et le mandataire des Organisations ouvrières de cette région de l'Isère avait accepté avec satisfaction cette décision.

---

(1) Ce jour, 6 Septembre 1898, Delesalle mis en demeure par lettre recommandée d'avoir à rendre le livre des procès-verbaux, la lettre nous est retournée avec la mention : *Refusée.*

Depuis cette époque, la Bourse du Travail de cette ville nous a fait connaître qu'il s'était produit des obstacles qui ne lui permettaient plus de maintenir cet engagement.

Nous avons donc fait appel à la Bourse du Travail de Rennes, qui s'est empressée de faire les démarches nécessaires auprès de la municipalité de cette ville, et à laquelle nous nous empressons d'exprimer toute notre gratitude.

Camarades, cette année vous aurez à prendre des dispositions énergiques, si vous voulez que la situation des travailleurs cesse d'être le tableau vivant de la misère.

Devant le capital qui chaque jour enserre les conditions onéreuses du travail, vous aurez à montrer votre ferme volonté d'en finir avec ces bagnes plébéiens.

Vous aurez à affirmer que les forces du prolétariat, quoi qu'en disent certains exploiteurs et gouvernants, ne sont pas aussi vaines qu'ils le prétendent ; et que lassés d'une vie rien que de peines, vous vous êtes décidés, par tous les moyens légaux. à sortir de cet atavisme qui fait de vous de véritables serfs plus malheureux encore qu'au temps de la féodalité.

Citoyens, l'heure est solennelle, il n'y a plus à hésiter il faut que tous les travailleurs se sentent les coudes et marchent hardiment à la conquête de leur émancipation.

La terre est assez fertile pour faire vivre tous ses enfants. Il ne faut plus que les parasites vivent aux dépens de celui qui travaille, et considèrent que tout est pour le mieux quand leur estomac est satisfait. Pour eux, toutes les satisfactions. Aux autres, tortures et souffrances.

Au nom de la justice qui ne doit pas être un vain mot, si vous savez le vouloir ; au nom de cette humanité qu'on immole au veau d'or ; au nom de vos enfants, de vos familles qui végètent dans cette misère qui les tue, nous vous disons : Camarades, ce n'est que dans les assises du travail que vous pouvez élever la voix et vous faire entendre ; mais pour que vous soyez écoutés, il faut être le nombre qui est la force. Si vous le voulez, rien ne saurait vous résister. Mais il faut vouloir !

Vous êtes la richesse, vous êtes les producteurs directs de toutes les merveilles de l'industrie, comme nos camarades des champs sont les seuls producteurs du sol.

Pas plus eux que vous ne profitez de cette aisance que doit donner le travail. Pas plus vous qu'eux n'avez votre part de ces richesses dues à votre labeur, à votre intelligence, à votre énergie.

Le machinisme aidant, autant dans l'une que dans l'autre classe des travailleurs, vous voyez chaque jour le chômage prendre de nouvelles proportions. L'offre et la demande restent acquises à ceux qui vous exploitent, à l'aide d'instruments forgés par vous, et dont le seul but est de vous faire esclaves, ou sinon, c'est la faim pour vous et vos familles.

Travailleurs ! ne reste-t-il plus de ce vieux sang de nos pères qui, dans un seul jour, rasèrent la Bastille ?

Frères de travail et de misère, ne trouvez-vous pas qu'il en est assez de cette exploitation de la bête humaine ?

Travailleurs des villes et des champs, debout!

Vive l'émancipation des travailleurs !

Pour la Confédération générale au Travail :<br>Le Conseil National.

Nota. — Les Bourses du Travail, Fédérations, Syndicats et Groupes corporatifs sont priés de nous faire connaître, dans le délai de **vingt jours,** quelles sont les questions qu'ils désirent voir figurer à l'ordre du jour.

Adresser toutes les correspondances au citoyen **A. LAGAILSE,** secrétaire général de la Confédération, 53, rue du Commerce, à Paris.

Camarades,

L'année dernière, le Conseil national nous avait proposé la modification aux statuts, dans ce sens : qu'il croyait qu'il y avait lieu, pour créer une grande organisation prolétarienne, de laisser le champ libre à toutes les Organisations ouvrières, afin d'opposer aux pouvoirs publics une concentration n'ayant qu'un but, qu'une volonté : *L'émancipation ouvrière*.

Nous espérions que sur ce terrain purement économique les travailleurs trouveraient le trait d'union indispensable pour la réussite de nos efforts.

Il n'en a pas été ainsi, et l'effort que nous aurions voulu faire n'a pas été encore ce que nous aurions désiré.

L'heure n'est pas, quant à présent, de vous exposer nos vues, nos espérances, nous réservant pour notre rapport au Congrès. Mais nous ne saurions trop vous recommander, Citoyens, d'en étudier les moyens pratiques, en vous reportant à notre circulaire du 23 juin 1897 (page 41 du compte rendu des travaux du IXᵉ Congrès (Toulouse 1897).

En ce qui concerne le journal du prolétariat, ainsi que nous en avions mission du Congrès, nous nous sommes empressés de faire établir des cartes de membres fondateurs honoraires et toutes les Bourses du Travail et Fédérations en ont été mises en possession. Les Syndicats les plus en vue en ont aussi été pourvus et nous espérions que chacun dans son ressort ferait tout son possible pour activer cette propagande. Hélas! là encore, nos espérances ont été amoindries.

Cependant, il faut reconnaître, Citoyens, que sans ce levier puissant, l'organe du prolétariat, il faudra beaucoup de temps pour amener à nous les camarades inconscients ou timides Il faut semer toujours et toujours si nous voulons récolter.

A l'aide de cet organe, il nous sera facile de faire entrer dans les plus humbles chaumières et dans les fonds les plus reculés, l'idée d'émancipation.

Aussi, Citoyens, c'est d'une manière toute spéciale que nous vous prions d'examiner cette question, primordiale au premier chef et que nous vous disons : Dès à présent, dans les ordres du jour de vos réunions, il faut traiter cette question afin que lorsque vous viendrez au Congrès de Rennes, vous vous prononciez sur la vitalité de cette feuille, indispensable pour le triomphe de notre cause.

Il faut qu'à Rennes, chaque Groupement, non seulement s'inscrive d'une façon officielle pour un nombre de cartes de membres fondateurs, mais encore que dans la mesure de ses moyens il s'engage à souscrire aux *obligations de cent francs*, que vous avez décidé d'émettre.

Nous attirons donc toute votre attention sur cette création, confiants que vous comprendrez toute son importance.

Nous croyons inutile de répéter que cet organe ne sera pas, ainsi que certains le supposent, un journal purement corporatif, mais un journal donnant la même satisfaction, avec les mêmes éléments, que le plus grand des journaux parisiens; avec cette différence qu'il sera la propriété du prolétariat, qu'il sera en dehors de toute coterie politique, n'ayant qu'un but : *Le triomphe des travailleurs.*

Le Conseil national insiste donc auprès de vous, Citoyens, pour que cette fois les délégués se prononcent d'une façon catégorique et que, de ce fait, le journal du prolétariat puisse voir le jour et engager la lutte contre le capital exploiteur.

*Le secrétaire général,*

A. LAGAILSE.

NOTA. — *Les Organisations qui possèdent en dépôt des cartes de membres honoraires, sont priées de nous faire connaître où elles en sont de leur placement et, si possible, de nous adresser les fonds du produit de cette vente*

*A. L.*

***

Le Congrès national corporatif pour 1898 était assuré.

A ce moment, un fait pouvant être d'une certaine importaece pour le prolétariat semblait vouloir se produire. Les employés de Chemins de fer n'ayant pu obtenir la plus petite parcelle du bien-être auquel ils sont en droit de prétendre, firent une consultation au prolétariat, consultation qui selon les réponses pouvait affermir leur énergie.

Dans ce cas, nous avons cru devoir apporter notre concours et nous avons adressé à toutes les Organisations ouvrières de France la circulaire suivante :

# CONFÉDÉRATION GÉNÉRALE DU TRAVAIL

**SECRÉTARIAT**

53, *rue du Commerce,* 53     **Aux Organisations syndicales de**
PARIS                 **France..**

### CAMARADES,

Un événement d'une importance considérable paraît être sur le point de se produire : c'est la grève des Chemins de fer.

Cette grève, depuis longtemps désirée par les militants qui préconisent la *Grève générale,* entraîrerait rapidement l'arrêt du travail de nombreuses industries. Seule, par conséquent, la grève des chemins de fer peut déchaîner dans toute la France, un mouvement dont les conséquences seront redoutables pour le capitalisme.

Depuis plusieurs années, tous les Congrès ouvriers ont reconnu l'inutilité et même le danger des grèves partielles ; elles ont rarement abouti, et encore, dans ce cas, leurs résultats n'ont pas toujours été durables.

C'est pour cela que l'idée de la Grève générale a fait en France des progrès rapides. Tous les Congrès nationaux corporatifs annuels qui se sont tenus depuis 1892 ont, sans exception, adopté cette idée ; c'est même à la presque unanimité que les Organisations syndicales, réunies aux Congrès de Tours 1896 et Toulouse 1897, ont voté la Grève générale de tous les métiers.

*Dans ces conditions, ne convient-il pas de considérer la grève des Chemins de fer comme devant être le signal de la Grève générale ?*

On objecte parfois que les Syndicats ne groupent pas toujours la majorité des travailleurs. Qu'importe! L'expérience ne prouve-t-elle pas que, lorsqu'une grève éclate, elle entraîne avec elle les non syndiqués?

Dans la circonstance, étant donné la multiplicité des grèves éclatant le même jour, il y aurait dans tout l'organisme social une telle perturbation, que le gouvernement ne pourrait venir au secours des patrons. Dans ces conditions, la victoire serait infailliblement du côté des travailleurs, et cela dans un délai très court.

En Belgique, la Grève générale de deux industries seulement, a obligé la royauté à concéder enfin au peuple le droit de vote dont il ne jouissait pas encore. En France, il a fallu une révolution sanglante pour arracher ce droit. Si la grève de Belgique avait duré deux jours de plus, c'est peut-être l'émancipation absolue qui en serait résultée pour les prolétaires belges.

La Grève générale, comme on la conçoit en France, s'étendant non seulement à deux industries, mais à toutes, ne saurait être de longue durée. Aux Chemins de fer se joindraient les corporations — et elles sont nombreuses — qui ont proclamé dans les Congrès ouvriers leur volonté d'aboutir au moyen de la Grève générale.

Le *Syndicat national des Chemins de fer* a fait connaître à la **Confédération générale du Travail** qu'il avait adressé à toutes les organisations syndicales de France une circulaire leur demandant si elles se joindraient au mouvement.

Nous ne pouvons qu'engager tous les Syndicats et Fédérations à répondre au *Syndicat des Chemins de fer*, 9, cité Riverin, à Paris.

Tous les Syndicats réclament la retraite pour les travailleurs âgés ou infirmes, la réduction de la durée du travail avec fixation d'un minimum de salaire, la suppression du marchandage, la fermeture des officines de placement, etc.

Si on veut obtenir tout cela, ce n'est plus le moment de discourir ; c'est l'heure de l'action! Et, si les travailleurs de chemins de fer cessent le travail, il faut que, d'un bout à l'autre de la France, comme une traînée de poudre, tous les syndicats en même temps se joignent au mouvement, et réclament, eux aussi, le bien-être, la liberté, la justice.

*Si donc la grève se généralise, la* **Confédération générale du Travail** *aura pour devoir de faire aboutir les principales revendications formulées par les Congrès nationaux corporatifs* **et la Grève ne cesserait que lorsque tous les travailleurs, sans exception, auraient obtenu :**

*1° La retraite pour tous les travailleurs âgés ou infirmes ;*
*2° La journée de huit heures ;*
*3° La fixation d'un minimum de salaire ;*
*4° La suppression de la concurrence faite au travail par les*
    *prisons et couvents ;*
*5° La suppression du marchandage ;*
*6° La suppression des amendes ;*
*7° La suppression des bureaux de placement ;*
*8° La réforme de la prud'homie.*

Telles sont les questions principales qui intéressent l'ensemble des travailleurs, et qui pourraient être réalisées en quelques jours si la classe ouvrière, consciente de sa force et de ses droits, veut agir énergiquement.

Recevez, citoyens, nos salutations fraternelles.

Pour le Conseil national :

*Le Secrétaire général,* **A. LAGAILSE.**

---

## DEUXIÈME PARTIE

Nous venons attirer votre attention d'une manière toute spéciale en ce qui concerne l'apparition de l'*Eveil*, le journal du prolétariat.

Depuis le Congrès de Tours, les organisations devraient savoir à quoi s'en tenir sur les avantages qu'offre cette publication au prolétariat.

Les travailleurs doivent être fixés sur les sentiments de la presse quelle qu'elle soit à l'égard de nos revendications.

Les journaux, à quelque nuance qu'ils appartiennent, ont des intérêts à respecter, intérêts qui ont pour eux leur importance, puisque c'est là question de vitalité.

Les groupements politiques qui inspirent ces journaux ont des intérêts personnels et, en dehors de leur tactique, ils verraient d'un mauvais œil que leur feuille mène une campagne qui d'abord leur rapporterait peu, puis leur créerait des ennemis dans le monde bourgeois, détenteur de la finance.

Cependant, lorsque la création de notre journal fut connue, des hommes compétents dans la question de la lutte de classes furent d'avis que le prolétariat avait là une idée superbe pour la réalisation de leurs espérances.

Jaurès, dans la *Lanterne*, à la date du 21 février 1897, écrivait :

### Œuvre nécessaire

Je me félicite de pouvoir, par cette Tribune Libre de la *Lanterne*, entrer en relation avec des démocrates, des républicains qui ne sont pas tous entièrement d'accord avec nous sur l'idée socialiste.

Ils veulent des réformes : ils détestent les gouvernements de cléricalisme et d'oligarchie, de réaction religieuse et de réaction sociale. Ils comprennent la nécessité de donner au travail des garanties contre la force croissante du capital. Mais ils répugnent à notre conception finale, ou tout au moins ils hésitent à s'y engager.

Or, nous avons la conviction profonde qu'il est impossible aujourd'hui, par de simples remaniements de détail, de résoudre le problème social. C'est tout le système social qu'il faut changer par la substitution de la propriété collective à la propriété capitaliste. Nous avons la conviction aussi que, partout, les salariés, les écrasés, ayant conscience de leurs intérêts de classe et de leur rôle historique, doivent s'unir en une action internationale pour le commun affranchissement.

Et j'espère que nous pourrons dissiper, par de libres et amicales explications avec tous les démocrates, les défiances qui empêchent encore toutes les forces de progrès de se grouper dans l'idée collectiviste et internationaliste.

Mais aujourd'hui, je voudrais m'adresser à ceux qui sont déjà socialistes. Je voudrais m'adresser à tous les groupes politiques et à tous les groupes corporatifs de notre parti, pour leur soumettre une idée qui me paraît absolument urgente.

Le parti socialiste ne peut pas exister, il ne peut pas se développer sans un journal, sans un organe quotidien. C'est un moyen nécessaire de propagande, de défense et d'attaque.

Or, des expériences récentes ont montré que le journal socialiste devait être la propriété, et la propriété exclusive du parti socialiste tout entier. Si c'est un capitaliste qui est le propriétaire du journal, le journal, et par conséquent le parti, peut être constamment à la merci du commanditaire. En se retirant brusquement, il peut le tuer. Il peut essayer de lui imposer ses conditions. Et tout cela est inacceptable.

Un parti comme le nôtre, qui est appelé, par sa doctrine même à combattre à la fois tous les grands intérêts capitalistes et toutes les forces gouvernementales gardiennes de ces intérêts, doit combattre avec des armes qui soient à lui, rien qu'à lui, et que l'ennemi ne puisse jamais, à la minute décisive, briser ou fausser dans ses mains.

A coup sûr, tant que notre parti, incertain, débile, s'était affirmé seulement par l'énergie de quelques volontés individuelles, il a lutté comme il l'a pu, il a utilisé (et il a eu raison) toutes les armes que mettait en ses mains la faveur naissante des événements. Mais aujourd'hui il est assez puissant, il répond à des besoins assez vastes pour pouvoir se constituer un journal qui soit son œuvre et sa chose.

Est-ce qu'il n'en est pas ainsi partout à l'étranger? Les socialistes allemands ont un journal central qui est la propriété exclusive du parti. Il n'est pas seulement rédigé, il est administré et possédé par lui, et tous les ans c'est le Congrès général du parti socialiste qui discute, à la fois, la conduite administrative et la marche politique du journal.

De même, en Belgique, le journal le *Peuple* appartient à nos amis et à nos amis seuls. Dès longtemps, grâce à son vaste mouvement coopératif, la Belgique socialiste a pu se créer un journal bien à elle, où aucun commanditaire, aucun capitaliste n'a une part de propriété.

Enfin, et c'est l'exemple le plus récent et le plus décisif, le parti socialiste italien, malgré la pauvreté extrême du prolétariat, malgré les brutalités crispiniennes qui avaient dissous tant d'associations et de groupes, est parvenu à constituer un journal à lui. Les militants socialistes de l'Italie ont multiplié les réunions payantes, les souscriptions : et ils ont recueilli enfin le capital nécessaire. Ils ont maintenant en leurs mains un décisif outil de combat.

Qu'est-ce qui s'oppose donc en France à un pareil mouvement et à un pareil résultat? Rien, absolument rien.

Dira-t-on que les diverses fractions socialistes se défient les unes des autres, et qu'elles n'ont pas toutes exactement la même conception? Mais la conception fondamentale de tous les socialistes est la même. Qu'ils s'appellent blanquistes, marxistes, broussistes, allemanistes, collectivistes ou communistes, tous sont d'accord pour substituer à la société capitaliste une société où les moyens de production et d'échange seront appropriés par la nation, et le journal conçu dans un esprit de large union, laissant place aux divergences secondaires qui n'excluent pas l'unité essentielle du principe, grouperait sans effort toutes les organisations.

Dira-t-on qu'entre les groupes politiques et les groupes syndicaux il y a des dissentiments et des défiances qui rendraient difficile l'action commune? Mais quel est le socialiste qui ne proclame pas la nécessité des groupements corporatifs? quel est le syndiqué où le coopérateur qui ne proclame pas la nécessité d'une transformation générale de l'ordre social, c'est-à-dire de l'action politique et socialiste?

Cela est si vrai que déjà la Confédération du travail qui comprend des groupes syndicaux, cherche en ce moment à fonder un journal corporatif central qui ferait une place à la politique. Et c'est bien encore un signe que les travailleurs socialistes comprennent de plus en plus la nécessité d'avoir un journal à eux. Mais cette tentative n'exclut pas celle que j'indique, car il n'est pas possible d'enfermer l'action politique dans les cadres du mouvement syndical.

Ce qui importe, c'est que le journal du parti répondant à la fois à l'idée politique et à l'idée syndicale, soit nettement pénétré partout de l'esprit socialiste et assure aux groupes ouvriers une large part de direction et de contrôle. Ainsi les défiances funestes que nos ennemis voudraient exciter entre ceux qu'ils appellent « les parlementaires » et le monde du travail se dissiperaient d'elles-mêmes par la loyauté d'une action commune.

Je prie instamment nos amis de toutes les organisations socialistes et de toutes les organisations corporatives de mettre à l'ordre du jour de leurs groupements cette question vitale : création, par le parti socialiste, d'un journal qui appartienne à tout le parti socialiste et à lui seul.

JEAN JAURÈS.

Si Jaurès parlait ainsi, c'est qu'il jugeait, comme nous, qu'un journal, pour mener à bien une lutte incessante contre le capital, devait avant tout s'affranchir du droit de propriété de ces financiers qui dirigent la politique, de ces feuilles qui comprennent dans leur rédaction des hommes pleins de bonne volonté envers les travailleurs, mais qui sont prisonniers de leur idée, la ligne de conduite étant établie par les « *propriétaires* », avec défense d'en sortir, sous peine d'être évincés.

A la date du 11 octobre 1897, aussitôt après le Congrès de Toulouse, dans le « *Réveil des Travailleurs de la voie ferrée* », notre camarade Lagailse écrivait :

# Le Congrès national corporatif de Toulouse

Le Congrès est terminé. Les délégués de chaque organisation sont rentrés dans leurs foyers. Chacun d'eux a repris le dur labeur que lui imposent les besoins de l'existence

Dans quelques jours, tous les délégués auront fait à leurs groupes le compte rendu de ce Congrès et les camarades se rendront compte qu'il est destiné a marquer dans les annales de la lutte économique.

Les travailleurs, prenant de plus en plus conscience de la misérable situation qui leur est faite par le capital exploiteur, luttent avec plus d'ardeur encore pour conquérir leur émancipation.

Partout on s'organise, partout on approfondit les questions corporatives, on recherche le moyen le plus prompt et le plus efficace de faire aboutir les meilleures solutions, on approfondit le vaste et complexe problème économique et une généreuse émulation s'empare de chacun, et tous brûlent du désir de hâter la solution si impatiemment attendue.

Aussi, à ce Congrès, la discussion fut-elle des plus animées et, disons-le, des plus fructueuses, chaque délégué étant venu porteur de rappots mûrement étudiés par les groupes.

Depuis 1886, époque à laquelle eut lieu le premier de ces Congrès corporatifs, jamais les questions ouvrières n'avaient été débattues avec une telle ampleur. L'ordre du jour, bien que très chargé, a été complètement épuisé Tous les points cependant en ont été mûrement étudiés.

Et c'était plaisir de voir avec quelle abondance de détails précis, avec quelle sûreté de jugement les travailleurs abordaient les questions les plus ardues, dont on leur avait jusqu'alors tenu la solution comme étant l'apanage des seuls bourgeois, sous le vain prétexte que ceux-ci avaient reçu une instruction appropriée.

Mais il est passé le temps où Prolo coupait dans ce boniment, où mains et gueules noires se croyaient dans l'obligation de remettre la défense de leurs intérêts aux mains de bourgeois, pseudo-libéraux, qui toujours les bernèrent. Aujourd'hui, les travailleurs ont secoué le joug et désormais ils sont décidés à faire eux-mêmes leurs affaires. Qui donc pourrait les en blâmer. Et grâce à leur énergie, à leur esprit d'initiative, à cette heure la question se pose ainsi : ou le capital fera des concessions ou la lutte sera engagée contre lui à brève échéance.

Et les travailleurs peuvent sans effroi envisager la lutte finale.

Organisés dans leurs Syndicats qui eux-mêmes sont puissamment groupés dans la Confédération du Travail, formant une armée disciplinée, ils peuvent, dès à présent, prendre contact avec les forces capitalistes. Ils commencent à savoir que les Travailleurs, étroitement unis, peuvent tout, car ils sont le nombre, ils sont la force.

Pour arriver à ce but, pour qu'il apparaisse à tous bientôt tangible, le Congrès de Toulouse a donné une cohésion plus grande à la Confédération du Travail. De ce fait, cette organisation va prendre une extension plus grande. Déjà, au cours du Congrès, de nombreuses organisations y ont adhéré.

A l'œuvre donc, prolétaires ! Que chacun de vous prenne conscience de sa force, qu'il pousse de tout son pouvoir les indifférents et les tièdes à venir, dans chaque corporation, grossir le mouvement syndical.

Si vous voulez que prenne fin votre servage, si vous avez à cœur de redevenir des hommes libres, ayant conscience de leur dignité, travailleurs, il n'y a point à hésiter, syndiquez-vous ! S'abstenir, se tenir à l'écart, c'est volontairement déserter le devoir.

Il faut que nous ayons sans cesse sous les yeux la première partie, devise que nos ancêtres avaient inscrite sur le drapeau noir :

« Vivre en travaillant ». Et tant pis pour qui nous forcerait à nous rappeler la seconde moitié : « ou mourir en combattant. »

A. LAGAILSE.

Plus tard, à la date du 1 novembre 1897, le même journal, où il était fait une étude des travaux de ce Congrès, disait au sujet de cette feuille en instance de paraître :

### Publication d'un journal quotidien

Un important débat a eu lieu sur la publication d'un journal quotidien économique, dont la création avait été décidée en 1896 par le Congrès de Tours.

La *Confédération générale du Travail* a reçu mission de recueillir les sommes nécessaires à cette publication.

Pour donner aux organisations ouvrières l'entière propriété du journal, le Congrès a adopté les moyens financiers suivants :

1° Abonnements souscrits d'avance ;

2° Emission d'actions parmi les Syndicats ;

3° Prêts consentis par ceux-ci ;

4° Vente de cartes de membres fondateurs.

Par ces moyens, le prolétariat sera bientôt doté d'un puissant moyen de propagande qui manquait au mouvement socialiste français.

La ligne de conduite du journal a été longuement discutée ; il traitera plus particulièrement les questions économiques, mais laissera néanmoins une place à la politique générale.

Toutefois, il est formellement décidé qu'il s'abstiendra de faire de l'action électorale. Il se bornera, en cette matière, à indiquer au titre *Informations* les noms des divers candidats, sans en patronner aucun.

Le journal contiendra évidemment tous les éléments que l'on trouve dans les quotidiens actuels : faits-divers, sports, théâtres, courrier parlementaire, chroniques, feuilletons, y trouveront tout naturellement leur place ; en un mot, les travailleurs entendent faire de leur journal le plus complet et le mieux informé des quotidiens.

Se plaçant sur le terrain de la lutte de classes, le journal du prolétariat s'adressera exclusivement aux travailleurs, aux opprimés, aux spoliés, et mènera une lutte ardente contre le régime capitaliste.

Les rédacteurs, qui seront choisis avec soin, devront être syndiqués ; toutes les opinions pourront librement être exposées. **Aucun article ne sera signé.**

Nous regrettons de ne pouvoir donner ici le magnifique rapport de la Commission qui a étudié cette question. Nos camarades le trouveront *in extenso* dans la brochure du compte rendu du Congrès que vont faire paraître prochainement nos camarades de Toulouse.

*LES DÉLÉGUÉS*
*du Syndicat national des Travailleurs*
*des Chemins de fer.*

*
* *

Dans cette partie de notre rapport, nous avons tenu à vous reproduire nombreuses citations de journaux qui s'intéressent à la cause, afin de prouver aux camarades que notre idée est partagée par tous les militants du travail.

Voici le *Bulletin Officiel* des ouvriers métallurgistes, à la date de mai 1897 :

# DEUX EXPULSIONS

Quelle frousse, mes amis ! L'on dit encore, dans certains milieux, que l'action syndicale ne produira jamais rien d'efficace, que, seule, l'action politique produira de merveilleux effets. Il apparait, cependant, que la politique syndicale est bien celle qui tourne le plus la caboche et donne des coliques épouvantables à nos dirigeants, au point de ne plus avoir de raison, car, véritablement, l'on se demande s'il y a encore du sang-froid et de la réflexion chez des gens qui ont entre leurs mains la destinée de tout un peuple.

Eh oui, camarades, oui, il y a dans l'acte gouvernemental une lâcheté et une canaillerie : c'est ce que la peur oblige de faire dans certaines circonstances.

Pensez donc, nos camarades Mac-Pherson et Tom Mann, les expulsés en question, sont deux travailleurs anglais, représentant une force qui peut tenir en échec la vie du monde, lorsque cette force sera organisée dans tous les ports nationaux et internationaux, comme à Londres, par exemple.

Or, l'on sait, en haut lieu, combien le peuple français est impressionnable, a d'emballement, et l'on s'est dit : il ne faut pas laisser parler ni séjourner en France deux représentants sympathiques comme le sont ces deux travailleurs anglais, qui seraient capables d'organiser tous les miséreux des ports, parce qu'alors, avec ces diables de chemineaux, la Grève générale s'accomplirait trop facilement.

Voilà, camarades, la raison qui a motivé l'expulsion de nos deux amis.

Eh bien, puisque patronat et dirigeants nous montrent leur faiblesse, il y a donc lieu, pour tous les citoyens conscients, de préparer la besogne que venaient faire chez nous, et pour tous, nos amis Mac-Pherson et Tom Mann, et cela peut se faire très promptement.

Que toutes les Chambres syndicales qui ont quelques billets à la Caisse d'épargne — qui servent les intérêts de nos ennemis communs — fassent comme l'Union des ouvriers métallurgistes de l'Oise, qu'elles les déplacent et en fassent prêt à la Confédération générale du Travail, pour activer les résolutions du Congrès de Tours, qui a décidé la création d'un organe quotidien.

Voilà, camarades, ce que chacun de vous doit faire, et lorsque vous aurez un organe de combat et de propagande qui vous rapportera plusieurs millions de bénéfices par an, comme le *Petit Journal* et le *Petit Parisien* les servent comme bénéfices à leurs actionnaires, avec ces millions, dis-je, vous pourrez, quoi que fassent patrons et dirigeants, organiser non seulement les ouvriers des ports, mais tous les travailleurs des villes et des campagnes qui sont restés réfractaires à l'association, ou en ont été empêchés par l'omnipotence des potentats locaux et la trahison de nos gouvernants, qui ont pour mission de protéger les faibles.

Il ne s'agit donc plus, camarades, de faire des ordres du jour de blâme et de révolution en chambre ; tout cela c'est de la blague et puérilité indigne de citoyens sérieux.

Ce qu'il faut, c'est de l'argent. Tous les Syndicats en ont plus ou moins. Il y a une œuvre grandiose de propagande à faire surgir. Que chaque Syndicat apporte son obole ; que ceux qui n'en ont pas imposent leurs membres de quelques sous pendant quelques mois, afin que la mitraille abonde à la Confédération, et bientôt surgira de notre journal la clameur populaire, et nos exploiteurs en crèveront d'effroi, et notre vengeance s'accomplira.

CRÈVEDEFAIM.

Et un an après, ce même journal indique bien que les militants qui l'inspirent n'ont pas changé dans leur opinion. Voici ce qu'ils écrivent :

## « L'Eveil »

C'est avec joie que nous voyons reprendre par la Confédération du Travail le projet de création d'un organe du prolétariat prévu par les Congrès de Tours et de Toulouse.

J'ai dit et proclamé en ce journal, il y a trois mois, l'indispensable utilité d'un seul groupement d'ouvriers métallurgistes ce qui ne se réalisera que par le groupement de toutes les forces ouvrières, car, par la cohésion de nos Organisations, nous pourrions nous acheminer plus promptement vers la réalisation de nos revendications.

La création d'un journal prolétarien sera le plus grand chef-d'œuvre de notre Confédération ; ce journal est indispensable, il nous le faut absolument pour grouper dans une même pensée les multiples Syndicats de notre pays, et cela en dehors de toutes les coteries politiques, dont il nous faut parfois « mendier » l'insertion d'un maigre filet dans leurs organes quotidiens.

Et cela est facile et fort réalisable ; il appartient à tous les travailleurs de s'associer à cette œuvre prédominante entre toutes pour le succès de notre cause.

Pourquoi les parias ne consacreraient-ils pas le sou journalier à l'achat de notre organe ? Pourquoi toutes les Organisations n'en assureraient-elles pas la vente et le contrôle ?

Ah ! je sais pour ma part ce qu'il y a de difficultueux à créer un journal et surtout à le faire vivre, car ce n'est pas sur le capitalisme qu'il faudra compter pour la réussite, au contraire de certaines feuilles, c'est sur nous.

Or, nous avons tout d'abord l'heureuse innovation de la Commission d'organisation en ce qui concerne la vente de cartes à 25 centimes ; ne pourrait-on, en dehors des cotisations des intéressés, organiser par toute la France, conférences, fêtes, etc., dont le bénéfice pécunier et la propagande seraient de précieux éléments?

Pour notre part, nous sommes prêts à faire tous nos efforts pour aboutir au succès ; on nous dira sans doute et avec raison que c'est bien souvent que l'on fait appel au pécule si maigre des travailleurs, ce n'est que trop vrai, mais enfin il faut aboutir surtout par ce moyen qui viendra avec le temps procurer des bénéfices pour parachever le mouvement ouvrier.

Après l'agitation électorale du mois de mai, il ne doit pas y avoir de trève. En lutte donc, camarades d'atelier, toujours et quand même jusqu'à la victoire finale.

En dehors de toutes coteries, je ne saurais trop le répéter, il y a place à la voix du peuple, de celui qui travaille. A l'œuvre pour le triomphe !

L. Juillet.

Puis, c'est dans le *Réveil des Mouleurs*, à la date d'octobre 1897, qu'on s'exprime ainsi :

## Attention, lecteur !

La question la plus importante du Congrès de Toulouse était la création d'un journal quotidien par la Confédération générale du Travail ; elle a été résolue après une longue et laborieuse discussion ; nous donnons ci-dessous quelques détails sur son organisation, ainsi que les conclusions adoptees.

On se souvient que l'idée de fonder un tel journal remonte au commencement de l'année 1895. Un de nos membres, délégué à la Confédération, se mit courageusement à l'étude, fit un rapport très approfondi, tant au point de vue matériel qu'au point de vue technique. La question fut posée au Congrès en septembre 1896. La Confédération déposa le rapport, il fut très applaudi ; bon nombre de délégués qui avaient mandat de voter contre se rallièrent à l'idée intelligente et hardie ; les conclusions furent adoptées à l'unanimité moins 3 voix sur 70 délégués présents.

Nous avons consacré plusieurs articles à ce sujet, en démontrant combien d'avantages procurerait aux travailleurs un journal quotidien, intelligemment conçu et dirigé, nous avons publié quelques passages importants du rapport.

Les récentes correspondances que nous avons reçues des Syndicats fédérés, ayant trait au journal, nous ont appris que cette grande question a été peu ou pas comprise ; d'autre part, le Congrès de Toulouse a constaté aussi, par la divergence de vues de certains délégués, que l'étude sur le projet a été négligée par un certain nombre de Syndicats.

Pour obvier à cette négligence et permettre aux syndiqués d'apprécier le projet dans ses grandes lignes, sur la proposition de notre délégué, l⁴ Congrès invite, ainsi qu'on le lira dans les conclusions, les journaux corporatifs à publier les deux rapports.

Nous commençons dès ce mois à publier en feuilleton, à la 3ᵉ et 4ᵉ page, le rapport du Congrès de Tours, jusqu'à complète publication de celui de Toulouse.

Ceux qui, parmi nous, ont lu le projet, se sont rendu facilement compte de sa réalisation et de l'arme puissante qu'il fournira aux organisations ouvrières. Nous souhaitons que nos lecteurs le lisent et collectionnent les deux rapports : nous sommes persuadés qu'ils seront comme nous des dévoués adeptes de l'œuvre grandiose qui fera notre union et notre force.

Nous aurions pu vous reproduire ici quantité de cés articles écrits par des travailleurs à des travailleurs. Mais nous avons la conviction que ces quelques-uns, pris au hasard, suffisent pour établir le jugement de ceux qui avaient besoin d'étayer leur foi.

Pour ceux qui doutent encore, quand nous disons qu'un journal s'impose pour le droit et la défense des travailleurs, qu'avec les journaux existants la vérité est dans les ténèbres et qu'on n'écrit dans ces feuilles que suivant les idées des Maitres, voici ce qu'écrit un professionnel, un homme qui hier était au *Soleil*, journal des mieux pensants, et qui aujourd'hui écrit de pair avec Lucien Descaves et l'auteur des *Mauvais Bergers* :

Pour lutter contre l'Argent, contre le Sabre, contre l'Internationale noire, nous ne pouvons nous appuyer que sur l'opinion publique. Or, la foule est trompée, bernée, aveulie, pervertie par la presse du mensonge et par la presse du vice.

Des millions de Français ne lisent rien, ou ne lisent que des contes à dormir debout, des calomnies effrontées, des documents fabriqués ou falsifiés, soit dans les journaux, soit sur les affiches du gouvernement. Une tourbe de malandrins, sous le nom de journalistes, empoisonnent le pays entier de leurs inventions, de leurs fausses nouvelles, de leurs faux témoignages. Pour dégager la vérité de tant de voiles, il faut une dose peu commune de réflexion, de critique, de jugement. Quand la masse du public finit par l'apercevoir, elle n'a plus parfois qu'un intérêt historique. Il est trop tard.

URBAIN GOHIER.

(L'*Aurore* du 23 juillet 1898.)

Il faut donc, citoyens, que chaque groupement s'inspire de cette idée que le prolétariat ne peut triompher qu'avec cette seule arme : un journal quotidien, entièrement sa propriété, inspiré de ses idées, faisant descendre dans la masse cette idée de lutte; et de ce fait, relever l'avachissement qui menace de nous réduire à l'esclavage des temps anciens.

## TROISIÈME PARTIE

Nous savons que des reproches nous seront adressés pour n'avoir pas observé la décision du Congrès de 1897, et n'avoir pas quitté la Bourse du Travail.

Assurément, si cela eût été possible, nous nous serions empressés d'obéir, mais nous étions en présence d'un cas qui, nous en sommes certains, nous excusera.

Les cotisations quant à présent, ne nous permettent pas de faire de grandes dépenses de frais généraux. Nous avons besoin de tous nos deniers pour l'action de propagande.

Il nous aurait fallu un loyer qui aurait absorbé une partie de nos cotisations.

Nous avions bien, de concert avec la Fédération des Bourses, étudié l'union de nos deux sièges, mais là encore, il n'y a pas eu entente, car nous étions assurés que tous les frais seraient laissés à notre charge.

Nous avons donc cru devoir rester quelque temps encore les locataires de M. le Pré et de la Seine, plutôt que de faire nos réunions chez le marchand de vins.

Il y a là cause de dépenses pour certains camarades et cela pouvait donner lieu à des abstentions *forcées*.

Et notre crime n'est pas aussi grand que cela a pu paraître aux yeux de certains qui nous ont fait la petite guerre à ce sujet; et nous citerons pour exemple ce qu'écrivait Briat à la date de mai 1896 :

## La rentrée à la Bourse du Travail

Le samedi 11 avril dernier, cent Syndicats parisiens ont pris possession de leurs anciens locaux. Nous devons l'avouer, le prolétariat parisien n'a pas su s'entendre et marcher la main dans la main. Il fallait accepter ou refuser tous. Or, chacun a lutté pour ses convictions personnelles sans admettre de se conformer à la majorité. Nous étions des adversaires de la rentrée et nous avions déclaré et signé un ordre du jour où nous nous engagions à respecter la décision des Syndicats adhérents à la Bourse indépendante. Nous n'étions pas les seuls qui avions mis nos noms au bas de cet ordre du jour. Les représentants du Syndicat des Chemins de fer l'avaient aussi signé.

Grande a été notre surprise en lisant leur organe du 20 avril, dans lequel ils critiquent les Syndicats rentrés. Si nous sommes à la Bourse du Travail, camarades des Chemins de fer, c'est parce que nous n'admettons pas que le parti des travailleurs se divise, à la grande joie de nos exploiteurs. Nous avons comme principe de toujours nous soumettre à la majorité. C'est la conduite que les travailleurs ont toujours tenue dans les Congrès ouvriers, et ceux qui, comme à Nantes. ne s'y sont pas conformés, ont manqué à leur devoir. Certes, le Syndicat des chemins de fer est d'une force incontestable, comme nombre; mais, dans différentes circons'ances, il a dû s'apercevoir qu'il était nécessaire que nous soyons unis et que souvent on a besoin de plus petit que soi.

Malgré cette scission, nous continuerons à croire que, chaque fois que les forc s ouvrières auront besoin de se rassembler pour soutenir une lutte contre le capital exploiteur, cette différence de vues. qui nous sépare momentanément, disparaîtra pour faire place à l'esprit de solidarité.

E. BRIAT.

Ce ne sont cependant pas les vexations qui ont manqué à notre égard. On a fait tout ce qu'on a pu pour nous obliger à quitter le local qui nous avait été concédé.

Il est vrai que nous ne faisons pas d'intrigue. Nous nous réunissons sans bruit. L'administration de la Bourse de Paris nous voit peu dans ses bureaux où nous ne convoitons aucune fonction.

C'est la maison du peuple, nous usons de notre droit jusqu'au jour où nous nous contenterons de faire une simple révérence accompagnée d'un Merci!... et ce sera tout.

A vous maintenant, citoyens, de juger de notre conduite et de décider si nous avons été fidèles à notre mandat.

C'est avec la plus entière confiance que nous attendons votre jugement.

*Le Secrétaire général,*

A. LAGAILSE.

Le Trésorier du Conseil national de la Confédération du Travail donne lecture du rapport financier.

## RAPPORT FINANCIER



CITOYENS,

Plus heureux que l'année dernière, nous pouvons fournir dès ce jour la situation générale de notre mouvement, en tant que cotisations. Vous reconnaîtrez que, quelles que puissent être les critiques faites par certains énergumènes qui croient qu'en dehors d'eux l'émancipation ouvrière ne peut se produire, la situation de notre organisation n'est pas si mauvaise.

Pendant que nos contradicteurs pouvaient à peine arriver à suffire aux frais que leur impose le traitement de leur secrétaire, la Confédération faisait, elle, 1,100 fr. de dépenses pour la propagande économique, et malgré cela elle se présente avec un budget qui milite en sa faveur.

Si vous croyez devoir élargir le cercle de ses adhérents, il y a tout lieu de croire que ce mouvement ira en s'accentuant et que bientôt nous aurons la satisfaction de voir notre organisation centrale du travail réaliser les forces qui sont indispensables pour la lutte que nous désirons tous.

Pour arriver à ce but, il faut que chacun comprenne son rôle, que chaque organisation se rallie à cette idée de l'action commune et accepte ce principe, de tous pour un, un pour tous.

Le jour où nous serons cette force, quels que puissent être les moyens employés par les capitalistes, il faudra que, bon gré mal gré, ils acceptent de traiter avec nous.

Cette quantité négligeable d'hier sera une force avec laquelle il faudra compter.

Il dépend de vous, citoyens, de triompher :

Vouloir c'est pouvoir !

## SITUATION FINANCIÈRE POUR L'EXERCICE 1897-98

| ORGANISATIONS ADHÉRENTES | EXERCICE 1896-97 | OCTOBRE | NOVEMBRE | DÉCEMBRE | JANVIER 1898 | FÉVRIER | MARS | AVRIL | MAI | JUIN | JUILLET | AOÛT | SEPTEMBRE | TOTAL | OBSERVATIONS |
|---|---|---|---|---|---|---|---|---|---|---|---|---|---|---|---|
| Fédération du Cher | | 4 | 4 | 4 | 4 | 4 | 4 | 4 | 4 | 4 | 4 | » | » | 40 | |
| Fédération des Coupeurs en chaussures | | 2 | 2 | 2 | 2 | 2 | 2 | 2 | 2 | 2 | 2 | » | » | 20 | |
| Syndicat national des Chemins de fer | | 10 | 10 | 10 | 10 | 10 | 10 | 10 | 10 | 10 | 10 | 10 | 10 | 120 | |
| Fédération des cuirs et peaux | | 3 | 3 | 3 | 3 | 3 | 3 | 3 | 3 | 3 | 3 | 3 | » | 33 | |
| Fédération du Livre | | 10 | 10 | 10 | 10 | 10 | 10 | 10 | 10 | 10 | 10 | 10 | 10 | 120 | |
| Travailleurs municipaux de Paris | | 8 | 8 | 8 | 8 | 8 | 8 | 8 | 8 | 8 | 8 | 8 | 8 | 96 | |
| Fédérat. des mouleurs en métaux de France | | 5 | 5 | 5 | 5 | 5 | 5 | 5 | 5 | 5 | » | » | » | 45 | |
| Fédération du bâtiment | | 10 | 10 | 10 | 10 | 10 | 10 | » | » | » | » | » | » | 60 | |
| Fédération du cuivre de Lyon | | 2 | 2 | 2 | 2 | 2 | 2 | 2 | 2 | 2 | » | » | » | 18 | |
| Fédération de la Voiture | | 4 | 4 | 4 | 4 | 4 | 4 | 3 | 3 | 3 | » | » | » | 33 | |
| Fédération des ouvriers métallurgistes | | 10 | 10 | 10 | 10 | 10 | 10 | 10 | 10 | » | » | » | » | 80 | |
| Mineurs de Pontpéan | | 3 | 3 | 3 | 3 | 3 | 3 | 3 | 3 | 3 | 3 | 3 | » | 33 | |
| Syndicat des Omnibus de Paris | | » | » | » | 6 | » | » | » | » | » | » | » | » | 6 | |
| Fédération des Cuisiniers de France | | » | » | » | 3 | 3 | 3 | 3 | 3 | 3 | 3 | 3 | 3 | 27 | |
| Industrie lainière de Reims | | » | » | » | » | » | 1 | 1 | » | » | » | » | » | 2 | |
| Union du Gaz de Paris | | 3 | 3 | 3 | 3 | 3 | 3 | 3 | 3 | 3 | 3 | 3 | 3 | 36 | |
| Union Fédérative de Tulle | 8 | 1 | 1 | 1 | 1 | » | » | » | » | » | » | » | » | 12 | |
| Mineurs de Faymoreau | | 1 | 1 | 1 | 1 | 1 | 1 | 1 | 1 | 1 | 1 | 1 | 1 | 12 | |
| SOMMES DUES SUR L'EXERCICE PRÉCÉDENT ET ENCAISSÉES | 8 | 76 | 76 | 76 | 85 | 78 | 79 | 68 | 67 | 57 | 47 | 41 | 35 | 793 | |
| Fédération des cuirs et peaux | 3 | | | | | | | | | | | | | | |
| Mouleurs en métaux de France | 5 | | | | | | | | | | | | | | |
| Fédération des Travailleurs municipaux | 14 | | | | | | | | | | | | | | |
| Fédération du bâtiment | 50 | | | | | | | | | | | | | | |
| Cercle corporatif | 12 | | | | | | | | | | | | | | |
| Fédération du cuivre de Lyon | 28 | | | | | | | | | | | | | | |
| Mineurs de Pontpéan | 3 | | | | | | | | | | | | | | |
| | 115 | | | | | | | | | | | | | | |

## DÉPENSES

| | |
|---|---:|
| Représentation au Congrès de Toulouse............... | 235ᶠ 20 |
| Octobre 1897, frais de secrétariat....................... | 13 85 |
|     —    deux livres de comptabilité.............. | 7 50 |
|     —    frais de secrétariat..................... | 66 » |
| Total............................. | 322ᶠ 55 |
| Novembre 1897.................... | 95 85 |
| Décembre...... | 118 70 |
| Février 1898................. | 271 » |
| Mars................ | 37 20 |
| Avril-mai.................. | 3 10 |
| Juin-Juillet.................. | 121 40 |
| Août.................. | 77 85 |
| Septembre.................. | 35 65 |
| Total..................... | 1.083ᶠ 30 |

| | | |
|---|---:|---:|
| Situation antérieure....................... | 1.018ᶠ 15 | |
| Sommes dues (profits et pertes)............. | 240 » | |
| | 778ᶠ 15 | 778ᶠ 15 |

| | | |
|---|---|---:|
| | Sommes dûes (antérieures)............... | 115 » |
| | Cotisations............................ | 793 » |
| Encaissé : | Divers :   Fédération de Rennes........... | 9 » |
| | Fédération de Tulle............ | 6 » |
| | Viremᵗ de compte pʳ la grève génˡᵉ. | 1 50 |
| Total....................... | | 1.702ᶠ 65 |
| Dépenses..................... | | 1.083 30 |
| En caisse, le 12 septembre 1898...................... | | 619ᶠ 35 |

*Sommes restant dues à la Confédération générale du Travail pour cotisations :*

| | |
|---|---:|
| Fédération du Cher, 2 mois à 4 francs....................... | 8 fr. |
| Fédération des Coupeurs-Brocheurs en chaussures, 2 mois à 2 fr........................ | 4 » |
| Fédération des Cuirs et Peaux, 1 mois à 3 fr .............. | 3 » |
|     — des Mouleurs en métaux, 3 mois à 5 fr............ | 15 » |
|     — du Bâtiment, 6 mois à 10 fr..................... | 60 » |
|     — du Cuivre de Lyon, 3 mois à 2 fr.............. | 6 » |
|     — de la Voiture, 3 mois à 3 fr................ | 9 » |
|     — de la Métallurgie, 4 mois à 10 fr................ | 40 » |
| Syndicat des Mineurs de Pontpéan, 1 mois à 3 fr............ | 3 » |
|     — de l'Industrie lainière de Reims, 5 mois à 1 fr...... | 5 » |
| Union fédérative de Tulle, 8 mois à 1 fr.................... | 8 « |
| TOTAL............................. | 164 fr. |

| ORGANISATIONS DONATRICES | EN FAVEUR DE QUI LES FONDS ÉTAIENT DESTINÉS | ENCAISSÉ | RETENU | ENVOYÉ |
|---|---|---|---|---|
| Syndicat national des Chemins de Fer, Paris............ | Ferblantiers de la maison Brun, de Paris. | 7f 30 | 0f 35 | 6f 95 |
| — — — ............ | Polisseurs sur métaux. | 7 30 | 0 35 | 6 95 |
| — — — ............ | Maçons de Lyon. | 6 50 | 0 35 | 6 15 |
| — — — ............ | Ferblantiers de la Compagnie continentale, Paris. | 22 50 | 1 15 | 21 35 |
| — — — ............ | Mécaniciens anglais. | 90 » | 4 50 | 85 50 |
| Chambre syndicale des Tisserands de Cholet............ | — | 10 » | 0 50 | 9 50 |
| — des Scieurs à la méc., Hennes (Oise). | — | 5 » | 0 25 | 4 75 |
| Bourse du Travail de Marseille...................... | — | 14 » | 0 70 | 13 30 |
| — de Rennes...................... | — | 10 » | 0 50 | 9 50 |
| Union syndicale de l'Industrie textile, Armentières (Nord). | — | 10 » | 0 50 | 9 50 |
| Chambre synd. du Bâtiment de la Roche-sur-Yon (Vendée) | — | 20 » | 1 » | 1 90 |
| Bourse du Travail de Cognac (Charente)................ | — | 10 » | 0 50 | 9 50 |
| — de Perpignan...................... | — | 10 » | 0 50 | 9 50 |
| Union syndicale des Métallurgistes de Dunkerque........ | — | 20 » | 1 » | 19 » |
| Syndicat national des Chemins de Fer *(adressé directement)* | Zingueurs de Nevers. | 1 10 | 1 10 | 22 50 |
| Bourse du Travail de Clichy...................... | Mécaniciens anglais | 6 75 | » » | » » |
| — de Niort...................... | — | 5 » | » » | » » |
| Fédération des Travailleurs municipaux de Paris........ | — | 50 » | » » | » » |
| Chambre synd. des Coupeurs-Brocheurs en chaussures, Paris | — | 47 20 | » » | » » |
| Chambre synd. des Tanneurs-Corroyeurs (Châteaurenault) | .. | 10 » | » » | » » |
| Chambre syndicale des Charpentiers et Menuisiers de Nancy. | — | 5 » | » » | » » |
| Chambre synd. des Chemins de Fer (St-Germain-des-Fosses) | — | 5 » | 6 45 | 122 50 |
| | Total. | 372f 65 | 19f 70 | 375f 45 |
| | Pour ordre. | 22 50 | | |
| | | 395 15 | 395 15 | |

| ORGANISATIONS DONATRICES | EN FAVEUR DE QUI LES FONDS ÉTAIENT DESTINÉS | ENCAISSÉ | RETENU | ADRESSÉ |
|---|---|---|---|---|
| *Report*....... | | 395f 15 | 19f 70 | 375f 45 |
| Union des Ouvriers Cordonniers et Tanneurs de Tours... | Mécaniciens anglais | 5 » | » | » |
| 92e section typographique de Tours.................... | — | 5 » | » | » |
| Syndicat des Chemins de fer, section de Tours.......... | — | 5 » | .. | » |
| Collecte faite à la Bourse du Travail de Tours.......... | — | 5 » | » | » |
| Chambre syndicale des Galochie s de Tours ............. | — | 9 90 | » | » |
| Id. Serruriers de Tours............. | — | 5 » | » | » |
| Id. Menuisiers en bâtiment de Tours. | — | 2 50 | » | » |
| Id. Tail. de pierres et Maçons de Tours | — | 5 » | » | » |
| Collecte faite à la Bourse du Travail de Tours........ ... | — | 2 75 | » | » |
| Chambre syndicale des Omnibus de Paris ............... | — | 10 » | » | » |
| Id. Charpentiers du Mans.......... | — | 3 » | » | » |
| Id. Jardiniers municipaux de Paris .. | — | 10 » | » | » |
| Id. Maçons de Cholet .............. | — | 10 » | » | » |
| Id. Etireurs au banc.............. | — | 8 » | » | » |
| Id. Cordonniers de Toulon ......... | — | 5 » | .. | » |
| Fédération des Chambres syndicales de Cette ............ | — | 20 » | » | » |
| Chambre syndic. des Imprimeurs en taille douce de Paris | — | 25 25 | » | » |
| Syndicat national des Chem. de fer (Groupe de Paris-Nord) | — | 56 » | 9 f0 | 182 80 |
| Syndicat des Omnibus de Paris..................... | Ardoisiers de Trélazé | 10 » | 0 50 | 9 50 |
| Id. id. .............. ... | Caisse de grève | 1 50 | 1 50 | » |
| Id. Chemins de fer .. .. ................ | Mécaniciens anglais | 145 10 | 7 25 | 137 85 |
| Id. id. ................... | Grévistes de Trélazé | 19 60 | 1 » | 18 60 |
| Bourse du Travail de Montpellier...................... | Mécaniciens anglais | 80 » | 4 » | 76 00 |
| Syndicat des Imprimeurs en taille douce de Paris...... . | Id. | 13 75 | 0 70 | 13 05 |
| | | 857 50 | 44 25 | 813 25 |
| | | | 857f 55 | |

| ORGANISATIONS DONATRICES | EN FAVEUR DE QUI LES FONDS ÉTAIENT DESTINÉS | ENCAISSÉ | RETENU | ADRESSÉ |
|---|---|---|---|---|
| | *Report* | 857f 50 | 44f 25 | 813f 25 |
| Syndicat national des Chemins de fer, Paris | Zingueurs de Nevers *(adressé dir.)* | 1 15 | 1 15 | 22 85 |
| Un groupe d'ouvriers révolutionnaires de Grenelle, Paris. | Pour les Mécaniciens anglais. | 30 75 | » | » |
| Syndicat des Mineurs de Pontpéan | — | 10 » | » | » |
| — des Tailleurs sur acier de Paris | — | 25 » | » | » |
| Cercle corporatif des Mécaniciens de France, Paris | — | 30 » | » | » |
| Drahomet, à Chigré (Charente Inférieure) | — | 5 » | » | » |
| Bourse du Travail de Sainte-Florine (Haute-Loire) | — | 2 30 | » | » |
| Syndicat métallurgiste de Saint-Chamond (Loire) | — | 5 » | » | » |
| — de l'Eclairage de Paris | — | 50 » | » | » |
| — des Chemins de fer, Montargis | — | 10 » | » | » |
| — des Métallurgistes d'Auxerre (Yonne) | — | 5 » | » | » |
| — des Ouvriers en limes de Chambon-Fougerolles. | — | 10 » | 9 15 | 173 90 |
| — des Chemins de fer | — | 47 95 | » | » |
| Bourse du Travail de Rennes | — | 25 » | » | » |
| Syndicat des Ouvriers coupeurs-brocheurs de Limoges | — | 14 40 | » | » |
| Bourse du Travail de Nimes | — | 20 » | » | » |
| Syndicat des Tailleurs d'habits de Nimes | — | 10 » | » | » |
| — des Cordonniers de Nimes | — | 10 » | » | » |
| Divers, de Nimes | — | 1 10 | 6 45 | 122 » |
| Syndicat national des Chemins de fer | — | 43 55 | » | » |
| Fédération des Cuirs et Peaux : } Chevreau glacé | — | 3 25 | » | » |
| } Mégissiers en mouton | — | 8 50 | » | » |
| Fédération des Cuirs de Lyon | — | 31 » | 4 30 | 82 » |
| | Total | 1.256f 45 | 65f 30 | 1.214f » |
| | Pour ordre | 22 85 | | |
| | *A reporter* | 1.279f 30 | 1.279f 30 | |

| ORGANISATIONS DONATRICES | EN FAVEUR DE QUI LES FONDS ÉTAIENT DESTINÉS | ENCAISSÉ | RETENU | ADRESSÉ |
|---|---|---|---|---|
| *Report* ....... . | | | | |
| Coupeurs et brocheurs en chaussures, Paris............. | Brossiers de Rennes. | 3 » | 0 15 | 2 8 |
| Syndicat des Chemins de fer (grève de Chaumont) ....... | Mécaniciens Anglais. | 2 50 | 0 10 | 2 4 |
| Cercle des Mécaniciens à Paris...................,.... | — — | 13 » | 0 75 | 14 2 |
| Syndicat des Chemins de fer......................... | — — | 13 85 | 0 65 | 13 7 |
| — — ........................ | Brossiers de Rennes. | 27 » | 1 35 | 25 6 |
| Total .......... | | 60 85 | 3 » | 57 8 |
| Brossiers de Rennes....... 28 50 | | | | |
| Mécaniciens Anglais........ 29 35 | | | | |
| 57 85 | | | | |
| Syndicat des Mouleurs en fer de Paris................. | Chaudronniers de la Seyne. | 20 » | 1 » | 19 |
| — — ................. | Batteurs d'or, Paris. | 10 » | 0 50 | 9 5 |
| Parti Ouvrier de Saint-Ouen (Seine) .................. | Verrerie Ouvrière. | 6 25 | 0 30 | 5 9 |
| Syndicat des Chemins de fer ......................... | Bûcherons d'Henrichemont. | 45 » | 2 25 | 42 7 |
| — — ......................... | Verrerie Ouvrière. | 21 15 | | |
| — — ......................... | Batteurs d'or, Paris. | 10 60 | 1 00 | 30 1 |
| | | 113 » | 5 65 | 107 3 |
| Total.............. | | 173 85 | 8 05 | 165 2 |
| *Report* ............. | | 1.279 30 | 65 30 | 1.214 |
| Total.............. | | 1.453 15 | 73 95 | 1.379 2 |

| ORGANISATIONS DONATRICES | EN FAVEUR DE QUI LES FONDS ÉTAIENT DESTINÉS | ENCAISSÉ | RETENU | ADRESSÉ |
|---|---|---|---|---|
| | *Report*........ | 1.453 15 | 73 95 | 1.379 20 |
| Union synd. des Ouvr. métal. de Fourchambault (Nièvre). | Sommes adressées directement par cette organisation aux : | | | |
| — — | Ferblantiers de Bourges. | 0 50 | 0 50 | » » |
| — — | Cantonniers de Lyon. | 0 50 | 0 50 | » » |
| — — | Menuisiers de Saint-Loup. | 0 50 | 0 50 | » » |
| — — | Couvreurs de Moulins, | 0 25 | 0 25 | » » |
| — — | Menuisiers de Saint-Loup. | 0 75 | 0 75 | » » |
| — — | Bûcherons d'Henrichemont. | 0 50 | 0 50 | » » |
| — — | Riveurs de Nantes. | 0 50 | 0 50 | » » |
| — — | Charpentiers en fer de la Seyne. | 1 50 | 1 50 | » » |
| — — | Synd. des Cordonniers en machine. | 0 50 | 0 50 | » » |
| — — | Plâtriers de Libourne. | 0 25 | 0 25 | » » |
| — — | Verrerie Ouvrière d'Albi. | 5 » | 5 » | » » |
| Parti ouvrier révolutionnaire de Saint-Ouen (Seine)..... | Pour la Verrerie d'Albi. | 9 » | 0 45 | 8 55 |
| Syndicat national des Chemins de fer.................. | — | 86 05 | 4 30 | 81 75 |
| — — .................. | Pour les Cordonniers de Tours. | 27 » | 1 35 | 25 65 |
| — — (adressé directement) | Pour les Maçons de Perpignan. | 2 25 | 2 25 | » » |
| — — — | Pour les Min. de Faymoreau (Ven.) | 45 » | 2 25 | 42 75 |
| — — — | Tisseurs de Maison Manchon, Rouen | 45 » | 2 25 | 42 75 |
| — — — | Union des Métal. de Fourchambault. | 90 » | 4 50 | 85 50 |
| — — — | Verrerie Ouvrière. | 33 50 | 1 70 | 31 80 |
| | TOTAL. | 1.801 70 | 103 75 | 1.697 95 |
| | | | 1.801 70 | |

| ORGANISATIONS DONATRICES | EN FAVEUR DE QUI LES FONDS ÉTAIENT DESTINÉS | ENCAISSÉ | RETENU | ENVOYÉ |
|---|---|---|---|---|
| | *Report*...... | 1.801f 70 | 103f 75 | 1.697f 95 |
| Un anonyme........................................ | Métallurgistes de Fourchambault. | 2 » | » | » |
| Roucagliola, ancien adjoint au maire de Toulon.......... | — | 2 » | » | » |
| La Revendication de Puteaux (Société coopérative)...... | — | 50 » | » | » |
| Fédération des Travaileurs municipaux de Paris.......... | — | 150 » | 10 20 | 193 80 |
| — — — ........ | Tisseuses de Rouen. | 50 › | 2 50 | 47 50 |
| | Somme non utilisée : 35 fr 35. | | | |
| | | 2.055f 70 | 116f 45 | 1.939f 25 |

*Le Trésorier général,*
**COPIGNEAUX.**

*Le Secrétaire général,*
**A. LAGAILSE**

## SITUATION DU JOURNAL

Montant des cartes adressées aux Organisations..........  2.815ᶠ 25

Dépenses :  { Cartes, 20,000...............  245ᶠ »
            { Frais d'envoi... ... .......  31 20
                                          ————————
                                            276ᶠ 20
                Encaissé.............  230ᶠ 50

## SOMMES SOUSCRITES POUR LE JOURNAL

Union des Métallurgistes de l'Oise................ ..... ...  3.000ᶠ
Syndicat national des Chemins de fer.... ,..............  1.000
Chambre syndicale des Mouleurs en cuivre........... ......  500
    —        —      en fer....................  500
Fédération des Travailleurs municipaux de Paris........ ....  100
Services réunis de la Ville de Paris.....................  200
   plus 150 fr. à titre de protestation contre les agissements
   du préfet de la Seine (1897).......................  150
Union syndicale des Ouvriers métallurgistes de Fourcham-
   bault ....................................  100
Chambre syndicale des Jardiniers des Services municipaux..  100
Union syndicale des Ouvriers paveurs, cimentiers, bitumiers
   du département de la Seine.......................  100
Chambre syndicale de l'Ameublement de Saint-Loup (Haute-
   Saône).....................................  100
                                                          ————————
                                                            5,850ᶠ

   Reçu pour abonnement au journal l'*Eveil* :
Syndicat des Chemins de fer : Groupe de Moulins........  13 fr. 50.

### *Sommes dues par la Fédération des Bourses*

   Frais en commun acceptés par les délégués de cette organisation :
Circulaires pour les conditions du travail (impression).......  45ᶠ »
Frais de poste, bandes et confection d'adresses........... .....  57 »
Questionnaire des grèves (impression) ..................:.....  50 »
Manifeste (affaire Zola)....: .........................  112 50
Frais d'envoi.............................  64 »
                                          ————————
     Total.............................  328ᶠ 50
Part proportionnelle........................  164ᶠ 25
12 mois de cotisation à 10 francs..........  120 »
     Total.............................  284ᶠ 25



7

Citoyens,

Comme nous le faisons remarquer au début de notre rapport, la situation de la Confédération est florissante, elle aurait pu l'être davantage encore si la Fédération des Bourses du Travail avait rempli les engagements qu'elle s'était engagée de tenir près la Confédération générale du Travail, cela aurait pu, sans doute, nous aider à nous conformer à la décision du précédent Congrès, qui avait ordonné que la Confédération quitte le local qui lui est réservé à la Bourse du Travail de Paris. Ce qui n'a pas empêché, d'ailleurs, certaines Bourses du Travail de protester contre la Confédération, parce qu'elle n'abandonnait pas la Bourse du Travail de Paris, alors que les Bourses du Travail n'ont fait absolument rien pour nous aider d'en sortir.

D'autre part, nous protestons contre les allégations fausses et mensongères de certains délégués des Bourses du Travail qui n'ont pas hésité à déclarer au Conseil fédéral des Bourses que les dépenses en commun étaient exagérées, et en tout cas, pas approuvées. Nos livres font foi des sommes engagées, et le Congrès pourra juger s'il y a eu exagération de notre part ou mauvaise foi de la part de certains délégués des Bourses, qui ne craignent pas de faire publier des insinuations malveillantes dans *l'Ouvrier des Deux Mondes*, organe officiel des Bourses du Travail, et de les porter à la connaissance des organisations qu'ils représentent, en les trompant pour les besoins de leur cause. Nous laissons pour compte à leurs auteurs ces insinuations mensongères destinées à jeter le trouble au sein des organisations ouvrières; nous avons confiance dans le Congrès pour faire justice de pareils procédés, et en mépriser les auteurs et complices, parmi lesquels figure le tombeur de la Verrerie Ouvrière, Fernand Pelloutier, secrétaire général des Bourses du Travail.

Pour le Conseil National :

*Le Trésorier général,*
Copigneaux.

## COMPTABILITÉ

Depuis l'établissement du rapport, les organisations suivantes se sont mises à jour de leurs cotisations, c'est-à-dire :

Fédération des Mouleurs en métaux, 3 mois à 5 fr............... 15 fr.
Union lainière de Reims, 5 mois à 1 fr...................... 5 »
Fédération nationale de la Métallurgie, 4 mois à 10 fr......... 40 »
Fédération du Cher, 2 mois à 4 fr........................... 8 »

Total................................... 68 fr.

Copigneaux.

110 fr. des moulins de France.
25 fr. du groupe nord des Chemins de Fer.
65 fr. de la Fédération du Cher.

Le Rapporteur de la Commission de vérification des Pouvoirs propose au Congrès d'accepter un nouveau mandat. — Adopté.

*Comité fédéral des Bourses du Travail.* — Avant de donner lecture au Congrès du rapport de la Fédération des Bourses, je tiens à faire une remarque : Tous les ans, le rapport du Comité fédéral des Bourses est établi au 30 juin, c'est-à-dire environ trois mois avant l'ouverture du Congrès ; de cette façon, les délégués au Congrès des Bourses peuvent discuter ce rapport. Le Conseil national de la Confédération devrait faire de même, sans quoi il est matériellement impossible de discuter ce rapport et de l'adopter. Dans tous les cas, cette année, le rapport du Conseil national était imprimé de bonne heure et aurait pu être envoyé aux organisations fédérées, puisqu'il a pu être communiqué aux délégués du Congrès des Bourses, à leur arrivée à Rennes.

Si le Comité fédéral des Bourses avait pu prévoir la constitution d'un pareil dossier, il aurait fait imprimer des exemplaires de son rapport pour le Congrès corporatif. C'est pourquoi le Comité se trouve dans la nécessité de donner lecture de la partie de son rapport, qui a trait à la Confédération générale du Travail.

# RAPPORT

## Du Comité fédéral des Bourses du Travail

En dehors de la tâche qui lui incombait comme représentant des Bourses du Travail, le Comité fédéral en avait une autre, comme partie intégrante de la Confédération générale. Avant de l'entreprendre, il devait rechercher ce qu'était, dans la pensée du Congrès corporatif de Toulouse, cette Confédération. Pour lui, il n'y eut jamais à cet égard aucun doute : la Confédération n'est pas un organisme nouveau ; elle n'était que l'association pour la solution des problèmes d'intérêt *commun* (association, par conséquent, subordonnée aux circonstances) du Conseil national corporatif, d'une part, ou, en d'autres termes, de la Fédération des unions de métiers similaires et des Syndicats nationaux, et d'autre part du Comité fédéral des Bourses du Travail. En l'absence de questions d'intérêt général, de questions, dit l'article 4 des statuts établis à Toulouse, *que leur caractère désigne évidemment comme étant communes*, les deux Comités devaient traiter séparément les problèmes qui intéressent spécialement chacun d'eux : le Conseil national corporatif, la création et le développement des unions de métiers, le Comité fédéral des Bourses du Travail, la création et le développement des unions de syndicats.

Cette opinion, formée non pas arbitrairement, mais par l'étude même des statuts de la Confédération, n'était pas celle du Conseil national corporatif, car, dès le début, les séances confédérales eurent une périodicité régulière qui leur donnait le caractère permanent interdit par le Congrès. Néanmoins, après avoir constaté que sur dix-neuf ou vingt Fédérations nationales de métiers existantes, le Conseil corporatif n'en comptait que quelques-unes et que, du reste, aucune œuvre utile ne serait possible tant que le nombre des fédérations de métiers serait aussi inférieur au nombre des professions dans lesquelles il existe au moins cinq syndicats, les délégués des Bourses du Travail ne songèrent point à s'en tenir à la lettre des statuts et manifestèrent la volonté d'apporter au Conseil national corporatif le concours de leur expérience en matière d'organisation ouvrière

Dès les premières séances confédérales, en effet, ils firent présenter par la Commission de statistique (la seule qui ait jamais pu se réunir) deux projets d'enquête : l'un relatif aux conditions générales du travail, divisé en quatre chapitres dont chacun devait être l'œuvre d'un trimestre, et qui, à la fin de l'année, aurait permis de dresser un tableau d'ensemble aussi complet... et plus exact que ceux de l'Office du travail, de la situation de la classe ouvrière française ; l'autre relatif aux grèves, et qui avait pour but d'établir, par une statistique minutieuse des conflits engagés chaque jour entre le travail et le capital, quels sont les résultats matériels et moraux produits par ces conflits et, par suite, en quelle mesure le prolétariat peut en user.

Si ces deux enquêtes n'ont pas abouti, la faute n'en est pas à la Confédération générale du Travail, mais aux organisations qui, après avoir créé, dans l'ardeur des discussions de ce Congrès, des organismes nouveaux, laissent ensuite à ces organismes le soin de se développer eux-mêmes. En tous cas, ce premier échec, sans ébranler la confiance des délégués des Bourses du Travail, leur fit comprendre qu'avant de tenter aucune entreprise d'ordre général, le Conseil national d'ordre corporatif devait à la fois obtenir des Fédérations le composant, qu'elles se fissent représenter dans son sein (les séances ne réunissant parfois que trois ou quatre membres) et provoquer la création de fédérations nouvelles qui lui donneraient la force absente.

Alors éclata un premier incident fâcheux. Un délégué de Bourse du Travail, avisé *officiellement* que les Syndicats d'ouvriers du Gaz de Grenoble et Bordeaux désiraient constituer une Fédération nationale, après avoir vainement sollicité le concours du personnel fédéré de la Compagnie parisienne, saisit du projet le Conseil national corporatif. Celui-ci pressentit à son tour, mais sans plus de succès, les ouvriers gaziers de Paris. Que devait-il faire alors ? Prendre évidemment, conformément à l'article 2 des statuts généraux, l'initiative de la Fédération désirée, en consultant d'abord, puis en unissant tous les Syndicats d'ouvriers du Gaz. Or, au lieu d'agir ainsi et de montrer que, sans négliger la partie théorique de son programme, il tenait avant tout à réaliser la partie fondamentale et pratique, qui est l'augmentation de ses adhérents, il ne crut pas devoir passer outre à la négligence dont faisait preuve la Fédération parisienne du Gaz et, malgré les lettres de Grenoble et les abjurgations de délégués des Bourses, il laissa les choses en l'état, notre Comité fédéral se voyant ainsi réduit à conseiller à Grenoble de provoquer une conférence entre ceux des membres du prochain Congrès corporatif qui appartiendraient à la corporation des travailleurs du Gaz.

Le camarade de Grenoble sera étonné et indigné de voir l'usage que l'on fait de sa lettre et l'interprétation qui lui est donnée dans le rapport du Conseil national ; si nous avions eu le temps, nous aurions apporté des lettres qui auraient établi clairement que le Conseil national n'a pas apporté dans cette question ce qu'on était en droit d'en attendre.

C'est à tort, du reste, que le Conseil national corporatif s'est cru interdit de remplacer le Syndicat parisien puisqu'en une autre circonstance et sur la proposition d'un syndicat de Reims et d'un représentant de Bourse il n'a pas hésité à prendre sous son patronage le projet de constitution d'une Fédération des ouvriers de tissages.

Entre temps, des débats interminables avaient surgi sur la signification des statuts votés à Toulouse. Les « précédents Congrès » n'ayant jamais, contrairement à ce que déclare le paragraphe 2 de l'article premier, établi, codifié, les attributions du Conseil national corporatif, certaiens affirmaient que la plus g·ande partie des paragraphes de l'article premier devaient s'appliquer, non à la Confédération, mais au Conseil corporatif, mais que, malgré l'évidence de cette erreur, ils ne pouvaient modifier eux-mêmes la *lettre* des statuts et qu'il fallait attendre sur ce point l'avis du prochain Congrés; les autres affirmaient, au contraire, que ces statuts, revêtant un caractère général et ne citant jamais que la Confédération, étaient bien les statuts de la Confédération ; la lacune, ajoutaient ils, signalée au programme particulier du Conseil corporatif, doit être comblée, comme le déclare le paragraphe 2 de l'article premier, par l'étude des décisions des précédents Congrès. Plusieurs mois s'étaient écoulés depuis la clôture du Congrès de Toulouse que ces débats duraient encore, mécontentant les délégués des Bourses, dont quelques-uns annoncèrent l'intention de ne plus assister aux réunions confédérales que lorsque l'accord se serait fait, touchant l'interprétation des statuts, entre ceux qui avaient pris part aux Travaux du Congrés de Toulouse.

C'est à la suite de ces incidents que le Comité fédéral des Bourses du Travail eut l'idée de demander l'organisation d'une conférence dans laquelle tous les camarades parisiens ayant assisté au dernier Congrès définiraient nettement la nature de la Confédération, sa mission, son mode de fonctionnement, comme aussi la nature, la mission et le mode de fonctionnement du Conseil corporatif.

La Confédération fut priée d'organiser cette conférence. Mais au lieu de la consulter, le secrétaire du Conseil corporatif, à qui la demande avait été adressée. non en cette qualité, mais en celle de secrétaire confédéral, répondit que le Conseil avait, sur la demande du Comité fédéral des Bourses du Travail, passé purement et simplement à l'ordre du jour Ce dernier prit alors l'initiative de la conférence, qui se réunit le 25 juin à la Bourse centrale du Travail, sous la présidence du camarade Briat, assisté du camarade Thierrart, secrétaire, le premier ayant représenté à Toulouse le *Syndicat des Ouvriers en Instruments de précision* de Paris, le second l'*Union des Travailleurs de l'Industrie lainière* de Reims.

C'est alors qu'il fut facile de comprendre le motif des controverses engagées depuis neuf mois. Etaient présents, sur les vingt-sept camarades parisiens délégués à Toulouse, les camarades Briat, Braun, Gapjuzan, Delesalle, Galantus, Grentzel, F. Guérard, Harlay, Meyer, Maynier'

Pouget, Riom, Restz, Richard et Thierrart. Or, les deux tiers au moins de ces camarades exprimèrent des opinions différentes, non seulement sur le rôle, mais même sur le fonctionnement administratif de la Confédération.

Le camarade Riom, qui fut à Toulouse rapporteur de la première Commission et dont, au reste, le rapport (dernier alinéa de la page 87 du compte rendu) paraît très clair, déclara que la Commission n'avait ni entendu rapprocher le Conseil national corporatif et le Comité fédéral des Bourses du Travail d'une façon permanente, les séances confédérales devant être très rares, puisque subordonnées à l'examen de questions d'*importance exceptionnelle ;* ni songé que la Confédération, c'est-à-dire l'union temporaire des deux Comités, dût avoir un bureau particulier, estimant qu'il suffirait d'un bureau de séance le jour où quelque événement imprévu rendrait une réunion confédérale nécessaire, et que, pour l'exécution de la décision prise, le bureau de chacun des deux Comités agirait directement. Au reste, conclut le camarade Riom, chacun des deux Comités reste autonome, conserve ses attributions, son titre et son budget particuliers, et, ne sacrifiant rien, ne trouve dans l'union que des avantages.

Mais, bien que cette opinion résume manifestement le rapport adopté par le Congrès de Toulouse, elle donna matière à une telle controverse que, finalement, les délégués émirent le vœu que, de concert avec le Conseil national corporatif, le Comité fédéral organisât une nouvelle conférence qui aurait pour but d'examiner à loisir comment devrait être proposée au Congrès de Rennes là refonte, non pas de la Confédération, fort bien établie par le Congrès de Toulouse, mais des statuts organiques du Conseil national corporatif.

Les choses en sont là (1). Le Comité fédéral croit devoir cependant exposer à ses mandants la raison des difficultés que rencontre la Confédération.

_______________

(1) Cela n'est plus exact. Saisi par le Comité des Bourses du Travail du vœu des camarades ayant assisté au Congrès de Toulouse, et prié d'inscrire l'objet de ce vœu à l'ordre du jour d'une réunion confédérale, le citoyen Lagailse, à la fois secrétaire de la Confédération et secrétaire du Conseil corporatif, a répondu le 5 juillet (n° 82-2) par la lettre suivante : « ... Je m'empresse de vous dire que c'est avec regret que je me vois obligé, quant à présent, de ne pas donner suite à votre demande. D'abord pour cette première raison, quoique votre opinion soit tout autre : C'est qu'une question qui touche la forme de notre organisation ne puisse figurer à l'ordre du jour de ses travaux qu'autant que ses membres en auront décidé en réunion *(c'est là une erreur manifeste, que la discussion demandée puisse conclure à l'inutilité de son objet, soit, mais encore faut-il que la discussion ait eu lieu, et c'est*

La Confédération n'étant pas un organisme particulier, il est évident que la raison de son impuissance doit provenir de l'un des Comités qui la constituent. Est-ce d'un antagonisme entre les délégués des deux sections? Oui et non. Non, si par antagonisme on comprend une querelle de personnes (ce rapport, il ne faut pas l'oublier, est antérieur à celui du Conseil national) ou une rivalité de préséance qui serait, d'ailleurs, puérile, chaque Comité ayant un rôle distinct; oui, si ce mot implique un malentendu. Il y a, en effet, entre le Conseil National corporatif et le Comité fédéral des Bourses du Travail un malentendu, d'autant plus fâcheux qu'il est inévitable et qui s'oppose *pour l'instant* à la vitalité de la Confédération, sans qu'on en puisse incriminer personne.

D'où vient ce malentendu? Un peu, à vrai dire, de ce que certains camarades n'admettent pas pour la Confédération la possibilité de fonctionner, tant qu'un Congrès ne l'aura pas composée uniquement, comme le désire le *Syndicat des Travailleurs des Chemins de Fer*, d'unités syndicales, toute fédération en étant exclue; mais beaucoup de ce que le Conseil corporatif et le Comité des Bourses du Travail n'ont pas atteint le même degré de développement et se trouvent, par suite, en présence de problèmes et de méthodes différents qui les rendent, pour ainsi dire, étrangers l'un à l'autre.

D'une part, le Conseil corporatif n'a pas l'importance numérique qui lui est indispensable. Il ne l'a pas, à la fois parce que peu de Fédérations nationales de métiers similaires lui apportent leur concours, et parce que (toutes celles qui existent fussent-elles ses collaboratrices) il resterait encore trop de métiers non fédérés. Si, du moins, les Congrès corporatifs lui avaient donné un programme modeste ou s'il se décidait à sérier lui-même les articles de ce programme, ajournant les questions qui découlent de l'organisation corporative pour se consacrer d'abord à cette organisation même, il ne tarderait certainement pas à obtenir des résultats précieux, car le nombre est grand des corporations prêtes à se fédérer et des Fédérations nationales siégeant en province, que quelques efforts détermineraient à entrer dans le Conseil. Or, ces adhésions lui

---

*elle que nous demandions, en réclamant la mise à l'ordre du jour de l'étude des statuts. Or, la réunion seule des deux Comités de la Confédération a qualité pour se prononcer sur une demande émanant de l'un d'eux, et jusque là cette demande doit être inscrite de droit à l'ordre du jour);* secondement, c'est que le Conseil national corporatif est seul pour faire les travaux de la Confédération, attendu que les camarades au nom desquels vous demandez cette discussion immédiate, font généralement défaut, et à cette heure nous avons beaucoup à faire... »

apporteraient la force numérique sans laquelle il est voué à l'impuissance, et en même temps l'autorité nécessaire pour aborder les points de son programme qui touchent le développement et l'*action* des unions professionnelles. Mais se considérant comme *obligé*, alors qu'il en est matériellement incapable, d'aborder à la fois toutes les parties de son programme, il voit ses efforts paralysés.

Tout autre est la situation du Comité fédéral des Bourses du Travail. Pendant les trois premières années de son existence, celui-ci sut borner son action à la création de Bourses, qui surgissaient par dizaines sur les points les plus opposés du territoire. Durant cette période, il dut s'interdire, à peine de gaspiller ses efforts et de nuire tout autant à l'augmentation du nombre des Bourses qu'à leur développement, il dut s'interdire toute étude ayant trait au *perfectionnement* des Bourses créées.

Mais cette période est depuis longtemps close. Il existe aujourd'hui cinquante et une Bourses du Travail, groupant 250,000 ouvriers, et c'est à peine si maintenant il se constitue chaque année trois ou quatre Bourses nouvelles. Assurément, devant le nombre des villes comptant plusieurs Syndicats, aptes par conséquent à posséder une Bourse, le travail d'*organisation* du Comité est encore considérable ; mais ce travail est beaucoup plus lent que jadis, et c'est surtout à présent l'exemple des résultats obtenus par les Unions de Syndicats créées qui entraîne la création de nouvelles Unions.

Le Comité a donc dû depuis quatre ans étendre son action, et c'est ainsi qu'il a étudié — mais tour à tour, avec prudence, en n'abordant une question nouvelle qu'après mise en train aussi parfaite que possible d'une question précédente — le rôle des Bourses de Travail, le caractère départemental et même régional qu'elles doivent revêtir tant qu'il existera des travailleurs non syndiqués et des Syndicats empêchés de se fédérer localement ; l'extension de leur propagande aux travailleurs de la mer et des campagnes, le parti qu'elles peuvent tirer de la coopération, les précautions à prendre pour conserver à toutes leurs entreprises, non seulement la marque, mais aussi et surtout l'esprit socialiste, les innovations, enfin, susceptibles d'attirer les ouvriers trop résignés au despotisme capitaliste et à la tyrannie gouvernementale.

Or, qu'on imagine en présence les délégués de quelques Unions de métiers adhérentes au Conseil national corporatif et les délégués des Bourses du Travail ; ne sent-on pas aussitôt l'incompatibilité de leurs programmes respectifs : l'un d'organisation, l'autre de développement, la dissonance de leurs conceptions, la divergence de leurs moyens et de leurs méthodes? Les hommes ainsi rapprochés ne parlent pas la même langue et ne pourraient s'entendre qu'à condition, les uns d'adopter la langue déjà si complexe de leurs camarades, les autres de revenir au rudiment de la propagande et (abandonnant pour quelques années la cause des Unions de Syndicats) de refaire pour les Unions de métiers l'œuvre accomplie par eux de 1892 à 1895.

Sans doute, les Bourses du Travail, en même temps qu'elles ont le sentiment de la solidarité, savent que leur œuvre, c'est-à-dire la culture des besoins d'association économique et de développement des facultés administratives des travailleurs serait presque sans valeur si elle ne devait se compléter par la forme d'organisation qui donnera à ces mêmes travai'leurs les notions de technicité intégrale nécessaire à la production libre, et en même temps la familiarisera, par les escarmouches quotidiennes, avec les fatigues et les périls du combat social. Aussi, n'hésiteraient-elles pas à négliger momentanément leur œuvre pour aider à celle qui incombe au Congrès corporatif, si cette tâche exigeait le concours d'expériences spéciales. Mais il n'en est pas ainsi. Le rôle du Conseil corporatif est des plus faciles. Que le Congrès de Rennes, au lieu de l'enfermer dans un programme compatible seulement avec une organisation déjà solide, lui permette de se borner pendant deux ou trois ans à son propre développement, c'est-à-dire à la constitution d'Unions nationales de métiers, et nous sommes certains que, de même qu'en 1893, 1894 et 1896, le Comité fédéral des Bourses du Travail enregistrait chaque année l'adhésion de huit ou dix nouvelles Unions de Syndicats, de même le Congrès corporatif enregistrera en 1900 des concours nouveaux, à l'aide desquels il pourra dès lors élargir le champ de ses opérations et agir de pair avec la Fédération des Bourses de Travail.

Ce qu'il importe de considérer, c'est que, malgré sa force apparente, l'organisation ouvrière, non seulement par métiers similaires, mais même par professions diverses, est à peine ébauchée ; qu'il y aurait donc péril pour les progrès réalisés à les croire de nature à donner dès maintenant les fruits attendus. Si le Congrès corporatif de Rennes veut bien reconnaître ce principe, il comprendra, par une conséquence naturelle, que la tâche immédiate des deux organismes qui composent la Confédération doit être, avant tout, de se développer au même degré.

Le sort de la Confédération est lié à celui des unions de métiers et des unions de syndicats. Or si, transgressant la loi de division du travail, on ne laisse pas ces deux branches de l'activité ouvrière puiser encore dans de nouvelles recrues la sève nécessaire pour se fortifier, si l'on oublie que ces recrues ne se feront qu'à condition de voir dans l'œuvre syndicale des intérêts simples, clairs et précis, si, en un mot, on confond deux faiblesses inégales, il est à craindre que c'en soit bientôt fait du travail accompli depuis dix ans. Les Bourses du Travail sont encore à la merci du premier ministère résolu ; quant aux fédérations de métiers, il suffit d'ouvrir l'*Annuaire des Syndicats* pour constater que, sauf quelques exceptions, elles n'existent pas ; réunissez-les, et les unes et les autres s'épuiseront en une agitation stérile jusqu'à ce qu'un Dupuy profite de leur concentration pour les frapper à la tête.

Le Comité fédéral est donc d'avis que le Congrès corporatif de Rennes sanctionne de nouveau le rapport de la première commission du Congrès de Toulouse en y introduisant les modifications suivantes :

1° Les deux organismes constituant la Confédération ne se réunissent qu'en cas d'événements imprévus et nécessitant manifestement une entente;

2° Le Conseil national corporatif, se faisant aider, s'il le juge utile, par le Comité fédéral des Bourses du Travail, dressera dès la clôture du présent Congrès un état des syndicats du même métier ou de métiers similaires susceptibles de se fédérer, puis il s'efforcera de les unir et de se les incorporer ;

3° Au cas où le Conseil national corporatif estimerait nécessaire de traiter pendant l'exercice prochain d'autres parties de son programme que celle qui concerne la création d'Unions nationales de métiers, il est autorisé à les sérier dans la mesure qui lui paraîtra convenable;

4° Le Conseil est invité à faire la plus grande publicité possible sur son titre et sur son but, de façon à rallier les fédérations nationales de métiers et les syndicats nationaux qui ne lui ont pas encore apporté leur concours;

5° Pour éviter dans l'esprit des travailleurs toute confusion résultant d'une multiplicité d'étiquettes, chacune des deux organisations centrales devra en toute manifestation, privée ou publique, faire précéder son titre particulier de celui de Confédération Générale du travail, de façon que le prolétariat sache que la Confédération n'est pas un organisme distinct du Conseil national corporatif et du Comité fédéral des Bourses du Travail;

6° Les statuts de la Confédération indiqueront expressément : 1° le programme commun aux deux organismes: 2° le programme du Conseil national corporatif; 3° le programme de la Fédération des Bourses du Travail.

Ces divers points résument la méthode qu'a suivie depuis son origine le Comité fédéral des Bourses et qui lui a permis d'aborder avec fruit le domaine des expériences positives ; nous sommes donc convaincus qu'en adoptant la même méthode, et aidé par le progrès manifeste des idées d'association, le Conseil national des Unions de métiers obtiendra très rapidement des résultats identiques. Grâce à cette division du travail, à cette spécialisation des efforts, les deux organisations pourront bientôt rendre les services qu'on attend d'elles et par le concert de leur puissance et de leur énergie, donner à l'évolution ouvrière l'impulsion décisive.

*Mécaniciens de Marseille.* — Je demande si tous ces rapports étaient portés à l'ordre du jour du Congrès et pourquoi, hier, on n'a pas commencé par cela.

*Lagailse.* — Il était impossible de passer à la discussion de l'ordre du jour du Congrès, puisqu'il y avait une question préjudicielle présentée par le Syndicat des chemins de fer sur le mode de votation qui serait adopté au Congrès.

*Riom*, FÉDÉRATION DU BATIMENT. — Je rappelle aux congressistes qu'il sera fait une quête pour les terrassiers de Paris, à la sortie de la séance, ainsi qu'il en a été décidé à la dernière séance.

*Richer, délégué de la Bourse de Travail du Mans.* — Il avait été décidé qu'une quête serait faite pour les grévistes du Mans. Une discussion s'engage sur la question de savoir si le produit de la quête sera distribué aux grévistes de Paris et du Mans, proportionnellement au nombre des grévistes. Le Congrès décide qu'il sera fait deux quêtes, une à la sortie de la séance, pour les terrassiers de Paris, l'autre à la fin de la prochaine séance, pour les grévistes du Mans.

La séance est levée à 11 heures 50.

---

## QUATRIÈME SÉANCE

### Mardi 27 septembre 1898 (soir)

La séance est ouverte à deux heures, sous la présidence du camarade *Trabaud,* délégué de la Bourse du Travail de Nice ; *Cauchois* et *Maynier*, assesseurs.

Il est procédé à l'appel nominal.

Le Président porte à la connaissance des Employés de commerce, délégués au Congrès qu'une réunion des Employés de Commerce, de Banque et d'industrie de la ville de Rennes est organisée par le Syndicat des employés de

Rennes et que le camarade Beausoleil doit y prendre la parole.

*Richer*, BOURSE DU TRAVAIL DU MANS. — Je demande que la Commission de vérification des pouvoirs remette aux délégués les mandats qu'ils lui ont confiés lors de la vérification. Plusieurs délégués ont besoin de ces mandats qui contiennent la conduite à tenir par les délégués sur la question à l'ordre du jour.

*Riom,* FÉDÉRATION DU BATIMENT. — La collecte pour les terrassiers de la Seine, actuellement en grève, a produit une somme sur laquelle il a été prélevé les 5 0/0 de la grève générale.

*Constant,* UNION DES SYNDICATS DE BREST. — Je demande pourquoi on a retenu les 5 0/0 sur la quête.

*Meyer*, PATISSIERS DE LA SEINE. — C'est en exécution des décisions prises dans les Congrès antérieurs. Les Syndicats qui n'admettent même pas le principe de la grève générale s'y sont toujours conformés.

*Le Président.* — La suite de l'ordre du jour est la discussion du rapport du Conseil national. La parole est au camarade Besombe, de *l'Union des Syndicats de Paris.*

*Besombe*, L'UNION DES SYNDICATS DE LA SEINE. — J'ai un mandat formel et motivé sur cette question; je demande au Congrès de m'écouter et de ne pas interrompre. Le rapport du Conseil national, au lieu d'être un rapport des travaux exécutés depuis le dernier Congrès, n'est qu'un réquisitoire violent contre une personnalité. contre le citoyen Pelloutier, Secrétaire de la Fédération des Bourses. On était en droit d'attendre mieux du Conseil national. Dans ce rapport du Conseil national on relève des irrégularités flagrantes : ainsi, page 5 du rapport, il est dit que la Fédération des Bourses est entrée au Conseil national pour éliminer les camarades qui composaient le bureau, pour le majorer; plus loin, le même rapport fait savoir que les membres composant la Fédération des Bourses se sont retirés avec dépit parce qu'ils n'ont pas réussi. Or, si la Fédération des Bourses pouvait majorer le Conseil national, on se demande pourquoi elle n'y a pas réussi. Le rapport du Conseil national fait reproche à la Fédération des Bourses de n'avoir pas payé ses cotisations à la Confédération générale du travail, et d'avoir préféré garder ses deniers pour payer son Secrétaire. L'*Union des Syndicats de la Seine* estime que la Fédération des Bourses n'a fait que son devoir en réservant ces fonds qui assuraient la rémunération de son Secrétaire, de celui qui dépense tout son temps, toute son activité et tout son dévouement pour elle. On ne peut lui en faire un reproche, car elle assurait ainsi, avant tout, la vitalité des organisations qu'elle fédérait. Le Conseil national s'est départi de la ligne de conduite qui lui avait été donnée au Congrès de Toulouse; il avait été décidé, à ce Congrès, que la Confédération générale du travail quitterait la Bourse du Travail de Paris et qu'elle s'entendrait avec la Fédération des Bourses pour avoir un autre local indépendant. La Fédération des Bourses a son local à elle; elle ne paie que vingt-quatre francs par an. Le Conseil national n'aurait eu que fort peu de chose à payer et ce n'eût pas été une grande dépense pour lui, puisqu'il avait plus de six cents francs en caisse.

*Copigneau, trésorier du Conseil national.* — Je fais constater au Congrès qu'il y a une critique formulée sur ce que la confédération générale n'ait pas cru devoir quitter la Bourse du Travail; or, l'argent que possède le Conseil National n'appartient pas à la Confédération Générale, mais aux Fédérations de métiers. La Confédération Générale n'a pas de caisse.

Mais j'ai surtout demandé la parole pour faire remarquer au Congrès que ce sont des critiques sur le Conseil national que l'on entend en ce moment, mais non la discussion du rapport financier qui a été lu au Congrès.

*Union du Bronze.* — Je demande que tous les camarades qui ont des rapports les déposent; la discussion viendra lorsque tous les rapports seront lus; d'après ces rapports, la discussion sera éclairée.

*Besombe,* Union des Syndicats de la Seine. — Je désire que chacun formule ses opinions, que tous ceux qui ont des rapports et qui ont reçu un mandat ferme sur cette question, viennent les développer. Il faut éclairer les débats et ne faire aucune pression. Le Congrès a adopté que la discussion générale se ferait d'abord sur toutes les questions à l'ordre du jour, puis, que les rapports seraient remis à la Commission qui s'en servirait pour le rapport général. Lorsqu'on demande qu'il soit donné lecture de tous les rapports, on veut étouffer la discussion, empêcher qu'elle ait lieu.

*Richer,* Bourse du Travail du Mans. — Camarades, il faudrait s'expliquer sur cette question. Je trouve étrange qu'on ne puisse pas discuter les rapports que les délégués ont apportés et qui ont été adoptés après discussion par les organisations ouvrières.

*Pelloutier,* Comité Fédéral des Bourses. — Pour répondre aux camarades qui craignent que leurs rapports ne soient pas discutés, je dois dire qu'il y aura deux discussions : 1° Discussion générale, où chacun peut prendre part en s'inspirant des rapports qui lui ont été remis par les organisations; puis, 2° discussion sur le rapport de chaque Commission, où chacun peut encore prendre la parole pour faire approuver, modifier ou annuler le rapport des commissions. Permettez-moi de formuler un vœu dès maintenant, vœu que je voudrais voir pris en considération par le Congrès.

Qu'à l'avenir, le rapport du Conseil National soit soumis aux organisations fédérées, au moins trois mois avant le Congrès.

C'est ainsi que procède la Fédération des Bourses, et je puis assurer que ce rapport, connu de tous, longtemps avant l'ouverture du Congrès, est sérieusement discuté.

*Lagailse,* Confédération générale. — On accuse le Conseil national de n'avoir pas publié son rapport à temps; y a-t-il dans les statuts de la Confédération une clause qui oblige à faire ce rapport et à le communiquer six mois à l'avance ? Le Conseil national est dans l'obligation d'attendre les réponses des organisations avant de publier l'ordre du jour ; ce n'est que lorsque l'ordre du jour est publié que le rapport du Conseil national est établi. Le Conseil national a procédé comme pour les Congrès antérieurs.

*Richer*, BOURSE DU TRAVAIL DU MANS. — Je demande que le Congrès exige que le camarade Bourges, secrétaire de la Bourse de Rennes, donne lecture d'une lettre de Lagailse, par laquelle il dit qu'il ne faut pas communiquer les brochures contenant le rapport imprimé du Conseil National, avant l'ouverture du Congrès des Bourses. — Adopté.

*Beausoleil.* — Je désire savoir, et le Congrès a aussi intérêt à le savoir, s'il est vrai que des camarades de Paris ont eu communication du rapport du Conseil National, quinze jours avant l'ouverture des Congrès ?

*Lagailse.* — La Fédération des Bourses n'a pas cru devoir aviser le Conseil National des critiques qu'elle formulerait dans son rapport, qui a été publié dans l'*Ouvrier des Deux Mondes,* organe officiel de cette Fédération. Or, il eût été convenable que le Conseil National fût avisé de ces critiques. On ne peut venir arguer que le Secrétaire de la Confédération générale du Travail connaissait ce rapport et ses critiques, sous le prétexte qu'il lit l'*Ouvrier des Deux Mondes,* auquel il est personnellement abonné.

*Comité fédéral des Bourses.* — Le Conseil national n'a pas consulté la Fédération des Bourses pour la rédaction du rapport à soumettre au Congrès corporatif. La Fédération des Bourses avait cependant le droit d'être consultée, attendu qu'elle fait partie du Conseil national.

*Lagailse,* CONSEIL NATIONAL. — Jusqu'ici, le Conseil national venait au Congrès avec un rapport manuscrit. C'est un rapport manuscrit qui a été lu et adopté à Tours, à Toulouse, dans le seul but d'éviter des frais d'impression. C'est en voyant le rapport de la Fédération des Bourses, à la dernière heure, que le Conseil national a décidé de faire imprimer le rapport de cette année, et ce n'est pas par hasard que Pelloutier a vu ce rapport imprimé, puisque le camarade Bourges avait été prié de le communiquer au Congrès des Bourses.

*Bourges*, Secrétaire de la Bourse de Rennes, proteste contre ce que vient de dire le camarade Richer, puis il donne lecture d'un passage d'une lettre du camarade Lagailse, dans lequel il demande à Bourges de faire imprimer 250 rapports du Conseil national, plus un pour chaque délégué au Congrès des Bourses.

*Pelloutier*, Comité Fédéral des Bourses. — Ce n'est pas par hasard que nous avons eu communication du rapport du Conseil national : il y a 15 jours ce rapport nous a été communiqué à Paris ; donc, puisque ce rapport, imprimé à Rennes, avait pu être expédié à Paris, il aurait dû l'être également aux organisations fédérées. Le Congrès des Bourses, devant un si volumineux rapport, n'a pu prendre aucune décision et il a donné mandat à son Secrétaire du Comité fédéral de venir se défendre devant le Congrès corporatif.

La Confédération générale du Travail se compose de deux organismes bien différents et bien distincts : le Conseil corporatif des Fédérations de métiers et la Fédération des Bourses du Travail. Ces deux organismes ont une action différente à remplir, et, en conséquence, les deux rapports qu'ils établissent n'ont rien à voir l'un dans l'autre.

Cependant, le Comité fédéral des Bourses du Travail avait le droit de participer à l'exécution de ce rapport ; or, il n'en a rien été. Je demande qu'à l'avenir le rapport du Conseil national soit envoyé aux organisations ouvrières fédérées deux mois avant l'ouverture du Congrès ; il faut que le Congrès prenne une décision ferme dans ce sens.

*Lagailse*. — Dans une séance du Comité confédéral, on avait demandé, se conformant aux décisions du Congrès de Toulouse, que la Fédération des Bourses s'entende avec la Confédération du Travail pour l'organisation des Congrès. Pelloutier a répondu que chaque organisme eût à organiser son Congrès pour son propre compte ; que les statuts de la Confédération prescrivaient au Conseil corporatif d'organiser le Congrès corporatif. Devons-nous attendre le Congrès prochain pour trancher toutes les difficultés qui existent entre les deux organismes constituant la Confédération ?

Si on a uni les deux organismes, Fédération des métiers et Fédération des Bourses, sous le nom de Confédération générale, c'est qu'on croyait voir un antagonisme entre ces deux organisations et afin de réunir en une action, sinon commune — au moins parallèle. Le but n'a pas été atteint ; il convient de compléter les statuts votés à Toulouse, si on ne veut pas encore recommencer le conflit actuel.

*Besombe,* Union des Syndicats de la Seine. — Je constate, par le rapport financier qui a été lu, qu'il y avait au 12 septembre environ 617 francs en caisse. On n'accepte les décisions des Congrès que lorsqu'elles plaisent, et on ne les accepte pas parce qu'elles gênent.

Le Conseil National n'a pas jugé à propos de suivre les décisions du Congrès de Toulouse qui désirait que la Confédération eût un local. La situation est la même aujourd'hui que celle qui fut créée à Limoges ; alors, comme à présent, la politique s'en était occupée et pour s'en convaincre, il suffit de voir la nomenclature des membres de la Commission de Limoges ; on sait de suite à quel parti ils appartenaient. J'ai le mandat de faire connaître au Congrès la composition de cette commission. Ce n'est qu'au Congrès de Nantes que les organisations ouvrières ont reconquis leur indépendance et ont pu se placer sur le terrain économique. Nous avons voulu nous mettre en dehors de tout parti politique et il faudrait que nous nous y maintenions. On a entendu la lecture du rapport du Conseil National ; il ne contient que des injures dirigées contre Pelloutier, injures qui atteignent une organisation que l'on visait surtout : la Fédération des Bourses. On a cherché tous les arguments pour déconsidérer Pelloutier qui est le lieutenant du Comité Fédéral. Ce rapport virulent dirigé contre la personnalité d'une organisation importante qui rend de grands services, ne **doit** pas être discuté

On ne doit pas non plus approuver un rapport qui n'a pas été communiqué aux associations représentées au Congrès.

Je conclus en disant que le Conseil National n'avait pas le droit d'établir de rapport de la Confédération Générale du Travail avant d'avoir consulté tous les membres constituant le Conseil National. Une fois le rapport établi dans les conditions que je viens d'indiquer il eût dû être communiqué aux organisations fédérées. Enfin, je demande aux membres des Associations ouvrières ici présents, de faire attention pour ne pas creuser davantage le fossé entre les deux organisations qui doivent servir à l'émancipation des travailleurs. Il est fort regrettable qu'il y ait des questions personnelles dans un Congrès où l'on ne devrait discuter que des questions concernant les travailleurs.

*Beausoleil,* Syndicat des Travailleurs de l'air comprimé et de l'électricité de Paris. — Le conflit a sa source dans ce que les attributions ne sont pas nettement déterminées pour chacun des éléments constituant la confédération et le principal motif du conflit réside dans une interprétation différente des statuts.

Les Syndicats doivent être doublement fédérés, d'abord par les Unions de métiers qui se fédèrent sous le titre de Confédération générale du Travail ; puis par les Bourses du Travail ou les Unions locales de Syndicats fédérées sous le titre de Fédération des Bourses. La Fédération des Bourses ne peut fédérer tous les Syndicats isolés, qui ne se rattachent à aucune Bourse ou Union locale, et ce qu'elle ne peut faire ainsi, la Confédération l'obtient par ses Unions de métiers. On a donc compris que pour régulariser cette situation, il fallait bien définir les attributions des deux organisations fédératives, et modifier, réformer les statuts en conséquence.

Le jour où vous aurez réformé les statuts, cette dualité disparaîtra. Le conflit n'existait pas avant le Congrès de

Limoges ; depuis, on a introduit la Fédération des Bourses dans la Confédération. En faisant intervenir deux organismes distincts avec des pouvoirs égaux, on a créé un conflit permanent. Il y a lieu d'adopter les statuts suivants qui préciseraient la nature et définiraient le rôle de la Confédération, complèteraient ceux votés à Toulouse et permettraient de donner les résultats que le prolétariat attend d'elle. Voici ces statuts ; ils ont été communiqués au Congrès des Bourses qui vient de se terminer :

## STATUTS DU COMITÉ CONFÉDERAL

Art. I. — Il est créé entre les deux Associations ouvrières centrales — Conseil national corporatif et Comité fédéral des Bourses du Travail — une union qui prend pour titre : *Confédération générale du Travail*.

La Confédération générale du Travail se tiendra en dehors de toute école politique.

Art. II. — La Confédération générale du Travail a exclusivement pour but d'unir sur le terrain économique et par des liens d'étroite solidarité les travailleurs en lutte pour leur émancipation intégrale.

Art. III. — Les deux organes de la Confédération conservent respectivement leur autonomie morale et financière. Chacun d'eux conserve les attributions qui lui ont été conférées par les précédents Congrès. Réunis en Comité confédéral, ils ne résolvent que les questions que leur caractère d'ordre général désigne évidemment comme ayant un intérêt commun et devant être résolues en commun, notamment l'action à engager pour soutenir une grève générale, l'organisation de la résistance à l'arbitraire gouvernemental, etc.

IV. — Le Conseil national corporatif et le Comité fédéral des Bourses du Travail doivent en toute circonstance faire précéder leur titre personnel de celui de Confédération générale du Travail.

V. — Le siège de la Confédération générale du Travail est à Paris. Les Congrès corporatifs pourront toujours changer le siège de la Confédération générale du Travail.

VI. — Le Comité confédéral, c'est-à-dire l'union du Conseil national corporatif et du Comité fédéral des Bourses du Travail, ne se réunit que pour l'étude des questions d'intérêt commun aux deux organismes, ou en cas d'événement social nécessitant manifestement une entente.

VII. — La question dont l'un de ces organismes propose l'examen est notifiée au bureau de l'autre, et, après entente pour la date et le lieu de réunion, les deux bureaux convoquent respectivement leurs adhérents à l'assemblée générale.

VIII. — L'assemblée confédérale nomme un président de séance. Ses procès-verbaux sont rédigés à tour de rôle par les secrétaires des deux organisations et transcrits sur un registre commun.

En outre de ces réunions non périodiques, une séance a lieu chaque trimestre pour l'examen des affaires communes.

IX. — Les dépenses nécessitées par les assemblées confédérales sont couvertes par une cotisation mensuelle de 10 francs versée par chacun des deux organismes et suspendue si l'encaisse le permet.

X. — Les décisions de l'Assemblée confédérale sont exécutées par les soins et aux frais des deux organisations, s'il s'agit d une notification ou d'un avis à transmettre aux unions de métier et aux unions de syndicats divers, et par une Commission mixte et à frais communs, s'il s'agit d'une mission nécessitant l'action concertée.

# STATUTS DU CONSEIL NATIONAL CORPORATIF

*Modifier l'article 4 comme suit :* 1. — Les Fédérations nationales et les Syndicats nationaux auront chacun trois délégués ; les Fédérations régionales de Syndicats de métier similaires auront chacune un délégué.

Seront également représentés par un délégué les Syndicats isolés dont la profession ne possède ni Fédération nationale ou régionale, ni métiers similaires, et qui ne peuvent adhérer à une Bourse du Travail voisine.

Mais ces Syndicats perdent le droit à la représentation directe dès qu'ils peuvent s'affilier à une Fédération du même métier ou de métiers similaires, ou adhérer à une Bourse du Travail.

*Modifier comme suit l'article :* Propagande : Organisation du Congrès national corporatif annuel et exécution de ses délibérations. — Fédération de tous les Syndicats isolés, soit par leur affiliation aux Fédérations nationales de métiers existantes, soit par la création de Fédérations nouvelles et suivant le tableau du groupement corporatif ci-dessous :

| | |
|---|---|
| *Ouvriers de la Marine et des ports* | Pêche maritime.<br>Pêche en eau douce.<br>Ouvriers des marais salants.<br>Transport maritime.<br>— fluvial.<br>Ouvriers des entrepôts et magasins généraux. |
| *Ouvriers agricoles.* | Forêts, culture, élevage. |
| *Ouvriers des transports.* | Chemins de fer.<br>Manutention et roulage.<br>Transports publics. |
| *Ouvriers de l'alimentation.* | Ouvriers de l'Industrie et du Commerce d'Alimentation. |
| *Ouvriers des industries extractives.* | Mines de combustibles.<br>— métalliques.<br>— diverses.<br>Préparation de minerais.<br>Ouvriers des carrières. |
| *Ouvriers du tissage et des industries annexes.* | Filature (lin, chanvre, jute, coton).<br>Filature (laine et soie).<br>Tissage mécanique.<br>Tissage à la main.<br>Teinture, apprêt, blanchiement.<br>Bonneterie, dentelles, passementerie.<br>Tissus façonnés, confection. |
| *Cuirs et peaux.* | Peaux et cuirs.<br>Objets en cuir.<br>Ganterie.<br>Mégisserie, corroierie, tannerie. |
| *Employés des professions libérales.* | Employés des professions libérales.<br>Professions judiciaires, enseignement, lettres et arts, médecine, pharmacie. |
| *Ouvriers du service des personnes.* | Ouvriers des bains, coiffeurs, des soins personnels, service domestique. |
| *Travailleurs du Livre.* | Papier (fabrication de)<br>Imprimerie.<br>Lithographie.<br>Porteurs et marchands de journaux. |
| *Ouvriers du métal.* | Métallurgie, ferronnerie.<br>Chaudronnerie.<br>Fonderie et tôlerie.<br>Armurerie et divers.<br>Machines.<br>Métaux divers, petits objets en métal. |

| | |
|---|---|
| *Ouvriers du Bâtiment.* | Métaux rares.<br>Taille de pierres.<br>Bâtiment.<br>Serrurerie pour le bâtiment.<br>Canalisations.<br>Ouvriers du commerce des matériaux. |
| *Ouvriers des industries de transformation* | Industries chimiques.<br>Caoutchouc, linoleum, celluloïd. |
| *Ouvriers du bois.* | Menuiserie, charpente.<br>Gros ouvrages en bois.<br>Ebénisterie. |
| *Ouvriers des fours* | Chaufournerie.<br>Briqueterie, céramique.<br>Verrerie. |
| *Employés du Commerce* | Ouvriers du commerce : produits chimiques, librairie, bois, spectacles, agences, banques, administrations, photographes. |
| *Ouvriers et employés de l'habillement.* | Tailleurs, lingerie, chapellerie, fleurs et plumes, teinturerie et nettoyage, tapisserie, broderie, employés d'habillement. |
| *Ouvriers diamantaires.* | Lapidaires.<br>Diamantaires. |

Modifier comme suit l'article : Statistique. — *Statistique professionnelle;* documentation technique.

De cette lecture, il découle que les statuts de la Confédération sont nets et précis ; que les attributions du Conseil national, ainsi que sa constitution, sont nettement définies et déterminées.

Je propose donc au Congrès d'adopter cette modification que le Congrès des Bourses, comme je l'ai déjà fait savoir, a entièrement approuvée. Par cette nouvelle modification, le Congrès national serait tenu d'exécuter les décisions des Congrès. Voici comment se ferait l'étude des questions :

Les Syndicats se réuniraient d'abord et se prononceraient sur les questions qui leur seraient soumises par la Confédération. Puis la discussion générale des mêmes questions aurait lieu dans le Congrès fédéral des Métiers et dans le

Congrès fédéral des Bourses. Grâce à tous ces moyens, le Conseil national n'aurait qu'à sanctionner les décisions des Congrès.

En ce moment, la Confédération générale du Travail n'a pas encore réussi à fédérer toutes les professions; les ouvriers maritimes des ports, par exemple, ne sont pas représentés à la Confédération. Dans les statuts modifiés que je viens de lire au Congrès, il y a une classification complète de tous les métiers et qui comporte toutes les professions similaires qui s'y rattachent. Ainsi, on aurait un Conseil national bien défini ; on pourrait se réunir plus facilement pour la discussion. Je prends pour exemple la question de la grève générale : avec une organisation comme celle que je propose, on peut effectuer une consultation sérieuse.

En un mot, le Congrès ne peut pas laisser subsister ces deux organismes qui, grâce à l'organisation actuelle, sont constamment en conflit l'un avec l'autre.

La proposition d'organisation ci-dessus adoptée par le Congrès, on serait en droit d'attendre du Conseil national un rapport plus sérieux que celui qui nous est soumis.

*Constant,* Union Syndicale des Travailleurs de Brest. — Le Conseil national se présente à nous, qui sommes ses juges.

Je vais donc donner mon opinion sur le rapport qui vient de nous être présenté. Dans mon opinion, ce rapport qui quelquefois blâme l'ingérence de la politique et des politiciens n'est lui-même qu'un long programme politique. Qu'y trouvons-nous en effet? Des manifestes révolutionnaires, des circulaires, des placards pour l'affaire Zola. Est-ce que nous avons pour mission spéciale de combattre le sabre et le goupillon au nom de la Confédération du Travail?

Eh bien ! je vous le dis carrément, si c'est tout ce que vous avez pu faire jusqu'à présent, c'est bien piteux.

*Pelloutier,* Comité fédéral des Bourses. — La discussion qui vient d'avoir lieu. On apprend tous les jours quelque chose de nouveau. En partant de Paris pour venir au Congrès des Bourses, j'ignorais que le rapport du Conseil national m'était en grande partie consacré. J'ai appris ici que ce rapport a été en possession de camarades de Paris quinze jours avant le Congrès des Bourses.

Je veux encore signaler au Congrès une contradiction du rapport du Conseil national. A la page 5 de ce rapport, il est dit que « dès la première réunion du Conseil national, il avait été décidé dans le milieu dont Pelloutier dirigeait les rouages d'éliminer les camarades qui composaient le bureau ». Or, plus loin, dans le rapport, on constate qu'on n'a jamais trouvé dans la Fédération des Bourses ce qu'on en attendait.

Je demande que le citoyen Lagailse affirme devant le Congrès si la première assemblée des délégués du Conseil national a eu à voter pour des candidats autres que ceux qui composaient le bureau ; a-t-elle votée en contradiction entre deux candidats ?

*Lagailse*, CONSEIL NATIONAL. — Il y a aussi au Congrès d'autres membres du Conseil national qui assistaient à cette réunion et qui pourront affirmer que Gretzell a été candidat.

*Pelloutier*, COMITÉ FÉDÉRAL DES BOURSES. — Je proteste et je dis que c'est faux. Il n'y a pas eu d'autres candidats que ceux que présentait le Conseil national et tout le bureau a été réélu tel qu'il était composé avant cette réunion. On ne l'a pas changé. Le citoyen Lagailse a menti en affirmant le contraire...

*Lagailse,* CONSEIL NATIONAL. — Vous m'en rendrez raison !

*Pelloutier*, COMITÉ FÉDÉRAL DES BOURSES. — Dans le rapport du Conseil national on a fait valoir que la Fédération des Bourses n'avait pas apporté son concours financier. Est-ce la faute du Comité fédéral des Bourses? En dehors des appointements du Secrétaire permanent, appointements qui s'élèvent à la somme de 1,200 francs (c'est la rémunération qui m'est allouée pour m'indemniser de tout le temps que je consacre à la Fédération des Bourses du Travail et que certains trouvent trop élevée. Je voudrais bien qu'ils prennent la place et voir s'ils y sonsacreraient autant de temps, autant d'activité, autant de désintéressement que j'y apporte), en dehors de ces appointements, il n'y avait pas d'autres fonds dans la caisse de la Fédération des Bourses.

Il est en effet exact que c'est sur ma proposition que fut décidé, au Conseil national, l'envoi de la circulaire relative à l'affaire Zola. Mais je n'étais pas chargé du contrôle sur les opérations financières de la Confédération. Il aurait fallu savoir si les finances étaient suffisantes pour payer les frais du manifeste. L'argent que l'on réclamait à la Fédération des Bourses, cette dernière ne le possédait pas, attendu que de nombreuses cotisations étaient dues par des Bourses retardataires. Le camarade Stroobant a demandé qu'une lettre spéciale fût envoyée aux Bourses retardataires pour leur faire activer le versement des cotisations échues. Il y a eu déficit malgré t ut. Cependant la situation sera bonne à l'avenir. Pour se convaincre de ce que j'avance, il n'y a qu'à se reporter au compte-rendu financier de la Fédération des Bourses arrêté au 30 juin. On y constatera la même absence de rentrée de fonds.

La Fédération des Bourses n'a pas pu faire face aux frais qui lui ont été imposés par le Congrès de Toulouse et qui lui incombaient par suite de son adhésion à la Confédération. C'est entendu, mais ce n'est pas par la faute du secrétaire fédéral des Bourses, ce n'est pas de ma faute si cette situation n'est pas meilleure.

Le rapport du Conseil national dit que la Fédération des Bourses ne lui a pas apporté le concours nécessaire, seulement ce qu'il ne dit pas c'est que les deux seuls travaux d'enquête faits par le Conseil national sont l'œuvre de la Fédération des Bourses. Le Comité fédéral n'a pas apporté son concours, mais ce qui a été fait a été proposé par lui. On vient objecter que ces enquêtes n'ont été entreprises que pour avoir des documents que l'on espérait accaparer. On ne doit pas avoir le droit de rechercher le mobile qui pousse à faire un travail, si ce travail est bon. On ne veut pas nous répondre lorsque nous demandons si ces enquêtes ont été bonnes. Ce n'est pas moi, Pelloutier, qui ai fait faire ces enquêtes. La circulaire était aussi l'œuvre d'un membre de la Fédération des Bourses. Il est vrai que l'on n'a pas le droit de discuter à ce titre, puisqu'on ne veut pas qu'il y ait des délégués de Bourses.

Je ne m'appesantirai pas davantage dans la discussion de ce rapport du Conseil national. Pourtant je ne veux pas passer sous silence un autre reproche qui nous est adressé, à nous, Fédération des Bourses.

Nous regrettons de n'avoir pas pu arriver à nous entendre avec le Conseil national pour un local commun aux deux organismes. La Fédération des Bourses se réunissait et se réunit encore dans un estaminet. Moyennant la somme de deux francs par mois, une salle nous est réservée pour nos séances et le Conseil national, pour suivre les décisions du Congrès de Toulouse, aurait dû quitter la Bourse du Travail et faire comme la Féderation des Bourses.

*Le Président.* — Je crois devoir appeler l'attention du Congrès sur les fuites qui se font depuis un moment, et je demande si l'on doit continuer à discuter alors que beaucoup de délégués sont sortis. Il ne faut pas que dans une discussion du genre de celle qui a lieu en ce moment, on fasse du parti-pris. Cela ne servirait de rien et ne ferait pas avancer la solution de la question. Si le parti-pris pouvait dominer dans une assemblée comme la nôtre, il serait inutile de se déranger pour venir discuter les questions épineuses qui intéressent le monde du travail. Je désire que le Congrès prenne, par un vote, une résolution quelconque, ou sinon je me verrai dans l'obligation de renoncer à présider cette séance.

*Pelloutier*, COMITÉ FÉDÉRAL DES BOURSES. — Je remercie le Président des constatations qu'il vient de faire. Malgré le parti-pris évident qui se manifeste, la majorité du Congrès, j'en ai la certitude, ne se laissera pas influencer.

*Roche*, SYNDICAT GÉNÉRAL DES GARÇONS DE MAGASIN,

Cochers-Livreurs et parties similaires de la Seine, sur le point de sortir de la salle des séances, se retourne, sur le seuil de la porte, vers le Président et dit que son Syndicat lui a confié un mandat ferme sur cette question et, quoi qu'on puisse venir dire au Congrès, il ne pourra revenir sur la décision prise par son Syndicat.

Le Président communique une proposition du camarade *Guérin*, d'Angers, qui demande de tenir une liste des sorties et des absences qui ont lieu pendant les séances.

*Goumet*, Union syndicale des Métallurgistes de Fourchambault (Nièvre), propose une suspension de séance de dix minutes ; il combat la proposition du camarade d'Angers.

Le Congrès décide de continuer la séance, sur la proposition du camarade Dugoy, délégué de la *Fédération des Ouvriers Cuisiniers de France,* qui fait remarquer que certains délégués. comme le camarade Meyer par exemple, sont sortis pour faire de la propagande syndicale et organiser des réunions d'ouvriers de diverses professions.

*Pelloutier,* Comité fédéral des Bourses, prend de nouveau la parole et continue la discussion du rapport du Conseil national. Il fait connaître au Congrès que pour faire disparaître les difficultés existant entre les membres composant le Conseil national, on avait organisé une conférence.

On ne parvint pas à s'entendre, à cette conférence, mais on ne se sépara qu'après avoir formulé le vœu qu'une deuxième réunion aurait lieu. Cette deuxième réunion ne se fit pas. A quelque temps de là, à l'issue d'une réunion du Comité fédéral des Bourses, à laquelle assistait Lagailse, en qualité de délégué de la Bourse du Travail de Rennes, on demandait à ce dernier pourquoi il ne convoquait pas cette deuxième réunion. On obtint enfin de Lagailse de faire figurer cette nouvelle réunion à l'ordre du jour des séances du Conseil national. Le Conseil national décida qu'une réunion aurait lieu et nomma trois membres des Fédérations de Métiers et de la Fédération des Bourses pour y assister.

Une discussion générale eut lieu sur un projet de modification des statuts de la Confédération, puis on décida qu'une deuxième réunion était nécessaire et qu'elle serait convoquée par Lagailse.

*Lagailse,* CONSEIL NATIONAL. — Je trouve étrange que les promoteurs de ce projet de modifications aux statuts ne l'aient pas fait figurer à l'ordre du jour du Congrès. Le Conseil national aurait apporté des documents sur cette question et aurait ainsi éclairé le Congrès. Mais on a étranglé ce projet et on nous fait aujourd'hui un reproche de ne pas l'avoir soutenu. On nous reproche encore de n'avoir pas convoqué. C'est Delesalle qui devait convoquer et il ne le faisait pas. Un camarade du Conseil national, consulté pour savoir pourquoi il n'assistait jamais aux réunions, répondait avec raison qu'il ne recevait jamais de convocations. Maintenant en supposant que Delesalle ne remplissait pas son devoir, il était convenu que les convocations devaient être faites par le Secrétaire des séances du Conseil national, qui n'était autre que Pelloutier lui-même.

Bien mieux, Delesalle qui n'assistait plus aux réunions, conserva par devers lui le registre des procès-verbaux.

Je lui écrivis par lettre recommandée en date du 6 septembre 1898 d'avoir à rendre ce registre. La lettre m'est revenue avec la mention refusée. Devant tant de parti-pris, je laisse au Congrès le soin d'apprécier. Je remets au président la lettre que j'adressai à Delesalle et je le prie de la bien vérifier avant de l'ouvrir pour en donner communication au Congrès.

*Dugoy,* FÉDÉRATION DES OUVRIERS CUISINIERS DE FRANCE. — Je fais partie du Conseil National : en six mois, je n'ai reçu que deux convocations seulement. J'assistais cependant aux réunions parce que je savais, par les autres, quand elles avaient lieu.

*Lagailse,* CONSEIL NATIONAL dit qu'il a dépensé son temps et son argent au service de la Confédération Générale du Travail. Il a installé chez lui un appartement qui ne sert que pour le Conseil National, cela vaut beaucoup mieux que d'aller à l'estaminet. Cependant, dit-il, malgré tous les sacrifices que j'ai pu faire, je suis décidé à ne pas poser ma candidature comme secrétaire général de la Confédération. J'ai la conviction d'avoir rempli mon devoir jusqu'au bout. Je suis prêt à rentrer dans le rang pour éviter tout conflit à l'avenir.

Le Président donne lecture de la lettre recommandée adressée à Delesalle, lettre que celui-ci a refusé de recevoir ainsi qu'en témoigne la mention portée sur l'enveloppe.

*Pelloutier*, COMITÉ FÉDÉRAL DES BOURSES, explique au Congrès que Delesalle avait sa femme très malade en ce moment et qu'il faut voir là la seule cause de sa défection. Du reste le camarade Delesalle est suffisamment connu comme militant et il a fallu des circonstances aussi graves que celle de la maladie de sa femme qu'il a failli perdre, pour l'empêcher d'être aussi exact que par le passé. Il est de l'avis de Lagailse qui dit qu'il faut supprimer les conflits, mais le conflit ne disparaîtra pas, parce qu'il est dans ce fait que des camarades voudraient arriver à accaparer indirectement le mouvement syndical en éliminant une à une toutes les fédérations de métiers. Ce qu'on veut c'est fédérer les associations, les syndicats, les grouper en un seul faisceau pour les avoir dans la main. Il faut faire attention à cette tactique et la déjouer à tout prix.

*Girard*, UNION DU BRONZE. — N'approuve pas le rapport du Conseil national. Il estime qu'un rapport de ce genre ne doit pas prendre à partie un camarade quel qu'il soit. De toute la discussion qui vient d'avoir lieu, il ne veut retenir qu'une seule chose. Le délégué de l'Union des Syndicats de la Seine reproche au Conseil national de n'avoir pas quitté la Bourse du Travail de Paris. L'Union des Syndicats qui reçoit plus de 2,500 francs de subvention par mois, qui reçoit des cotisations de 5 francs par mois des Syndicats qui en font partie, qui de plus perçoit 18 1/2 % sur les 5 % que l'on doit verser à la caisse du Comité de la grève générale, ne songe pas cependant à quitter la Bourse. La Confédération générale du Travail, au contraire, n'a jamais rien prélevé sur les 5 % de la grève générale, tandis que l'Union des Syndicats fait de la propagande avec l'argent des grèves. Cela n'est pas admissible.

*Beausoleil* fait remarquer que le camarade Girard, de l'Union du Bronze, sort de la question. C'est le rapport du Conseil national qui est en discussion et non la question du Comité de la grève générale qui viendra plus tard.

*Gallantus*, CHAMBRE SYNDICALE DES OUVRIERS FERBLANTIERS DE LA SEINE, appuie la remarque du camarade Girard et affirme que c'est bien sur les 5 0/0 que l'on doit verser pour la grève générale, que l'Union des Syndicats prélève 18 1/2 0/0.

*Besombes*, UNION DES SYNDICATS DE LA SEINE.— L'année dernière, l'Union a encaissé beaucoup d'argent pour les grèves, notamment pour la grève des mécaniciens anglais.. L'Union rend service à toutes les grèves, elle fait des appels, des listes de souscription, etc. ; elle centralise les fonds et les fait ensuite parvenir aux grévistes. Tout cela necessite des frais considérables qu'il serait bien difficile de faire supporter à l'Union après tout le mal qu'elle se donne. Pour la grève des mécaniciens anglais, il y a eu des frais de correspondance et d'envoi de fonds qui ont atteint un chiffre fort élevé, mais l'Union n'a jamais prélevé 18 1/2 0/0 comme on vient de le dire. L'Union se contente simplement de rentrer dans ses déboursés.

*Barlan*, BOURSE DU TRAVAIL DE TOULOUSE. — Je crois être l'interprète de la province en ne voulant pas prendre part à cette discussion. Que tous les délégués de province n'y prennent pas part, autrement on ne comprendrait plus rien du tout.

*Batbielle,* FÉDÉRATION DU LIVRE, prenant acte de la décision de Lagailse de ne pas se représenter comme Secrétaire de la Confédération, demande au Congrès d'inviter Pelloutier à donner également sa démission de Secrétaire de la Fédération des Bourses.

*Petit*, BOURSE DU TRAVAIL DE DIJON, a déposé une proposition de clôture, avec les orateurs inscrits. Cette proposition, mise aux voix, est adoptée. Le même délégué propose, en outre, la nomination d'une commission qui approfondirait cette question du Conseil national et qui en ferait un rapport pour le prochain Congrès.

*Trabaud*, BOURSE DU TRAVAIL DE NICE. — Je croyais que ma proposition aurait paru naïve au Congrès, car je comptais demander que les deux hommes qui paraissent être causes du conflit actuel se désistent de leurs fonctions. Au Congrès des Bourses, j'ai fait la même proposition; c'est, je crois, la seule raisonnable et la seule possible. Comme le camarade Constant, de Brest, je trouve que la Confédération générale du Travail a des tendances a vouloir marcher dans la politique : elle devrait tout uniquement rester sur le terrain syndical. Or, je vois dans tous les rouages de nos Fédérations des camarades qui sont internationaux et ils veulent infuser dans tout le corps syndical toutes leurs idées révolutionnaires et socialistes. Je ne veux pas que cela soit. Au Congrès des Bourses, ceux qui voulaient faire de la politique ont dû filer doux, parce que nous avons affirmé nettement que nous étions venus à ces Congrès pour travailler à l'amélioration ouvrière et non pour y faire de la propagande socialiste et révolutionnaire. Personnellement, je suis réactionnaire, mais je m'estime aussi bon syndiqué que n'importe quel révolutionnaire. Que toutes ces discussions soient bannies dorénavant de nos Congrès; c'est le seul moyen d'arriver à une bonne organisation des travailleurs.

*Lauche*, UNION DES OUVRIERS DE LA SEINE. — Citoyens, nous étions bien placés, nous, Syndicats qui n'appartenons pas à la Bourse du Travail de Paris, pour pouvoir dire un mot sur toutes ces discussions qui ont eu lieu depuis l'ouverture du Congrès. Dans tout cela, il n'y a aucune question de principe, mais des questions de personnalité. J'appuie la

proposition.du camarade de Nice. Le citoyen Lagailse vient
de dire qu'il ne poserait pas sa candidature; Pelloutier n'a eu
garde de faire la même déclaration. Il n'y a pas à hésiter à
voter la suppression de Pelloutier ; il est nécessaire que tout
cela finisse au plus vite. Pourquoi voit-on toutes ces discussions, d'où naissent-elles? On voit, à la suite de chaque Congrès, germer de nouvelles organisations, on ne peut plus s'y
reconnaître. Et entre ces organisations commence la zizanie.
Que la Fédération des Bourses disparaisse de la Confédération. Actuellement, à la Confédération, les Unions de Syndicats sont représentés par un délégué ; les Syndicats sont
aussi représentés par leur Fédération. Pourquoi tout cela, et
si vous entrez dans cette voie, jusqu'où irez-vous? Mon Syn-
'dicat est un de ceux qui ne veulent pas entrer à la Bourse du
Travail; nous croyons de notre droit et de notre devoir de
militer en dehors et à côté. Nous n'incriminons pas pour cela
ceux qui ont cru devoir y entrer. Je termine en manifestant
le vœu suivant : Nous voudrions que ce ne soient pas toujours les mêmes délégués qui assistent aux Congrès. C'est la
première fois que j'assiste à un Congrès ; mais d'après les
comptes-rendus des précédents Congrès, je vois que ce sont
toujours les mêmes qui viennent de certaines organisations.
C'est très mauvais.

*Guérard,* Syndicat du Chemin de Fer. — Après la
lecture des deux rapports du Conseil National et de la Fédération des Bourses, opposés l'un à l'autre, le but des délégués
ne doit pas être de se préoccuper des détails. Ce qui est
certain, c'est que la Confédération générale ne fonctionne pas
et il faut rechercher quels sont les moyens de la faire fonctionner. La Fédération des Bourses ne considère pas l'utilité
d'un groupement des Fédérations de métiers en Confédération
générale du Travail.

A Limoges on a voulu faire un organisme nouveau, à côté
de la Fédération des Bourses, parce que cela fut jugé nécessaire pour l'organisation des forces ouvrières. Quelques
camarades et notamment le camarade de Brest, ont trouvé

mauvais que l'on se soit préoccupé, au Conseil national, par
suite des circonstances, de faire établir le manifeste qui
parut à la suite du procès Zola. Le Conseil national avait le
droit et le devoir de mettre le prolétariat en garde et de prévenir toute tentative de réaction.

On fait encore reproche au Conseil national de n'avoir pas
suivi la décision du Congrès de Toulouse qui exigeait que la
Confédération quitte la Bourse du Travail. La Confédération
invoque la modicité de ses ressources, qui peut lui reprocher
d'avoir songé à ne pas faire trop de frais ? Cependant il est
bon de faire constater que l'Union des Syndicats, adhérente
à la Bourse du Travail de Paris, est mal placée pour faire à
la Confédation le reproche d'y avoir son siège.

Il est bon de savoir pourquoi la Confédération générale ne marche pas. Au Congrès de Toulouse, on a
reconstitué la Confédération sur de nouvelles bases ; on
a fait des statuts à la hâte. Ces statuts qui n'avaient
pas ·été étudiés à fond, n'ont pas été compris ; il
s'y est glissé fatalement des imperfections. Aujour-
d'hui on communique au Congrès un projet de modifications
aux statuts qui peut être excellent. Mais ce projet n'a pas
été communiqué aux organisations pour qu'elles l'étudient.
Il y a à craindre les mêmes ennuis que ceux qui sont survenus à la suite de la discussion hâtive de Toulouse. On veut
aller trop vite, il faut de la méthode. Le projet proposé ne
peut pas être discuté ici, ce ne sera qu'au prochain Congrès
qu'il pourra venir en discussion, après que toutes les organisations l'auront bien étudié.

Il faudrait aussi que la Confédération eût plus de subsides ;
il y a lieu de rechercher les moyens de lui en créer. Ainsi il
serait utile d'avoir un secrétaire permanent rétribué, mais
on ne peut pas l'avoir, puisque la Confédération générale n'a
pas de ressources.

Guérard ne veut pas croire qu'il y ait des questions de personnalité en cause, mais qu'entre militants ont craint toujours
les nouveaux organismes. On a apporté toutes les entraves

possibles à la marche de la Confédération. La Fédération des Bourses ne faisait pas partie de la Confédération : on lui a donné l'ordre de venir dans la Confédération. En raison de cet antagonisme entre militants, qui a été désastreux pour la Confédération, celle-ci n'est pas constituée telle qu'elle devrait l'être. Nous l'avons déjà soumis au Congrès de Toulouse, qui l'a repoussé, le meilleur moyen d'assurer cette Confédération, c'est d'y admettre les Syndicats individuellement. Nous pensons fermement que ce sera là le système auquel on arrivera. Ainsi on constituerait une force puissante, une organisation sérieuse.

Mais ce n'est pas en ce moment que l'on peut discuter le projet que l'on nous soumettait tout à l'heure. S'il avait été discuté entre militants, communiqué aux Syndicats, on aurait pu le mettre à l'ordre du jour. Le prochain Congrès peut seul faire ces modifications ; mais il convient cependant de faire cesser l'antagonisme actuel et d'éviter, au prochain Congrès, des discussions inutiles.

*Claverie*, UNION SYNDICALE DES EMPLOYÉS DU GAZ DE PARIS, estime que la Confédération générale n'a pas compris son rôle et que la Fédération des Bourses a méconnu son entrée dans la Confédération ; que la Fédération des Bourses paiera ses cotisations comme si elle était Fédération de métiers.

Le camarade *Cayol*, du Syndicat des ouvriers mécaniciens de Marseille, approuve la déclaration du camarade Claverie.

*Copigneau*, FÉDÉRATION DES OUVRIERS MUNICIPAUX DE PARIS. — Lorsqu'on a fait la critique du rapport du Conseil national, on lui a reproché le caractère permanent qu'elle avait. Nous avons cru comprendre que le Congrès lui avait laissé cette latitude de pouvoir s'occuper des travailleurs à titre permanent. Copigneau ajoute que lors de la constitution du bureau du Conseil national, la Fédération des Bourses a présenté des candidats. Nous avons aussi reconnu que les statuts de la Confédération et du Conseil national n'étaient qu'un méli-mélo qu'il fallait modifier. En conséquence, on organisa la fameuse réunion qui ne put avoir de suite.

Copigneau ne désapprouve pas que la Confédération générale du Travail était la Fédération des Fédérations, et à ce titre la Fédération des Bourses y était admise. Mais alors pourquoi la Fédération des Bourses avait-elle un délégué pour chaque Bourse du Travail : ce délégué parlait au nom de chaque Bourse et pourtant on ne devait toucher qu'une seule cotisation, celle de la Fédération des Bourses. C'est ce que nous ne pouvons admettre. Et encore la Fédération des Bourses n'a pas payé cette cotisation qu'elle devait à tant de titres.

Qu'on ne vienne pas dire, conclut Copigneau, que c'est le Conseil national qui a commencé cette discussion, mais la Fédération des Bourses dans l'*Ouvrier des Deux-Mondes*. Le Conseil national a dû répondre au rapport paru dans l'*Ouvrier des Deux-Mondes* et faire imprimer le sien pour ensuite le remettre à tous les délégués pour qu'ils puissent juger en connaissance de cause.

Un membre du Congrès présente une motion d'ordre et fait remarquer que l'heure s'avance ; qu'il serait urgent de s'occuper de la conduite à tenir à la réception que la municipalité de Rennes se propose d'offrir à tous les congressistes.

Le Congrès décide que tous les Congressistes se rendront de la Bourse du Travail de Rennes à la Mairie, à 8 heures 1/2 précises, et que le camarade Guérard prendra la parole au nom du Congrès pour remercier la municipalité de sa généreuse hospitalité. La discussion sur le rapport du Conseil national continue.

*Claverie,* Union Syndicale des Travailleurs du Gaz de Paris. — Puisqu'il est impossible au Conseil national d'obtenir le registre des procès-verbaux du camarade Delesalle, que le Congrès décide que le Conseil national poursuivra le citoyen Delesalle.

*Riche,* Bourse du Travail du Mans. — Que nous importe à nous les attaques qui sont faites contre Pelloutier, si on n'attaque pas les Bourses Fédérées. Cependant on le fait et ce n'est pas Pelloutier que l'on veut atteindre, mais la Fédération des Bourses. Or, nous sommes contents de Pelloutier et nous ne voulons pas qu'il disparaisse ; que nous importe au contraire la disparition de la Confédération générale du Travail qui n'a rien fait depuis qu'elle existe.

*Dalle*, FÉDÉRATION NATIONALE DES EMPLOYÉS A PARIS, considère que le Congrès de Rennes ne peut pas se séparer sans avoir fait certaines modifications aux statuts ; que le but de la Confédération était de dire aux ouvriers non fédérés qu'il y avait une Confédération générale du Travail et qu'elle s'occuperait de tous les intérêts des travailleurs. Mais la besogne faite au Congrès de Toulouse a introduit une dualité dans la Confédération et non plus l'action unitaire nécessaire pour les travaux que l'on attendait d'elle, comment peut-on dire après cela que l'on veut la vie de la Confédération.

Le camarade développe différents articles des statuts de la Confédération et conclut en disant qu'une erreur involontaire a été commise au Congrès de Toulouse, qu'il faut la réparer, Il demande la nomination d'une commission pour trancher cette question au plus vite et pour ne faire de toutes nos organisations qu'un seul faisceau.

Avant de lever la séance, le Président fait savoir qu'il y a encore inscrits cinq orateurs pour cette question.

La séance est levée à 6 heures.

## CINQUIÈME SÉANCE

### Mercredi 28 septembre 1898 (matin)

La séance est ouverte à 8 heures.

Présidence du camarade *Lauche,* de l'Union des Ouvriers mécaniciens de la Seine; assesseurs : *Fleury*, de Tours, et *Blanchard,* de Nantes.

Appel nominal. Absent : Augé.

On reprend la discussion du rapport du Conseil national.

*Carmentran,* Chambre syndicale de la Tabletterie et des parties similaires de la Seine. s'était fait inscrire, parce qu'il trouvait que la discussion avait dévié. Jamais les fonds de grèves, qui ont été centralisés par l'Union des Syndicats de la Seine. n'ont été pris pour servir à la propagande.

Le citoyen *Besombes,* de l'Union des Syndicats de la Seine, fait lire, par le Président, le mandat qui lui a été confié, pour bien établir que s'il a pris une part active à la discussion de la dernière séance c'est qu'il y était obligé par le mandat ferme qui lui avait été remis sur cette question.

*Beausoleil* demande au camarade Besombes de lire le rapport qu'il a sur la Confédération et qui peut éclairer très sérieusement la discussion.

*Roche,* des Cochers-livreurs de Paris, combat cette proposition. Besombes aurait dû commencer par lire son rapport avant de faire sa dissertation de la séance d'hier. Il demande le renvoi de ce rapport à la commission qui sera nommée.

*Hamelin,* Syndicat des Ouvriers mineurs de Carmaux (Tarn), appuie le camarade Roche et dit que si on accepte de lire tous les rapports, on arrivera à samedi, sans avoir discuté l'ordre du jour.

Le Congrès consulté décide que le rapport de l'Union des Syndicats de la Seine sera remis à la commission.

*Besombes,* Union des Syndicats de la Seine. — Le camarade Guérard nous disait hier dans la discussion que le projet de modifications soumis au Congrès par le camarade Beausoleil ne pouvait pas être discuté, parce que nous n'avions pas de mandat. Cependant il est évident que le conflit actuel ne peut subsister et que les lacunes que tous les militants ont relevées dans les statuts de la Confédération doivent disparaître. Le camarade Guérard nous a fait remarquer que les cotisations des organisations fédérées étaient insuffisantes : je pense qu'aucune organisation ne refusera de prélever une plus grande cotisation sur ses ressources pour arriver à constituer un budget sérieux. Mais il était du rôle du Conseil national de faire cette proposition au Congrès.

*Capjuzan*, Syndicat de la Cordonnerie ouvrière de France. — Si on avait voulu faire une organisation sérieuse, il était possible d'y arriver. Mais la discussion présente est inutile ; 'que les citoyens qui font obstacle disparaissent, on trouvera des camarades intelligents, dévoués pour les remplacer. Il y a intérêt à faire disparaître les camarades qui sont un obstacle à la bonne marche de la Confédération ; que Pelloutier fasse comme Lagailse, qu'il se retire. Capjuzan s'élève contre le Conseil national qui ne suit pas les décisions des Congrès et qui ne les fait pas suivre par les Syndicats. Les Congrès exigent des frais énormes et, rentré chez soi, les décisions des Congrès restent lettre morte. On vient ergoter et dire que la Confédération n'a pas d'argent, que c'est celui des Fédérations de métiers que centralise le Conseil national. La Confédération aurait le droit et le devoir de s'en servir pour quitter la Bourse du Travail de Paris où on ne tend qu'à faire dévier le but des Syndicats qui y entrent. Capjuzan termine en demandant que Pelloutier fasse la même déclaration que Lagailse pour aplanir toutes les difficultés.

*Braun*, Fédération nationale de la Métallurgie, ne veut pas faire de critiques sur les deux organismes ; on en a assez entendu depuis hier. Il y a mauvaise volonté de part et d'autre, et il est fort regrettable que les camarades qui s'occupaient de l'administration ne soient pas pénétrés davantage du principe des travailleurs : *Ouvriers de tous pays, unissez-vous !* Il y a quelque chose dans les statuts qui n'est pas suffisamment explicite, il faut modifier, compléter dès maintenant, il ne faut pas reculer. Le camarade Dalle veut revenir sur son projet de Limoges. On a reconnu que ce projet n'était pas praticable, les Congrès qui ont suivi celui de Limoges l'ont modifié. Il ne faut plus y revenir.

Le projet des Chemins de fer paraît préférable, mais il

demande à être discuté très sérieusement. Cependant, Braun voit certains inconvénients à l'application de ce projet, notamment le trop grand nombre de délégués qui composeraient le Conseil national. Son organisation est pour le *statu quo.*

Ce que l'on a à faire au Congrès, c'est de déterminer nettement les attributions de la Fédération des Bourses et du Conseil national. Il s'agit aussi de savoir si on aura une caisse centrale.

*Riom*, FÉDÉRATION NATIONALE DU BATIMENT. — On reproche à la Commission qui a élaboré les Statuts de la Confédération à Toulouse de n'avoir pas été suffisamment claire. Riom faisait partie de cette Commission et explique au Congrès que les décisions du Congrès de Toulouse au sujet de la Confédération avaient eu surtout pour but de faire donner à cette organisation ce qu'on en attendait depuis sa création. A cette époque, les organisations se groupaient de deux manières : ou elles allaient à la Fédération des Bourses ou elles allaient à la Confédération. On a compris à Toulouse qu'il était utile de réglementer ces groupements et qu'il fallait les coordonner en vue d'action corporative ou générale. Les attributions des deux organismes paraissaient bien distinctes : à la Confédération se rattachaient les Fédérations de métiers, qui comprenaient tous les Syndicats de même profession et des professions similaires ; à la Fédération des Bourses se rattachaient les Bourses du Travail et Unions locales de Syndicats, qui comprenaient tous les Syndicats d'une même contrée ou d'une même ville. On a compris à Toulouse qu'il ne fallait pas séparer ces deux organisations fédérales, et qu'au contraire il fallait tendre tous ses efforts pour les unir.

Comment admettre que l'on soit adversaire dans ces deux organismes auxquels on appartient à des titres connexes ? Si quelque point n'était pas net dans les statuts élaborés à Toulouse, il n'y avait qu'à s'inspirer des considérations du projet et du rapport de la commission de Toulouse. Nous avions cru devoir nous servir de ce qui existait et y joindre ce que les Congrès manifestaient l'intention de réunir depuis long-temps. Il était entendu que la Confédération devait conserver toutes les attributions qui lui avaient été dévolues antérieu-rement. Il était encore facile de limiter les attributions des deux organismes constituant la Confédération en considérant, l'un, la Fédération des Bourses comme groupement adminis-tratif technique ; l'autre, le Conseil national des Fédérations de métiers comme groupement administratif aussi , mais moins que l'autre, mais surtout professionnel.

Parallèlement menés, ces deux organismes pouvaient faire œuvre salutaire. Dans les circonstances exceptionnelles, il appartenait aux deux organismes d'unir leurs efforts. On avait voulu faire quelque chose d'utile pour tous. On avait compris qu'il fallait essayer de faire adhérer tous les Syndi-cats à leur Fédération de métiers. Aujourd'hui, on vient pro-poser d'admettre dans la Confédération tous les Syndicats qui n'appartiennent à aucune Fédération de métiers. Ce serait donner une prime d'encouragement à la non fédération de métiers et on voudrait toujours se passer des organisations existantes. Quand on a lutté pendant quinze et vingt ans pour l'organisation des Fédérations de métiers, on ne peut pas admettre qu'un Congrès vienne les démolir. Du reste, les Fédérations de métiers ne sont pas disposées à se laisser égorger, elles ne veulent pas se suicider. Il n'est pas possible de réunir tous les syndicats en un seul faisceau par l'adhésion directe à la Confédération.

Si on admettait tous les Syndicats dans la Fédération, donnerait-on un délégué pour représenter chaque organisa-tion, et comment réunir tous ces délégués ? On ne trouverait jamais assez de délégués pour représenter ces Syndicats : il y aurait donc des degrés de centralisation, une représenta-tion proportionnelle qui serait funeste pour les travailleurs. On arriverait alors à avoir un comité directeur et il serait facile dans une ville de faire tomber la direction dans les mains d'une école politique. Les autres écoles politiques ne

songeraient qu'à démolir l'école politique qui aurait le comité
directeur et si on arrivait à changer d'école cela ne vaudrait
guère mieux après qu'avant. Ce serait la fin de l'organisation
économique du prolétariat.

Il est possible au Gouvernement de faire disparaître les
Bourses du Travail et on ne peut pas dissoudre les Fédérations de métiers. En organisant toutes les organisations
ouvrières en un seul faisceau, il suffirait d'une compagnie
de gardes municipaux pour faire disparaître l'organe centra-
lisateur, et d'un policier pour mettre la main sur la caisse.

Nous ne pouvons faire subir une telle transformation à la
Confédération, cependant je suis de l'avis de plusieurs
camarades qui ont pris la parole avant moi, on ne peut rester
ainsi. Faisons la Fédération des Fédérations de métiers et
maintenons celle des Bourses. Que chacun suive son chemin
parallèlement. Lorsque cela sera nécessaire de s'unir, on
saura ce bu'il y aura à faire.

Le camarade Riom termine en demandant la nomination
d'une commission pour faire disparaître le conflit.

*Guérard*, Chemins de Fer. — Je tiens à faire remarquer
au Congrès que le Syndicat des Chemins de Fer n'a pas
déposé de projet et que celui dont je parlais tout à l'heure
n'est pas en discussion. Je n'ai donc pas pu répondre d'avance
aux objections formulées par le camarade Riom.

Le Président donne communication d'une demande de la
Commission d'organisation des Congrès qui invite le Congrès
à organiser une réunion publique pour tous les ouvriers de
la ville de Rennes.

Le Congrès adopte le principe de cette réunion publique,
la fixe au jeudi soir, à 8 heures, et nomme une commission
de cinq membres pour arrêter un programme.

Sont nommés pour faire partie de la commission : Rozier,
Hamelin, Cior, Braun, Meyer.

*Batbielle*, Fédération de la Typographie Française,
propose de percevoir un droit d'entrée de dix centimes le
soir de la réunion publique et d'envoyer ce qu'on aura perçu

aux ouvriers terrassiers de Paris, actuellement en grève.

*Beaupérin*, BOURSE DU TRAVAIL DE RENNES dit qu'il est d'usage de ne rien percevoir comme entrée dans les réunions publiques qui se font à Rennes, mais on peut faire une quête à la sortie.

*Richer*. DU MANS, fait savoir au Congrès que la quête de la veille au soir, au profit des grévistes du Mans a produit la somme de 13 fr. 40. Il adresse les plus vifs remerciements aux congressistes.

La clôture de la discussion ayant été votée et la liste des orateurs inscrits étant épuisée, le Président donne lecture des propositions qui sont parvenues au bureau.

1. — Afin de ne pas éterniser la discussion entre ces deux organisations, nous proposons de suivre exactement l'ordre du jour, sans s'arrêter au parti-pris de certains délégués et que l'on fonde la Confédération du Travail tout en laissant à toutes les organisations ouvrières leur autonomie.

L. BRISSE, ROUSSEAUX.

2. — Après avoir entendu les rapports du Comité fédéral de la Fédération des Bourses et du Conseil national; après avoir constaté l'antagonisme existant entre ces organisations, le délégué des organisations ouvrières de Dijon émet les vœux suivants :

1° Que le Congrès procède à la nomination d'une commission de 12 membres;

2° Que cette commission soit prise dans les organisations de Paris moitié pour le Comité Fédéral et moitié pour le Conseil national et qu'elle établisse un rapport. après recherche et étude des meilleurs moyens d'aboutir à une solution favorable aux deux organisations;

3° Que ce rapport soit envoyé à toutes les organisations fédérées et soit discuté au prochain Congrès.

Th. PETIT.

3. — Considérant que les dissentiments qui se produisent

entre les deux organisations proviennent du fait des compétitions personnelles et de différences d'écoles politiques, nous faisons appel à la loyauté des antagonistes pour qu'ils se retirent et laissent la voie libre à l'émancipation ouvrière.

CONSTANT (Brest); PHILIPPE (Le Havre);
BARLAN (Toulouse); TRABAUD (Nice).

4. — Considérant que la Confédération générale doit être, à moins de ne pas avoir de ressources, un organisme résumant et synthétisant l'effort économique ouvrier, et qu'à ce point de vue aucune organisation ne doit et ne peut se poser en rivale, situation qui est et serait la source de compétitions dangereuses ;

Considérant que la Fédération des Bourses a son rôle particulier en dehors de la Confédération générale,

Le Congrès délibère : La Fédération des Bourses sera placée au sein de la Confédération générale, sur le pied des Fédérations de métiers.

M. CLAVERIE ; LEMAÎTRE (Paris) ; A. RICHARD
(Paris) ; GARCIN ; SABOURIN ; MOREL ;
GUÉRIN (Angers) ; GANNAT ; GRASSAVAL ;
CAYOL.

5. — La Bourse du Travail de Versailles constate, une fois de plus, qu'au fur et à mesure que des valeurs d'utilité et de compétence se révèlent dans le prolétariat, les compétitions et les jalousies se soulèvent, sans autre résultat que celui d'amener les organisations ouvrières à payer d'ingratitude ses serviteurs les plus fidèles et les plus actifs, en les rejetant, après les en avoir sortis, dans la fosse aux lions du capitalisme. Néanmoins, si la majorité des Bourses du Travail juge utile de se séparer du dévoué secrétaire du Comité Fédéral des Bourses, Versailles s'y soumettra, mais nous devons ici affirmer notre sympathie pour le camarade Pelloutier, qui, par sa valeur et son activité, a su largement contribuer à la création et au développement des Bourses du Travail.                                        BEAUSOLEIL.

6. — Que les organisations unissent leurs forces entre elles et se rapprochent le plus possible.                    Roche.

7. — Que le Congrès donne mandat au Conseil national de faire tout le nécessaire pour obtenir le registre des procès-verbaux que le citoyen Delesalle retient indûment; qu'il mette le camarade Pelloutier en demeure de se retirer comme l'a fait Lagailse.

ROBILLARD; J. LAUCHE.

8. — Que le Congrès émette un vote de blâme au bureau de la Confédération générale, qui n'a pas cru devoir réunir, sur la demande de la Fédération des Bourses du Travail, les délégués parisiens ayant assisté au Congrès de Toulouse (ceux-ci pouvant être entendus sur le fonctionnement de la Confédération).

AUVRAY.

9. — La Fédération des Bourses du Travail étant auto-nome, le Congrès n'a pas à demander la démission du cama-rade Pelloutier, réélu Secrétaire général de la Fédération des Bourses à l'unanimité des délégués du Congrès des Bourses.

BLANCHART (Nantes); FLEURY (Tours)

10. — La Fédération des Bourses du Travail déclare qu'uniquement soucieuse du développement de l'organisation ouvrière, elle accepte d'avance toute place que le Congrès corporatif de Rennes lui assignera dans la Confédération.

Elle demande seulement au Congrès de reconnaître avec elle que la cause de l'impuissance de la Confédération résulte de ce que le rôle du Conseil national corporatif n'a jamais été défini avec précision.

En conséquence, elle propose que la commission des réso-lutions porte toute son attention sur la nécessité de tracer un programme de travaux au Conseil national et, en tenant compte des résultats considérables obtenus depuis 1892 par la Fédération des Bourses du Travail, de réserver à cette branche particulière de l'organisation syndicale la liberté d'action administrative grâce à laquelle elle a pu se développer.

*La suite de cette proposition n'est pas parvenue à la commission ; les signatures font également défaut.*

11. — Le Congrès invite la Fédération des Bourses, à la suite des travaux du Congrès, à effectuer immédiatement le versement des sommes dues à la Confédération.

COPIGNEAUX.

12. — Si le Congrès n'exige pas les démissions de Lagailse et de Pelloutier, le syndicat des caoutchoutiers d'Issy-les-Moulineaux se retirera de la Bourse du Travail d'Issy-les-Moulineaux.

CAUCHOIS.

13. — Constatant la déclaration du citoyen Lagailse, disant que de sa part il n'y a pas d'animosité personnelle et que, quel que soit le résultat de la discussion, il n'accepte plus le poste de Secrétaire général de la Confédération pour faciliter l'accord entre travailleurs, la Fédération des Travailleurs du Livre invite le citoyen Pelloutier à suivre cet exemple en donnant sa démission de Secrétaire général de la Fédération des Bourses du Travail. En agissant ainsi, il montrera qu'il n'est guidé par aucun sentiment personnel.

14. — Que la Confédération du Travail réunisse toutes les Fédérations de métiers et que la Fédération des Bourses reste ce qu'elle a été jusqu'à ce jour.

ALLIBERT.

15. — Personnellement éclairé sur les travaux de la Fédération des Bourses, malgré la négligence ou l'incapacité de la Confédération, le camarade *E. Bry* d'Angers demande la suppresssion de la Fédération des Bourses.

Si la Bourse du Travail d'Angers avait eu connaissance

des rapports en temps utile, sa décision eût été, sans aucun doute, toute autre.

E. Bry.

16. — Le Bâtiment de Paris propose que la Confédération soit constituée dans l'esprit d'une Fédération des Fédérations de métiers, les Syndicats ayant pour premier devoir de se fédérer par métiers.

L. Riom,

17. — Que la Confédération refuse l'adhésion des Syndicats qui ne veulent pas adhérer à leur Fédération de métiers.

Carmantrant.

18. — Qu'une Commission soit nommée pour déterminer les rôles de la Fédération des Bourses et du Conseil national, et définir dans quelles conditions ces deux organisations participeront dans les dépenses communes, quand les circonstances les obligeront à faire des sacrifices pécuniaires dans l'intérêt général des travailleurs ;

Que la Confédération soit composée de la Fédération des Bourses et du Conseil national des Fédérations nationales d'industries et de métiers. Les Syndicats non adhérents à leur Fédération de métier ne pourront en faire partie.

H. Girard ; F. Capjuzan ; J. Braun ;<br>H. Galantus ; L. Goumet ; J. Majot fils ;<br>F. Roche ; Michon ; Nicoud ; Robillard.

19. — 1° Que la Confédération soit composée de Bourses du Travail, de Fédérations et de Syndicats existant dans des villes où il est impossible à ces Syndicats de se fédérer. Mais il demeure entendu qu'ils devront faire tous leurs efforts pour chercher à créer une Union de Syndicats ;

2° Que les camarades Lagailse et Pelloutier, soucieux des intérêts du prolétariat, fassent abstraction de leur personnalité, tout en reconnaissant qu'ils ont accompli tout leur devoir de militants, et se démettent de leurs fonctions, laissant à de nouveaux citoyens la charge d'exécuter les décisions des Congrès ;

3° Que les attributions des membres du Comité confédéral soient nettement déterminées, mais que la Confédération du Travail ait la suprématie pour l'exécution des décisions prises dans les Congrès.

E. NICOUD.

20. — Considérant que l'antagonisme de deux personnalités : Pelloutier et Lagailse, jette la perturbation dans le monde des travailleurs ; faisant appel à leur esprit d'abnégation, à leur militantisme pour faire cesser un état de choses qui n'a que trop duré et n'a servi qu'à diviser les forces prolétariennes au lieu de les unir,

Rappelle à tous les délégués du Congrès de Rennes que les hommes sont peu de choses et les principes tout.

L. DUGOY.

21. — Quel sera le rôle du Comité de la grève générale dans la Confédération et sera-t il nommé par le Congrès comme aux Congrès de Tours et de Toulouse ?

Que la commission tranche ces questions dans son rapport.

H. GIRARD.

22. — Qu'il soit fondé une Fédération des transports entre les chemins de fer, les transports maritimes, les omnibus, etc... Cette organisation serait d'un sérieux appoint à la grève générale et peut-être pourrait-elle en déterminer le succès.

A. CARDET.

23. — Que les organisations syndicales et fédérales adhérentes à la Confédération générale du Travail ne soient adhérentes à aucune fraction politique.

CAPJUZAN.

*Le Président.* — Le Congrès n'a pas à trancher la question en ce moment, il n'a pas non plus à se prononcer sur toutes les propositions que l'on vient de lire. Une proposition ferme a été formulée par plusieurs délégués : la nomination d'une commission. Je consulte le Congrès pour savoir le nombre de membres qu'aura cette commission.

*Maynier*, CHAMBRE SYNDICALE DE LA TYPOGRAPHIE PARISIENNE, est d'avis qu'il ne faut pas envoyer trop de délégués dans les commissions.

Il y aura beaucoup de commissions à nommer, et si elles prennent beaucoup de délégués, on émiettera les membres du Congrès, on ne pourra plus continuer la discussion.

*Beausoleil* propose, pour apaiser le conflit, la nomination d'une commission de 9 membres : 3 délégués par la Fédération des Bourses, 3 par le Conseil national et 3 pris dans le Congrès.

Le principe de 9 membres est adopté.

*Riom*, FÉDÉRATION DU BATIMENT, n'est pas de cet avis. Le Congrès a entendu la discussion, il est maintenant éclairé et peut nommer sa commission dans son sein.

*Dalle*, FÉDÉRATION NATIONALE DES EMPLOYÉS, recommande aux congressistes de bien choisir les commissaires. Il combat la seconde partie de la proposition du camarade Beausoleil.

Cette proposition mise aux voix, n'est pas adoptée.

*Besombes,* UNION DES SYNDICATS DE LA SEINE, ayant reçu mandat de l'Union de faire partie de cette commission, pose sa candidature.

*Trabaud*, de Nice, demande que la province soit représentée dans cette Commission et qu'elle ait la moitié au moins des membres de cette Commission prise parmi elle.

*Guérard*, SYNDICAT NATIONAL DES CHEMINS DE FER, appuie la proposition du camarade Trabaud et désire que l'on nomme d'abord les délégués de province.

*Riom*, FÉDÉRATION DU BATIMENT. — Après la discussion générale qui vient d'avoir lieu sur cette question, il est naturel que la Commission représente le sentiment du Congrès et il est inutile de savoir d'où sont les délégués candidats à cette Commission.

*Dugoy*, Fédération des Cuisiniers de France, se joint au camarade Guérard pour appuyer la proposition de Trabaud.

*Guérard*, Syndicat des Chemins de fer. — Ma proposition a pour but de montrer aux camarades, délégués par la province, qu'il n'y a aucune suspicion contre eux, et que les délégués parisiens ne veulent pas tout accaparer. Ils n'ont pas plus d'intérêts que leurs camarades à entrer dans cette Commission.

Le Congrès décide que six délégués de province feront partie de la Commission.

Sont nommés : Blanchart (Nantes) ; Branque (Toulouse) , Constant (Brest); Fleury (Tours); Richer (Le Mans); Trabaud (Nice).

*Hamelin*, Syndicat des Mineurs de Carmaux, demande que l'on vote par délégué pour les membres qui sont à nommer. — Adopté.

Les camarades Guérard, Dugoy et Copigneaux déclinent toute candidature.

*Pelloutier*, Comité fédéral des Bourses, fait remarquer qu'il serait bon que l'exemple du camarade Copigneaux fût suivi par les autres membres du Conseil national. Les camarades Claverie et Capjuzan, à ce titre, devraient ne pas poser leur candidature.

*Guérard,* Syndicat des Chemins de fer. dit qu'on ne peut exclure les camarades qui font partie du Conseil national de la Commission que l'on veut nommer. Ils ont des renseignements sur la marche des deux organisations ; il faut les laisser être candidats s'ils le désirent.

On procède au vote par délégués ; les camarades Girard, Rozier et Lephilipponnat sont nommés scrutateurs.

Résultat de ce vote :

96 votants. — 95 suffrages exprimés. — Majorité : 49.

| | | | | |
|---|---|---|---|---|
| Riom...... | 62 voix. Elu. | | Trabaud........ | 7 voix. |
| Dalle...... | 38 — | | Batbielle ....... | 6 — |
| Claverie ... | 33 — | | Morel .......... | 4 — |
| Braun..... | 32 — | | Guérard........ | 3 — |
| Besombes.. | 31 — | | Dugoy ......... | 2 — |
| Capjuzan... | 22 — | | Girard ......... | 2 — |
| Maynier.... | 19 — | | Blanchard, Copi- | |
| Richard ... | 12 — | | gneaux, Richer. | 1 — |
| Auvray .... | 9 — | | Bulletin blanc... | 1 — |

Le camarade Rozier, au nom des scrutateurs, propose au Congrès, pour éviter un deuxième tour de scrutin, de nommer les camarades Dalle et Claverie, qui ont obtenu le plus de voix après Riom, membres de la première Commission. — Le Congrès approuve.

Le Congrès passe à la deuxième question de l'ordre du jour : L'alcoolisme, ses causes et ses effets.

*Braun*, FÉDÉRATION NATIONALE DE LA MÉTALLURGIE. — Son organisation trouve que cette question est plutôt du ressort d'un Congrès d'hygiène que de celui d'un Congrès ouvrier. Il y a d'autres questions à discuter qui intéressent plus particulièrement le prolétariat. C'est perdre du temps que de discuter sur cette question.

*Maynier*, CHAMBRE SYNDICALE DE LA TYPOGRAPHIE PARISIENNE. — Il se peut que cette question de l'alcoolisme n'intéresse pas la Fédération de la Métallurgie, mais il y a d'autres corporations qui s'y intéressent. C'est leur faire injure que de ne pas discuter cette question qui a été mise à l'ordre du jour sur la demande d'une organisation ouvrière ; il faut écouter son rapport.

*Roche*, SYNDICAT DES COCHERS-LIVREURS DE LA SEINE, a reçu mandat de son organisation pour traiter cette question.

Si le Congrès voulait passer outre, il outrepasserait son droit ; toutes les questions doivent être entièrement discutées.

*Guérard, Beausoleil, Pouget* et *Hamelin* prient le Congrès de discuter cet article de l'ordre du jour.

*Capjuzan*, Syndicat de la Cordonnerie Française, est de l'avis du camarade Braun. La question de l'alcoolisme est de peu d'importance ; il y a urgence à traiter des questions plus sérieuses et à ne pas perdre de temps.

Le Congrès décide que l'ordre du jour établi sera suivi et, qu'en conséquence, on discutera sur la question de l'alcoolisme.

Les camarades *Besombes*, Union des Syndicats de la Seine, *Danyin*, Syndicat des conducteurs-margeurs de Paris, *Brisse* Syndicat des ouvriers chocolatiers de la Seine et *Roche*, des Cochers-Livreurs de la Seine. donnent lecture de rapports sur l'alcoolisme.

*Beausoleil* appuie les conclusions du rapport de l'Union des Syndicats de la Seine. L'alcoolisme n'est pas seulement le monopole des ouvriers ; les bourgeois s'enivrent également. Le moyen le plus efficace pour combattre l'alcoolisme sera encore d'améliorer la condition des travailleurs.

*Dalle*, Fédération des Employés. — Il faut, dans cette question, ne pas s'illusionner sur les remèdes à apporter. L'alcoolisme ne s'étend pas à toutes les professions avec la même intensité : il y a certaines professions où l'alcoolisme est une maladie professionnelle. Les travailleurs qui manipulent les alcools sont les premiers atteints : c'est dans ce milieu qu'il faut agir; car les générations suivantes ont les traces de ce fléau. Il ne faut pas adopter le moyen que préconisent les bourgeois : le monopole de l'alcool aggraverait la situation au lieu de l'améliorer. L'alcoolisme étant une question hygiénique, on a voulu la résoudre. Mais il faut expliquer pourquoi les bourgeois tiennent au monopole de l'alcool par l'Etat. Le monopole de l'alcool par l'Etat sera une source de revenus pour ce dernier et permettra même, dans la pensée des bourgeois. d'empêcher le vote de l'impôt sur le revenu. Ce n'est pas par un impôt ou la prohibition que l'on supprimera le fléau, mais par une action morale, politique, sociale.

*Pelloutier*, Comité Fédéral des Bourses, est d'avis

d'être aussi sévère que possible pour ceux des nôtres qui se donnent à l'alcoolisme. L'alcoolisme est un retard apporté à l'émancipation des travailleurs.

Si l'on adopte les conclusions du rapport de l'Union des Syndicats de la Seine, il faut que le Congrès dise que l'alcoolisme est la conséquence de l'état social actuel. Il ne faut pas faire chorus avec les bourgeois qui prétendent, eux qui cachent leurs vices, que tous les travailleurs sont des alcooliques.

*Blanchart* (Nantes). — Les ravages de l'alcoolisme deviennent de plus en plus considérables parmi les ouvriers les moins rétribués. Pendant les époques de chômages, fréquentes chez les ouvriers les moins rétribués, ces derniers supportent de grandes privations. Lorsque le travail revient, ils n'ont plus de forces, et, pour s'en donner, ils prennent de l'alcool frelaté, puisque leurs ressources ne leur permettent pas d'en prendre de meilleur.

Le remède, c'est de se grouper pour maintenir les salaires.

*Trabaud* (Nice). — Nous avons le devoir de discuter, comme les bourgeois, et de conférencer sur l'alcoolisme pour indiquer ses ravages. Voilà quelle doit être notre œuvre. Je proteste contre les impôts sur l'alcool ; les fabricants nous intoxiquent des alcools sophistiqués, parce que les impôts énormes établis sur l'alcool ne leur permettent pas de donner de bonne marchandise accessible aux travailleurs.

Si les syndiqués ne peuvent pas se guérir, ils peuvent et doivent dégoûter leurs enfants.

*Guérard*, SYNDICAT DES CHEMINS DE FER, croit que tous les membres du Congrès sont d'accord sur le mal que cause l'alcoolisme à la classe laborieuse. On n'est plus d'accord sur les moyens à appliquer pour supprimer l'alcoolisme. Guérard cite l'opinion d'un docteur socialiste : « On est quelquefois alcoolique sans le savoir et sans avoir fait des excès d'alcool. » On a vu des hommes très sobres avoir le *delirium tremens* : ils ne buvaient pas de grandes quantités d'alcool à la fois, ils ne s'enivraient pas, mais ils s'intoxiquaient en prenant l'habitude d'absorber un petit verre d'alcool tous les matins.

*Rousseau,* SYNDICAT DES LIMONADIÉRS DE PARIS. — L'alcoolisme est une conséquence de la misère ; le surmenage y conduit également. Il est évident que lorsqu'on a travaillé pendant 15, 16 et quelquefois 17 heures, on recherche de l'excitant, on prend de l'alcool. On devrait protester et empêcher la vente des produits frelatés.

*Ternet,* SYNDICAT DES OUVRIERS BOULANGERS DE LA SEINE. — Nous constatons que l'ouvrier s'alcoolise ; c'est la faute de l'organisation du Travail. C'est à nous-mêmes de réglementer notre travail et que tous les camarades s'inspirent des coopératives de production ; l'ouvrier sera organisé.

*Rozier,* CHAMBRE SYNDICALE DES EMPLOYÉS DE PARIS, constate que la plaie de l'alcoolisme vient de l'organisation actuelle de la Société ; la transformation du travail ne suffira pas à le faire disparaître. Le monopole de l'alcool par l'Etat peut seul supprimer l'alcoolisme et ses funestes effets. On a dit au Congrès que si les travailleurs sont aussi gravement atteints par l'alcoolisme, c'est que l'alcool qu'ils prenaient était de mauvaise qualité, parce qu'il y a des impôts énormes sur l'alcool. Et on demandait la suppression de ces impôts pour avoir de meilleur alcool à meilleur compte.

Tout en n'envisageant pas la conséquence qu'aurait cette suppression de l'impôt sur l'alcool sur la situation financière du pays, il faut se dire que les grands distillateurs, qui pourraient produire de bons alcools et ne le font pas parce qu'ils font de la spéculation là-dessus, ne donneraient pas de meilleurs produits.

On est venu dire encore que le monopole de l'alcool par l'Etat a été proposé et discuté bien avant le dépôt du projet d'impôt sur le revenu et le principe du monopole de l'alcool par l'Etat est au-dessus de toutes les compromissions.

Il ne s'agit pas de savoir si le monopole de l'alcool par l'Etat est bien accueilli par les capitalistes, mais si ce monopole est utile aux travailleurs. Avec le monopole par l'Etat, on diminuera les dangers que fait courir l'alcoolisme à la société par suite de la disparition de la race humaine, les maladies étant toujours à la charge de la société. Le monopole de l'alcool a été repoussé par la Chambre des Députés qui n'y a vu que la réalisation d'une revendication socialiste. On s'élève contre le monopole de l'alcool par l'Etat et cependant, il faut qu'on le sache, actuellement ce monopole existe de fait puisqu'il n'y a que 23 fabricants en France. Le Congrès doit se prononcer pour le monopole.

Le Président donne lecture des propositions qui lui sont parvenues :

1° La Bourse du Travail d'Alger propose la création de cercles d'études de tempérance où les effets néfastes de l'alcoolisme seront traités par des camarades.

Liouville.

2° Considérant que l'alcoolisme est un obstacle à l'émancipation des travailleurs, que l'on combatte l'alcoolisme par l'éducation sociale du prolétariat.

Dangin.

3° La Bourse du Travail de Montpellier préconise, comme moyens de préservation de l'alcoolisme, l'application intégrale de la journée de huit heures, les travailleurs auront ainsi les loisirs nécessaires pour assister aux conférences populaires et pour fréquenter les salles de lecture qui pourraient être spécialement créées.

J. Brousse.

4° Que le Congrès vote le monopole de l'alcool par l'Etat ; qu'il demande aux organisations ouvrières de faire dans leur milieu des conférences où cette question si préjudiciable à la classe ouvrière serait traitée pour guérir ou tout au moins diminuer les ravages de l'alcoolisme.

Trabaud *(Nice).*

5° Que tous les délégués du Congrès de Rennes prennent l'engagement de ne plus prendre d'alcool.

Capjuzan.

6° Que le Congrès adopte les conclusions du rapport de l'Union des Syndicats de la Seine, et surtout que le monopole de l'alcool soit confié à l'Etat.

CARMANTRANT, ALLIBERT.

7° La Chambre syndicale des ouvriers Ornemanistes sur métaux approuve les conclusions du rapport de l'Union des Syndicats de la Seine et s'engage à combattre par tous les moyens possibles pour enrayer les causes de ce fléau.

MICHON.

Le Congrès décide qu'une Commission de cinq membres établira un rapport sur cette question. Les camarades Rozier, Besombes, Pouget, Ternet et Dangin sont désignés pour faire partie de la Commission sur l'alcoolisme.

Le Président donne communication d'une déclaration de la Bourse du Travail d'Alger, qui demande aux congressistes de faire de la propagande pour l'absinthe syndicale qui se vend dans les bouteilles de la Verrerie ouvrière.

La séance est levée à midi.

---

## SIXIÈME SÉANCE

### Mercredi 28 septembre 1898 (soir)

*Besombes,* de l'Union des Syndicats de la Seine, président; *Richer,* du Mans, et *Bry,* d'Angers, assesseurs.

Le camarade *Cayol,* de Marseille, procède à l'appel nominal.

Le Congrès décide de commencer la discussion générale de la troisième question à l'ordre du jour; les membres de la première Commission sont autorisés à assister à cette discussion à la suite de laquelle ils devront commencer leurs travaux.

Le rapporteur de la Commission de vérification des mandats propose au Congrès d'accepter le citoyen Coquet, délégué des ouvriers meuniers d'Ille-et-Vilaine, dont le mandat est régulier. — Adopté.

*Batbielle*, FÉDÉRATION DU LIVRE.— La question des adjudications, mise à l'ordre du jour par la Fédération du Livre, prend actuellement, avec la grève du bâtiment, une importance primordiale. Il faut donc, dès maintenant, puisque les organisations ouvrières sont représentées au Congrès, prendre une détermination ferme pour que, dans les adjudications futures faites par l'Etat, les départements et les Communes, une clause garantissant un minimum de salaire soit imposée aux adjudicataires. Notre organisation, qui pourtant ne fait pas beaucoup de bruit, fait en revanche beaucoup de travail. Aussi cette question des adjudications a-t-elle été le sujet d'une étude approfondie et longue de la part de son Secrétaire général qui en a fait un rapport au Conseil supérieur du Travail qui l'a approuvé. Batbielle lit un rapport qu'il dit tiré de celui de Keufer et demande au Congrès d'appuyer ses conclusions.

*Roche*, SYNDICAT DES COCHERS-LIVREURS DE LA SEINE, lit un rapport sur la même question.

*Branque* (Toulouse) demande au Congrès d'adopter sans discussion le rapport de la Fédération du Livre et de prendre l'engagement de faire de la propagande pour l'application des conclusions de ce rapport.

*Dangin* résume l'impression de tous, dit-il, en proposant l'adoption pure et simple du rapport de Keufer, lu par Batbielle, ce rapport contenant toutes les modifications désirables.

*Riom*, FÉDÉRATION NATIONALE DU BATIMENT. — La question des adjudications renferme l'essentiel, la base des revendications corporatives : le minimum de salaire, les heures de travail, etc. Tous les Congrès se sont prononcés pour l'application de mesures pour hâter la solution de ces questions. On a traité, longuement et à fond, la question de la journée de huit heures, la question du minimum de salaire ; des moyens d'action ont été préconisés, des décisions ont été prises, mais jusqu'à ce jour leur application n'a pas été faite par les intéressés. La seule action actuellement possible pour arriver à des résultats, c'est l'action parlementaire. L'éducation intellectuelle des travailleurs n'est pas encore assez développée pour exercer une autre action que l'action parlementaire.

Notre desiderata, c'est la suppression dss adjudications publiques, c'est la régie. La mise en régie des travaux a été violemment attaquée ; on prétend que les travaux faits en régie ne donnent pas de bons résultats. Riom communique au Congrès différents rapports d'ingénieurs qui établissent que les t·avaux exécutés en régie sont bien mieux faits et coûtent bien moins cher que les travaux exécutés par adjudications publiques. Le système des adjudications publiques est mauvais à tous points de vue et doit disparaître. Dans la plupart des cas, les entrepreneurs s'entendent entre eux pour ne pas soumissionner aux adjudications, pour obtenir ensuite l'exécution des travaux par des marchés passés de gré à gré. Cela se fait lorsqu'une deuxième adjudication ne donne pas de résultat. Cependant le Préfet a le droit de mettre ces travaux en régie, c'est-à-dire de confier la direction et l'exécution des travaux qui n'ont pas trouvé d'adjudicataire aux ingénieurs des administrations publiques. Pour les travaux du Métropolitain, les entrepreneurs n'ont pas voulu soumissionner, voulant obtenir ces travaux de gré à gré. Le chef ingénieur, chef de service, a déclaré qu'il était prêt à exécuter ces travaux en régie, qu'il y aurait encore du bénéfice à les faire exécuter ainsi, mais le Préfet de la Seine a passé outre et a confié l'exécution des travaux à différents entrepreneurs par des marchés de gré à gré.

Pour les travaux d'entretien, on a institué un système de travail en régie qui n'est pas parfait évidemment, mais qui donne de bons résultats, ainsi que le constate dans un rapport le chef de service de l'Assistance publique.

En attendant que les ouvriers soient assez intelligents pour organiser eux-mêmes la production, il faut exiger la mise en régie de tous les travaux communaux, départementaux et de l'État. On rencontrera des résistances, c'est certain ; cela ne s'obtient pas en un jour, puisque voilà plus de quinze ans qu'on lutte pour les conditions du travail en régie. Actuellement, ce n'est plus qu'une réclame électorale pour les candidats aux fonctions publiques. En 1888, il y a eu un commencement d'application à Paris. Le Conseil municipal avait voté les conclusions de la commission sur les conditions du travail et avait décidé d'appliquer ces conclusions notamment pour les travaux de l'Exposition de 1889. Le Gouvernement laissa faire et les travaux exécutés coûtèrent bien moins cher qu'avant. Cette expérience était concluante et il n'y avait qu'à continuer l'application des mêmes conditions à tous les travaux municipaux. Mais les entrepreneurs, les patrons, qui sont bien organisés, eux, firent sentir leur influence et manifestèrent leurs désirs de faire cesser cet état de choses. Sur leur initiative, le Sénat décida que les travaux qui seraient faits sur fonds d'emprunts ne pourraient pas bénéficier des conditions du travail. La Chambre des députés, ainsi que le Conseil d'Etat, approuvèrent, et il ne resta plus au Conseil municipal qu'à s'incliner.

Nous devons poursuivre le travail en régie et organiser une ligue contre le marchandage. Tous ceux qui veulent la suppression du marchandage doivent faire partie de cette ligue. On fait signer aux candidats les revendications ouvrières, mais il ne suffit pas de donner sa signature, il faut encore s'engager à suivre toutes les conditions du travail et à les appliquer. Toutes les décisions prises dans les Congrès sont le fruit de longues études et de bonnes et sérieuses discussions. Je suis tellement convaincu de la nécessité de les mettre en pratique que je voterais plutôt pour un monarchiste, si j'étais certain qu'il me donnerait satisfaction sur ce point, que pour un socialiste qui se moquerait pas mal des décisions que nous prenons dans nos Congrès et trahirait notre cause en ne remplissant pas ses engagements. Organisons une entente des syndicats pour frapper dans ce qu'ils ont de plus cher : leurs sièges électifs — tous ceux qui ne se soumettent pas entièrement à nos décisions. Combattons-les par tous les moyens; faisons échouer leur candidature, quel que soit leur parti, quels que soient leurs adversaires.

*Fournet*, Chambre syndicale des Porteurs et Employés de journaux. — Les travaux en régie ont donné de bons résultats à Saint-Ouen, où la Municipalité pratique ce système pour l'exécution de ses travaux, et quoique les ouvriers aient eu le *maximum de salaire et la journée de huit heures,* — ils ont été faits pour 700,000 fr. meilleur marché que s'ils avaient été exécutés par des patrons.

Le travail en régie n'est pas applicable dans toutes les communes actuellement, à cause des municipalités réactionnaires qui les administrent. Il n'y a qu'une chose à faire, c'est d'intervenir pour faire abroger la loi sur les adjudications publiques.

*Lauche*, Union des Mécaniciens de la Seine. — L'application des décisions des Congrès est négative. Les organisations ouvrières qui les prennent ne peuvent pas, quoi qu'en dise le camarade Riom, en surveiller l'application. C'est aux élus, quels qu'ils soient, qu'il faut imposer la tâche de réaliser l'application des décisions des Congrès. Il y en a bien quelques-uns qui respectent nos décisions, mais la masse s'en désintéresse. Nous ne devons pas faire de politique ici, et cependant nous y sommes conduits naturellement chaque fois que nous prenons des décisions et que nous nous demandons comment nous voulons les voir appliquées. Il faut aussi que les élus respectent les décisions qu'ils ont prises. A ce sujet, les conseillers municipaux socialistes de Paris n'ont pas fait leur devoir lors de la grève des terrassiers ; leur rôle était tout autre que celui qu'ils ont suivi.

*Roche*, Syndicat des Cochers-livreurs de la Seine, appuie le rapport Keufer, de la Fédération du Livre. Ce sont les salaires qui supportent d'une façon absolue les réductions consenties par les entrepreneurs qui, par toutes sortes de moyens, arrivent souvent à connaître les rabais de leurs concurrents, et, pour obtenir la préférence, soumissionnent à de plus forts rabais. Si on n'exigeait pas de cautionnement des associations ouvrières de production, elles pourraient prendre l'exécution de tous les travaux actuellement soumis à l'adjudication. Cela vaudrait mieux que la mise en régie.

*Hamelin*, VERRERIE OUVRIÈRE DE CARMAUX. — Ce sont les adjudications elles-mêmes qui sont mauvaises et non les modes que l'on emploie dans les adjudications. Toutes les réductions sont supportées par les ouvriers d'abord, ensuite par les matériaux. Hamelin n'est pas partisan absolu de la mise en régie de tous les travaux communaux. Actuellement il y a des travaux que l'on confie aux entrepreneurs sans procéder à aucune adjudication ; que l'on aille plus loin et que l'on traite de gré à gré avec les patrons qui s'engagent à payer les prix de séries. Comment obtenir des élus l'application de nos décisions, puisque bien des syndicats qui ont des travaux à faire vont n'importe où, les confiant là où c'est moins cher. Il a bien moins de confiance dans un monarchiste que dans un socialiste, et si on veut obtenir quelque chose il faut imposer le mandat impératif à nos candidats.

*Claverie*, UNION SYNDICALE DE LA COMPAGNIE PARISIENNE DU GAZ. — La question des adjudications publiques réunit toutes les sympathies. L'ordonnance de 1837 qui les réglemente est le rempart des entrepreneurs et des capitalistes. Claverie en demande l'abrogation. Les lois suivent les temps, lorsqu'elles deviennent caduques on doit les changer et en faire de nouvelles s'adaptant aux temps nouveaux.

La solution que l'on donne aux adjudications publiques, la mise en régie n'est qu'une partie de la question. Il ne faut pas seulement considérer la situation des ouvriers de Paris, mais aussi celle des ouvriers des départements. Que toutes les communes aient le droit de fixer un minimum de salaire qui garantisse un salaire équitable à l'ouvrier. On nous parle constamment du contrat de travail ; quel est l'ouvrier qui peut discuter ce contrat de travail? Il y a des prix établis par les patrons, c'est à prendre ou à laisser.

Le jour où les communes garantiront un minimum de salaire, on ne verra plus les ouvriers crever de faim après avoir fait dix heures de travail.

La clôture, demandée par le camarade Cayol, de Marseille, est adoptée avec les orateurs inscrits.

*Lemaître*, FÉDÉRATION DES PEINTRES EN BATIMENT DE LA SEINE. — J'appuie absolument ce que vient de dire le camarade Riom. Dans les adjudications que la Ville de Paris vient de faire pour l'entretien, pendant une période de trois années, de ses bâtiments et édifices municipaux, elle a imposé un rabais de 30 %. Aussi ne sommes-nous pas partisans d'adjudications passées de cette façon. parce que, par répercussion, elles portent préjudice aux salaires des travailleurs et elles entraînent les malfaçons dans le travail. Nous sommes partisans du travail exécuté en régie.

Les travaux de peinture en entretien, faits en régie pour le compte de l'Assistance publique, ont donné de très bons résultats. La régie ayant fait ses preuves, on pourrait l'étendre et la généraliser à tous les travaux communaux et ce système serait avantageux pour les travailleurs, pour la commune et pour les contribuables.

Lors des dernières élections législatives, la Fédération des Peintres de la Seine a envoyé un questionnaire aux candidats en leur demandant de prendre l'engagement et de l'indiquer dans leur profession de foi, d'appuyer et de défendre le rapport des citoyens Lavy et Vaillant, « vote d'une loi établissant un minimum de salaire pour les travaux du Bâtiment établi d'après les besoins de chaque département. — Application du Décret-Loi du 2 mars 1848 et de l'arrêté du Gouvernement provisoire du 21 mars 1848, contre le marchandage, le dixième ouvriers étrangers au maximum, etc., etc. » La Fédération des Peintres prit acte des candidats qui répondirent au questionnaire et ceux qui ne répondirent pas, on alla les combattre pour les faire échouer. C'est le moyen que nous avons mis en pratique en attendant que nous puissions imposer le mandat impératif.

*Cauchois*, CHAMBRE SYNDICALE DES OUVRIERS CARTOUCHIERS DE SEINE-ET-OISE ET DE LA SEINE demande au Congrès de traiter à fond cette question. Le Conseil municipal d'Issy-les-Moulineaux l'a spécialement délégué pour avoir des renseignements complets.

*Copigneaux*, SYNDICAT DES TRAVAILLEURS MUNICIPAUX DE PARIS. — Le camarade Claverie disait de donner aux communes le droit de fixer un minimum de salaire. C'est bien aléatoire, alors surtout que tous les conseillers municipaux se retranchent derrière la loi. Ainsi les conseillers municipaux socialistes ne font pas tout leur devoir. Quand les ouvriers vont les trouver, on ne les trouve jamais ou ils ne s'occupent pas, pour la plupart, des revendications des ouvriers. Ils ne sont bons qu'à faire des discours.

*Gannat*, FÉDÉRATION DES SYNDICATS OUVRIERS DE VICHY, se joint à Hamelin pour combattre Riom qui a dit qu'il fallait plutôt voter pour un réactionnaire que pour un socialiste. Les questions économiques sont intimement liées à la politique. On ne peut rien obtenir des réactionnaires. Les organisations ouvrières de Vichy ont obtenu de la Municipalité la préférence dans les marchés passés de gré à gré. Il recommande aux congressistes la formation des Associations ouvrières d'exploitation.

*Girard*, UNION DU BRONZE, demande la constitution d'une commission qui devra savoir ce que deviennent les outils que l'on fait confectionner dans les écoles professionnelles.

Cet outillage devrait revenir aux organisations ouvrières qui voudraient organiser elles-mêmes la production.

*Peltier*, SYNDICAT DES OUVRIERS TAILLEURS DE PARIS, croit que le camarade Riom, connu comme militant, a fait une figure de rhétorique en disant qu'il voterait pour un réactionnaire qui lui donnerait satisfaction plutôt que pour un socialiste. Peltier fait une proposition ferme pour que le travail qui doit s'exécuter chez les patrons soit exécuté réellement dans leurs ateliers. Si les patrons font tant de réduction, c'est qu'ils violent presque toujours les clauses des cahiers des charges.

*Coquet*. SYNDICAT DES MEUNIERS D'ILLE-ET-VILAINE, dit qu'il est difficile aux organisations ouvrières de prendre part aux adjudications publiques à cause des rabais qu'il faut consentir. Il demande que la réception des travaux exécutés par adjudication soit faite par des hommes compétents.

*Le Bras*. CHAMBRE SYNDICALE DES OUVRIERS MENUISIERS ET ÉBÉNISTES DE RENNES, demande que toutes les adjudications au-dessus de 50,000 francs soient divisées en lots de 20,000 francs et que le cautionnement ne soit pas exigible pour les associations ouvrières de production. En outre. il proteste au sujet des adjudications qui sont exécutées ailleurs que dans la localité.

*Reynier*, BOURSE DU TRAVAIL D'AIX, dit que le Congrès doit se prononcer sur la régularisation des heures de travail et le minimum de salaire dans toutes les adjudications publiques, autrement, on ne fera rien, en supposant que l'on confie l'exécution des travaux à l'adjudication aux organisations ouvrières. Ce sera comme si on les confiait aux patrons.

*Riom*, FÉDÉRATION DU BATIMENT. — J'ai dit qu'il y avait quinze ans qu'on luttait à Paris pour obtenir les conditions du travail en attendant la mise en régie des travaux communaux.

Il y a donc une mauvaise conception, si on s'en tient encore à l'action parlementaire qui a été nulle jusqu'à ce jour. Quant aux ordonnances de 1836 et 1837, leur modification et leur abrogation ont été votées par le Congrès de Tours, où il a été démontré, très éloquemment, qu'il y avait dans ces lois une bonne énumération, mais que l'interprétation qu'on en tirait était mauvaise. Quand il a dit qu'il voterait pour un royaliste, il a fait une figure. Il est de ceux qui colorent leurs phrases pour accentuer leur pensée. Mais, cependant, doit-on continuer à voter pour un farceur socialiste qui se moque de nos décisions, qui ne veut en tenir aucun compte. Si nous voulions donner une bonne leçon à nos élus, ils finiraient par appuyer nos résolutions.

On a pris pour principe à Paris de traiter de préférence et de gré à gré avec les organisations ouvrières. Mais ces organisations, très souvent paient moins cher que les patrons et de plus elles accaparent des militants et des lutteurs. C'est un mal pour le prolétariat, parce que c'est la disparition des militants, des lutteurs que l'on case et qui deviennent de petits patrons.

Le Congrès nomme les camarades Batbielle, Fernbach, Maynier, Gannat, Lemaître de Paris, membres de la commission des adjudications publiques.

*Riom,* FÉDÉRATION DU BATIMENT, propose l'adoption du rapport de Keuffer, de la Fédération du Livre, avant de procéder à la lecture des propositions et des amendements. — Adopté.

Le Président donne lecture des propositions suivantes qui seront envoyées à la commission :

1. — Que les banquets corporatifs, les buffets municipaux, soient faits et fournis par les Chambres syndicales de l'alimentation.

L. DUGOY.

2. — 1° Introduction d'un minimum de salaire dans les cahiers des charges des adjudications publiques ;

2° Que communication soit faite des cahiers des charges des adjudications publiques et des résultats de ces adjudications aux organisations ouvrières.

BEAUPÉRIN.

3. — 1° Introduction dans le cahier des charges des entreprises communales, d'un maximum de huit heures de travail ;

2° Tout ouvrier ne devra pas être payé moins de 0 fr. 70 de l'heure et les manouvriers 0 fr. 55 ;

3° Tout entrepreneur devra être Français ou naturalisé Français ;

4° Il ne sera pas employé sur les chantiers plus d'un dixième d'étrangers. Ceux-ci devront être payés au même prix que les ouvriers de la localité ;

5° Une commission municipale devra être nommée pour surveiller ces entreprises ; cette commission devra s'assurer exclusivement de la sécurité des ouvriers employés ;

6° La paye devra se faire tous les samedis et au taux indiqué ;

7° Les entrepreneurs ne devront pas employer les jeunes gens âgés de moins de 16 ans comme manœuvres ;

8° Les entrepreneurs devront, dans tout échafaudage, avoir un entourage d'au moins 1 mètre de haut pour empêcher toute chute ; sur les bordures de toit ils devront avoir au moins 50 centimètres ;

9° Tout entrepreneur ne se conformant pas aux présentes dispositions, la Ville aura le plein droit de lui retirer ses travaux si elle n'introduit pas d'autres dispositions dans le cahier des charges ;

10° Tout Syndicat ouvrier pourra participer aux adjudications aux mêmes conditions ;

11° Tout entrepreneur de chantiers communaux ne devra pas faire venir la pierre de construction toute taillée d'un département voisin. ce travail devra être exécuté sur les chantiers communaux.

U. Petit.

4. — Que toutes les adjudications supérieures à 50,000 fr. soient divisées en plusieurs lots et que. pour la maçonnerie. il y ait autant de lots que de bâtiments distincts à construire.

Le Bras, Liouville.

5. — Attendu que la diminution des salaires provient de la méthode préconisée par la loi de 1836,

Le Congrès émet le vœu de la suppression totale des adjudications et que tous les travaux communaux, cantonaux, etc., soient fait dorénavant en régie.

Ch. Fournet.

6. — Proposition de nomination d'une Commission qui

aurait pour mission de défendre. devant la Commission parlementaire du travail, les vœux du Congrès concernant la question des adjudications.

LACAILLE.

7. — 1° Mise en régie de tous les travaux de l'Etat, des départements et des communes ;

2° Et, en cas d'impossibilité, application stricte et intégrale des clauses et conditions des cahiers des charges de la Ville de Paris, de l'Assistance publique, des Promenades et Plantations.

J.-E. MORIN.

8. — Attendu que les ouvriers étrangers deviennent la matière exploitable du marchandage et qu'ils le transmettent aux ouvriers français, le Congrès dénonce les transgressions aux lois sur la proportionnalité des ouvriers étrangers, sur le marchandage et les prix de série.

E. GRASSAVAL.

9. — En attendant la suppression totale des adjudications, le Congrès demande que, dans les adjudications relatives aux bâtiments, il y ait autant de lots que de bâtiments à construire.

GUÉRIN, BOUYER, PELLIER.

10. — Que tous les congressistes fassent parvenir à leur municipalité respective un compte rendu des travaux du Congrès, et notamment le rapport de Keufer.

CAUCHOIS.

12. — Le Congrès décide :

Les délégués de chaque localité, aussitôt leur rentrée, devront s'entendre à l'effet de se rendre auprès de leur municipalité pour lui exposer les décisions du Congrès concernant les travaux et leur demander ce qui sera fait à l'avenir, dans l'intérêt des travailleurs, et de quelle façon ils entendent faire exécuter leurs travaux.

Les délégués de Paris enverront 3 délégués porteurs des décisions du Congrès et demanderont à être entendus par la Commission du Travail.

G. Fourage.

Les camarades *Roche, L. Brisse, Fernbach* présentent des propositions demandant le travail en régie.

13. — Le Congrès adopte : 1° la lutte pour l'obtention de la mise en régie des travaux des communes, des départements et de l'Etat ; 2° la création d'une Ligue contre le marchandage ; enfin 3° l'établissement d'un programme d'action pour la réalisation des revendications relevant des pouvoirs publics ; ce programme conçu dans l'esprit de celui établi par les travailleurs des chemins de fer.

L. Riom.

Le rapporteur de la Commission de vérification des mandats donne communication au Congrès d'une dépêche des ouvriers mineurs du Tarn, accréditant le camarade Hamelin comme délégué de leur Syndicat. Le Congrès décerne acte de cette communication et admet le citoyen Hamelin comme délégué des ouvriers mineurs du Tarn.

La Commission d'organisation du Congrès invite tous les délégués à lui faire connaître le nombre de brochures du compte-rendu du Congrès qu'ils désirent pour leurs organisations.

Le Congrès décide que l'on inscrira les demandes à partir du lendemain matin.

Le camarade *Hamelin*, rapporteur de la commission d'organisation de la réunion publique, fait savoir au Congrès que des affiches ont été commandées ; et que l'ordre du jour indiqué porte simplement : « *Les Revendications Ouvrières.* »

Les camarades *Beausoleil, Braun, Dalle, Guérard, Hamelin, Riom* et *Rozier* sont désignés pour prendre la parole à la réunion publique.

L'ordre du jour porte discussion de la quatrième question : *De la marque du connaissement.*

*Maynier*, Chambre syndicale de la Typographie parisienne, lit un rapport sur la marque de connaissement.

l e camarade *Fleury*, de Tours, donne communication
d'un fait local que le Congrès décide de ne pas prendre en
considération.

*Allibert*, Société générale des Ouvriers chapeliers
de France, appuie les conclusions du rapport du camarade
Maynier. Tous les imprimés dont se sert son Syndicat est
confié aux ouvriers syndiqués qui emploient la marque de
connaissement.

Le camarade *Beausoleil* propose au Congrès de joindre la
discussion de l'article 16 de l'ordre du jour à celle de la
marque de connaissement, ces deux questions étant connexes.
— Adopté.

*Riom*, Fédération du Batiment, propose qu'un ou deux
camarades typographes se tiennent dans la salle des séances
à la disposition des congressistes avec les épreuves des
procès-verbaux distribués, pour procéder à la correction des
défectuosités matérielles qui leur seront signaleés.

Les camarades Maynier et Batbielle sont désignés. Le
Président rappelle aux délégués du bâtiment que le Congrès
du bâtiment doit tenir séance le soir à neuf heures à la Bourse
du Travail.

Le Président donne lecture d'une lettre de la commission
d'organisation du Congrès de Lyon demandant l'union de
tous les partis ouvriers socialistes en un Congrès en 1899.

Le camarade Barlan, de Toulouse, demande le renvoi de
cette question au prochain Congrès corporatif.

La séance est levée à 6 heures.

## SEPTIÈME SÉANCE

### Jeudi 29 septembre 1898 (matin)

La séance est ouverte à 8 heures.

Le bureau est ainsi constitué : Président, *Carmantran* ;
assesseurs, *Auvray* et *Dangin*.

L'appel nominal accuse comme absents : Augé, Coquet, Dalle, Girard, Rozier, Sabourin.

Le Président donne lecture d'une lettre du Maire de la ville de Rennes, informant les congressistes que les musées municipaux seront ouverts de 11 heures à 5 heures, les jeudi, vendredi, samedi et dimanche, pour permettre aux délégués de les visiter.

Capjuzan, pour répondre à l'invitation amicale de. la Municipalité rennaise, demande de lever la séance pendant une heure pour aller visiter les musées.

Langlois trouve que ce n'est pas assez d'une heure pour visiter ces musées ; il demande de lever la séance et de consacrer toute l'après-midi à cette visite. Mais comme il faut que le Congrès siège, il propose de faire une séance de nuit, demain soir.

Goumet, de Fourchambault, propose de commencer la séance de demain après midi une heure plus tard, et de continuer ensuite la discussion jusqu'à sept heures le soir. — Adopté.

Le Président donne lecture d'une lettre de remerciements des grévistes du Mans ; puis il donne la parole au citoyen Pouget pour la continuation de la discussion sur les articles 4 et 16 de l'ordre du jour.

*Pouget*, CHAMBRE SYNDICALE DE L'INDUSTRIE LAINIÈRE DE REIMS. — Il s'agit de savoir aujourd'hui les résultats obtenus et la propagande faite par les organisations ouvrières à la suite de l'adoption, au Congrès de Toulouse, du rapport sur le boycottage et le sabottage. Les résultats n'ont pas été aussi considérables qu'on l'aurait désiré. Il en a été de cette tactique comme de l'idée de grève générale : on a cru avoir beaucoup fait en adoptant un principe. C'est insuffisant. C'est une superfluité si on ne passe pas à l'action. L'utilité des Congrès est de nous permettre de nous mettre d'accord sur une tactique ; mais, l'accord fait, une fois rentrés chez nous, il est indispensable d'agir dans le sens que nous avons fixé.

L'a-t-on fait pour le boycottage et le sabottage? Malgré qu'une enquête soit difficile, on peut dire que les initiatives ont été peu ardentes.

Cependant, depuis le dernier Congrès, on n'est pas resté complètement inactif et les camarades de Paris qui ont fait partie de la Commission sur le boycottage et le sabottage à Toulouse, ont pris la résolution, rentrés à Paris, de se réunir et de faire de la propagande. Par leurs soins, il a été procédé à un premier tirage, en brochures, du rapport de la Commission de Toulouse; avec de faibles ressources, ils ont pu en faire un tirage à 50,000 exemplaires.

Nous sommes moins avancés, en France, pour la mise en pratique du boycottage et du sabottage que nos camarades d'Angleterre et d'Amérique où ces moyens de défense contre les empiètements du capital sont d'un usage courant. Nos camarades américains et anglais n'attendent pas l'intervention de l'Etat pour régler les conflits qui surgissent entre eux et les capitalistes. Tout dernièrement encore, les Américaines, pour protester contre les sympathies de la France pour l'Espagne, ont fait le boycottage des objets de toilette français, et le commerce parisien s'en est fortement ressenti.

Cet exemple, après bien d'autres, nous prouve la puissance de résistance du boycottage. Si, dans les grands centres, l'éparpillement des travailleurs peut sembler une difficulté, il n'en est pas de même dans les petites villes où tous les camarades se connaissent.

Tout le monde sait que le sabottage c'est le ralentissement ou la malfaçon de la production dans le travail. De tout temps les travailleurs ont pratiqué le sabottage d'une façon instinctive. notamment lorsqu'ils subissaient une diminution de salaire. Le sabottage n'est pas une invention prolétarienne, mais une invention bourgeoise. Les capitalistes, les patrons le pratiquent dans les adjudications en employant de mauvais matériaux. Pourquoi les travailleurs ne se serviraient-ils pas du sabottage toutes les fois qu'ils auraient à subir une diminution de salaire? Il est des cas où la grève est impossible et où, au contraire, le sabottage est un meilleur moyen de combat. Mais il faut l'appliquer d'une façon ostensible pour que les capitalistes le sachent et le craignent ; s'il restait clandestin, sa puissance de résistance s'en trouverait diminuée ; il faut que les patrons se familiarisent avec cette menace ; de la sorte, la peur du sabottage deviendra pour eux un frein salutaire aux travailleurs.

*Roche*, SYNDICAT DES COCHERS-LIVREURS DE LA SEINE, dit qu'on n'a pas fait tout ce qu'il fallait pour la Verrerie ouvrière, on est resté inactif. La propagande pour les produits de la verrerie ouvrière ne marche pas à Paris, et il est malheureux de constater que le gros de la vente ne se fait que dans les quartiers où il y a de l'aisance, tandis que dans les arrondissements ouvriers tels que les 11e, 12e, 13e, 15e. 19e et 20e, la vente est presque nulle, ce qui prouve que les ouvriers ne comprennent pas leur intérêt. Il faut cependant rendre hommage aux camarades qui n'ont pas craint de se donner de la peine pour placer les bouteilles de la Verrerie ouvrière. Toutes les fois que les travailleurs veulent bien faire de la propagande auprès des débitants, on arrive à leur faire prendre leurs bouteilles à la Verrerie ouvrière. Roche fait connaître les résultats produits par une sérieuse propagande à Saint-Denis et aux Moulineaux. Il conclut en disant que les travailleurs ont une arme puissante dans le boycottage.

*Pelloutier*, COMITÉ FÉDÉRAL DES BOURSES DU TRAVAIL. — Ce qui nous manque, c'est l'esprit d'initiative ; nous avons la funeste habitude de compter sur d'autres que sur nousmêmes. Comment se fait-il que les travailleurs soient assez naïfs pour compter sur d'autres que sur eux-mêmes pour obtenir des réformes : ils n'auront que celles qu'ils prendront d'eux-mêmes. Toute tentative d'amélioration par les travailleurs ne peut se faire que par le ralentissement de la production qui est elle-même réglée par la consommation. C'est pour lui, Pelloutier, un étonnement continuel de voir toutes les assemblées ouvrières compter sur la bonne volonté de ceux qu'elles commettent à la conservation des biens sociaux. Il a eu un espoir l'année dernière, lorsqu'on a adopté à l'unanimité le rapport sur le boycottage et le sabottage. Il a cru que désormais, au lieu de demander des améliorations à leurs adversaires de classes, les travailleurs allaient les prendre eux-mêmes. On a cité des boycottages sérieux, mais que sont ces exemples auprès des résultats que l'on voit dans les pays où le boycottage et le sabottage sont entrés dans les mœurs? Ne finirons-nous pas par donner des exemples pareils à ceux que l'on voit en Amérique, où on ne rencontre sur le marché que des marchandises qui portent la marque de connaissement des organisations ouvrières ? Grâce à leur énergie et à leur initiative, ces organisations ouvrières réussissent, ne comptant que sur elles-mêmes. Quant au sabottage, n'y a-t-il pas là un élément révolutionnaire qui doit tenter les ouvriers ? Laissant de côté les violences, non par crainte, ils peuvent, par leur initiative, en appliquant le sabottage, lutter avantageusement contre la Société capitaliste. Nous ne devons pas hésiter à prendre les moyens qui nous semblent bons ; nous avons pour devoir d'affirmer ces moyens quels qu'ils soient, sans pour cela entrer dans les détails. Ce qu'il faut se donner, c'est l'esprit d'initiative.

*Philippe*, BOURSE DU TRAVAIL DU HAVRE, cite un fait local concernant la mise à l'index d'un atelier.

*Beausoleil*. — La question du boycottage et du sabottage est pour lui plus importante que celle de la grève générale ; elle caractérise l'action syndicale, parce qu'elle permet une action suivie et raisonnée. Elle réalise tout ce qu'on peut désirer comme moyens offensifs contre les exploiteurs. S'il est une forme d'action qui pourrait tenter les employés de commerce, ce serait bien celle-là. Mais la corporation des employés de commerce ne soupçonne pas le parti qu'elle pourrait tirer d'une action de ce genre. Cela ne peut venir que de l'action et de l'éducation des travailleurs ; mais ce qui manque surtout, c'est l'esprit de suite.

*Maynier*, Chambre syndicale de la Typographie parisienne, dit qu'il a été de la minorité dans tous les précédents Congrès sur les questions de la grève générale et sur le sabottage. Mais pour le boycottage, quand on a demandé quels étaient les résultats, il a constaté que dans sa profession on avait fait plus que chez les autres. Il fait un vœu pour que toutes les bouteilles de la Verrerie Ouvrière soient marquées. Autrement, comment pouvoir se rendre compte du résultat de la propagande que l'on fait? Il est indispensable de trouver un système pour que l'on ne nous berne pas.

*Roche* dit que certains commerçants acceptent volontiers des bouteilles de la Verrerie Ouvrière, mais ils ne veulent pas de la marque à cause de leur clientèle qui n'est pas toujours conforme à leurs idées

*Besombes*, Union syndicale de la Seine, formule le même vœu que le camarade Maynier et demande que la Verrerie Ouvrière fasse une marque spéciale que connaîtront les militants.

*Capjuzan*, Syndicat de la Cordonnerie Ouvrière de France. — Le boycottage et le sabottage nous plaisent énormément pour leur simplicité inouïe et parce qu'ils sont un entraînement vers la révolte de laquelle on a tant peur. Quoiqu'il ne faille pas faire voir toutes les difficultés d'application, comme certains militants ont le tort de le faire, nous ne pouvons pas engager les ouvriers français à faire tout de suite ce que font les Anglais et les Américains.

C'est une évolution à faire dans notre pays, et si nous ne l'entreprenons pas, le capital l'entreprendra à notre égard.

*Dugoy*, Fédération des Cuisiniers de France. — Dans cette profession, ce sont les patrons qui boycottent les ouvriers, surtout les militants, parce que ces derniers font de la propagande syndicale.

Les patrons se font connaître les militants, l'un à l'autre, et les exécutions ne tardent jamais. Il n'est pas possible de faire du sabottage continuel dans cette profession ; cependant, les cas de révoltes individuelles se présentent fréquemment.

Il cite, notamment, aux applaudissements unanimes du Congrès. le cas des cuisiniers d'un grand établissement de la Capitale qui, ayant eu à se plaindre de leur patron, restèrent à leur poste toute la journée, fourneaux allumés, et qui, au moment où les clients affluaient dans les salles, ne purent servir que les briques qu'ils avaient mises dans les marmites, en compagnie de la pendule du restaurant.

*Rousseau*, CHAMBRE SYNDICALE DES OUVRIERS LIMONA-DIERS DE PARIS. appuie ce que vient de dire le camarade Pelloutier ; il faut faire ses affaires soi-même.

*Lauche*. UNION DES OUVRIERS MÉCANICIENS DE LA SEINE. — Son syndicat a été très heureux des décisions prises au Congrès de Toulouse, relativement au boycottage et sabottage ; il faut compter avec ceux qui ne sont pas avec nous. Il faut envisager la conduite des petits commerçants à notre égard. Ils sont constamment contre nous ; il faudrait leur faire comprendre que nous sommes leurs meilleurs amis.

*Cauchois*, SYNDICAT DES CARTOUCHIERS D'ISSY-LES-MOU-LINEAUX (Oise), dit que dans son Syndicat on a fait tout ce qu'on a pu sur le boycottage. Les petits commerçants ne sont pas toujours libres, d'autres ont des craintes qu'il faudrait dissiper.

*Meyer*, SYNDICAT DES OUVRIERS PATISSIERS DE LA SEINE. — En Angleterre, on a imposé une marque de connaissement pour protéger la main-d'œuvre contre les produits étrangers. On devrait boycotter ces produits lorsqu'ils viennent sur notre marché.

*Copigneaux*, FÉDÉRATION DES OUVRIERS MUNICIPAUX DE LA VILLE DE PARIS. — Si on n'applique pas internationalement le principe du sabottage : à mauvaise paie, mauvais travail, il est imprudent pour 'es ouvriers français de le pratiquer. En effet, comme on recherche les produits français pour leur fini, si nous nous mettons à pratiquer le sabottage, on ne reconnaîtra plus nos travaux, on ne les recherchera plus et nous seront lésés par les ouvriers étrangers qui bénéficieront de notre tactique.

*Pouget.* — Evidemment il peut se faire, grâce à des circonstances exceptionnelles, que les ouvriers souffrent de l'application du sabottage, mais la première victime, celui qui sera le plus sûrement atteint et le plus fortement, ce sera le patron. Immédiatement, il verra les inconvénients de sa rapacité et il reviendra à de meilleurs sentiments ; le but sera atteint.

*Pelloutier.* — Si les salaires sont élevés en Angleterre, c'est que les patrons anglais ont compris que s'ils voulaient exiger de bon travail, ils devaient donner un meilleur salaire. Il faut faire adopter cette maxime : à mauvaise paie, mauvais travail.

*Copigneaux* trouve que l'on n'a pas répondu à son objection : si on n'applique pas le sabottage internationalement, les nations voisines accapareront le travail au détriment de l'ouvrier français.

*Guérard,* Syndicat des Chemins de Fer, croit qu'il ne faut pas pratiquer le sabottage sans que le patron en soit averti, autrement, il se produirait ce que signale Copigneaux.

*Beausoleil* n'est pas de l'avis de Guérard. Les patrons pratiquent le boycottage contre les ouvriers sans les prévenir, il faut lutter à armes égales. Il serait naïf d'aller prévenir le patron qu'on le ruine. Il faut qu'il s'en aperçoive de lui-même.

Le Congrès nomme une Commission de sept membres pour faire un rapport sur les marques de connaissement, le boycottage et le sabottage, et les camarades Maynier, Pouget, Beausoleil, Auvray, Brisse, Cauchois et Brousse sont désignés pour en faire partie.

Le Président donne lecture des propositions suivantes avant le renvoi à la commission :

Le Congrès invite tous les travailleurs, lorsqu'ils feront leurs achats dans les magasins à s'assurer si le vendeur qui les sert est syndiqué.

C. Beausoleil.

Les associations coopératives de production devront adopter une marque de connaissement ; en outre, dans leurs tarifs commerciaux, leurs prix devront être établis, marque comprise.

C. BEAUSOLEIL.

Le Syndicat des Ouvriers en Instruments de précision propose qu'une brochure soit faite, indiquant les moyens à employer pour l'application du boycottage et du sabottage.

AUVRAY.

La Chambre syndicale typographique parisienne émet le vœu que tous les Syndicats, à l'exemple des Américains, cherchent le moyen le plus favorable pour indiquer les travaux exécutés par des syndiqués.

Les syndiqués, à n'importe quelle corporation qu'ils puissent appartenir, prennent l'engagement de ne s'approvisionner que chez les fournisseurs qui débitent des produits exécutés par des syndiqués.

Les marques syndicales seront affichées dans toutes les Bourses du Travail.

MAYNIER.

Les conducteurs-margeurs et les fondeurs en caractères se rallient à la proposition de la Typographie parisienne pour la marque de connaissement ; émettent en outre le vœu que chaque organisation syndicale fasse une active propagande pour la susdite marque.

DANGIN, LEPHILIPPONAT.

La Bourse de Saint-Etienne propose qu'il soit délivré aux ouvriers syndiqués une carte leur permettant de nommer un délégué pour vérifier les travaux exécutés dans les industries.

LERAY.

Nous devons voter le sabottage, car, même au point de vue de la concurrence, ce sont les patrons eux-mêmes qui le font en ne payant pas leurs ouvriers et en employant des hommes de peine payés à vil prix, forçant ainsi les ouvriers à partir pour l'étranger, où l'on fonde des usines qui dans la suite nous exportent des marchandises.

L. Brisse.

La Bourse du Travail d'Alger estime que les ouvriers syndiqués doivent se soutenir et formule le vœu que le système employé par la Fédération typographique se généralise dans toutes les branches de l'industrie.

Liouville.

La Chambre syndicale des Limonadiers-Restaurateurs de la Seine émet le vœu que tous les Syndicats prennent en considération la décision prise au Congrès de Toulouse, relativement aux entreprises des banquets et des bals organisés par eux, savoir, intercéder près du patronat pour qu'il n'emploie que des syndiqués.

Rousseaux.

La Chambre syndicale des Ouvriers en Outils à découper appuie la proposition de la Typographie parisienne et engage tous les Syndicats à faire la plus grande propagande pour mettre en pratique la marque de connaissement,

Cior.

On passe à la discussion de la 5e question de l'ordre du jour : le travail des femmes dans l'industrie.

*Pouriel*, Chambre syndicale des Cordonniers de Fougères, donne lecture du rapport suivant :

Considérant que l'introduction de la femme dans l'industrie, où elle est en concurrence avec l'homme, est un danger très grand qui tend à se développer en des proportions inquiétantes ;

Considérant que cette introduction de la femme dans l'industrie a pour conséquence première de détruire toute l'harmonie qui devrait régner dans les familles et qu'enlève la misère occasionnée par de plus fréquents chômages ;

Considérant que ce sont parfois les ouvriers qui, par intérêt, mettent leurs femmes. et leurs filles au travail, à leurs côtés, ne prévoyant pas le préjudice qu'ils causent en mettant entre les mains du patron un moyen facile de diminuer les salaires ;

La Chambre syndicale des Cordonniers de Fougères conclut en demandant qu'à travail égal la femme touche un salaire égal à celui de l'homme.

POURIEL.

*Besombes*, UNION DES SYNDICATS DE LA SEINE, demande aux congressistes de faire appliquer la loi du 2 novembre 1892, puis de faire le plus de propagande possible pour engager les ouvrières à se syndiquer. La femme étant un être faible, non destiné à vivre dans les ateliers ou dans les magasins, il est inhumain d'exiger d'elle, comme on le fait dans bien des maisons, de rester debout, alors même qu'elle est inoccupée, pendant une durée de 14 à 15 heures de présence. Il conclut en demandant qu'à travail égal la femme ait la même rétribution que l'homme.

*Roche,* SYNDICAT DES COCHERS-LIVREURS DE LA SEINE, donne lecture d'un rapport dont voici les conclusions :

1° Réclamer un salaire égal à celui de l'homme pour une durée égale ;

2° Abaisser la durée du travail à 8 heures ;

3° Obliger le patron à payer l'ouvrière pendant ses couches ;

4° Réclamer par tous les moyens l'égalité civile et politique de la femme.

Ces conclusions, estime Roche, ne sont que les principaux desiderata que l'on peut formuler pour l'amélioration de la situation de la femme dans l'industrie. Mais si les desiderata que nous venons de formuler étaient mis en pratique, ce serait déjà une amélioration certaine.

*Aubertin*, DU SYNDICAT DES OUVRIERS SELLIERS EN VOITURE DE PARIS, appuie le rapport du camarade Roche.

*Dangin*, CHAMBRE SYNDICALE DES CONDUCTEURS-MARgeurs et Minervistes, de Paris, dit que le travail de la femme est anti-social : qu'elle est en butte à toutes les tentations patronales. Il faut que nous tournions tous nos efforts vers les femmes qui travaillent à l'atelier pour qu'elles se syndiquent. Elles seront bien plus fermes que les hommes lorsqu'elles seront syndiquées. La place de la femme est à son foyer ; mais il faudrait alors que le salaire de l'homme soit plus rémunérateur.

*Rousseaux*, Syndicat des Ouvriers Limonadiers, de Paris, fait remarquer que dans l'alimentation on se sert de la femme pour la dépravation. Il conclut en demandant l'exclusion des femmes des cafés et des tavernes.

*Pelloutier*, Comité fédéral des Bourses. — Le camarade Besombes a proposé l'application de la loi de 1892 pour l'amélioration de la situation de la femme dans l'industrie. Cette loi ne produit pas les résultats qu'elle devrait donner : elle est irréalisable. Tant que des jugements ne sont pas venus confirmer la loi, les patrons l'interprètent à leur guise. Pelloutier cite trois faits démontrant la mauvaise volonté des patrons pour l'application de la loi de 1892. Trois mois après la promulgation de la loi, il y avait déjà eu 54 grèves nécessitées par la diminution des salaires et par la durée du travail. Un autre moyen des patrons pour tourner la loi a été le renvoi du personnel protégé et son remplacement par des enfants un peu plus âgés. Puis, moyen plus remarquable, pour ne pas dépasser les heures de travail fixées par la loi, on organisa des équipes tournantes. On ne devait faire que dix heures de travail, mais, au lieu de les faire d'un seul trait, on les coupa par des interruptions, pendant lesquelles on ne devait pas quitter l'atelier. De sorte que la journée réelle de présence à l'atelier s'éleva jusqu'à 17 heures. La loi eut donc pour résultat final d'aggraver la situation au lieu de l'améliorer. Une autre conséquence de la loi fut l'extension du travail en chambre pour les professions soumises à l'inspection, où la femme est plus particulièrement employée. Les ateliers fermaient bien à l'heure prescrite par la loi, mais les patrons confiaient du travail à leurs ouvrières pour faire chez elles et la moyenne de la journée de travail fut de 15 à 16 heures.

Il y a un danger à faire exécuter le travail ailleurs qu'à l'atelier. Comme on cherche à gagner davantage, on travaille bien plus tard que si on était resté à l'atelier et l'on se fatigue bien plus.

Une des raisons pour lesquelles la loi reste sans effet, c'est l'insuffisance des pénalités ; elles sont dérisoires. Les patrons ont intérêt à encourir ces pénalités. Ils y gagnent encore.

Il y a bien des inspecteurs du travail qui sont chargés de surveiller l'application de la loi et de relever les contraventions. Mais outre qu'ils ne sont pas suffisants comme nombre, leur influence est presque nulle. De plus on s'est ligué contre eux et on a assisté à ce fait que les inspecteurs qui voulaient faire quelque chose n'osent plus rien faire et il vaut mieux pour eux fermer les yeux. Cette loi de 1892 n'a donc apporté aucune amélioration.

Tout le monde est lassé de cette situation. Allons-nous demander à une nouvelle loi les moyens de sortir de là. Nous en avons une, la loi sur les accidents du travail, qui, avant son application, est, de l'avis de tous, inapplicable. Ceci confirme l'impuissance du capitalisme à venir en aide aux ouvriers : les lois ne peuvent rien contre ceux qui possèdent et qui règlent tout par leur argent.

Nous n'avons qu'une chose à faire : faire toute la propagande possible pour faire entrer les femmes ouvrières dans les Syndicats ou les faire rester chez elles. Ce n'est que par l'initiative syndicale que l'on pourra faire quelque chose.

*Lacaille*, Fédération des Syndicats de Meurthe-et-Moselle. — Il est impossible d'appliquer à la femme le principe à travail égal salaire égal, puisque la femme ne peut produire autant que l'homme. Il y aura toujours des difficultés sur ce point.

Il demande qu'on limite le travail des femmes et qu'on leur interdise certaines professions, telles que l'imprimerie, la chaussure, etc. Que les Syndicats recherchent les professions d'où l'on peut éliminer la femme. On a préconisé la propagande pour l'entrée des femmes dans les Syndicats : il craint que cela ne donne aucun résultat, les femmes étant réfractaires à l'idée syndicale.

*Larsonneur*, SYNDICAT DE LA BROSSERIE DE PARIS. — Dans cette profession on emploie beaucoup de femmes, et elles sont payées 30 et 40 % meilleur marché que les hommes. On leur a proposé de se syndiquer et de demander ensuite un salaire égal à celui des hommes. Elles ont répondu que les patrons, dans ce cas, préféreraient n'employer que des hommes, et elles ont refusé.

*Cauchois*, CHAMBRES SYNDICALES DES OUVRIERS CARTOUCHIERS DE LA SEINE ET DE SEINE-ET-OISE. — Il y a des industries où il est impossible de remplacer les femmes par des hommes. Ce que l'on peut faire, c'est de fixer un minimum de salaire pour la femme et demander que lorsqu'on retirerait une femme d'une machine où elle gagnait une journée convenable, pour la mettre sur une autre machine qu'elle ne connaît pas, on l'indemnise pour son nouvel apprentissage.

*Peltier*, SYNDICAT DES OUVRIÈRES ET OUVRIERS TAILLEURS DE PARIS, dit que c'est un scandale de voir la façon dont on est exploité, aussi bien la femme que l'homme, par le travail au 2° degré. Ici il n'y a aucun moyen de contrôle, le patron se déchargeant, pour l'exécution du travail, sur un ouvrier qui paraît devenir patron et qui est insolvable. Pour le patron, plus de responsabilités, et il a l'avantage de créer un antagonisme entre ouvriers de la même profession. Il est reconnu que c'est un crime d'exploiter son semblable. Il faudrait revenir sur cette question bien plus souvent, on ne s'y attache pas suffisamment. Si on se plaignait plus souvent, le législateur ne saurait rester indifférent, et on pourrait obtenir que les tribunaux fassent respecter les salaires. Peltier conclut en demandant la mise à l'ordre du jour du prochain Congrès de la motion suivante : Qu'il soit interdit à un ouvrier insolvable de devenir patron.

*Capjuzan*, Syndicat de la Cordonnerie Ouvrière de France. — Si la femme élimine l'homme de l'atelier, c'est de la faute de l'homme qui y conduit lui-même sa femme et ses filles dans le but d'augmenter le bien-être dans son intérieur. Il faudrait à l'homme un salaire suffisant pour le nourrir lui et sa famille. Capjuzan demande la suppression du travail aux pièces. Il termine en disant qu'il est presque impossible que les femmes répondent à nos appels pour se syndiquer, puisque les hommes n'y répondent pas. Il préconise de faire un appel énergique auprès du Parlement.

*Batbielle*, Fédération Typographique Française. — Sa corporation est une de celles qui souffrent le plus du travail des femmes ; les salaires ont baissé de 20 à 25 % depuis 20 ans. Ses collègues et lui ont combattu l'introduction de la femme dans leur profession. Ils se sont élevés contre à cause de la nature des travaux à exécuter qui, non seulement ne sauraient convenir à des jeunes filles, mais ne devraient pas même être confiés à des femmes. De plus, la femme é ant de nature délicate ne peut pas supporter les maladies communes à cette profession. La Fédération typographique n'admet pas les femmes dans les syndicats et il serait à désirer que toutes les Fédérations qui sont assez fortes en fassent autant.

Des patrons, sous prétexte de phiianthropie, occupent plus volontiers la femme ; en réalité, leur but est de réaliser des économies, et pour cela ils offrent un salaire inférieur de moitié à celui payé à l'homme. C'est aux ouvriers à se rendre nettement compte de cet état de choses et à chercher à y remédier. Les rôles ne doivent pas être intervertis : le rôle naturel de l'homme doit être de subvenir aux besoins de sa famille.

On a entretenu le Congrès du peu d'efficacité de la loi de 1892. Il ne faut pas attendre que la loi fasse de l'effet d'elle-même : il faut l'aider et que ce soient les ouvriers eux-mêmes qui se chargent de la faire appliquer. Dans sa profession, on informe l'Inspecteur du Travail ou la Commission générale du Travail toutes les fois qu'un abus se produit et on a fait punir des industriels qui violaient la loi.

*Petit*, BOURSE DU TRAVAIL DE DIJON, dit qu'à Dijon on a réussi à organiser, à constituer un syndicat de femmes bonnetières qui est bien solide maintenant.

*Fourage*, SYNDICAT DES CANTONNIERS, OUVRIÈRES ET OUVIERS DE LA DIRECTION DES TRAVAUX DE LA VILLE DE PARIS, demande d'interdire aux femmes l'entrée dans les services publics où elles sont admises pour raison d'économies.

*Maynier*, CHAMBRE SYNDICALE DE LA TYPOGRAPHIE PARISIENNE. — Le travail de la femme est une calamité, un mal social, ce mal vient de ce que les ouvriers qui gagnent assez, envoient leur femme travailler pour augmenter quelque peu leur bien-être. Une femme entrée honnête et sage dans un atelier, ne tarde pas à se dépraver, étant sans cesse en butte aux séductions des ouvriers qui l'entourent. De plus, la femme qui travaille ne peut plus arriver à la maternité. On a demandé que la femme entre dans le mouvement syndical : il lui sera impossible dans la plupart des cas de formuler des revendications et, n'étant pas libre, elle ne pourra pas se mettre en grève, il lui faudra obéir à son mari. Il faut compter sur l'intrusion de la femme dans l'industrie, aussi faut-il chercher à la caser dans une industrie nouvelle ; il faut la spécialiser. Il est évident qu'on ne peut empêcher les veuves et les jeunes filles de 14 à 20 ans et même jusqu'au mariage de gagner leur vie.

*Besombes*, UNION DES SYNDICATS DE LA SEINE, indique au Congrès comment, dans certains ateliers de femmes, on viole la loi de 1892. On ferme les portes de l'atelier et sous aucun prétexte on ne les ouvre à personne, puis on confie du travail à faire jusqu'à une heure du matin. Les entrepreneurs se sont engagés à payer toutes les amendes que pourrait encourir un atelier quelconque. Besombes conclut en demandant qu'à travail égal les femmes aient un salaire égal.

Sur la proposition du camarade Langlois, la cloture de la discussion sur le travail des femmes est votée.

*Meyer*, CHAMBRE SYNDICALE DES OUVRIERS PATISSIERS DE LA SEINE, trouve que l'on s'est trop étendu sur le travail des femmes et pas assez sur le travail des enfants mineurs. La question de l'apprentissage est une question qui se lie intimement à celle ci. Il demande la discussion de ces deux questions.

Sur la proposition du camarade Besombes, le Congrès décide que la Commission qui va être nommée pour rédiger un rapport sur le travail des femmes aura pour mission de rédiger le rapport sur les questions de l'apprentissage et des inspecteurs du travail.

Le président donne lecture des propositions qui sont parvenues au bureau.

1. — Pour arriver à l'émancipation des travailleurs par les travailleurs eux-mêmes, les Chambres syndicales des ouvriers couvreurs, ferblantiers, boîtiers, plombiers et zingueurs de la ville du Mans émettent le vœu que dans n'importe quelle industrie où le travail de la femme sera égal à celui de l'homme, on lui accorde un salaire égal.

BOUYER, PELLIER.

2. — Le camarade GUÉRIN (d'Angers) appuie la proposition précédente.

3. — Rousseaux formule une même proposition, avec l'adjonction suivante : que les femmes soient exclues du travail dans les cafés. brasseries, tavernes, etc., parce que ce genre de travail les pousse généralement à la démoralisation.

4. — Considérant qu'il est impossible d'espérer la suppression de l'exploitation de la femme dans l'industrie; considérant que cette exploitation est due à la mauvaise constitution de l'état social actuel, les soussignés émettent le vœu, sur la proposition du camarade Petit, de Dijon, que ce n'est que par une révolte générale des travailleurs que l'on amènera une transformation complète.

Toutefois, en attendant une émancipation complète de la femme et pour l'aider à réclamer un salaire équitable, ils

invitent les Syndicats ouvriers et les Bourses du Travail à
organiser des Syndicats de femmes partout où il y aura lieu
de le faire.

> U. Petit; H. Galantus; J. Majot fils;
> Aubertin; Braun; Girard; Cauchois;
> L. Dugoy; Morin; Millard; Capjuzan;
> F. Roche; Guérin, de Cholet; Charlet,
> de Moulins; H. Le Corre; Pouriel;
> Langlois; Liouville; Chinault; Morel;
> Verger; Luce; Davy; Beaupérin;
> P. Lemaître, de Rennes; Nicoud;
> Michon; Allibert; Rousseaux.

5. — La Fédération des Travailleurs du Livre tient à
déclarer très énergiquement que le travail industriel des
femmes est contraire à leurs fonctions naturelles; il entraîne
les plus graves conséquences au point de vue économique,
moral et social. C'est pour ces raisons graves que la corporation du Livre s'est toujours opposée au travail de la femme
dans l'imprimerie, même à salaire égal.

Mais si c'est là le principe inflexible qui a guidé la conduite
et qui est encore inscrit dans les statuts de notre Fédération,
nous reconnaissons que dans la société il y a nombre de
femmes qui sont dans la nécessité de travailler, de s'exténuer.

Dans ces circonstances spéciales, tous les militants de
toutes les professions, en proclamant le travail de la femme
dans l'industrie comme antisocial, en poursuivant sa suppression, affirment la nécessité de réclamer pour elle un
salaire égal pour un travail égal.

> Batbielle; Dangin.

6. — Considérant que dans tous les Congrès l'on se déclare
partisan de la suppression de l'exploitation de la femme, et
qu'il serait nécessaire de s'occuper des moyens d'action possibles, la Chambre syndicale des Ferblantiers de la Seine
demande au Congrès d'engager tous les Syndicats à inviter
énergiquement leurs adhérents à ne pas laisser travailler

leurs femmes dans les métiers où elles prennent la place d'un ouvrier.

H. GALANTUS ; BRAUN ; LAUCHE ; HOTTE ;<br>
LEMAÎTRE, de Paris ; CAYOL, AUBERTIN.

7. — Attendu que le travail des femmes et des enfants doit être protégé aussi bien dans le commerce et la petite industrie que dans les usines, chantiers, etc. ; attendu que la loi doit être égale pour tous, les travailleurs ayant les mêmes charges et les mêmes devoirs.

Le Syndicat des Garçons restaurateurs et limonadiers de la Seine émet le vœu que la loi de 1892, si imparfaite soit-elle, soit appliquée aux travailleurs du commerce et de la petite industrie.

CARMANTRANT.

8. — Les organisations de la ville d'Alger renouvellent les résolutions prises dans les Congrès antérieurs, à travail égal salaire égal, et approuvent toutes les décisions qui seront prises par le Congrès de Rennes pour l'amélioration du sort de la femme.

LIOUVILLE.

9. — L· Syndicat des Employés d'hôtels des deux sexes demande que dans les Syndicats d'hommes où l'on peut admettre la femme, le travail étant connexe, il soit fait le plus de propagande possible pour amener les femmes à eux. Ce Syndicat a constaté, depuis qu'il est entré dans cette voie, l'énergie et l'esprit syndical de la femme.

L. DUGOY.

10. — La Bourse du Travail d'Angers, pour lutter contre l'exploitation de l'homme par la femme, vote l'application uniforme du tarif syndical, c'est-à-dire à travail égal salaire égal.

11. — La Bourse du Travail de Saint-Etienne, se basant sur les résolutions du Congrès d'hygiène de 1894, propose

l'interdiction du travail des femmes dans les industries dangereuses et insalubres.

LERAY.

12. — L'Union des Syndicats de la Seine propose que, pour le travail de la femme, le Congrès décide :

1ᵘ A travail égal, salaire égal ;

2° Accorder aux employées des magasins le droit de s'asseoir quand elles peuvent ;

3° Application de la loi du 2 novembre 1892 à toutes les employées.

BESOMBES.

Les camarades Beausoleil et Auvray appuient cette proposition.

13. — Vu l'extension croissante du travail aux pièces dans certaines industries et particulièrement dans la cordonnerie, les soussignés demandent qu'une loi soit présentée interdisant tout travail aux pièces et contre l'entreprise et le marchandage, qui permettent aux patrons l'avilissement des salaires en remplaçant les hommes par des femmes et des enfants.

F. CAPJUZAN, POURIEL.

14. — La Brosserie de Paris émet le vœu que le prix de façon doit être accordé au travail des femmes dans l'industrie, et prie les organisations syndicales de prendre des mesures énergiques en leur faveur et de tâcher de grouper autour du Syndicat toutes les femmes dans l'industrie pour arriver aux meilleurs résultats.

LARSONNEUR.

15. — Tout en étant partisan que la femme doit demeurer à la maison et s'occuper seulement de son ménage, le camarade Cayol émet le vœu que, dans les industries où les femmes sont occupées, il soit fait une active propagande pour amener les femmes à se syndiquer. Il appuie les propositions

qui ont pour but d'exclure les femmes employées dans les cafés, brasseries, etc.

16. — Le Syndicat des Estampeurs et Découpeurs, sur la question du travail des femmes dans l'industrie, préconise que dans les corporations où les femmes sont employées concurremment avec l'homme, elles aient la faculté de pouvoir se syndiquer avec les Syndicats hommes et que dans les corporations où elles sont employées exclusivement, il soit fait une propagade incessante pour arriver à les constituer en Syndicat, en prenant pour base de leur organisation les revendications votées dans les Congrès corporatifs.

Nicoud.

17. — La Fédération des Syndicats ouvriers de Meurthe-et-Moselle propose que les Syndicats ouvriers fassent tout le possible pour que certains travaux soient interdits aux femmes.

E. Lacaille.

18. — La Fédération des Cuirs et Peaux demande qu'il soit dressé par la 5e commission un tableau des industries dont les femmes doivent être exclues.

A. Cardet.

19. — La Chambre syndicale typographique parisienne croit que l'intrusion de la femme dans les syndicats masculins est un leurre, qu'elle ne peut qu'en être dupe.

Elle croit également qu'en possession d'un époux, elle n'est plus, de ce fait, en possession de sa liberté.

Le délégué des typographes émet le vœu qu'une propagande soit faite pour que le travail féminin soit exclusivement réservé aux femmes.

A. Maynier.

Le Congrès nomme une commission de onze membres.

Les camarades Rousseaux, Langlois, Galantus. Dugoy, Hénot, Morin, Morel, Philippe, Lecorre, Alibert et Roche sont désignés pour en faire partie.

La séance est levée.

## HUITIÈME SÉANCE

### Jeudi 29 septembre 1898 (soir)

Président : *Capjuzan*; assesseurs : *Allibert* et *Fournet*.

*Le Président* ayant ouvert la séance, donne la parole au camarade Cayol qui fait l'appel nominal.

Absents : Augé, Claverie, Dalle, Girard, Rozier, Sabourin.

*Le Président,* au nom de la Commission d'organisation des Congrès, prie les membres du Congrès de s'inscrire pour faire connaître le nombre des brochures du compte-rendu du Congrès qu'ils désirent recevoir.

Sur la proposition du camarade Besombes, la Commission d'organisation des Congrès centralisera les envois de brochures demandées par les organisations d'une même ville.

*Braun*, Fédération de la Métallurgie, trouve extraordinaire qu'il y ait tant d'absences à l'ouverture de chaque séance. Il serait donc inutile de procéder à l'appel nominal, puisque chaque fois qu'un délégué est absent, il se trouve un camarade complaisant qui vient dire au camarade Cayol que l'absent est à une réunion de commission. C'est un surcroît de fatigue pour le camarade de Marseille, qui s'est volontairement chargé de faire l'appel nominal à chaque séance. Il faut que les décisions prises par le Congrès soient appliquées et, en conséquence, Braun demande que les camarades qui font partie des Commissions viennent répondre à l'appel avant de commencer leurs délibérations.

*Copigneaux*, Fédération des Travailleurs municipaux de la ville de Paris, a répondu pour quelques camarades retenus dans les Commissions, parce qu'on ne peut les considérer comme absents quand ils se sont mis au travail bien souvent avant l'ouverture des séances du Congrès.

*Le Président* donne lecture de la communication suivante :

« La Chambre syndicale des Porteurs et Employés de

journaux invite tous les membres du Congrès à n'acheter leurs journaux qu'à des membres syndiqués.

« Ch. FOURNET. »

*Guérard*, SYNDICAT DES CHEMINS DE FER. — Au moment où le Congrès de la Ligue de l'Enseignement va commencer ses séances, je propose de lui envoyer un ordre du jour de sympathie.

*Pelloutier*, COMITÉ FÉDÉRAL DES BOURSES, croit qu'il n'est pas nécessaire de discuter le principe de cette proposition. Que le camarade Guérard lise l'ordre du jour qu'il a préparé et le Congrès saura de suite à quoi s'en tenir.

Guérard donne lecture de l'ordre du jour suivant qui est adopté :

*Rennes, le 29 septembre 1898.*

## Aux Représentants de la Ligue de l'Enseignement, réunis en Congrès à Rennes.

CITOYENNES, CITOYENS,

Au moment où les représentants de la Ligue de l'Enseignement commencent leurs travaux, les délégués des Syndicats ouvriers, estimant que les uns et les autres, instructeurs et éducateurs du peuple, collaborent, dans un ordre différent, à une œuvre commune, l'avènement d'une société meilleure, sont heureux de vous présenter leurs salutations fraternelles.

Pour le Congrès national des Syndicats ouvriers :

*Le Président de séance,*

F. CAPJUZAN.

*Les Assesseurs,*

Auguste ALLIBERT; Ch. FOURNET.

On passe à la discussion de la sixième question à l'ordre du jour général du Congrès : la question d'apprentissage.

Les camarades Roche et Besombes donnent lecture de deux rapports sur la question.

*Grassaval*, BOURSE DU TRAVAIL DE BORDEAUX, dit qu'il est du devoir des Syndicats de prendre en mains la surveillance des cours professionnels et, si cela leur est possible, de les organiser eux-mêmes.

*Copigneaux*, Fédération des Travailleurs municipaux de Paris. — Dans bien des professions, les patrons ont plus d'apprentis que d'ouvriers. Copigneaux demande au Congrès de fixer, par professions, le nombre d'apprentis que l'on peut avoir par atelier.

Les apprentis sont exploités, on leur fait faire douze et treize heures par jour, et au lieu de leur apprendre leur métier, on leur fait faire des courses ou exécuter des travaux de manœuvres. Les patrons veulent en retirer le plus de profit possible. Dans cette exploitation il y a beaucoup de faute de la part des parents qui se désintéressent trop de leurs enfants après leur mise en apprentissage. Il y a des lois qui protègent l'apprenti ; les organisations ouvrières devraient en surveiller l'application et prévenir les inspecteurs du travail toutes les fois que des abus se manifestent. Les parents ne connaissent pas toutes ces lois et ils s'imaginent que le contrat d'apprentissage verbal n'est pas valable. Il est du devoir des Syndicats de prendre la défense de l'apprenti. Son Syndicat a organisé une ligue pour la protection de l'enfance : il en explique le fonctionnement et annonce qu'elle organise un Congrès pour 1900. Il conclut en disant que le chômage provient du grand nombre d'apprentis.

*Lauche,* Union des Ouvriers mécaniciens de la Seine. — La question des apprentis préoccupe à juste titre tous les militants, car c'est parmi ces futurs ouvriers que nous devons trouver les continuateurs de notre œuvre. L'éducation morale donnée actuellement aux apprentis dans les écoles professionnelles est défectueuse et fait qu'ils ont la crainte du patron. Il est malheureux qu'il n'existe pas suffisamment d'écoles professionnelles techniques, qui feraient de vrais ouvriers, et dont la direction et l'administration devraient être confiées aux organisations ouvrières. Celles-ci inculqueraient des idées de virilité dans le sens que nous désirons.

*Maynier*, CHAMBRE SYNDICALE DE LA TYPOGRAPHIE PARI-
SIENNE. — Les patrons considèrent les apprentis comme une
providence, parce que, comme on vient de le dire, on leur
fait rapporter le plus possible. Il demande que le contrat
d'apprentissage dure quatre ans, et que les Syndicats en
surveillent l'exécution intégrale.

*Meyer*, SYNDICAT DES OUVRIERS PATISSIERS DE LA SEINE.
— Dans cette profession, les apprentis doivent faire un
apprentissage de cinq ans, et il est très rare qu'ils puissent
continuer jusqu'à la fin. Aussi les patrons, pour ne pas manquer d'apprentis, én prennent jusqu'à 15 pour deux ouvriers,
et réquisitionnent tous les ans de nombreux apprentis dans
les écoles.

*Brousse*, BOURSE DU TRAVAIL DE MONTPELLIER, reconnaît
qu'il est possible de choisir de bons ateliers pour faire de
bons apprentis.

De plus, il y a des bourses d'apprentissage que le gouvernement décerne pour certaines écoles.

*Lebret*, SYNDICAT DES OUVRIERS SERRURIERS DE LA SEINE.
— Le contrat d'apprentissage est un leurre. Il y a bien une
loi concernant ce contrat d'apprentissage, mais la loi
demeure lettre morte et n'est pas appliquée. Le camarade
Lebret dit que son syndicat a porté plainte pour certains
abus; il n'y a jamais eu de solution. Pourtant les Inspecteurs
du travail avaient été avisés.

Les patrons prennent des apprentis non pour en faire des
ouvriers, mais pour en faire des hommes de peine. Les
apprentis ne sont pas capables de travailler après leurs trois
années d'apprentissage. Quant aux écoles professionnelles, il
ne faut pas en parler. Elles ne font que des spécialistes.

Lorsqu'un apprenti sort d'une école professionnelle, il ne
sait pas suffisamment pour pouvoir travailler, il est obligé
de recommencer son apprentissage. Les résultats que l'on
obtient par les écoles professionnelles sont négatifs. Il y a bien
des sujets d'élite qui apprennent vite et bien, mais ceux-là
ne restent pas à l'école professionnelle. Des patrons viennent

les chercher et leur font terminer leur apprentissage dans leurs ateliers.

*Girard,* Union du Bronze, est en mesure d'affirmer que les enfants qui sortent de l'école Boule sont de vrais ouvriers. Les élèves de deux ans sont souvent capables de faire ce que font des ouvriers qui travaillent depuis 8 et 10 ans. C'est une école excellente pour la formation des jeunes ouvriers.

*Robillard,* Syndicat des Ouvriers de la fonderie de cuivre de la Seine. — Bon nombre d'apprentis deviennent de mauvais ouvriers, par suite de la spécialisation et ensuite de la surproduction, et quand, au bout de trois ans, ils ont terminé leur apprentissage, ils ne sont bons qu'à faire des hommes de peine. On les rejette alors dans les *sans profession,* qui créent le cinquième état. Il faut que le Congrès tourne les yeux du côté de ce cinquième état et qu'il se préoccupe des moyens de l'organiser.

*Hamelin,* Verrerie Ouvrière, n'est pas un défenseur des écoles professionnelles. Il constate que l'Ecole Estienne fait de bons ouvriers; c'est donc une erreur de dire que les écoles professionnelles ne produisent pas de bons ouvriers. A l'Ecole Estienne, on fait subir deux concours aux apprentis : un en entrant, l'autre à la deuxième année. Les jeunes gens qui sortent de l'Ecole Estienne sont de bons ouvriers. Mais malheureusement, souvent ces ouvriers se considèrent comme des artistes et abandonnent les revendications de la classe ouvrière.

*Lephilipponnat,* Syndicat des Fondeurs typographes de Paris, confirme ce que vient de dire le camarade Hamelin, au sujet de l'Ecole Estienne. Les apprentis sortis de cette Ecole font d'excellents ouvriers. Evidemment, ils ne vont pas si vite que les ouvriers qui exercent depuis longtemps, mais ils sont de bons ouvriers.

*Lemaître,* Fédération des Peintres de la Seine, demande que tous les Syndicats ouvriers adhèrent à la Ligue de protection de l'Enfance, car c'est un devoir pour les militants de protéger l'être faible. Dans la profession de peintre, on souffre beaucoup du grand nombre d'ouvriers qui ne passent pas par l'apprentissage. L'Exposition de 1900 va créer de 2 à 3,000 apprentis de 18 à 25 ans qui n'auront pas passé par les premières notions du métier, d'où matière à exploitation sous les mains des capitalistes. Aussi les membres de la Fédération des Peintres sont-ils désireux et partisans convaincus des écoles d'apprentissage, sous la direction et la surveillance des Syndicats, et subventionnées par les municipalités.

*Corompt*, SYNDICAT DES CHAUFFEURS MÉCANICIENS DE LA SEINE, demande la création d'une Commission d'enquête, qui aurait pour mission de visiter les ateliers et d'interroger les apprentis.

*Pelloutier*, COMITÉ FÉDÉRAL DES BOURSES, dit qu'on s'est occupé des cours professionnels au Congrès des Bourses. Bien des Bourses du Travail en ont organisé et ont obtenu de très bons résultats. On s'est demandé si ces cours professionnels servaient à faire des ouvriers d'apprentis et ce que devenaient ces jeunes ouvriers, et on a décidé de rechercher ces renseignements.

Le président donne lecture des propositions qui lui sont parvenues :

1. — Dans l'intérêt général, les soussignés croient utile de revenir au contrat d'apprentissage.

En outre, ils émettent le vœu que le patron soit tenu, lorsque l'apprentissage est terminé, de rétribuer le jeune ouvrier conformément au tarif syndical de la région.

MAYNIER ; BATBIELLE ; DANGIN ; LEPHILIPPONNAT.

2. — La Chambre syndicale ouvrière des Pâtissiers de la Seine, la Fédération des Cuisiniers, la Boucherie de Paris, les Syndicats ouvriers Ferblantiers, Tôliers, de la Seine, proposent :

Que tous les Syndicats ou groupes corporatifs limitent par tous les moyens le nombre des apprentis et que ces apprentis soient employés de manière à apprendre leur métier et non à faire toutes sortes de travaux.

Il est du devoir du Congrès de remédier à cet état de choses en limitant le nombre des apprentis et par ce moyen permettre à une catégorie d'employés (hommes et peine) de vivre.

Louis MEYER, L. DUGOY, H. GALANTUS.

3. -- La Chambre Syndicale des Ouvriers et Aides Fumistes de la Seine, considérant que l'apprentissage est non seulement inutile mais nuisible aux intérêts des ouvriers du bâtiment, invite le Congrès à voter la suppression de l'apprentissage dans les corporations du bâtiment.

MORIN.

4. — La Bourse du Travail de Dijon émet les vœux suivants :

Que les inspecteurs du travail soient pris dans les syndicats ouvriers.

Que les inspecteurs du travail, ainsi nommés, interrogent, chaque année, chaque apprenti sur les travaux qu'il a exécutés et qu'il présente lui-même ces travaux.

Que le gouvernement, par une loi spéciale, autorise le maire de chaque commune à prendre des inspecteurs du travail dans les Syndicats ouvriers.

Que les inspecteurs du travail d'une même commune forment une commission qui s'occupera de l'hygiène et de la salubrité du travail, de la durée et des conditions du contrat d'apprentissage, de la rémunération à accorder aux jeunes ouvriers qui terminent leur apprentissage.

Que la juridiction prud'hommale soit étendue de manière à permettre aux syndicats de représenter les droits lésés de l'apprenti.

Que des pénalités sérieuses soient établies contre les patrons qui emploieraient les apprentis aux choses qui ne concernent pas leur apprentissage.

U. PETIT.

5. — La Fédération des Cuisiniers, Pâtissiers, Confiseurs

de France et des colonies, la Boucherie de Paris, demandent l'application de la loi de 1892 en ce qui concerne les *Inspecteurs du Travail* et les *Commissions locales*.

L. DUGOY.

6. — En ce qui concerne l'apprentissage, il est du devoir du Congrès de réclamer une inspection rigoureuse relativement à l'hygiène, aux accidents ; la création de Commissions prises parmi les Syndicats et nommées pour suivre avec attention les travaux des apprentis et pour que l'apprentissage soit effectif et non illusoire.

ROCHE.

7. — L'Union des Ouvriers Mécaniciens de la Seine émet les vœux suivants :

Que les municipalités aident les organisations ouvrières à organiser leurs cours professionnels ;

Que les jeunes gens ne fassent leur apprentissage que dans les écoles professionnelles, et où on rechercherait les moyens d'en faire de bons citoyens et de bons ouvriers. On ne doit pas se désintéresser de l'éducation des apprentis, car il faut compter sur eux pour l'émancipation du prolétariat.

J. LAUCHE ; J.-B. CAYOL ; F. ROCHE ;<br>F. CAPJUZAN.

8. — La Bourse du Travail de Montpellier propose au Congrès d'engager les délégués à faire voter par leurs Conseils municipaux respectifs la création de Bourses d'apprentissage au même titre que les Bourses qui sont affectées aux écoles de l'enseignement.

J. BROUSSE.

9. — La Fédération des Cuisiniers Pâtissiers, Confiseurs, de France et des Colonies émet le vœu qu'il soit créé des cours de cuisine ménagère dans les quartiers ouvriers.

L. DUGOY.

10. — La Chambre syndicale de la reliure-dorure demande qu'il soit établi des statistiques par profession pour renseigner les familles sur les besoins de chaque industrie.

Demande en outre qu'il soit établi un contrat d'apprentissage et que la surveillance des ateliers revienne de droit à des inspecteurs nommés par les ouvriers.

BATBIELLE.

11. — La Chambre syndicale des imprimeurs en taille douce émet les vœux suivants :

Que les apprentis aient au moins 13 ans et qu'ils aient obtenu leur certificat d'études ;

Que, pour obtenir une limitation raisonnable du nombre des apprentis, on ne prenne qu'un apprenti par dix ouvriers ;

Que les Chambres syndicales, ou, au besoin, les Conseils de Prud'hommes soient chargés de veiller à ce que l'éducation professionnelle des apprentis soit sérieusement dirigée de façon qu'ils soient aptes à subvenir à leurs besoins à leur sortie d'apprentissage.

12. — La Chambre syndicale des ouvriers en outils à découper demande qu'il n'y ait dans chaque corporation qu'un apprenti pour cinq ouvriers.

CIOR.

13. — La Fédération des cuirs et peaux appuie la proposition formulée par la Bourse du Travail de Montpellier.

A. CARDET.

14. — La Bourse du Travail d'Angers propose, pour garantir l'apprentissage et la corporation. que le contrat d'apprentissage soit consenti et signé par le patron, le Syndicat de la corporation et les parents de l'apprenti. De plus, que les Conseils de Prud'hommes aient la tutelle des apprentis confiés par les Hospices et les Orphelinats.

15. — La Chambre syndicale des charrons de la Seine émet les vœux suivants : que les parents de l'apprenti

passent un contrat d'apprentissage régulier qui leur permette de poursuivre le patron devant les juridictions compé-
tentes, en attendant que l'organisation du prolétariat organise des ateliers corporatifs d'où les enfants ne sortiront
qu'en état de gagner le salaire déterminé par les tarifs syndicaux.

Que les Syndicats prennent la défense des apprentis en
intervenant directement auprès des patrons et en dénonçant
les abus des patrons rébarbatifs aux organes syndicaux qui
mèneront une campagne active contre eux.

Demande l'application de ces vœux en attendant que l'on
ait donné aux Syndicats le grand rôle de choisir les inspecteurs ouvriers.

HOTTE.

Les camarades Aubertin et Morel appuient cette proposition.

16. — Le Syndicat des Mouleurs en cuivre de Paris émet
le vœu qu'il soit établi un contrat d'apprentissage avec un
dédit qui se constituerait par une retenue d'un pourcentage
par sema.ne.

MOREL..

17. — La Chambre syndicale des Ouvriers Confiseurs,
Chocolatiers, Biscuitiers de Paris émet le vœu que le livret
ou certificat d'ouvrier soit délivré à la fin de l'apprentissage
par une assemblée d'ouvriers syndiqués et après examen.

L. BRISSE.

18. — Les soussignés proposent que l'apprentissage soit
surveillé par les Syndicats ouvriers.

E. LACAILLE; F. CAPJUZAN.

19. — Les organisations de la Bourse du Travail d'Alger
émettent les vœux suivants : que le système de l'instruction
professionnelle soit entièrement refondu et que l'instruction
professionnelle figure dans les programmes de l'instruction

primaire pour permettre à l'enfant de choisir au sortir de l'école le métier qui lui convient.

Que tous les chefs d'ateliers des écoles professionnelles soient pris dans les Syndicats.

Liouville.

Allibert appuie la proposition d'Alger.

20. — Que le nombre d'apprentis soit réglé sur l'importance des ateliers et sur le nombre des ouvriers qui y sont employés.

Que la surveillance des apprentis soit confiée aux Chambres syndicales ouvrières.

Carmantrant.

21. — Que les Syndicats veillent sérieusement à la formation des apprentis.

Charlet.

22. — La Chambre syndicale des ouvriers sertisseurs de Paris demande la création d'écoles professionnelles, établies sous la direction du Syndicat respectif, et que les communes subventionnent ces écoles.

Ces propositions sont renvoyées à la cinquième Commission.

Le Président donne la parole, sur la septième question de l'ordre du jour, au camarade Lacaille.

Le camarade *Besombes*, de l'Union des Syndicats de la Seine, proteste et adresse un blâme au président. Il s'était fait inscrire le premier sur la question de l'organisation d'un Congrès national de la prud'homie en 1899, pour pouvoir demander au Congrès de renvoyer la discussion des trois questions de la prud'homie à un prochain Congrès. Il estime que l'ordre du jour est suffisamment chargé et que les questions relatives à la prud'homie peuvent être remises à plus tard.

Les camarades *Roche* et *Aubertin* disent que l'on doit discuter les questions à l'ordre du jour.

*Lagailse*, Conseil national. — Le Conseil national doit

indiquer pourquoi les questions relatives à la prud'homie ont été portées à l'ordre du jour du présent Congrès. C'est sur la demande d'un Comité de vigilance que ces questions ont été proposées à l'étude du Congrès.

*Beausoleil.* — Il nous est impossible de faire en six jours plus de travail que les législateurs. Ces questions suffisent pour occuper tout un Congrès : qu'on renvoie donc les trois questions au Congrès de la prud'homie. Toutefois que les délégués qui ont des rapports écrits sur ces questions veuillent bien les remettre au bureau qui les insérera dans le compte-rendu des travaux du Congrès.

*Carmantran*, SYNDICAT DE LA TABLETTERIE DE PARIS, demande l'organisation d'un Congrès pour 1899, ce qui a été proposé jusqu'à ce jour pour la prud'homie n'ayant pas abouti.

*Guérard*, SYNDICAT DES CHEMINS DE FER. — Tout le monde est d'accord sur la nécessité d'organiser un Congrès de la prud'homie. La question qui se pose est celle-ci : qui organisera ce Congrès. Le Comité de vigilance de la prud'homie, qui a demandé que notre Congrès s'en occupe, a plutôt qualité pour réunir ce Congrès. On a proposé qu'il n'y eût pas de Congrès corporatif en 1899, Guérard n'est pas de cet avis.

*Meyer*, SYNDICAT DES PATISSIERS DE LA SEINE, à reçu mandat pour venir discuter les questions de la prud'homie au Congrès. Il y a des divergences dans la jurisprudence prud'homale et il y a utilité à discuter ces questions.

Sur la proposition du camarade Guérard, les questions relatives à la prud'homie sont renvoyées au Congrès spécial de la prud'homie qui aura lieu en 1899.

*Lauche*, SYNDICAT DES MÉCANICIENS DE LA SEINE, désire savoir quel est le comité de vigilance qui a demandé l'appui de notre Congrès pour l'organisation du Congrès de la prud'homie. Il faut suivre l'ordre du jour établi et sur lequel les délégués ont des mandats définis de leurs organisations, ou faire connaître ce comité de vigilance. si on ne veut pas que des délégués se retirent.

Le camarade Robillard approuve ce que vient de dire le camarade Lauche.

*Guérard*, SYNDICAT DES CHEMINS DE FER. — Depuis que les Congrès existent, cette question de la prud'homie revient à chaque Congrès. Puisqu'un Congrès spécial doit avoir lieu, qu'on lui renvoie toutes les propositions que les congressistes peuvent avoir à présenter sur la question. On nous dit qu'il y a plusieurs comités de vigilance. Evidemment cette division est fâcheuse, mais tous ces comités de vigilance s'entendront lorsque le Conseil national leur fera la proposition de réunir un Congrès.

*Carmantran*, SYNDICAT DE LA TABLETTERIE DE PARIS. désire que le Conseil national organise le Congrès de la prud'homie de concert avec les comités de vigilance.

*Langlois*, SYNDICAT DES OUVRIERS LAYETIERS-EMBALLEURS DE LA SEINE, dit que l'on fait confusion. Il n'y a pas de division entre les quatre comités de vigilance de Paris. Toutes les fois qu'il y a un conflit ou une question sérieuse à trancher, ces quatre comités se réunissent pour discuter les intérêts communs. Le Congrès de la prud'homie sera organisé par ces quatre comités de vigilance.

*Meyer*, SYNDICAT DES OUVRIERS PATISSIERS DE LA SEINE. — La Confédération générale du Travail vient de donner un excellent terrain d'entente aux organisations qui ne s'entendent pas avec leur comité de vigilance. Il faut en profiter, et c'est très heureux que la Confédération procure cette entente.

*Roche*, SYNDICAT DES COCHERS-LIVREURS DE LA SEINE. — La proposition qui a été votée ne rallie pas les camarades délégués qui veulent que les questions prud'homales soient discutées pour être transmises ensuite au Congrès de la Prud'homie. Le Congrès est ingrat pour les organisations qui ont travaillé ces questions. Il conclut en demandant que la Confédération prenne en mains l'organisation du Congrès de la Prud'homie.

*Lauche*. SYNDICAT DES OUVRIERS MÉCANICIENS DE LA

Seine. — On ne peut pas reconnaître aux Comités de vigilance le droit d'organiser un Congrès de la prud'homie. Cela regarde les organisations ouvrières et on devrait en faire la discussion dans notre Congrès. Les Conseils de prud'hommes ne peuvent pas organiser de Congrès.

*Guérard*, Syndicat des Chemins de Fer, retire sa proposition ; il ne connaissait pas l'antagonisme existant entre les comités de vigilance avant les explications qui viennent d'être données.

Sur la proposition du camarade Copigneaux, le Congrès nomme une commission de neuf membres qui est chargée de faire un rapport sur la question. Les camarades Grassaval, Cardet, Lauche, Trabaud. Braun. Ternet, Auvray, Meyer et Corompt sont désignés pour faire partie de cette commission.

La parole est au camarade *Besombes*, de l'Union des Syndicats de la Seine, sur les Inspecteurs du travail.

Besombes est partisan que les inspecteurs du travail soient des ouvriers pris dans les Chambres syndicales. Les Bourses du Travail dresseraient une liste de candidats qu'elles soumettraient ensuite à la signature du Préfet et que le Conseil municipal approuverait ensuite.

*Roche*, Syndicat des Cochers-Livreurs de la Seine. — On sait quand un Inspecteur doit venir visiter un atelier et on nettoie l'atelier, on enlève les objets sujets à contravention. Si les Inspecteurs étaient pris parmi les ouvriers, ils sauraient faire respecter l'ouvrier.

*Copigneaux*, Syndicat des Jardiniers de la ville de Paris. — Le Congrès de Toulouse s'est prononcé sur une question identique. Il propose que la Confédération demande aux organisations fédérées une liste de candidats aux fonctions d'inspecteurs du travail. Le Conseil national tirerait au sort le nombre d'inspecteurs nécessaires, et tous les candidats seraient inspecteurs à tour de rôle.

*Guérard,* Syndicat des Chemins de fer, dit que le Congrès ne peut pas accepter les propositions que l'on vient de formuler. Le Préfet ne voudra jamais nommer les candidats qu'on lui proposerait. Ce qu'on demande, c'est la nomination par les ouvriers d'inspecteurs ouvriers. Il n'y a qu'à procéder comme font les ouvriers mineurs pour leurs inspecteurs ouvriers, qui sont acceptés et reconnus comme tels.

*Girard*, Union du Bronze, demande que ce soient les organisations qui nomment les inspecteurs ouvriers et non les Bourses du Travail.

*Dugoy*, Syndicat de la Boucherie parisienne, appuie ce que vient de dire le camarade Guérard.

*Philippe*, Bourse du Travail du Havre, pour bien faire comprendre qu'on ne saurait demander de laisser aux organisations ouvrières le soin de présenter des candidats aux fonctions d'inspecteurs du travail, communique au Congrès les conditions que l'on doit remplir, le concours et les épreuves que l'on doit subir pour être inspecteur du travail.

Pour être inspecteur du travail, il faut une instruction peu ordinaire que les ouvriers ne possèdent pas. Tandis que pour les inspecteurs ouvriers, tels que le camarade Guérard vient de les définir, ce n'est pas la même chose.

*Rozier*, Chambre syndicale des Employés, dit que les inspecteurs du travail n'ont aucune capacité pour remplir leurs fonctions. Ils sortent de la classe bourgeoise et deviennent inspecteurs du travail, parce qu'ils ne trouvent pas autre chose. Le camarade Rozier cite une conversation qu'il a eue, dans un café de Blois, avec un inspecteur du travail. Celui-ci lui aurait dit qu'il ne verbalisait plus que lorsqu'il était saisi d'une réclamation, d'une plainte. Il avait voulu faire sérieusement son métier d'inspecteur, il avait fait des rapports lorsque la loi était violée, mais il avait dû ne plus prendre d'initiative, parce qu'on l'avait appelé chez le Préfet.

Nous nous trouvons donc en présence d'une organisation qui ne fonctionne pas et qui ne donne aucun avantage aux ouvriers.

Le camarade Rozier appuie la proposition du camarade Guérard.

De même que les ateliers, les magasins et les bureaux présentent également des défectuosités. Les employés se trouvent dans de mauvaises conditions au Louvre, au Bon Marché, etc. Tout le monde sait que la première épidémie d'influenza est partie du Louvre.

Rozier demande que l'on ajoute les bureaux et les magasins à l'inspection du travail. Rien n'a été fait dans ce sens, jusqu'à ce jour, pour les employés. La seule méthode pratique pour l'inspection du travail, c'est l'élection des inspecteurs par les ouvriers et par les employés.

On ne peut pas accepter la proposition formulée par l'Union des Syndicats de la Seine. C'est s'avilir, s'abaisser que de demander au préfet d'accepter nos candidats. Puis, il y a une chose contre laquelle nos candidats ne pourront rien : c'est le concours. Il n'est pas nécessaire d'avoir une instruction si étendue que celle que l'on exige des inspecteurs du travail, pour faire les inspecteurs que nous demandons. Il faut surtout être technique et connaître les conditions du travail.

*Besombes*, Union des Syndicats de la Seine, regrette que l'on n'ait pas compris le sens de sa proposition. Il a dit qu'il fallait que chaque Syndicat présente ses candidats, et c'est aux Bourses du Travail de désigner ces candidats au préfet, pour la forme.

*Le Président* dit qu'il faut nommer un président et deux assesseurs pour la réunion publique de ce soir.

Les camarades Beaupérin, Carmantran et Lauche sont désignés, le premier comme président et les deux autres comme assesseurs. Le camarade Cayol est nommé secrétaire.

Rendez-vous est donné pour huit heures à la Bourse du Travail.

Le camarade Cayol, de Marseille, fait la déclaration suivante :

#### Camarades,

Vu l'incident qui s'est produit à l'ouverture de la séance, je ne crois plus nécessaire de faire l'appel nominal car, d'après le camarade qui a soulevé l'incident, nous faisons voir aux patrons que nous rentrons à la cloche et c'est tout le contraire que nous demandons. Je trouve, citoyens, que ce camarade a tort ; car, bien des patrons liront le compte-rendu de notre Congrès et ils verront par là que lorsqu'il s'agit de discuter les questions pour l'amélioration de la classe ouvrière, nous ne négligeons pas notre temps, que nous ne regardons pas l'heure à laquelle nous rentrons. En même temps, nous, délégués des Syndicats, nous faisons voir à ceux de nos camarades du travail qui disent que les Congrès ne servent pas à grand'chose et que c'est plutôt une distraction pour le délégué qu'un travail, qu'ils ont tort de parler ainsi.

Je crois que depuis l'ouverture du Congrès la mesure prise a eu de l'importance puisqu'elle a eu pour effet d'avoir très peu d'absents aux séances.

Ceci dit, citoyens camarades, je vous prie de désigner un autre camarade pour faire l'appel nominal.

Le Congrès décide que l'appel nominal continuera à être fait à toutes les séances et, par acclamations, le camarade Cayol de Marseille est à nouveau désigné pour y procéder.

La séance est levée à 6 heures.

---

## NEUVIÈME SÉANCE

### Vendredi 30 Septembre 1898 (matin)

Présidence du citoyen *Barlan;* assesseurs : *Brisse* et *Lecorre*.

Le camarade *Cayol*, de Marseille, procède à l'appel nominal.

Absents : Augé, Davy, Dalle, Rozier.

Le *Président* fait savoir que le camarade Robillard a été appelé à Paris et qu'il a transmis ses pouvoirs au camarade Morel.

Le camarade Petit, de Dijon, se fait excuser, étant souf·frant.

La discussion continue sur la création d'inspecteurs ouvriers du travail pris parmi les ouvriers appartenant aux Chambres syndicales.

*Fourage*, SYNDICAT DES CANTONNIERS DE LA VILLE DE PARIS. — Lorsque la discussion s'est arrêtée hier soir sur la question des inspecteurs du travail, deux thèses étaient soutenues par les orateurs qui avaient pris la parole. Les uns désirent qu'il y ait des délégués ouvriers pour l'inspection du travail, les autres demandent que les Bourses soumettent les candidats à élire aux fonctions d'inspecteurs du travail à l'agrément du Gouvernement. Fourage dit qu'il y aurait lieu de procéder comme les ouvriers mineurs qui nomment des camarades inspecteurs et que ces inspecteurs ouvriers soient reconnus.

*Lemaître*, FÉDÉRATION DES PEINTRES EN BATIMENT DE LA SEINE. — La Fédération des Peintres du bâtiment de la Seine avait demandé que le travail dans les administrations publiques fût inspecté par des ouvriers délégués par leurs camarades. La question ayant été soumise au préfet, celui-ci émit un avis favorable et la transmit à la Commission du travail.

*Beausoleil*. — Camarades, en réalité, nous ne pouvons qu'adopter l'esprit de la proposition de l'Union des Syndicats de la Seine. Puisqu'il est nécessaire d'avoir des inspecteurs du travail et puisque le Gouvernement n'acceptera pas les inspecteurs délégués par les ouvriers, il vaut mieux soumettre au choix du Gouvernement ceux de nos camarades qui pourraient devenir inspecteurs. Si nous avions plus de sang-froid, nous aurions depuis longtemps une organisation sérieuse. La constitution de l'office du travail et des inspecteurs du travail a permis à la veille des élections de caser une douzaine d'ingénieurs et divers bourgeois incompétents et pas préparés à remplir la mission qu'on leur confiait.

Devons-nous nous arrêter à ces deux conceptions de l'organisation du travail par les capitalistes.

Nous ne devons pas non plus nous arrêter à la conception de la Chambre du Travail, car nous en serions dupes,

La proposition présentée par l'Union lui paraît satisfaisante, puisqu'elle s'en remet au gouvernement pour la nomination des inspecteurs ouvriers tandis que les organisations ouvrières choisiraient les candidats inspecteurs.

*Beausoleil* se rallie à ce que le camarade Rozier a dit concernant les employés. Il conclut en proposant d'accepter le vœu de l'Union des Syndicats de la Seine, en attendant que l'on ait les moyens de pouvoir choisir soi-même, comme on l'a demandé.

*Dugoy*, Syndicat de la Boucherie de Paris, demande le rétablissement des commissions locales d'hygiène et donne un aperçu de la misère des ouvriers cuisiniers, eux qui font pourtant tant de chefs-d'œuvre.

A l'exposition de 1889, on les faisait travailler dans des conditions révoltantes, dans des sous-sols non aérés et malsains et où on atteignait jusqu'à 60 degrés de chaleur. Plusieurs camarades y ont laissé leur vie et les autres on les a jetés sur le pavé.

*Allibert*, Société des Ouvriers Chapeliers de France, dit que dans sa profession également, on travaille dans une atmosphère qu'une inspection plus sérieuse ne tolèrerait pas.

*Corrompt*, Syndicat des Chauffeurs Mécaniciens de la Seine, croit qu'il ne s'agit pas de savoir actuellement les degrés de chaleur auxquels on travaille. Il est urgent que les inspecteurs du travail soient nommés par les Chambres syndicales respectives; il demande que l'on ne procède pas à à leur nomination comme l'on procède à celle des conseillers prud'hommes.

*Capjuzan*, Syndicat de la Cordonnerie ouvrière de France, est de l'avis du camarade Corrompt : il faut que les ouvriers dirigent eux-mêmes toutes les questions du travail en tant que travailleurs, sans pour cela passer sous la férule du pouvoir. Il ne faut pas se mettre en tutelle, ni faire risette au préfet.

*Cauchois*, Syndicat des Ouvriers cartouchiers de la Seine, insiste pour que l'on fasse voir au gouvernement que les inspecteurs actuels ne sont pas à la hauteur de la tâche qui leur est confiée et que le travailleur délégué inspecteur n'aurait pas besoin de tout ce qu'on exige pour devenir inspecteur pour faire sérieusement l'inspection.

*Batbielle*, Fédération typographique française. — Il est impossible à un ouvrier, malgré la meilleure volonté possible, de devenir inspecteur du travail. Il faut avoir des connaissances spéciales, être bachelier, en un mot réunir un ensemble de conditions qu'un ouvrier ne peut pas avoir. L'inspection du travail actuelle est une barrière infranchissable pour les ouvriers. En Angleterre, l'inspection du travail est plus sérieuse que chez nous ; le recrutement des inspecteurs est aussi bien plus facile et beaucoup plus accessible aux ouvriers.

Les Syndicats pourraient présenter des candidats au Gouvernement qui, après enquête et concours, en choisirait quelques-uns. Ceux-ci pourraient contrebalancer l'influence des inspecteurs actuels, qui se soucient peu des intérêts ouvriers, étant donnée leur attache bourgeoise.

*Coquet*, Syndicat de la Meunerie d'Ille-et-Vilaine, dit qu'il faut prendre les inspecteurs du travail parmi nous ; le gros bon sens indiquera facilement les camarades capables de remplir ces fonctions. *(Applaudissements.)* Il propose la création d'une commission spéciale dans chaque profession ; cette commission ferait passer des examens aux candidats inspecteurs, puis soumettrait son choix à l'approbation des organisations ouvrières.

Le camarade *Cayol*, de Marseille, fait une proposition de clôture et demande la nomination d'une commission de cinq membres. (Adopté.)

Le camarade *Dugoy* demande qu'un membre des Syndicats de l'alimentation fasse partie de la Commission. (Repoussé.)

Le Congrès nomme membres de la commission les camarades Le Philipponnat, Girard, Carmantran, Oriot, Cauchois.

1. — Le Syndicat des cartouchiers de la Seine et Seine-et-Oise, ayant vu de nombreux accidents se produire, tant dans ses usines que dans différentes manufactures : telles que fabriques d'armes, cartoucheries, arsenaux, chantiers de construction, scieries à vapeur, filatures, imprimeries, etc., considère qu'un ouvrier ou ouvrière se trouvant pris soit dans une transmission ou dans une machine poulie ou engrenage, qu'il est matériellement impossible d'arrêter avant un temps relativement long, soit par l'élan des machines à vapeur, ou l'impossibilité de trouver l'intéressé pour en faire l'arrêt ou l'éloignement du moteur.

Propose de par une loi à introduire dans les règlements du travail. de forcer les chefs d'industrie à appliquer des débrayages de sûreté de distance en distance à toutes les transmissions motrices.

Cauchois.

Les délégués dont les noms suivent appuient la proposition des cartouchiers :

Allibert, Auvray, Besombes, Braun, Capjuzan, Cayol, Galantus, J. Lauche, Robillard.

2. — Les Fédérations du bâtiment et des peintres en bâtiment de la Seine invitent le Congrès à décider que, la création d'inspecteurs ouvriers du travail étant de toute nécessité, ces inspecteurs devront être pris parmi les candidats présentés par les Chambres syndicales ouvrières.

Morin, F. Lemaitre.

3. — La Fédération des Syndicats ouvriers de Meurthe-et-Moselle propose qu'une campagne active soit faite pour que les Inspecteurs du travail soient élus par les Syndicats ouvriers.

E. Lacaille.

4. — Que les Inspecteurs du travail soient élus comme les Conseillers prud'hommes et que l'élection se fasse par catégories.

L. DUGOY, A. ALLIBERT, L. MEYER, A. TERNET.

5.— Que la Confédération générale du travail invite toutes les Organisations fédérées d'une même région à désigner les citoyens qu'elles voudraient voir comme Inspecteurs ouvriers. La Confédération, par voie de tirage au sort et par région, désignerait les citoyens qui deviendraient Inspecteurs ouvriers.

COPIGNEAUX.

6. — Que les Inspecteurs ouvriers soient élus par les Syndicats ouvriers.

F. ROCHE; AUBERTIN; CAPJUZAN; CHINAULT; HOTTE; MAJOT; MICHON; MILLARD; NICOUD; LE CORRE; H. ROUSSEAUX; PELLIER; BOUYER; GUÉRIN, d'Angers.

7. — L'Association syndicale des Garçons Restaurateurs et Limonadiers estime que la création d'inspecteurs ouvriers ne peut donner tout son effet que le jour où la loi de 1892 sera appliquée à tous les travailleurs.

Néanmoins, elle ne repousse pas les propositions qui ont pour but de réaliser cette création d'inspecteurs ouvriers.

CARMANTRANT.

8. — L'Union du Bronze de Paris émet le vœu que ce soit les Syndicats ouvriers qui nomment les inspecteurs du travail et non les bourses du travail.

GIRARD; CAYOL; ROBILLARD; LAUCHE; AUBERTIN; GOUMET; BRAUN; H. LE CORRE; MOREL.

9. — Considérant que le manque de surveillance dans les travaux exécutés par les entrepreneurs pour l'Etat, les départements et les communes, à la suite d'adjudications,

est la cause de nombreuses malfaçons préjudiciables à tous les contribuables ;

Considérant que ces malfaçons entraînent souvent la réfection générale des travaux exécutés, occasionnant de ce fait une double dépense,

La Chambre syndicale des Plombiers-Couvreurs de Paris conclut d'urgence à la création d'inspecteurs ouvriers élus par les Syndicats ouvriers.

FERNBACH.

10. — La Bourse du Travail d'Angers émet le vœu que les Syndicats ouvriers choisissent dans leur sein des candidats aux fonctions d'inspecteurs du travail et que ces derniers soient élus de la même manière que les conseillers prud'hommes.

11. — Que les inspecteurs du travail soient pris dans les Syndicats ouvriers et élus pour deux ans.

AUVRAY.

12. — Proposition du Syndicat des Employés du département de la Seine.

Le Congrès émet le vœu que le Conseil supérieur du Travail, ainsi que les inspecteurs du travail soient nommés par les intéressés eux-mêmes, c'est-à-dire par les ouvriers.

C. BEAUSOLEIL.

L. MEYER ; CARMANTRANT ; CH. FOURNET ; LARSONNEUR ; L. DUGOY ; E. LACAILLE ; BATBIELLE ; E. BESOMBES ; PHILIPPE ; LANGLOIS ; COROMPT ; TERRIER ; AUVRAY ; A. TERNET ; MAYNIER ; DANGIN ; AMOUROUX ; LEPHILIP-PONNAT.

13. — Que les inspecteurs du travail soient pris moitié parmi les ingénieurs, moitié parmi les ouvriers ayant au moins dix ans de service dans leur profession. Mais que les ouvriers-inspecteurs reçoivent la même rétribution que les ingénieurs-inspecteurs.

Que les inspecteurs du travail, ainsi nommés, passent une inspection sous une Commission spéciale, nommée par les Chambres syndicales.

Corompt.

14. — Pour laisser les inspecteurs du travail remplir leurs fonctions salutaires, la Chambre syndicale des porteurs de journaux demande que leurs rapports ne puissent être contestés par aucun tribunal.

Ch. Fournet.

15. — Les fonctions d'inspecteur du travail n'étant pas actuellement accessibles aux travailleurs, en raison des connaissances exigées ;

Que, cependant, il importe que les ouvriers, seuls intéressés, puissent veiller à leur conservation morale et matérielle,

Le Congrès décide qu'une pétition sera adressée au ministre du commerce à l'effet de provoquer une loi ayant pour but d'accepter comme inspecteurs du travail les délégués qui seront présentés par les fédérations ouvrières. Ces inspecteurs fonctionneront concurremment avec ceux nommés par l'Etat.

Fourage.

Sur la proposition du camarade *Fournet*, du Syndicat des Porteurs et Employés de journaux, le Congrès décide que les propositions sur la limitation des heures de la journée de travail à huit heures, avec minimum de salaire, seront envoyées, sans discussion, à la commission des vœux.

La parole est au camarade *Roche*, du Syndicat des Garçons de magasins et Cochers-Livreurs de la Seine, sur la limitation de la charge traînée par homme dans une voiture à bras. Cette question est très sérieuse, dit-il. On fait traîner des 7, 8 et 900 kilos durant toute une journée, et même dans l'industrie du papier, où le volume est bien plus restreint que le poids, on fait traîner jusqu'à 1,200 kilos par un seul homme. C'est excessif.

Mais cela ne suffit pas aux patrons, qui font encore porter jusqu'à 115 kilos à dos d'homme. Et quand le garçon de magasin ou le cocher-livreur rentre au magasin, on ne le laisse pas se reposer, il faut tout de suite recommencer. Il y a une loi de protection pour les animaux et on laisse des hommes, des ouvriers ainsi malmenés à la merci de leurs patrons !

On peut mettre la charge que l'on veut à un homme, il n'y a pas de loi ni de règle qui indique la quantité maximum qu'on ne doit pas dépasser. Il en est de même pour les enfants. C'est de la barbarie qu'il faut faire disparaître au plus tôt.

Sur les chantiers, les apprentis ont aussi des charges énormes à porter ; les compagnons ne peuvent pas toujours les aider.

Roche conclut en demandant au Congrès d'adopter les conclusions de son rapport, qu'il résume en peu de mots.

Il demande d'abord une loi protectrice pour les hommes de peine ; puis que les bureaux d'expédition des gares de chemins de fer ferment à 7 heures le soir, pour empêcher les patrons de faire faire des expéditions à la fin de la journée.

*Meyer*, Syndicat des Ouvriers patissiers de la Seine, se rallie aux propositions du camarade Roche et dit qu'il y aurait également lieu de faire afficher dans les fournils les règlements pour les charges à porter. Il existe une Société de protection à Paris ; il faut espérer qu'elle fera le nécessaire pour obtenir une plus grande protection des hommes de peine.

*Besombes*, Union des Syndicats de la Seine, dit qu'il n'y a pas lieu de nommer une Commission pour faire un rapport sur cette question. Il n'y a qu'un seul rapport sur cette question : il a été fait par des camarades compétents, il n'y a qu'à l'adopter.

Le camarade Dugoy appuie la proposition que vient de formuler le camarade Besombes.

Le Congrès, consulté, adopte le rapport du Syndicat des Garçons de magasin.

**RAPPORT du Syndicat Général des Garçons de magasin, Cochers-Livreurs et parties similaires de la Seine, sur la limitation de la charge traînée par homme, dans une voiture à bras.**

La fixation et la limitation de la charge d'un homme doit attirer l'attention du Congrès pour mettre un terme au sans-gêne inhumain de l'exploitation patronale.

Il existe une loi protectrice des animaux fixant les charges des chevaux, et, pour nous, il n'y a aucune mesure.

Le Syndicat général des garçons de magasin a pensé qu'il était nécessaire de réglementer et de fixer le poids qu'un homme pouvait porter sur un crochet ou traîner dans une voiture à bras.

Le Syndicat a donc décidé de fixer à 30 kilos la charge maximum d'un crochet, et à 100 kilos le poids brut traîné par un homme dans une voiture.

Mais il est évident que ces poids sont subordonnés à la longueur de la route, aux montées et aux côtes. Dans ces cas, un autre homme devra être adjoint, tout en conservant le maximum de charge, soit 100 kilos pour la voiture à bras. Dans tous les cas, si la charge était plus forte, il y aurait lieu d'augmenter le nombre d'hommes, en tenant compte du maximum de charge par homme indiqué plus haut, c'est-à-dire un homme par fraction de 100 kilos.

Si au premier abord ces poids paraissent faibles, il y a lieu de remarquer que l'homme qui porte le crochet ou traîne la voiture est astreint à parcourir une étendue considérable de kilomètres et de monter une quantité énorme d'étages, travail par lui-même très fatigant. Il est donc logique de dire que l'on ne doit en aucun cas abuser des forces d'un travailleur; il est donc urgent de réglementer le travail des garçons de magasin ou hommes de peine, dont les patrons n'ont nul souci, et se livrent, au contraire, envers eux à l'exploitation la plus effroyable et la plus malhonnête.

En effet, le garçon de magasin commence sa journée avant tous les autres travailleurs et ne finit souvent que suivant le bon plaisir du patron; il accomplit de la sorte 18 et 20 heures de travail par jour et par toutes les intempéries des saisons.

Le dur métier des garçons de magasin est le plus terrible de tous les métiers. Pour nous, jamais de repos, salaire dérisoire et impossibilité de se faire rendre justice dans les conflits avec les employeurs.

A Paris notamment, les garçons sortent journellement avec une voiture chargée de 500 à 900 kilog. et traînée par un seul homme, ou avec un crochet chargeant 50 ou 70 kilog. et même au-dessus. Ce sont des choses qui sont connues de tous les travailleurs Il est notoirement abusif d'assimiler l'homme à un animal sans s'inquiéter si le travail peut se faire.

Le Congrès aura donc à discuter cette importante question et admettra, nous n'en doutons pas, des résolutions qui intéressent des centaines de mille de travailleurs.

Il conviendrait aussi d'étendre l'inspection du travail aux travailleurs, hommes de peine et garçons de magasin.

*Le Secrétaire général du Syndicat,*
E. TABARD.

*Le Délégué,*
F. ROCHE.

*Pelloutier*, COMITÉ FÉDÉRAL DES BOURSES. dit qu'il est certain que l'on ne pourra pas épuiser toutes les questions à l'ordre du jour, On n'en est qu'à la 13e qnestion, et il y a encore six questions à discuter. Il demande de s'en tenir aux questions traitées et de discuter les rapports des Commissions dès qu'ils seront terminés.

*Capjuzan* n'est pas de cet avis. Il croit, au contraire, qu'il faut d'abord discuter l'ordre du jour, puis ensuite les rapports des Commissions.

*Cayol*, SYNDICAT DES OUVRIERS MÉCANICIENS DE MARSEILLE, approuve la déclaration du citoyen Capjuzan et demande que l'on poursuive la discussion des questions à l'ordre du jour.

*Besombes*, UNION DES SYNDICATS DE LA SEINE. — Après la conférence qui a été faite hier soir à la réunion publique, il n'est pas nécessaire de discuter sur la question du repos hebdomadaire. Il n'y a qu'à passer le rapport du camarade Beausoleil à la Commission de la 11e question ; il en sera de même des propositions que d'autres camarades ont pu formuler sur le repos hebdomadaire.

*Grassaval*, BOURSE DU TRAVAIL DE BORDEAUX, n'est pas de cet avis et demande la nomination d'une Commission pour étudier la 13e question.

*Meyer,* SYNDICAT DES OUVRIERS PATISSIERS DE LA SEINE. combat la proposition du camarade Besombes. Sa Chambre syndicale ne demande qu'un jour de repos par mois et a adressé une pétition au Parlement, pour obtenir ce repos mensuel. Les patrons de l'alimentation refusent de donner un jour de repos par mois, et si on se fait remplacer par un camarade, on est remplacé définitivement.

On préconise le dimanche comme jour de repos, il faudrait laisser certaines industries choisir le jour qui leur conviendrait le mieux, le repos, le dimanche, ne leur étant pas possible.

En Angleterre, il y a une loi qui interdit le travail à tous les métiers. Les Anglais s'en trouvent très bien, et les Trades-Unions ont dépensé environ trente mille francs pour lutter contre des ouvriers boulangers que l'on voulait faire travailler le dimanche.

Mais en France, il n'est pas possible d'obtenir la cessation complète du travail le dimanche ; ce travail du dimanche est entré dans nos mœurs.

*Coquet*, Syndicat des Meuniers d'Ille-et-Vilaine, demande que le repos hebdomadaire soit un jour entier et non pas un demi-jour.

*Fournet*, Syndicat des Porteurs et Employés de Journaux, estime que le jour de repos hebdomadaire serait facile à obtenir pour toutes les industries, même pour celles qui ont des services ininterrompus, car elles pourraient établir des roulements d'équipes. Dans les Chemins de Fer et chez les Mineurs ce service de roulement est appliqué et fonctionne parfaitement.

*Pelloutier*, Comité fédéral des Bourses. — Il résulte que la fixation d'un même jour pour le repos hebdomadaire dans toutes les professions souffre de nombreux inconvénients. Le camarade Meyer vient d'en signaler quelques-uns ; le délégué de l'alimentation peut aussi en formuler. Cette divergence provient de la nature même des professions et il est impossible de se reposer plutôt le dimanche qu'un autre jour.

Cependant le repos hebdomadaire est nécessaire et si les

Syndicats le veulent ils pourront, par leur énergie, imposer aux patrons 24 heures de repos par semaine. Mais il n'est pas possible de fixer ce repos au dimanche et c'est tellement vrai que les législateurs reculent, par suite des difficultés d'application, devant la fixation du jour.

Le camarade *Grassaval* insiste pour que le Congrès prenne sa proposition en considération : nomination d'une commission pour étudier la question du repos hebdomadaire.

*Besombes*, Union des Syndicats de la Seine, demande que le Congrès veuille bien permettre au camarade Beausoleil de lire les conclusions de son rapport. Besombes est persuadé d'avance que le Congrès reconnaîtra, après la lecture de ce rapport, qu'il est inutile de procéder à la nomination d'une Commission.

Le Congrès, consulté sur la proposition du camarade Besombes, décide d'entendre la lecture des conclusions du rapport présenté par le camarade Beausoleil.

Le camarade Beausoleil lit les conclusions de son rapport et demande la solidarité de tous pour faire mettre en pratique ces conclusions.

*Capjuzan* trouve extraordinaire que l'on fasse un rapport de vingt-cinq pages sur une question semblable. Si on ne nomme pas de Commission, comme on vient de le proposer, nous devrons accepter ce compte-rendu qui englobera à lui seul tout le compte-rendu du Congrès. Il croit qu'en insérant les conclusion du rapport ce sera suffisant.

*Besombes*, Union des Syndicats de la Seine, regrette que le camarade Capjuzan s'exprime ainsi sur un rapport qui a été discuté par des camarades compétents et qui leur a demandé du temps et beaucoup de travail. On ne doit pas chercher à étouffer la discussion.

*Pelloutier*, Comité fédéral des Bourses, dit qu'il est extraordinaire que l'on vienne combattre un rapport excellent, alors que l'on n'a pas étudié la question. Il ne comprend pas que l'on refuse d'insérer le seul rapport qui existe sur cette question.

Le Congrès décide, à l'unanimité, moins une voix, d'insérer, en son entier, le rapport présenté par le camarade Beausoleil et de le faire suivre des différentes propositions qui ont été déposées sur le bureau.

# RAPPORT

**Présenté au Congrès de Rennes par le citoyen C. Beausoleil,**
du *Syndicat des Employés de la Seine.*

# LE REPOS HEBDOMADAIRE

## Considérations qui militent en faveur du repos hebdomadaire

Parmi les revendications formulées par un grand nombre de travailleurs et particulièrement les employés de commerce, il en est une dont l'acceptation immédiate s'impose, à cause de son caractère d'urgence et sa facilité de réalisation : c'est le repos hebdomadaire.

Il faut que, dans la société, le prolétaire puisse se reposer au moins un jour sur sept. C'est à cette condition seulement qu'il pourra remplir ses devoirs de citoyen, jouir de la société de ses semblables et goûter un instant le plaisir d'être un homme vivant, pensant, jouissant, et non une bête de somme incessamment attelée à son fardeau.

Il est unanimement admis, aujourd'hui, que tout individu a le droit et le devoir de s'intéresser aux affaires de la société dont il est membre, et de coopérer à son évolution.

Or, comment peut-il apprendre à connaître les idées qui préoccupent ses concitoyens, les besoins qu'ils éprouvent, les aspirations qui les poussent, l'idéal qui les guide, s'il n'a pas un seul jour dans la semaine pour s'en enquérir, si, tous les matins, invariablement et inexorablement, il doit reprendre son travail, si, tous les soirs, après une journée de travail ininterrompue, il rentre chez lui harassé, sans autre désir que d'avaler hâtivement son repas et de se coucher fébrilement pour calmer, ou plutôt pour tromper la fatigue qui l'abat ? Comment, dans ces conditions, peut-il goûter le plaisir de se sentir quelquefois en communion d'idée avec ses amis et même éprouver la joie d'être entouré d'une famille, d'être aimé ? Comment peut-il surveiller l'instruction et l'éducation de ses enfants, en suivre les progrès, diriger leur jeune intelligence, provoquer en eux l'éclosion de sentiments désintéressés et de passions généreuses ?

Enfin, si l'on envisage l'homme en lui-même, abstraction faite de ses relations avec sa famille ou avec ses semblables, n'est-il pas nécessaire qu'il puisse de temps en temps, au moins une fois par semaine, s'abstenir de se rendre à son lieu de travail pour reposer ses membres fatigués, apaiser ses nerfs agités, calmer son intelligence surexcitée et refaire ses forces épuisées ?

Les législateurs eux-mêmes l'ont admis, du moins pour les femmes et les enfants, puisque l'article 5 de la loi du 2 novembre 1892 sur le travail des femmes et des enfants, prescrit le repos hebdomadaire pour cette catégorie de travailleurs. Cet article 5 est ainsi conçu : « Les enfants âgés de moins de 18 ans et les femmes de tout âge ne peuvent être employés dans les établissements énumérés à l'article 1ᵉʳ plus de six jours par semaine, ni les jours de fête reconnus par la loi, même pour rangement d'atelier. Une affiche apposée dans les ateliers indiquera le jour adopté pour le repos hebdomadaire. »

### Mauvaise volonté du législateur français à s'occuper du travail pour les adultes

Mais les législateurs français ont toujours montré une grande répugnance à mettre un frein à l'exploitation du travail des adultes.

La loi de 1892, nous venons de le voir, ne s'applique qu'aux femmes et aux enfants. Si l'on excepte le décret-loi de 1848, fixant le maximum de la journée de travail à douze heures, on ne trouvera, dans tout l'arsenal des lois françaises, aucune disposition s'appliquant au travail des hommes adultes. Et encore cette loi est-elle restée longtemps à l'état de lettre morte.

« Le parquet se prête peu à l'exécution de la loi de 1848 », déclarait M. Lagarde, inspecteur divisionnaire du travail de la région provençale, dans sa déposition faite devant la Commission parlementaire du travail, le 18 avril 1891 (1). Elle n'a commencé a être appliquée que depuis que le développement des Syndicats ouvriers a fait comprendre aux classes dirigeantes que le prolétariat n'était plus isolé en face du patronat.

Au point de vue de la protection du travail, comme à beaucoup d'autres, la France, le pays du progrès, l'éclaireur de toutes les nations

---

(1) Rapport fait au nom de la Commission du travail chargée d'examiner les propositions de loi relatives à la réglementation du travail des adultes, par M. G. Dron, député du Nord. (Annexe au procès-verbal de la séance du 26 juin 1893, p. 238.)

sur la route de la Civilisation, la terre d'origine de toutes les initiatives
généreuses, à en croire les éducateurs et les publicistes, dont la tâche
est d'abrutir les masses et de les empêcher, par leurs mensonges inté
ressés, de formuler leurs revendications, s'est laissé dépasser par les
nations étrangères. Non seulement elle ne les a pas suivies, mais les
quelques améliorations qui avaient été obtenues ont été reprises peu à
peu, à mesure que les classes privilégiées se sont de plus en plus
fondues en une seule classe bourgeoise omnipotente.

Voici ce qu'écrivait la Ligue Populaire marseillaise pour le repos du
dimanche, dans une lettre adressée à la Commission du travail, et reproduite dans le rapport que nous venons de citer :

« Tandis que dans les pays étrangers la législation a de nouveau
réglementé, en ces dernières années, la question du repos hebdomadaire,
comme, par exemple, la loi de 1877 en Suisse et la loi du 8 mars 1885
en Autriche; en France, au contraire, on abrogeait, le 12 juillet 1880,
la loi du 18 novembre 1814. Mieux encore, il existait une clause intro-
duite dans le cahier des charges des travaux exécutés pour le compte de
l'Etat, et qui imposait aux entrepreneurs l'obligation de suspendre ces
travaux les dimanches et jours de fête, à moins d'urgence; un arrêté
ministériel de 1886 a supprimé cette faible et dernière réserve. » (1)

Est-ce à dire, si aucune législation ne prescrit le repos hebdomadaire,
que celui-ci ait été obtenu par les seules forces ouvrières et que s'il n'est
pas prescrit dans la loi, il soit généralement pratiqué en fait? Le seul
document statistique à peu près sérieux qu'on ait à ce sujet établit que
la moitié environ des ouvriers parisiens ne jouissent pas régulièrement
d'un jour de repos par semaine. La Commission parlementaire du travail,
dont nous avons déjà parlé, et au rapport de laquelle nous aurons encore
souvent à nous reporter, avait envoyé 250,000 questionnaires aux
ouvriers des divers groupes professionnels à Paris, 27,000 seulement ont
été renvoyés à la Commission avec les réponses aux questions posées.
Pour quatre groupes d'industrie : la métallurgie, le bâtiment, l'industrie
du bois et l'ameublement, et enfin le vêtement et les industries qui s'y
rattachent, les réponses, au nombre de 9,116, ont été dépouillées complètement et ont donné les résultats suivants au point de vue du repos
hebdomadaire :

Ont déclaré :

Avoir régulièrement un jour de repos par semaine, de 153 ouvriers,
soit : 57 %;

N'avoir pas un jour de repos par semaine, 2,308 ouvriers, soit :
25,5 %;

---

(1) Rapport au nom de la Commission du travail (p. 239).

N'avoir qu'irrégulièrement un jour de repos, ou seulement un demi-jour par semaine, 1,572 ouvriers, soit : 17,4 °/o;

Réponses vagues et diverses, 83 (1).

Et il s'agit là, en général, d'industries bien organisées au point de vue corporatif et dans lesquelles la coutume du repos hebdomadaire ne rencontre aucune difficulté pour le patron lui-même.

Si l'on avait dépouillé les réponses des bouchers, des charcutiers, des boulangers, des garçons de café ou de restaurant, et en général de tous les ouvriers qui travaillent pour l'alimentation, des employés de compagnies de chemins de fer, d'omnibus ou de bateaux, des cochers, des facteurs, des imprimeurs, des coiffeurs, das hommes de peine, des manœuvres, des employés, et particulièrement des employés de magasins ou de bazars, en un mot, des salariés qui n'ont pas de syndicat puissant, ou dont la cessation du travail à jours fixes et périodiques nécessiterait une réorganisation du travail ou une modification dans les usages, on pourrait dire dans les mœurs du public, on aurait trouvé une bien faible proportion de prolétaires jouissant du repos hebdomadaire.

### Réfutation des objections à l'obligation du repos hebdomadaire

Nous prévoyons l'objection que l'on va nous opposer : si les ouvriers qui travaillent tous les jours sont si nombreux, c'est qu'ils le veulent bien. Ils savent à quoi ils s'engagent lorsqu'ils entrent dans une usine, dans un bureau ou dans un magasin ; s'ils ne veulent pas travailler le dimanche, ils n'ont qu'à le déclarer.

Comme si le prolétaire qui demande du travail était libre d'accepter ou de refuser les conditions des patrons auxquels il s'adresse !

Il est sans emploi depuis plusieurs jours, quelquefois depuis plusieurs mois, chaque jour de chômage est pour lui et pour sa famille une journée de privations de plus. On lui dit que, dans la maison où il demande à entrer, on travaille tous les jours sans discontinuer, il accepte cette clause, parce que s'il refusait, derrière lui viendraient d'autres malheureux qui seraient trop contents de saisir l'occasion qu'il aurait dédaignée.

La preuve que lorsque l'ouvrier est libre, il préfère se reposer un jour par semaine, nous est fournie par la déposition de la Chambre syndicale des ouvriers teinturiers de filés de Haubourdin (usine Mazingarde) devant la Commission parlementaire du travail. Ce syndicat comprend 100 membres sur 150 ouvriers. M. Ricard, le président de la commission,

---

(1) Rapport au nom de la Commission du travail (p. 290).

demande aux délégués si leurs camarades ont, chaque semaine, un jour de repos complet.

« Le dimanche, répondent-ils, la faculté est laissée aux ouvriers de travailler si cela leur convient. Une quinzaine seulement travaillent ce jour-là. »

Ces ouvriers déclarent plus loin qu'ils gagnent 3 francs par jour (1). Ainsi, sur 140 ouvriers, 125, bien que ne gagnant que 90 francs par mois, préfèrent voir ce salaire, déjà si modique, diminué de 12 francs et se reposer le dimanche plutôt que de gagner ces douze francs de plus et travailler tous les jours sans interruption. Il est probable que les 15 ouvriers qui aiment mieux aller à l'usine le dimanche feraient comme leurs camarades, s'ils gagnaient un salaire qui leur permit de subvenir à leurs charges plus lourdes peut-être que celles de leurs compagnons de labeur.

Qu'on ne vienne pas nous dire que si les travailleurs se reposent le dimanche ils gagneront moins. L'idée syndicale fait son chemin, que les prolétaires aient plus de loisirs et ils se grouperont davantage. Et l'on sait que les travailleurs organisés ont plus de facilité que les travailleurs isolés pour résister aux exigences des patrons et même pour imposer les leurs propres.

Si les salariés avaient tous un jour de repos par semaine, un plus grand nombre d'entre eux adhéreraient aux organisations corporatives qui pourraient s'opposer aux diminutions de salaires que les employeurs voudraient faire subir à leurs ouvriers. Les Syndicats devenus ainsi plus nombreux, plus importants et plus riches, auraient chance d'améliorer encore la condition de leurs adhérents et, par suite, celle de la classe ouvrière.

### Le jour du repos hebdomadaire doit-il être le même pour tous les employés ?

Nous avons établi que le repos hebdomadaire était nécessaire au point de vue de la santé, du bien-être et du développement intellectuel et moral des prolétaires. Il nous reste à savoir comment il peut être obtenu.

Un premier point à déterminer est celui de savoir si ce jour de repos doit être le même pour tous les ouvriers, ou s'il doit varier avec les individus et avec les professions. La réponse à cette question n'est pas douteuse ; le jour de repos doit être dans toute la mesure possible le même pour tous les ouvriers.

_____________

(1) Rapport de la Commission parlementaire du travail (p. 298).

Nous avons dit que le repos hebdomadaire permettrait aux prolétaires de resserrer les liens qui doivent exister entre eux, de nouer des relations de camaraderie et de sympathie, de jouir de la vie de famille. Comment ce but sera-t-il atteint si les uns se reposent le lundi, les autres le jeudi, d'autres encore le dimanche? Comment, dans ces conditions, les travailleurs pourront-ils se réunir, se communiquer leurs idées, se grouper pour une action d'ensemble?

*La fixation d'un jour de repos commun à tous les salariés est nécessaire pour permettre à ceux-ci de vivre en citoyens et en pères de famille et pour empêcher les patrons d'escamoter ce repos hebdomadaire.*

Les Sociétés anciennes avaient adopté un jour auquel tous les citoyens se réunissaient pour délibérer sur les intérêts de la cité ou pour communier dans une même pensée de foi. Les Grecs à l'Agora, les Romains au Forum, décidaient des destinées de leur cité ; les Juifs, le jour du Sabbat et les peuples chrétiens du Moyen-Age, le Dimanche, quittaient tout travail pour consacrer cette journée au culte divin.

Les peuples modernes n'ont-ils pas aussi leur culte, qui est le développement de la personnalité humaine ?

Chez les membres des Sociétés actuelles, la tendance se développe de plus en plus de faire participer chaque citoyen à la vie sociale. Tous nous voulons nous intéresser à la marche des institutions politiques et économiques ; nous refusons de nous laisser diriger aveuglément par les prétendus pasteurs de peuples, nous nions la nécessité des soi-disant secrets d'Etat : nous affirmons notre droit à prendre part à la direction des affaires publiques, puisque c'est d'elles que dépend notre condition.

Les organisations ouvrières syndicales et autres, qui s'étendent si rapidement, le mouvement en faveur de la législation directe par le peuple qui, dans notre pays, a pris une importance chaque jour grandissante depuis 1848, sont des manifestations de notre désir d'agir en hommes libres, conscients et maîtres de notre sort.

Le voilà le culte qui nous réunit tous dans une même pensée d'espoir, dans une même volonté d'action, et pour que nous puissions échanger nos espérances, arrêter nos plans de campagne, délibérer sur nos intérêts, il faut que la possibilité nous soit donnée de nous rencontrer.

De même, comment la vie de famille, cette vie que les bourgeois reprochent aux militants ouvriers de vouloir détruire, alors que c'est le capitalisme lui-même qui l'a détruite, sera-t-elle rétablie si l'homme est à la maison le lundi, la femme le mercredi, les enfants le dimanche et le jeudi?

Enfin, il faut tenir compte de la tendance du patronat à reprendre insensiblement et hypocritement les conquêtes ouvrières. Que le repos hebdomadaire soit obtenu, avec cette stipulation qu'on établira dans chaque maison un roulement, pour permettre aux employés de se reposer chacun à son tour, et les patrons profiteront de cette tolérance pour rogner peu à peu à leurs ouvriers un jour de repos, puis deux, puis trois, dans le courant du mois, et pour dissimuler ces infractions aux conditions du travail par des tableaux de roulement fictifs. C'est ce qui est arrivé pour la limitation du travail des enfants, décrétée par la loi du 10 novembre 1892.

Les paragraphes 1 et 2 de l'article 4 de cette loi sont ainsi conçus :

« Les enfants âgés de moins de 18 ans, les filles mineures et les femmes ne peuvent être employés à aucun travail de nuit dans les établissements énumérés à l'article 1er.

« Tout travail entre 9 heures du soir et 5 heures du matin est considéré comme travail de nuit ; toutefois le travail sera autorisé de 4 heures du matin à 10 henres du soir, quand il sera réparti entre deux postes d'ouvriers ne travaillant pas plus de 9 heures chacun. »

Les inspecteurs du travail, dans leurs rapports sur l'application de cette loi, ont été unanimes à condamner ce système de la double équipe, car il favorise la violation de la loi. De même, les inspecteurs déclarent qu'il est très difficile et souvent impossible de contrôler l'exécution de l'art 5 de cette même loi, qui prescrit le repos hebdomadaire sans fixer un jour unique, dans les établissements qui restent ouverts toute la semaine et où l'on est censé avoir établi un roulement pour le jour de repos.

### Cas spéciaux : Etablissements qui ne peuvent jamais fermer, magasins de détail, moyens de transport, etc.

On oppose à l'adoption d'un jour unique, l'objection qu'il y a des établissements, comme les usines à feu continu, qui ne peuvent jamais fermer, et d'autres branches du travail, comme les postes et télégraphes, les chemins de fer, les bateaux, les omnibus, les cafés, les théâtres, les concerts, et, en général, les moyens de transport et les lieux de distractions, qui ne peuvent cesser de fonctionner à jour fixe, sous peine de rendre ce jour mortellement ennuyeux, et de priver les ouvriers auxquels on veut donner un jour de repos, des distractions qu'ils désireraient se procurer ce jour-là.

Il est évident que la rigueur de la disposition d'un jour de repos unique devra fléchir dans certains cas à déterminer et que certaines entreprises pourront être admises à fonctionner tous les jours, sous la condition qu'on y établira un roulement pour que tous les employés aient leur jour de repos à tour de rôle, à la condition qu'ils aient au moins un dimanche sur trois. Mais ce seront là des exceptions qu'on

devra limiter le plus possible si on veut faire produire au repos hebdomadaire tous les fruits qu'on est en droit d'en attendre.

Le principe du jour de repos unique n'en est pas moins à adopter; les
exceptions strictement nécessaires seront accueillies, elles confirmeront
la règle.

Mais que dire de cette objection que les magasins de vente au détail
et les boutiques de l'alimentation ne peuvent pas être fermées à jour
fixe? Les acheteurs ne peuvent-ils pas prendre leurs précautions vingt-
quatre heures à l'avance? Si l'on cite certains commerces, comme la
boucherie ou la boulangerie, où les exigences de la viande fraîche et du
pain du jour imposent l'obligation de l'ouverture permanente, nous
répondrons que là encore il y aura peut-être quelques dérogations à
formuler et qu'on devra tolérer le roulement, mais seulement dans les
cas le plus restreints possible.

Du reste, toutes ces professions ont des Syndicats patronaux et
ouvriers : c'est à ces Syndicats qu'il appartient d'étudier la question
pour ce qui concerne leur partie et de décider si l'on doit ou non
admettre une exception en ce qui les concerne.

Nous proposerons la même solution pour les ouvriers qui sont soumis
à des chômages prolongés et périodiques, comme les ouvriers du bâtiment, et auxquels il pourrait y avoir lieu de permettre de rattraper
pendant la belle saison le temps perdu pendant la morte saison. Qui sait
cependant si, en faisant une enquête impartiale auprès des intéressés,
en contrôlant soigneusement les affirmations au lieu de les accepter
sans vérification, on ne constaterait pas que les entrepreneurs pourraient,
sans trop réduire leurs bénéfices, être obligés à donner à leurs ouvriers,
pendant la bonne saison, des salaires suffisants pour permettre à ceux-ci
de passer les périodes de chômage?

Les industriels qui confectionnent des articles de mode se récrieront
également et soutiendront que l'obligation du repos hebdomadaire, à
certaines époques de l'année, les empêchera de satisfaire aux commandes
de leur clientèle; ils invoqueront la nécessité de suivre les caprices du
goût du public et de fabriquer précipitamment, aux entrées de saisons,
les étoffes, les vêtements, les chapeaux ou les autres objets qui leur
sont demandés.

Nous connaissons la valeur de ces récriminations. Les confectionneurs
et les chefs d'établissements textiles, pour ne parler que de ceux-là,
pourraient, en y mettant un peu de bonne volonté, organiser leur
travail de telle sorte que leurs ouvriers ne fussent pas débauchés
pendant quatre mois de l'année et débordés de travail pendant quatre
autres mois. Ils n'auraient qu'à faire faire la plus grande partie de
leurs articles classiques, qui ne varient jamais, pendant les périodes de
morte saison, janvier et février, juillet et août.

Aux entrées de saisons, en octobre et novembre, avril et mai, ils n'auraient plus à se préoccuper que des articles de fantaisie soumis aux fluctuations de la mode. Le travail serait également réparti.

Mais qu'importent aux patrons les intérêts de leurs employés lorsqu'il s'agit d'augmenter leurs dividendes? Pour ne pas immobiliser un capital trop considérable et ne pas perdre les intérêts de ce capital pendant trois ou quatre mois, ils n'achètent leurs matières premières ou leurs étoffes que lorsque les saisons d'été ou d'hiver approchent ; ils fabriquent toutes leurs marchandises en même temps, articles de fantaisie et articles classiques, et leurs ouvriers travaillent comme des bêtes de somme pendant six mois, sans avoir jamais un jour de repos.

En étudiant ainsi minutieusement toutes les branches du travail, il nous serait aisé de prouver que, dans l'immense majorité d'entre elles, on pourrait sans inconvénient établir le repos hebdomadaire ; pour les autres, il ne nous appartient pas d'empiéter sur leurs Syndicats respectifs ; les Syndicats intéressés étudieront la question de savoir si on doit admettre une exception pour leur industrie.

Mais, encore une fois, le principe reste ; il est établi que, pour la grande généralité des travailleurs, un jour de repos uniforme peut être adopté. C'est là le point important.

Le jour de repos uniforme doit-il être le dimanche ?

Et maintenant, quel est le jour qui doit être choisi ?

Le dimanche nous paraît tout indiqué pour cette raison qu'il est déjà adopté dans un grand nombre d'établissements.

Les administrations ferment le dimanche, les écoliers sont en congé ce jour-là ; c'est le jour de repos pour la plus grande partie des ouvriers qui jouissent déjà du repos hebdomadaire ; le repos du dimanche est passé dans les mœurs ; ce jour est généralement considéré comme un jour de fête et de loisir : c'est le dimanche qu'on revêt les habits les plus propres, qu'on exécute la partie de plaisir préparée longtemps à l'avance.

Préjugé stupide, dira-t-on, qui repose uniquement sur la vieille superstition religieuse ! Qu'importe son origine? Ce qui nous intéresse, c'est l'état des mœurs actuelles. Or, pour beaucoup, le dimanche n'est plus un jour religieux, mais seulement un jour de repos.

Est-ce que, par le fait que le jour de repos adopté sera le dimanche, on sera obligé d'aller à la messe? Ceux qui voudront y aller, iront, cela ne nous regarde pas; ceux qui ne voudront pas y aller, feront ce que font la plus grande partie des ouvriers qui actuellement ne travaillent pas le dimanche : ils n'iront pas.

On peut essayer d'opérer une révolution morale lorsqu'il s'agit d'obtenir un résultat utile, mais ce serait perdre son temps et sa peine que de vouloir changer le jour unanimement considéré comme le jour de récréation, et les prolétaires ont besoin d'économiser leur temps et leurs peines pour les employer à des campagnes plus utiles que celle-ci. Et il ne faudrait pas peu d'efforts pour détourner au profit d'un autre jour, la faveur dont jouit le dimanche.

Tous, nous ferions volontiers une campagne de propagande morale, si nous espérions réussir, pour détruire le fléau de l'alcoolisme, mais nous ne nous amuserions pas à persuader aux alcooliques qu'ils doivent s'abrutir avec tel produit plutôt que de s'empoisonner avec tel autre, le jeu n'en vaudrait pas la chandelle. De même nous voulons bien consacrer nos efforts à faire adopter un jour de repos hebdomadaire, mais ce point acquis, nous passerons à un autre ordre de revendications plutôt que de nous épuiser à faire remplacer le dimanche par le vendredi; là non plus le jeu n'en vaudrait pas la chandelle.

La faiblesse même des arguments des adversaires du dimanche nous dispense de lutter contre eux. Lorsqu'à la Chambre des Députés on discuta, en 1891, la proposition de loi tendant à réglementer le travail des femmes et des enfants, des amendements furent proposés pour faire déclarer le dimanche le jour uniforme de repos hebdomadaire.

Les promoteurs de ces amendements faisaient observer que la loi du 19 mai 1874, votée pour réglementer le travail des enfants et des filles mineures, avait édicté un jour de repos par semaine et fixé ce jour au dimanche. Le Président de la Commission répondit que c'était là « demander à la Chambre de faire tout à la fois un acte de confession religieuse et un acte de contrition. » Bel argument bourgeois, dont l'effet est de n'accorder, sous prétexte d'anticléricalisme, qu'une demi-réforme à la classe ouvrière.

Ces procédés de discussion sont actuellement laissés au musée historique des armes grotesques et démodées, et les socialistes qui ne passent pas pour être des cléricaux, sont, en général, partisans du repos du dimanche.

Le Conseil Municipal de Paris, dans sa séance du 26 décembre 1890, supprimait le travail du dimanche pour les ouvriers égouttiers de la capitale. Et dans le cours de la discussion, le rapporteur, M. Vaillant, pouvait ajouter : « Ici nous sommes tous partisans du repos du dimanche » sans qu'aucune voix s'élevât pour le contredire (1).

Les socialistes allemands ont déposé depuis plusieurs années un projet tendant à interdire tout travail les dimanches et jours de fête (2).

---

(1) César Caire : *La législation, sur le travail industriel des femmes et des enfants.* Paris, 1896, p. 176.

(2) Rapport de la commission parlementaire du travail, p. 240.

### Nécessité de l'intervention législative

Il nous reste à étudier le meilleur moyen d'obtenir le repos hebdomadaire.

L'initiative des prolétaires peut-elle suffire ou devons-nous faire appel à l'intervention de la loi? A notre avis, l'intervention législative est indispensable.

Il est évident tout d'abord que le salarié isolé ne peut rien pour l'amélioration de son sort. Le Syndicat sera-t-il plus heureux? Dans certaines industries fortement centralisées, où les ouvriers sont groupés par masse, le Syndicat peut avoir parfois chance de réussite ; les ouvriers travaillant côte à côte prennent l'habitude de se sentir les coudes ; ils se voient constamment, ils causent entre eux, ils devinent la communauté de leurs intérêts. De là à la compréhension de la nécessité de l'organisation la distance est vite franchie.

C'est le cas pour les chemins de fer, les mines, certains établissements métallurgiques, les tramways et omnibus, les manufactures de tissage ou de filature, etc.

Ces circonstances favorables pourront peut-être permettre aux ouvriers de ces industries de se syndiquer en assez grand nombre pour imposer leurs revendications aux patrons. Et encore faut-il tenir compte de ce fait que c'est également dans ces branches du travail que les employeurs, à leur tour, peuvent le plus facilement se grouper et opposer aux Syndicats ouvriers de puissants Syndicats patronaux.

### Entraves qui gênent l'action syndicale dans certaines corporations, et en particulier dans celle des employés

Mais l'ensemble des industries ne présente pas encore ces conditions avantageuses pour l'organisation ouvrière.

C'est le cas, notamment, de la corporation qui nous intéresse le plus, particulièrement celle des employés. Les employés sont disséminés dans un trop grand nombre de maisons; ils travaillent bien souvent par un, par deux, par trois, par cinq ou six au plus. Les employés d'une maison ne connaissent pas ceux de la maison d'en face. Aussi est-il difficile que l'idée du syndicat germe en eux.

Alors même qu'ils seraient groupés dans une association considérable, cette association devait s'adresser à un trop grand nombre d'employeurs pour se faire écouter d'eux. Ceux-ci savent bien que la quantité des employés sans place est innombrable et inépuisable, puisque chaque année les écoles primaires supérieures et les cours complémentaires publics, qui sont fréquentés par 55,951 élèves (1) déversent sur le marché du travail des légions d'aspirants-employés, sans parler des établissements d'enseignement secondaire, ni surtout des écoles primaires publiques ou privées, dont 5,540,095 élèves (2) peuvent, pour une bonne part, faire d'excellents employés, sans subir, comme dans d'autres professions un apprentissage long et onéreux pour les parents. Il y a là une réserve considérable de candidats aux places du commerce ou des administrations financières, dans laquelle les patrons pourront toujours puiser, pour y prendre des machines à travail plus dociles que les employés syndiqués.

Une autre cause encore rend l'action syndicale plus difficile pour les employés que pour la plus grande partie des autres salariés, c'est la différence de situation qui existe entre les employés d'une même maison.

Il y a certains établissements considérables, comme les grands magasins de nouveautés ou d'épicerie, ou encore les bazars importants, qui occupent des dizaines, des centaines et parfois des milliers de salariés. Il semble que dans ces maisons le recrutement syndical devrait rencontrer des conditions exceptionnellement favorables, analogues à celles des grandes compagnies de transport. On compte sans cette particularité que les employés sont savamment hiérarchisés, parqués en des catégories échelonnées, dans lesquelles on passe au choix, à la faveur ou à l'ancienneté. Ceux qui ont obtenu un certain avancement hésitent à adhérer aux syndicats, de crainte que cette démarche ne soit connue de leurs patrons et ne leur fasse perdre leur situation avantageuse ; qu'ils soient chassés de la maison dans laquelle ils travaillent, et ils seront obligés de recommencer la filière dans la nouvelle maison où ils entreront.

En outre, cette différence des conditions fait perdre aux employés le sentiment de la solidarité qui est si fort chez certains prolétaires. Inconsciemment, les vieux employés, les sous-chefs et chefs de service, de bureau ou de rayon se considèrent comme les supérieurs de leurs camarades de servitude, et ils se décideront difficilement à faire cause commune avec eux.

Si donc l'on n'attendait que du développement des Syndicats l'adoption du repos hebdomadaire, quelques prolétaires pourraient sans doute l'obtenir — une bonne partie en jouit déjà — mais pour un très grand nombre cette amélioration de leur sort devrait être rangée dans la catégorie des utopies dont il est impossible de prévoir l'époque de réalisation.

---

(1) *Annuaire de l'enseignement primaire*, pour l'année 1897, p. 514 et 515.

(2) Id., p. 514.

### Répugnance de certains prolétaires à faire appel à l'intervention de la loi

Néanmoins, il y a certains employés salariés qui, de parti-pris, sont les adversaires systématiques de l'intervention de la loi dans les conditions du travail.

Les politiciens, disent-ils, sont, par définition, les adversaires de la classe ouvrière. Peut-être, en s'adressant à eux, pourra-t-on obtenir, après avoir déployé des efforts prolongés et considérables, quelques améliorations de détail, mais ces résultats ne sont rien relativement au but que nous poursuivons, l'émancipation totale de la classe ouvrière, et ce but, nous ne pourrons l'atteindre que par une résolution préparée par l'action exclusivement corporative.

Sans doute, jusqu'ici, les hommes politiques se sont montrés indifférents au sort du prolétariat. Est-ce à dire qu'ils n'ont pas défendu les intérêts de ceux qui les avaient fait élire ? Au contraire. S'ils n'ont réussi à arriver au pouvoir que grâce au concours des voix ouvrières, ce concours a toujours été irréfléchi. Les prolétaires donnent leurs voix, puis se désintéressent de la conduite de leurs élus; les bourgeois, au contraire, forment des comités locaux composés des banquiers, des industriels, des commerçants de la circonscription; ils restent constamment en communication avec les gouvernants et leur dictent leurs ordres. C'est ainsi que, fidèles défenseurs des intérêts de leurs mandants, les députés des régions agricoles sont protectionnistes, ceux des villes commerçantes libre-échangistes, ceux des centres industriels mi-protectionnistes mi-libre-échangistes, car les gros industriels ont besoin de l'entrée en franchise des matières premières et de la protection des produits fabriqués.

Que les ouvriers imitent les bourgeois, qu'ils rédigent leurs cahiers du travail, qu'ils soumettent leurs revendications aux candidats en faisant de l'acceptation de ces réclamations la condition indispensable de leurs votes, et les élus réfléchiront deux fois avant de repousser systématiquement toutes les réformes ouvrières. N'est-ce pas à cette tactique que les employés des Chemins de fer ont dû, dans ces trois dernières années, le premier rejet du projet de loi Trarieux et l'adoption de la caisse des retraites ?

N'est-il pas évident que le repos du dimanche serait prochainement voté si l'ensemble du prolétariat en faisait l'article premier de ses revendications ?

Car c'est là une question qui ne soulève aucune opposition chez les travailleurs; il n'y aurait pas de discussion de doctrine à entamer entre camarades, mais seulement un problème de propagande et de tactique à résoudre.

Agir ainsi, ce ne sera pas mélanger l'action politique et l'action syndicale; ce sera seulement faire de l'action syndicale complète, intelligente et pratique. Certes, le repos du dimanche n'est qu'une partie de nos revendications. Notre but, à la plupart d'entre nous, est de transformer l'organisation sociale actuelle, et il est possible que pour atteindre ce résultat nous devions préparer une révolution ouvrière et non agir sur les politiciens. Mais là n'est pas la question.

Voulons-nous, oui ou non, obtenir le repos hebdomadaire? Si nous estimons que nous devons nous occuper exclusivement de la suppression du régime capitaliste, si longue que doive être cette suppression, n'en parlons plus; mais si nous pensons que la révolution sociale peut se faire attendre encore et que, d'ici là, nous avons intérêt à jouir du repos hebdomadaire, faisons le nécessaire, nous ne devons cependant pas perdre de vue que plus le travailleur a de loisir, plus il peut se préparer intellectuellement à cette Révolution.

### Impuissance de l'action exclusivement corporative et à laquelle manque la sanction de la loi

Des essais ont déjà été tentés pour obtenir le repos hebdomadaire par la seule force de l'action ouvrière; ces efforts ont été infructueux.

On se rappelle l'agitation suscitée par les employés de Bordeaux, de Toulouse, de Nice, il y a deux ou trois ans, pour faire fermer les magasins le dimanche. A un moment, l'effervescence devint si violente que les patrons durent céder, mais lorsqu'elle fut un peu calmée, un patron commença à rouvrir pour attirer la clientèle, puis deux, puis trois, et finalement les nécessités de la concurrence obligèrent toutes les maisons de commerce à rester, comme précédemment, ouvertes tous les jours de la semaine.

Il faudrait recommencer tous les ans, mais comme généralement les initiateurs de ces agitations sont arrêtés et emprisonnés et que l'emprisonnement se traduit pour eux par la perte de leur travail et la misère de leur famille, ils ne trouvent plus d'imitateurs, on n'ose pas récidiver.

L'impuissance de l'initiative individuelle est démontrée par la déposition faite devant la Commission parlementaire du travail par les représentants du Syndicat mixte du tissu de Marseille. Ce Syndicat comprend 50 patrons et 70 ouvriers; on ne saurait donc l'accuser de tendances socialistes. Voici d'ailleurs le début de la déclaration de ce groupement: « Le but du Syndicat est de faire qu'au lieu de se haïr et de s'entredéchirer, patrons et ouvriers se connaissent, s'entr'aident et s'entendent fraternellement. »

Ce Syndicat avait formé une ligue pour le repos du dimanche. » Nou désespérons, disent les délégués, de pouvoir jamais, par notre influence personnelle, imposer le repos hebdomadaire. Nous sollicitons l'intervention de l'Etat sur ce point; il a suffi, en effet, du refus de deux ou trois commerçants de la rue Saint-Ferréol pour faire échouer la tentative » (1).

Il est évident que le repos du dimanche ne peut être établi si tous les négociants, sans exception, ne ferment pas leur magasin, à cause de la concurrence à laquelle se livrent les commerçants.

Ces mêmes délégués ajoutent, comme pour témoigner de la mauvaise volonté des employeurs à accorder le moindre repos à leurs salariés : « A la gare, on retient dans les bureaux, le dimanche après midi, des employés qui n'ont pour ainsi dire rien à faire. »

C'est que, moins les employés ont de loisirs, moins ils peuvent s'entendre pour obtenir de nouvelles améliorations à leur sort.

On cite toujours les ouvriers anglais pour prouver que l'action syndicale, à l'exclusion de l'intervention législative, pent permettre au prolétariat de faire aboutir ses revendications.

Or, voici ce que déclarait M. Ricard, le président de la Commission parlementaire du travail : « Malgré les résultats qu'ont obtenus les Trades-Unions en Angleterre au point de vue de la durée du travail, à l'heure actuelle, les associations anglaises tendent elles-mêmes de plus en plus à réclamer l'intervention de la loi » (2).

Qui ne se souvient de l'échec auquel a abouti le plus merveilleux effort corporatif qui ait encore jamais été tenté : la grève des mécaniciens anglais en 1897 ? A la suite de cet échec, les mécaniciens anglais ont décidé de s'adresser aux pouvoirs publics pour obtenir la journée de huit heures.

M. Pierre Leroy-Beaulieu nous donne, dans son étude sur les nouvelles sociétés anglo-saxonnes, une nouvelle preuve de la nécessité de l'intervention législative dans les questions du travail : « Le grand desiderata du prolétariat, la journée de huit heures, est en vigueur en Australie dans la plupart des métiers et a été réalisé par les seuls efforts des Syndicats, sans aide législative. La rareté des ouvriers habiles pendant la grande période des mines d'or a favorisé les hauts salaires et les courtes journées de travail. Les Trades-Unions se sont trouvées ensuite assez fortes pour maintenir ces conditions et y ont été encore aidées par l'inflation générale qui a signalé la grande période de prospérité, en partie factice, de l'Australie de 1871 à 1892. Pendant ce temps, il

---

(1) *Rapport de la Commission parlementaire du Travail*, p. 238.
(2) *Rapport de la Commission parlementaire du Travail*, p. 334.

n'a pas été introduit dans ce pays moins de 7 milliards 290 millions de capitaux européens. Les salaires sont restés très élevés malgré les courtes journées, les simples manœuvres gagnant 8 à 9 fr. par jour ; les Syndicats ne rencontraient que peu de résistance et en profitèrent pour assurer leur puissance.

« Ils voulurent la mettre à l'épreuve en 1890-91, mais les grandes grèves qu'ils organisèrent alors dans les industries maritimes et parmi les mineurs des houillères de la Nouvelle-Galles du Sud échouèrent complètement. Le malaise résultant des excès de spéculation se faisait déjà sentir ; les industriels, gravement menacés cette fois, s'unirent, et les grévistes durent renoncer à leurs prétentions. C'est depuis lors que... des mesures législatives d'un caractère socialiste prononcé ont été prises par les divers gouvernements ! » (1).

Ainsi les efforts des Syndicats peuvent obtenir, lorsqu'ils sont favorisés par des circonstances heureuses, quelques améliorations ; mais dès que les patrons redoutent de plus grandes exigences ouvrières, ils se syn-diquent à leur tour non seulement pour résister aux nouvelles réclamations, mais pour reprendre les anciennes concessions qu'on leur avait imposées.

### Comment on pourra s'arranger pour que le jour uniforme de repos ne soit pas un jour d'ennui

Sans doute, la loi devra être assez élastique pour éviter, comme nous l'avons déjà dit, que le jour de repos ne soit un jour d'ennui par suite de l'interruption des moyens de circulation et de la fermeture des lieux de récréation ; mais, encore une fois, ce sont là des questions de détail qui n'infirment en rien le principe et qui seront aisément résolues après consultation des Syndicats intéressés.

Voici, par exemple, une solution proposée par la Ligue populaire marseillaise pour le repos du dimanche, dans sa lettre à la Commission parlementaire du travail :

« Les Compagnies de Chemins de fer pourraient ne faire exécuter le dimanche, sur les voies et dans les ateliers, que les travaux les plus urgents ; elles pourraient fermer ce jour-là les gares de petite vitesse et diminuer, autant que possible, le nombre des trains de marchandises, de façon à ce que leurs ouvriers et employés aient au moins ce qu'ont obtenu déjà, par décision du Conseil d'Etat, leurs collègues de Suisse, c'est-à-dire 52 jours de repos annuel, dont 17 dimanches.

« Des essais faits, il y a quelques années, à la gare de la petite vitesse

---

(1) *Rapport de la Commission parlementaire du travail*, p. 240.

de Nimes, ont permis d'açcorder au personnel de cette gare un dimanche de repos sur deux, et encore, ce dimanche de repos, les employés
n'ont été retenus que pendant la matinée.

« Sans demander que l'Administration des Postes, prenant exemple
sur l'Angleterre et les Etats-Unis, ne distribue aucun courrier du
samedi soir au lundi matin, ne pourrait-elle pas réduire le dimanche
les heures de bureau, puis le nombre des levées de boites et de distribution (1), ou ne distribuer le dimanche que. moyennant taxe supplémentaire? «

Toutefois, si nous sommes disposés à accepter dans la loi en perspec-
tive toutes les restrictions nécessitées par le souci de la production et
la préoccupation de ne pas interdire tous divertissements aux ouvriers
pendant leur unique journée de repos, nous devrons exiger pour tous
les établissements qui profiteront des excepttions, l'obligation d'accorder à leurs ouvriers un jour de repos par semaine, à déterminer d'après
un tableau de roulement et nous devrons veiller à ce que ces exceptions ne soient pas nombreuses au point de détruire complètement la
portée de la loi. Sinon, nos gouvernants renouvelleraient la plaisan-
terie à laquelle ils se sont livrés à propos de la loi du 2 novembre 1892.
L'article 7 était ainsi conçu :

« L'obligation du repos hebdomadaire (pour les femmes et les enfants)
et les restrictions relatives à la durée du travail peuvent être tempo-
rairement levées par l'inspecteur divisionnaire, pour certaines industries à désigner par un règlememt d'administration publique. »

Or, voici l'énumération des industries que le dernier décret réglementaire du 26 juillet 1895, appelle au bénéfice des exceptions prévues
par l'article 7 :

1° Ameublement, tapisserie, passementerie pour meubles ;
2° Bijouterie et joaillerie;
3° Fabriques de biscuits employant le beurre frais ;
4° Blanchisserie de linge fin ;
5° Briqueterie en plein air ;
6° Brochage des imprimés ;
7° Broderie et passementerie pour confections ;
8° Fabriques de cartons pour jouets, bonbons, cartes de visite,
ruhans;
9° Confection de chapeaux en toutes matières pour hommes et
femmes;
10° Confection de corsets ;

---

(1) Pierre Leroy-Beaulieu : *Les nouvelles Sociétés anglo-saxonnes,*
p. 148, 149.

11° Confection, coutures et lingeries pour femmes et enfants ;

12° Confections pour hommes ;

13° Confections en fourrures ;

14° Conserves de fruits et confiseries, conserves de légumes et de poissons ;

15° Corderies en plein air ;

16° Fabriques de couronnes funéraires ;

17° Délainage des peaux de moutons ;

18° Dorure pour ameublements ;

19° Dorure pour encadrements ;

20° Extraction des parfums de fleurs ;

21° Fleurs et plumes ;

22° Imprimeries typographiques ;

23° Imprimeries lithographiques ;

24° Imprimeries en taille douce ;

25° Fabrique de jouets, bimbeloterie, petite tabletterie et articles de Paris ;

26° Transformation du papier, fabrication des enveloppes, du cartonnage des cahiers d'école, des registres, des papiers de fantaisie ;

27° Papiers de tenture ;

28° Reliure ;

29° Réparations urgentes de navires et de machines motrices ;

30° Teinture-apprêt, blanchiment-impression, gauffrage et moirage des étoffes ;

31° Tissage des étoffes de nouveautés destinées à l'habillement ;

32° Tulles, dentelles et laines de soie. »

Par de si nombreuses exceptions, un pareil règlement ne décrète-t-il pas presque l'abrogation de la loi en ce qui concerne le repos hebdomadaire? Là encore la vigilance des Syndicats aura à s'exercer, et pour qu'elle puisse agir efficacement, nous voudrions nous efforcer, tant que subsistera le régime économique actuel, dont le salariat est la conséquence, de faire pénétrer des représentants des organisations corporatives dans le Conseil d'Etat, qui prépare souvent les lois ouvrières et qui fait rédiger les règlements d'administration publique concernant les conditions du travail, ainsi que dans le Conseil supérieur du Travail et dans le Service de l'Inspection qui surveillent l'exécution de ces lois et de ces règlements.

Aujourd'hui, la classe prolétarienne n'est pas représentée dans ces organismes. Les Conseillers d'Etat, les membres de la Commission supérieure du Travail et les inspecteurs sont nommés exclusivement par le Gouvernement. Nul doute qu'ils ne rempliraient mieux leur mission de sauvegarde des intérêts ouvriers si les salariés concouraient à leur élection et à leur recrutement dans une grande mesure.

Les pouvoirs publics eux-mêmes ont déjà reconnu la nécessité de l'intervention législative.

L'utilité de l'intervention législative pour cette question n'a pas besoin d'être plus longuement démontrée. Elle commence d'ailleurs à être de plus en plus admise par les bourgeois eux-mêmes, sous l'influence du courant d'idées créé par les organisations ouvrières. Témoin le début du rapport fait par M. Dron au nom de la Commission parlementaire du Travail, et auquel nous avons déjà fait de si nombreux emprunts :

« La réglementation du travail des adultes est le corollaire, le complément obligé de celle qui concerne les femmes et les enfants. Quand la Commission a étudié séparément cette dernière, quand elle s'est occupée tout d'abord des faibles et des enfants mineurs, c'est que ce mode de division de ces travaux lui a paru le meilleur procédé parlementaire pour aboutir à un résultat qu'elle se résignait à accepter partiel, afin qu'il fût positif et rapide. » (1) Et comme conclusion à ce rapport, la Commission présentait, le 26 juin 1893, un projet de loi dont un article nous intéresse plus particulièrement :

« Art. 4. — Les ouvriers ne peuvent être employés plus de six jours par semaine, ni les jours de fête reconnus par la loi, même pour rangement d'atelier. »

Il y aurait lieu de provoquer la reprise de ce projet qui dort depuis cinq ans dans les cartons du Parlement, en l'étendant à toutes les catégories de travailleurs et en y ajoutant la stipulation du dimanche.

### L'obligation du repos hebdomadaire n'est pas incompatible avec les mœurs et les habitudes du public

Quelques adversaires inconvertibles ou quelques timorés essaieront peut-être de nous détourner de notre but en nous faisant observer que les lois ne sont pas applicables si elles ne sont pas en conformité avec les mœurs, et que tout le monde étant habitué à trouver la plus grande partie des magasins ouverts le dimanche, leur fermeture ce jour-là provoquerait une gêne contre laquelle les protestations seraient nombreuses.

Ces prédictions pessimistes sont prononcées chaque fois qu'on propose une réforme efficace. N'annonçait-on pas, alors que la loi sur la limitation du travail des femmes et des enfants était en discussion, que l'industrie serait ruinée, que les salaires baisseraient, que les enfants feraient les voyous pendant les heures où l'on empêcherait leur patron

---

(1) Rapport de la Commission parlementaire du Travail, p. 192.

de les faire travailler? On sait que les résultats ont été tout autres, et
que si quelques plaintes ont été formulées au début, avant qu'on ait pu
se rendre compte des avantages de cette loi, elles n'ont pas tardé à
cesser. M. Caire, qui a publié une étude intéressante sur la loi de 1892,
rend compte en ces termes de ses effets :

« En ce qui concerne le travail de nuit, le rapport de la Commission
supérieure du travail, pour l'année 1893, est très satisfaisant. On se
rappelle avec quelle ardeur les députés des Vosges avaient protesté
contre la suppression du travail de nuit des femmes. Il était intéressant
de savoir quels avaient été dans cette région les résultats de la loi. Or,
voici ce que dit dans son rapport l'inspecteur de la quatrième circonscription : « Dans le département des Vosges où l'on comptait l'année
» dernière une vingtaine de filatures de coton marchant jour et nuit,
» on n'en trouve plus maintenant que cinq ou six qui continuent avec
» des hommes de plus de dix-huit ans.... Il est probable que d'ici peu
» de temps, le travail de nuit aura cessé pour le plus grand bien de la
» classe ouvrière.

» Les patrons sont arrivés à se passer des services des enfants et des
» femmes la nuit, en augmentant leurs métiers de préparation, cela a
« été pour eux l'occasion de grandes dépenses devant lesquelles ils n'ont
» pas reculé, afin de ne pas diminuer la production. »

« Et ce que le rapport de la Commission constate pour les filatures de
coton des Vosges, il le constate aussi pour les peignages de laines du
Nord et de la Marne, les filatures et les ateliers de cardage de la laine
du Tarn, de l'Aude, de l'Isère, les stéarineries de Marseille, les fabriques de lacets de Saint-Chaumond. » (1)

Du reste, l'exemple de certains pays étrangers nous permet de présa-
ger que l'on s'habituera aisément au repos du dimanche.

M. Pierre Leroy-Beaulieu, que nous avons déjà cité, écrit, dans son
livre sur les nouvelles Sociétés anglo-saxonnes :

« En Australie, le travail du dimanche est interdit. De plus, les boutiques et magasins doivent être fermés, en outre, une demi-journée dans
la semaine. Ce jour-là, tous les magasins et boutiques doivent être
fermés à une heure ; sont exemptées, les boutiques tenues par des
Européens où eux et leurs enfants sont seuls employés, et où l'on se
livre à quelques commerces spéciaux : fruiterie, pâtisserie, etc. » (2).

---

(1) César Caire : *La Législation sur le travail des femmes et des
enfants.* — Paris 1896, p. 274, 275.

(2) Pierre Leroy-Beaulieu : *Les nouvelles Sociétés anglo-saxonnes,*
Paris 1897, p. 173-174.

### Nécessité pour tous les travailleurs d'agir de concert, s'ils veulent obtenir le repos hebdomadaire

Maintenant que nous avons traité la partie théorique, il nous reste à indiquer la manière dont doivent procéder les employés principalement intéressés, pour obtenir ce repos du dimanche.

À notre avis, ils ont peu de chance de réussir, s'ils se fient à leurs seules forces.

Nous avons déjà montré les circonstances défavorables dans lesquelles ils se trouvent et qui apportent de si nombreuses entraves à l'extension de leurs groupes corporatifs. Or, sans Syndicats puissants, pas de propagande possible ; sans propagande, pas d'agitation ; sans agitation, pas d'action sur le public ni sur le pouvoir.

La faiblesse des employés livrés à eux-mêmes est manifestée par ce fait qu'aucune des lois ouvrières déjà votées ne leur est applicable.

La loi du 19 mai 1874 réglementait le travail des enfants au-dessous de 16 ans et des filles mineures de 16 à 21 ans. L'art. 5 de cette loi accordait aux personnes protégées un jour de repos par semaine, et l'art. 1er déclarait expressément que la loi n'était applicable qu'aux enfants et aux filles mineures soumis à un travail industriel. Les enfants et les filles mineures employés dans les bureaux ou dans les magasins étaient donc exclus du bénéfice de la loi.

De même, la loi du 10 novembre 1892, qui a complété la loi de 1874, n'est pas applicable aux employés. L'art. 1er est ainsi conçu : « Le travail des enfants, des filles mineures et des femmes dans les usines, manufactures, minières et carrières, chantiers et ateliers et leurs dépendances, de quelque nature que ce soit, publics ou privés, laïques ou religieux, même lorsque ces établissements ont un caractère professionnel ou de bienfaisance, est soumis aux obligations déterminées par la présente loi. » Et il ressort de la discussion qu'on ne s'est occupé que du travail industriel, non de celui des bureaux et magasins.

« Dans l'énumération limitative de l'art 1er ne figurent ni les bureaux, ni les boutiques, ni les magasins... 

« Un amendement qui tendait à englober les bureaux dans l'énumération des établissements visés fut d'ailleurs repoussé. L'intention du législateur n'est donc pas douteuse sur ce point. Elle ne l'est pas davantage en ce qui concerne les magasins, car cet amendement les visait également.

« C'est dans la séance de la Chambre du 5 juillet 1890 que M. Dumay déposa cet amendement. Bien que l'amendement fût repoussé par la Commission et par la Chambre, M. Dumay ne se tint pas pour battu, et le 27 janvier 1891, il déposait de nouveau le même amendement, qui fut repoussé par une majorité plus forte que la première fois » (1).

Enfin, le projet de loi de 1893, dont nous avons parlé plus haut et qui n'est pas encore voté, ne s'occupe pas davantage des employés.

« Le travail des ouvriers adultes dans les usines, manufactures, mines, minières et carrières, chantiers et ateliers, est soumis aux obligations déterminées par la présente loi. — Les conditions de travail pour les employés de magasins et pour le personnel attaché à l'exploitation des entreprises de transport seront fixées par une loi spéciale. » (Art. 1er.)

Cependant il y a en France, d'après une statistique de 1891, 920 000 employés (1), il est vrai que dans ce nombre sont compris les employés des transports qui exercent une profession déterminée et ne peuvent guère par suite être comptés parmi les employés proprement dits ; mais il y a en outre 450,000 ouvriers et journaliers de commerce (2) dont la plupart sont des employés dans le sens habituel du mot.

Mais encore une fois, la situation particulière des employés ne leur permet pas d'exercer une influence qui soit en rapport avec leur importance numérique.

Puisque le repos hebdomadaire produira des effets aussi bienfaisants à l'égard des ouvriers que des employés et que d'autre part, les ouvriers aussi bien que les employés souhaitent de pouvoir jouir d'un jour de plaisir par semaine, il est évident que les employés doivent faire appel aux ouvriers et les inviter à se solidariser avec eux pour la propagande à faire.

Cette entente est d'autant plus nécessaire que les patrons invoquent les exigences du public pour justifier le travail ininterrompu. Or, tous les salariés en tant que consommateurs, font partie du public, c'est à eux qu'il appartient de prendre l'initiative de la réforme que le repos hebdomadaire exigerait dans les habitudes. Ils doivent donc s'abstenir de se rendre complices du surmenage. Lorsque ce mouvement se sera généralisé et que le public aura pris l'habitude de ne pas s'adresser aux commerçants le dimanche, la question aura fait un grand pas, et le pouvoir législatif ne pourra pas se refuser à sanctionner un usage établi et à imposer aux réfractaires qui, quel que soit leur petit nombre, suffiraient, comme nous l'avons démontré plus haut, à faire avorter la réforme, l'obligation de coopérer à cette œuvre d'utilité publique.

Au point de vue de l'action syndicale proprement dite, le Congrès

______________

(1) César CAIRE : *La Législation sur le travail des femmes et des enfants*, p. 112.

(2) A. HAMON : *Le Socialisme et le Congrès de Londres*, Paris 1897, p. 201.

doit décider que le repos hebdomadaire soit un des principaux objectifs de l'agitation ouvrière jusqu'à sa réussite.

Ici se pose une question délicate. Puisque les organisations corporatives ont décidé de séparer l'action syndicale et l'action politique, ne devraient-elles pas, lorsqu'elles sont d'accord avec d'autres groupements sur certaines revendications exclusivement ouvrières, leur proposer de faire campagne commune sur ces points spéciaux? Par exemple toutes les Associations d'employés sont partisans du repos du dimanche. Pourquoi les Syndicats ne les inviteraient-ils pas à mettre de leur côté cette question à leur ordre du jour ? Il n'y aurait pas pour cela fusion des deux éléments; nous n'agirions ensemble ou plutôt parallèlement que sur cette question particulière et sur les autres points nous marcherions chacun de notre côté. L'exemple de la Suisse nous a montré les résultats que pouvait obtenir une pareille tactique.

D'ailleurs le contact avec d'autres éléments dans certains cas particuliers ne peut avoir pour nous que des conséquences heureuses. Les Syndicats catholiques eux-mêmes commencent à prendre conscience de la solidarité de classe qui doit s'établir entre salariés, le Congrès de Reims de l'année dernière a été une manifestation si éclatante de cet état d'esprit qu'il a provoqué les protestations de certains fondateurs de ces Syndicats.

En nous mettant en relation avec toutes les organisations s'intéressant au repos hebdomadaire, nous aurions chance de déterminer complètement ce mouvement qui n'est encore qu'à l'état de tendance, et d'inviter ces groupements à faire de plus en plus souvent cause commune avec nous.

Dans tous les cas, c'est là un point de vue que nous nous bornons à indiquer et qui mérite, croyons-nous, d'être étudié. C'est aux Congrès ouvriers qu'il appartient de décider dans quelles mesures et dans quelles conditions les Associations ouvrières pourront prendre contact avec les autres Associations.

Lorsque les organismes corporatifs du prolétariat auront décidé que le repos hebdomadaire est une des questions autour desquelles on doit faire la plus vive propagande, chaque groupement professionnel aura à agir auprès des travailleurs de sa corporation ; par exemple les employés devront d'abord faire appel à tous les groupements d'employés quels qu'ils soient: Syndicats de province, Sociétés de Secours mutuels, Cercles, etc... et les inviter à faire une active propagande en faveur du repos du dimanche.

Ils pourront organiser de nombreuses réunions de quartiers dans Paris et dans la banlieue, et dans ces réunions insister spécialement sur le repos hebdomadaire; ces réunions leur procureront de nouveaux adhérents, et lorsque, grâce à ces recrues, leur caisse de propagande aura été suffisamment alimentée, il leur sera permis d'ajouter à la propagande par la parole, la propagande par l'écrit, au moyen de brochures et de passe-partout qui seront mis à la disposition de chacun d'eux et qu'ils distribueront à leurs camarades de travail.

La même tactique ou à peu près pourra être observée par les autres corporations.

Il est évident, en effet, que l'agitation aura un retentissement bien plus considérable, si elle est menée par l'ensemble du prolétariat que si elle est provoquée par les seuls employés ; que l'on pense à la force dont disposent les Syndicats avec leurs organismes qui s'étendent sur le pays entier : Fédérations de métiers, Bourses du Travail, Conseil national Ouvrier, Fédération des Bourses du Travail et Confédération générale du Travail, et l'on comprendra, vu les questions qui intéressent les travailleurs, qu'elles seront vite résolues lorsque la classe ouvrière se sera mise d'accord sur la marche à suivre pour faire aboutir ses revendications.

En admettant même que les premières tentatives en faveur du repos hebdomadaire pour tous ne soient pas suivies d'un succès immédiat, les organisations ouvrières pourront profiter de toutes les circonstances offertes par les débats parlementaires pour remporter des victoires partielles qui seront autant d'acheminements vers le triomphe final. Elles n'auront qu'à intervenir chaque fois que des projets de loi concernant les différentes branches du travail seront discutées.

Proposera-t-on des modifications aux tarifs douaniers? Le prolétariat organisé demandera que les salariés employés dans les industries intéressées jouissent du repos du dimanche. Discutera-t-on sur l'opportunité d'accorder des primes à certains producteurs, fabricants de sucre, raffineurs, sériciulteurs ou autres ? Il se remuera pour faire insérer une clause en faveur du repos hebdomadaire pour les ouvriers occupés par ces patrons.

Etudiera-t-on un projet de réforme des patentes ?

Il rappellera aux législateurs que les intérêts des employés méritent autant de sollicitude que ceux des grands et des petits commerçants, et il leur demandera d'imposer aux employeurs l'obligation d'accorder un jour de liberté par semaine à leurs esclaves blancs.

Ce sera là autant d'escarmouches qui tiendront l'opinion publique en haleine et qui rappelleront aux capitalistes que leurs salariés réclament des améliorations à leur sort. Et, puisqu'une question n'est pas résolue avant d'avoir été souvent posée et discutée, ces interventions incessantes hâteront l'heure de la solution.

Syndiquez-vous ! Faites syndiquer vos amis !

Mais, pour que les organisations ouvrières fassent entendre leur voix, il faut qu'elles soient fortes.

On ne peut pas comparer l'influence d'un Syndicat de 200 ou 300 membres à celle d'un Syndicat qui groupe 200 ou 300 salariés.

De plus, une campagne efficace ne peut pas se faire sans munitions abondantes, et les seules munitions dont disposent les groupes corporatifs, ce sont les cotisations de leurs adhérents. Aussi demandons-nous à tous les ouvriers, les employés qui ont conscience de leur servage et qui ont assez de dignité pour désirer sortir de cette situation, de se joindre à nous et de nous apporter leur concours, si certaines circonstances particulières à leur profession rendent, comme nous l'avons exposé plus haut, le recrutement plus difficile pour les Syndicats d'employés que pour nous autres, c'est une raison de plus pour que les employés, convaincus de l'importance du groupement, triomphent de ces petites difficultés et se rangent sous les plis du drapeau syndical. Si tous les cerveaux intelligents et tous les cœurs résolus viennent à nous, nous serons assez forts, nous n'avons pas besoin des esprits timorés.

Nous leur demandons aussi, puisque l'action ouvrière est plus énergique lorsqu'elle est menée par toute une classe organisée que par un Syndicat isolé, de faire autour d'eux une continuelle propagande syndicale; quelle que soit la profession de votre voisin, de votre ami, de votre parent, qu'il soit mécanicien, manœuvre, garçon épicier ou maçon, conseillez à votre voisin, à votre ami, à votre parent d'adhérer au Syndicat de sa corporation.

Dans les relations d'employés à employeurs, les considérations de justice ou d'équité sont vaines, seule, la force importe. Jusqu'ici, nous avons été les plus faibles; nos patrons nous ont écrasés, devenons forts, agglutinons nos grains de poussière en un rocher indestructible, et nous imposerons nos revendications.

Le repos hebdomadaire ne sera que la première de nos conquêtes ; le succès appelle et prépare le succès. Lorsque nous jouirons du repos du dimanche, il nous sera plus aisé de nous connaître et de nous entendre pour réclamer et obtenir tous nos droits :

La fixation d'un minimum d'heures de travail ;

La suppression du salaire journalier et un minimum d'appointements mensuels ;

La suppression des amendes ;

La suppression des bureaux de placement ;

L'extension de la jurldiction des prud'hommes.

Toutes les réformes, en un mot, qui nous donneront un bien-être proportionné au travail que nous faisons, et grâce auxquelles nous aurons une vie confortable, libre et intelligente, en dehors de nos heures de labeur.

Mais, nous vous le répétons, pour aboutir à ce résultat, serrons-nous les uns contre les autres : tous aux Syndicats !

La force de nos patrons est faite de notre faiblesse.

L'Emancipation des Travailleurs ne peut être que l'œuvre des Travailleurs eux-mêmes.

*Le Délégué,*

C. Beausoleil.

1. — Le Syndicat des Garçons de magasin et Cochers-Livreurs de la Seine estime que le repos hebdomadaire étant de droit nécessaire aux travailleurs, et par là même obligatoire, ne doit pas être discuté.

F. Roche.

2. — Le Syndicat des Métallurgistes de Fourchambault (Nièvre) préconise le repos hebdomadaire, les travailleurs n'étant pas simplement des machines de production.

Goumet.

3. — Le Syndicat des Mécaniciens de Marseille propose que le repos hebdomadaire soit fixé au dimanche et laisse aux corporations qui ne pourraient pas accepter ce jour, le soin de fixer celui qui leur est le plus commode.

Cayol.

Les camarades L. Brisse (Paris) et Liouville (Alger) appuient la proposition de Marseille.

4.— Le Syndicat des Chauffeurs-Mécaniciens approuve le rapport du Syndicat des Employés de la Seine sur le repos hebdomadaire et les conclusions qui y sont formulées.

Corompt.

5. — La Fédération des Syndicats ouvriers de Meurthe-et-Moselle émet le vœu que le repos hebdomadaire ait lieu autant que possible le dimanche.

E. Lacaille.

6. — La Chambre Syndicale de la Tabletterie et le Syndicat des Garçons restaurateurs-limonadiers et assimilés de la Seine appuient le repos hebdomadaire, en laissant aux cor-

porations respectives le choix du jour qui nuira le moins aux travailleurs.

CARMANTRANT.

7. — La Chambre Syndicale des Porteurs de journaux propose qu'un roulement soit établi dans les industries à service ininterrompu, pour obtenir un repos de 24 heures par semaine, mais laisse aux corporations respectives le soin de choisir le jour,

Ch. FOURNET.

Le camarade Dugoy, de la *Fédération ouvrière des cuisiniers,* a la parole sur la 14<sup>e</sup> question de l'ordre du jour : voies et moyens pour assurer la vitalité des cours professionnels.

*Dugoy* a mandat de son organisation de demander que dans toutes les grandes villes on fasse des cours de cuisine ménagère. Ces cours rendront de grands services à la classe ouvrière et si les municipalités ne veulent pas les créer, il faut que ce soient les organisations ouvrières. Elles feront une grande œuvre en organisant des cours de cuisine ménagère.

*Pelloutier,* COMITÉ FÉDÉRAL DES BOURSES. — Il faudrait savoir si les cours de cuisine ménagère concernent bien les cours professionnels ouvriers. Ce n'est pas tout à fait la même chose.

Le Congrès des Bourses a enregistré avec satisfaction les résultats obtenus par les cours professionnels organisés par des Bourses du Travail ou des organisations ouvrières. Devant les excellents résultats obtenus, on s'est demandé ce qu'il convenait de faire là où il n'y avait pas de cours professionnels. Les municipalités doivent-elles en organiser en l'absence des organisations ouvrières? Le Congrès des Bourses a pensé qu'il y aurait un danger sérieux en s'en remettant aux municipalités pour la création des cours professionnels. Il faut donc éviter d'en demander aux municipalités, car elles refuseraient d'accorder des subventions aux organisations ouvrières qui voudraient créer des cours professionnels, puisqu'il en existerait. Cela a ému le Congrès des Bourses qui craint que de nouvelles Bourses du Travail ne pourraient s'ouvrir, grâce à la création de cours professionnels municipaux.

*Le Président* donne lecture des deux communications suivantes qu'il vient de recevoir :

## LIGUE FRANÇAISE DE L'ENSEIGNEMENT

Rennes, le 29 septembre 1898. _

*Monsieur le Président de la séance du Congrès national des Syndicats ouvriers, à Rennes.*

MONSIEUR LE PRÉSIDENT,

J'ai communiqué à l'assemblée générale du Congrès de la Ligue de l'Enseignement les salutations fraternelles que vous avez bien voulu nous adresser au nom du Congrès national des Syndicats ouvriers.

J'ai l'honneur de vous transmettre l'extrait du procès-verbal de la séance dans laquelle cette communication a été faite, et je joins aux saluts de notre Congrès, mes vœux personnels pour le succès de vos travaux.

*Le Président de la Ligue,*

ET. JACQUIN.

Rennes, le 29 septembre 1898.

« *Le Président* donne connaissance au Congrès d'une communication qu'il vient de recevoir du Congrès national des Syndicats ouvriers réuni dans un autre local de la Mairie. Il propose à l'assemblée, en remerciant les Syndicats ouvriers de leurs salutations fraternelles, de leur adresser, avec l'expression de sa vive sympathie, les vœux les plus sincères pour le succès des travaux auxquels ils se consacrent dans l'intérêt de la démocratie laborieuse.

« Cette proposition est adoptée par acclamation. »

*Pour extrait de la séance du 29 septembre 1898 :*

*Le Secrétaire général,*

ETIENNE CHARAVAY.

*Coquet*, SYNDICAT DES OUVRIERS MEUNIERS D'ILLE-ET-VILAINE, dit qu'il faut combattre les congréganistes, qui accaparent les subventions qui devraient être réservées aux cours professionnels. Il demande aux congressistes de faire tout leur possible auprès des Conseils généraux pour que les subventions soient données de préférence aux écoles laïques.

*Riom*, FÉDÉRATION NATIONALE DU BATIMENT, approuve ce que vient de dire le citoyen Pelloutier.

Le camarade Cayol fait savoir que les cours professionnels organisés à Marseille marchent bien.

*Barlan*, BOURSE DU TRAVAIL DE TOULOUSE, invite toutes les Bourses du Travail ou organisations ouvrières qui ont des cours professionnels, à demander des subventions à l'Etat, comme on en demande aux municipalités et aux départements. Le camarade Barlan demande, en outre, que les cours d'instruction soient bien déterminés.

Le Congrès décide que toutes les propositions déposées sur le bureau, concernant les cours professionnels, seront renvoyées à la commission nommée pour la question de l'apprentissage.

1. — Pour assurer la vitalité des cours professionnels des Syndicats, que les organisations ouvrières demandent, comme le fait le Syndicat de la Voiture, des subventions municipales et fassent payer une cotisation mensuelle aux camarades non syndiqués qui veulent suivre les cours ; que les professeurs soient choisis par concours parmi les travailleurs qui ont acquis de grandes connaissances techniques et professionnelles.

HOTTE.

2. — La Bourse du Travail d'Alger demande que les Municipalités et Conseils généraux aident les Bourses du Travail à instituer des cours professionnels.

LIOUVILLE.

3. — Considérant que la plupart des corporations qui ont des cours professionnels sont obligées de les supprimer, car

ils ne profitent qu'aux seuls patrons, que le Congrès étudie un moyen pour que ces cours professionnels profitent surtout à l'ouvrier en l'instruisant et en le perfectionnant et pour qu'ils ne soient pas une arme contre lui.

Morin ; Fernbach ; Lebret ; Charlot ; J. Lemaitre.

4. — La Bourse du Travail d'Angers invite les Municipalités à ne confier les cours professionnels qu'à des ouvriers, estimant que, seul, l'ouvrier est apte à donner une bonne instruction professionnelle, attendu qu'il joint à la théorie une pratique constante des matières du métier.

5. — Que toutes les Bourses du Travail reçoivent des subventions des municipalités et des Conseils généraux pour les cours professionnels.

Que la Confédération générale du Travail soit chargée d'étudier la question et qu'au prochain Congrès, elle apporte une étude approfondie sur les cours professionnels, soit en fixant une quotité supplémentaire aux Syndicats adhérents ; enfin de faire le nécessaire à ce sujet.

Cayol ; Derchain ; Girard ; Michon ; Nicoud ;<br>Majot ; Aubertin.

6. — Le seul moyen d'assurer la vitalité des cours professionnels déjà existants et la création de nouveaux est que les Chambres syndicales demandent des locaux et des subventions pour que ces cours restent entre leurs mains.

En instruisant les jeunes gens, les Chambres syndicales leur inculqueront l'idée syndicale et par ce fait elles éviteront qu'ils n'aillent travailler à des prix inférieurs aux tarifs des ouvriers.

Morin ; Larsonneur ; F. Lemaitre ; Comité fédéral<br>des Bourses du Travail ; Charlot ; Fernbach ;<br>Lebret ; Carmantrant ; Terrier.

On passe à la discussion de la 15e question de l'ordre du jour, sur la création des boulangeries municipales.

*Dugoy*, SYNDICAT DE LA BOUCHERIE PARISIENNE, approuve de tout cœur la création des boulangeries municipales et il demande aussi la création de pharmàcies municipales.

*Dangin*, SYNDICAT DES CONDUCTEURS-MARGEURS ET MINERVISTES DE PARIS, est partisan des boulangeries municipales. Ce serait une arme contre les spéculations et aussi un bien pour les travailleurs.

*Ternet*, SYNDICAT DES OUVRIERS BOULANGERS DE LA SEINE. — Son organisation a cru utile de mettre cette question à l'ordre du jour du Congrès et de faire étudier la création de boulangeries municipales, à la suite des faits qui se sont produits l'année dernière. Tout le monde a encore présente à l'esprit la crise que l'on a subie  Si à ce moment on avait eu une boulangerie municipale à Paris, on aurait réalisé un bénéfice d'environ 27 millions tout en donnant le pain à un prix raisonnable, mais bien plus bas que le cours ordinaire du prix du pain.

*Coquet*. SYNDICAT DES OUVRIERS MEUNIERS D'ILLE-ET-VILAINE, dit avoir étudié cette question depuis 1871. Il s'est demandé si les municipalités ne pourraient pas accorder des subventions à diverses manutentions ou bien s'il ne vaudrait pas mieux se servir des coopératives de consommation. Actuellement, il est impossible d'organiser des boulangeries municipales à cause des meuniers et des marchands de grains qui détiennent les municipalités. Le citoyen Coquet préconise l'emploi des coopératives d'abord ; ce sont des jalons que la démocratie doit poser.

*Hamelin*, VERRERIE OUVRIÈRE, est d'accord avec les camarades qui demandent la création de boulangeries et de pharmacies municipales. Il demande que tout ce qui est necessaire à la vie se transforme.et devienne des services municipaux. Il faut faire tous ses efforts pour réaliser cela.

Il faudrait que les coopératives prennent la patente pour permettre la vente de leurs produits à tous les consommateurs et qu'elles vendent leurs marchandises au plus bas prix possible. On influerait sur les pouvoirs et on obtiendrait des subventions.

*Pelloutier*, COMITÉ FÉDÉRAL DES BOURSES. — Créer des boulangeries municipales. ce serait tuer les boulangeries coopératives, tandis que si les coopérateurs arrivaient à une entente, ils remplaceraient avantageusement les boulangeries municipales. Mais les coopératives ne sont pas en nombre suffisant en France. En Belgique, le mouvement coopératif est tellement bien organisé qu'il règle les cours exactement.

Au moment de la crise dont parlait le camarade Ternet, le *Vooruit*, la plus forte des coopératives belges, maintint les mêmes prix de vente qu'elle avait avant la crise. Les patrons boulangers qui s'étaient syndiqués ne purent lutter et se plaignirent au Gouvernement. En Suisse, les coopératives ont également fait échouer toutes les tentatives patronales.

La ville de Glasçow a municipalisé tout ce qui était possible, dans l'alimentation notamment. Elle a dû abandonner ce système, parce qu'il ne changeait rien aux conditions de la vie, et si elle a conservé quelque chose de cette municipalisation, tel que les cafés, c'est pour raison de moralité.

En Autriche, on a créé des boulangeries municipales pour essayer de régler le taux du prix du pain. On les a abandonnées, car elles ne changeaient rien à la situation.

A Paris, s'il y avait entente entre toutes les boulangeries coopératives, il y aurait une révolution heureuse pour les travailleurs dans le taux du prix du pain. Mais la situation serait au contraire désastreuse si on avait des boulangeries municipales.

*Sabourin*, SYNDICAT DES IMPRIMEURS LITHOGRAPHES DE LA SEINE, ne croit pas que la boulangerie coopérative et la boulangerie municipale soient deux éléments qui se combattent. Ainsi pour l'accaparement des blés l'une et l'autre rendraient des services.

*Beausoleil* récuse les boulangeries municipales. Avec elles, ce serait le fonctionnarisme à outrance; ce serait à bref délai une création de parias. Il faut réduire le fonctionnarisme le plus possible. Les ouvriers doivent s'organiser eux-mêmes en dehors de l'ingérence gouvernementale. Evidemment les corporations ne sont pas encore le communisme que nous désirons, mais on peut les amender et les ouvriers, en se coopérant, feront eux-mêmes les réformes nécessaires.

La clôture, mise aux voix, est adoptée.

*Ternet,* Syndicat des Ouvriers Boulangers de la Seine, est heureux de voir le camarade Pelloutier se joindre aux coopérateurs. Il reconnaît que les coopératives ne sont pas encore ce qu'elles doivent être. Les ouvriers boulangers veulent s'organiser eux-mêmes, mais on veut les boycotter parce qu'on les prend pour des capitalistes. Rien n'est plus faux. C'est pour prouver que nous ne sommes pas des capitalistes que nous avons demandé qu'on étudie la question des boulangeries municipales, dans lesquelles on ne doit pas prélever de bénéfices.

*Coquet,* Syndicat des Ouvriers Meuniers d'Ille-et-Vilaine. — On a reproché aux coopératives de ne pas payer la patente : elles sont toutes disposées à la payer, mais il faut bien considérer qu'elles ne sont pas patentables.

On procède à la nomination d'une commission de cinq membres. Ternet, Coquet, Larsonneur, Pellier et Beausoleil sont nommés pour faire un rapport sur la question des boulangeries municipales.

*Le Président* donne la parole au citoyen Lagailse, Conseil National, pour donner toutes les explications concernant le journal l'*Eveil.*

*Lagailse,* Conseil National. — On a exposé, au Congrès de Tours, ce qu'il était convenable de faire pour créer un organe quotidien du prolétariat.

Au Congrès de Toulouse on a dû prendre un nouveau système, les indications du Congrès de Tours n'ayant pas été suivies ou n'ayant presque rien produit. Le Conseil National, pour se conformer aux décisions du Congrès de Toulouse, a mis pour 30,000 francs de cartes en circulation parmi les organisations ouvrières. La Confédération n'a réuni que 500 francs jusqu'à présent. Aussi, le Conseil National, devant un aussi piètre résultat, croit qu'il serait de son devoir d'abandonner ce projet de journal quotidien. puisque les Syndicats ne le soutiennent pas et ne suivent pas les décisions des Congrès.

*Guérard,* Syndicat des Chemins de fer, est à peu près certain que les organisations ouvrières ne voudront pas abandonner le projet du journal quotidien. Il est vrai que tous les Syndicats ne suivent pas les décisions des Congrès. On n'a pas fait non plus pour la création de l'*Eveil,* l'organe du prolétariat, tout ce qu'on aurait pu faire. On n'a pas fait suffisamment de propagande, on n'a pas fait assez d'efforts. Guérard démontre l'utilité d'un organe appartenant au prolétariat et conclut en disant que cet organe est nécessaire, car les journaux qui doivent être avec nous ne le sont pas.

Lorsque le Syndicat des Chemins de fer a fait une consultation au sujet de la grève générale, il fallut faire une campagne dans les journaux pour y intéresser l'opinion publique. Le Syndicat des Chemins de fer s'est adressé à différents journaux qui, quoique n'étant pas entièrement dans nos idées, ont accueilli cependant toutes les communications qui leur étaient adressées. Un journal jouant un grand rôle dans le parti socialiste a refusé de prêter le concours qu'on lui demandait ; de là, la nécessité d'avoir un organe à nous, sans aucune attache financière.

Les journaux qui fonctionnent avec des capitaux non socialistes, ne peuvent pas jouir d'une très grande indépendance.

*Besombes,* Union des Syndicats de la Seine, demande au camarade Guérard de faire connaître au Congrès le nom du journal socialiste qui a refusé son concours au Syndicat des Chemins de fer.

*Guérard.* — C'est la *Petite République.*

*Beausoleil.*— Dans nos Congrès, on prend trop facilement

des décisions. On les adopte d'autant plus volontiers qu'elles nous flattent dans nos conceptions. Avant de décider l'abandon ou la poursuite du projet du journal quotidien, il aurait fallu apporter les moyens qui pouvaient faire aboutir ce projet ou prouver qu'il était irréalisable. Peut-on compter réaliser des fonds dans les organisations ouvrières pour l'*Eveil?* Non, nous doutons que ce soit possible. Il faut bien se rendre compte des fonds qui sont nécessaires et se demander ensuite où, comment on se les procurera.

Que l'on décide la création du journal quotidien, mais que l'on dise aussi à combien s'élèveront les fonds nécessaires et qu'on les réalise pendant deux, cinq ou dix ans, s'il le faut.

*Beausoleil* demande que ce journal ne paraisse que lorsqu'on aura des fonds suffisants pour pouvoir marcher pendant trois mois.

*Meyer*, Syndicat des Ouvriers Patissiers de la Seine, estime qu'il est utile et nécessaire que le prolétariat ait un journal quotidien à lui. Dans les journaux socialistes actuels, on n'insère que les communications des camarades qui sont favorables.

*Hamelin*, Verrerie Ouvrière, était loin de se douter, en venant au Congrès, qu'il assisterait à un procès de tendance contre la *Petite République*, qui, de tous les journaux socialistes, est celui qui accueille le plus facilement les communications des Organisatians ouvrières.

Hamelin préconise la création le plus tôt possible du journal quotidien l'*Eveil*. Que la Confédération crée des actions, comme on a fait pour la Verrerie ouvrière ; puis, plus tard, lorsque le journal aurait prospéré, on rembourserait ces actions et le journal serait libre et indépendant. C'est à la Confédération à s'occuper de ce projet, à rechercher les moyens de le faire réussir.

Hamelin a parlé du journal partout où il en a trouvé l'occasion, et il est décidé à apporter tout son concours pour le faire réussir.

*Coquet*, SYNDICAT DES OUVRIERS MEUNIERS D'ILLE-ET-VILAINE, demande qu'à chaque réunion organisée par les Syndicats, on fasse des quêtes dont le montant sera acquis au journal du prolétariat

*Larsonneur*, SYNDICAT DE LA BROSSERIE DE PARIS, a reçu mandat de son Syndicat de se renseigner sur l'organe du prolétariat. Les camarades de ce Syndicat n'ont jamais su qu'il y ait eu de la propagande faite pour l'*Eveil* et, ne connaissant pas la question, ils n'ont pu prendre aucun engagement.

*Fernbach*, SYNDICAT DES OUVRIERS PLOMBIERS, COUVREURS-ZINGUEURS DE PARIS, apporte au Congrès l'adhésion formelle de son Syndicat, qui souscrit cent francs pour le journal l'*Eveil,* à condition qu'il se place sur le terrain économique.

*Capjuzan*, SYNDICAT DE LA CORDONNERIE OUVRIÈRE DE FRANCE, dit qu'il faut que l'on profite de toutes les occasions possibles pour avoir des fonds et faire de la propagande pour le journal. La question que l'on doit envisager, c'est de le mettre sur pied. Les cartes émises par la Confédération peuvent produire davantage cette année. La proposition du citoyen Coquet est excellente, et Capjuzan demande qu'il soit perçu 0.05 d'entrée à toutes les conférences que les Syndicats organiseront.

*Pelloutier*, COMITÉ FÉDÉRAL DES BOURSES, a été stupéfait de la façon indiquée à Toulouse pour fonder le journal quotidien l'*Eveil* : on a dit qu'avec 100,000 fr. et 10,000 abonnés, on pourrait marcher. Il est impossible de faire fonctionner le journal dans ces conditions ; on n'aperçoit pas les difficultés insurmontables que l'on rencontrera dans la réalisation de ce projet. Pour fonder un journal quotidien dans le genre de ceux qui existent, Pelloutier estime qu'il faut au moins un capital de 500,000 fr., et encore l'*Eveil* ne pourrait pas se passer de tous les avantages ordinaires des journaux existants.

De plus, le prolétariat aurait-il assez d'énergie pour abandonner les journaux qu'il lit actuellement, et qui, au fond, devraient être considérés comme adversaires? Il est craindre que l'organe du prolétariat soit négligé pour suivre les autres journaux qui publient des feuilletons. Il faudrait au journal l'*Eveil* un service d'informations, une documentation bien faite et tout cela nécessiterait une dépense de 1.500 à 1,800 francs par jour. Si l'on suppose une dépense de 30,000 francs par mois, on reconnaîtra qu'il est impossible de réaliser le projet du journal du prolétariat. Il faut raisonner sérieusement et voir, avec le chiffre de dépenses indiqué tout de suite, le nombre de numéros qu'il est nécessaire de vendre en tenant compte de la remise que l'on doit faire aux vendeurs, pour couvrir les frais.

Si le Congrès désire continuer la marche en avant et réaliser le journal, il faut dire qu'il faut 500,000 francs. Il faut donc trouver de nouveaux moyens pour avoir cette somme et que le Conseil national apporte des indications pour cette marche en avant.

Il faut aussi que les organisations ouvrières apportent leur concours et fassent une active propagande dans leur milieu.

*Guérard,* Syndicat des Chemins de Fer, répond au citoyen Hamelin qu'il ne pouvait incriminer d'autres journaux que ceux qui, comme la *Petite République,* se disent socialistes. La *Petite République* a bien inséré les communications que le Syndicat des Chemins de Fer lui a adressées mais ce n'était pas suffisant. Il fallait faire une active propagande dans le sens désiré par le Conseil du Syndicat des Chemins de fer, propagande qui a été faite en des articles favorables par des journaux qui ne sont pas aussi avancés.

Le journal l'*Eveil* doit exister et il est nécessaire qu'il ait une ligne de conduite bien déterminée. Le journal à créer devra s'occuper des faits politiques, mais s'abstenir de faire de la politique électorale. En cas d'élection il fera connaître tous les candidats sans toutefois en recommander aucun. Il faudra que ce journal soit le mieux informé de tous les journaux et les travailleurs seront conduits à s'y intéresser parce qu'ils en auront besoin. Il faut que le journal ait des romans à tendances sociales — il y en a d'excellents qui ne sont pas arides — que les marques de connaissements soient vulgarisées et portées à la connaissance des travailleurs par le journal l'*Eveil*.

Il faut que le but soit poursuivi; il faut répondre à des besoins et on aura des lecteurs. Quant à la façon dont le journal peut vivre, il faut assurer un chiffre d'abonnés que l'on trouvera en faisant des listes d'abonnements; on peut aussi, par ce moyen, supprimer les remises sur la vente.

Guérard trouve exagéré le chiffre de 500,000 francs indiqué par Pelloutier et demande au Congrès de mettre à exécution les décisions prises à Toulouse, au sujet du journal. La Confédération a fait une émission de cartes qui n'a pas produit tout ce qu'on en attendait.

Ces cartes peuvent encore rapporter, si les organisations ouvrières veulent bien faire de la propagande. La Confédération ne peut pas être constamment en communication, sur cette question, avec tout le prolétariat; elle envoie des cartes, des listes d'abonnement, si le prolétariat comprend que son intérêt est en cause, il fera de la propagande, et l'on pourra marcher. *(Applaudissements.)*

*Batbielle*, Fédération de la Typographie, est de l'avis de Guérard. Les décisions des Congrès restent presque toujours lettre-morte pour les Syndicats, tandis que dans la Fédération typographique, toutes les décisions sont mises en pratique. Ainsi, en ce qui concerne le journal quotidien *l'Eveil*, la Fédération a décidé de prendre un abonnement de trois mois, pour toutes ses sections, à titre de propagande.

*Girard*, Union du Bronze, au sujet des chiffres fournis par le citoyen Pelloutier, fait remarquer que la cause de l'insuccès se trouve dans le fait des rédacteurs qui touchent de très forts appointements.

*Maynier*, Chambre syndicale de la Typographie parisienne. — On ne veut pas comprendre que c'est le directeur qui fait la force du journal. Le journal *l'Eveil* ne réussira que si l'on met à sa tête un directeur qui sera connu, qui aura un nom. Il ne faut pas sortir de là : il faut que tous les articles du journal soient signés. Quant à Maynier, lorsqu'il prend un journal, il regarde d'abord la signature de l'article qu'il veut lire, et suivant de qui est l'article, il lit ou ne lit pas. *(Applaudissements.)*

Avant de lever la séance, le Président rappelle que la prochaine séance ne commencera qu'à trois heures de l'après-midi, pour permettre aux congressistes de visiter les musées de Rennes.

La séance est levée à midi.

## DIXIÈME SÉANCE

### Vendredi 30 septembre 1898 (soir)

La séance est ouverte à trois heures, sous la présidence du citoyen *Cayol*; assesseurs : *Gannat* et *Grassaval*.

*Le Président* procède à l'appel nominal.

Absents : Augé, Claverie, Dalle, Davy, Richard, Rozier.

*Sabourin*, SOCIÉTÉ DES IMPRIMEURS LITHOGRAPHES DE LA SEINE, fait savoir qu'il n'a pu assister à la 8e séance du Congrès parce qu'il était souffrant. Le Président décerne acte de cette déclaration et dit qu'elle figurera au procès-verbal de la présente séance.

*Dugoy*, FÉDÉRATION OUVRIÈRE DES CUISINIERS DE FRANCE, invite les camarades qui dirigent des journaux à se communiquer leurs adresses pour pouvoir se faire l'échange mutuel de leurs organes.

*Constant,* UNION SYNDICALE DE BREST. — On a la fâcheuse habitude de se communiquer les journaux; partout où il y a une agglomération d'ouvriers on fait la lecture des journaux en commun. Il faut que tous les ouvriers achètent chacun leur numéro.

*Bry*, BOURSE DU TRAVAIL D'ANGERS. — Si l'on prend la résolution de faire l'*Eveil*, il faudra poursuivre plus activement la propagande. Il faut partir du Congrès avec la ferme intention de réaliser le journal. La Bourse du Travail d'Angers s'engage pour une somme de 100 francs.

*Blanchart*, BOURSE DU TRAVAIL DE NANTES, croit que tous les congressistes sont unanimes à reconnaître la nécessité d'un journal quotidien indépendant et appartenant aux travailleurs. Mais on ne peut trancher en ce congrès la question de savoir comment ce journal fonctionnera. Que l'on continue à ramasser des fonds; que l'on s'enquiert près des organisations adhérentes des engagements qn'elles prendraient.

*Lemaître*, FÉDÉRATION DES PEINTRES EN BATIMENT DE LA SEINE, votera le principe du journal l'*Eveil*, étant personnellement partisan de cette création. Il ne peut aller plus loin, n'ayant pas reçu de mandat sur cette question, de son syndicat.

*Peltier*, SYNDICAT DES OUVRIERS TAILLEURS DE PARIS. — De tous les moyens préconisés jusqu'à présent pour la réalisation du journal l'*Eveil*, aucun ne lui semble présenter de garanties suffisantes. Il avait pensé que ceux qui avaient mis cette question à l'ordre du jour auraient apporté de nombreux renseignements. On ne pourra créer une œuvre aussi colossale sans faire appel à des actionnaires ; il faut la considérer comme une entreprise financière. Peltier conclut en disant qu'il faudrait commencer par un journal hebdomadaire.

*Richer*, BOURSE DU TRAVAIL DU MANS, demande un état financier des fonds produits par tout ce qui a. été entrepris jusqu'à ce jour.

*Copigneaux*, TRÉSORIER DU CONSEIL NATIONAL. — Les cartes émises par la Confédération n'ont produit que 400 fr.

*Richer* prend en considération les paroles prononcées à la séance précédente par le camarade Guérard et les approuve entièrement. Il faut engager les secrétaires des Organisations syndicales à faire de la propagande dans leur groupe. Il faut qu'ils fassent leur devoir en plaçant le plus de cartes possible.

*Le Bras,* SYNDICAT DES OUVRIERS MENUISIERS DE RENNES, a fait toute la propagande possible dans son Syndicat, mais personne n'a voulu prendre de cartes.

Le Congrès vote la clôture de la discussion avec les orateurs inscrits.

*Riou,* UNION SYNDICALE DE BREST. — On a fondé un organe syndical à Brest ; il paraît deux fois par mois. On a eu bien du mal, bien des difficultés à le faire lire par tous les camarades, même syndiqués. Comment fera-t-on pour arriver à leur faire prendre le journal quotidien ? Il est vrai que les militants feront toute la propagande possible ; quoique cela, ce sera bien difficile à propager.

Le Congrès nomme une Commission de cinq membres pour établir un rapport sur le journal quotidien. Les citoyens Constant, Copigneaux, Fournet, Guérard et Lagailse sont désignés pour cette Commission. Toutes les propositions parvenues au bureau sont envoyées à la Commission.

La parole est au citoyen Lagailse, secrétaire général du Conseil national, pour la lecture du projet de loi, qui suit, destiné à assurer une retraite à tous les travailleurs des deux sexes.

---

**PROJET DE LOI** pour assurer une retraite aux travailleurs des deux sexes, âgés de **60 ans**

### PRÉAMBULE

Depuis longtemps le monde du travail réclame à l'Etat qui procure des rentes à tant de budgétivores, dont souvent ils n'ont que faire, attendu les émoluments émargés par eux pendant l'exercice de leur fonction, qu'il ait à se préoccuper du sort des travailleurs qui, usés par le travail et l'àge, en sont réduits au suicide, s'ils ne veulent mourir de faim.

L'assistance publique, dont les rouages sont aussi coûteux et qui absorbent la moitié des sommes mises à sa disposition pour secourir les nécessiteux, n'agit, dans 30 cas sur 100, que lorsque les malheureux qui l'ont sollicitée ont attenté à leur existence. Quant aux pauvres honteux, et ceux-là, malheureusement, sont légion, surtout dans les grands centres, ils sacrifient *leurs derniers six sous* pour un boisseau de charbon.

Lorsqu'un peuple qui se considère comme un éducateur sacrifie la plus belle jeunesse pour aller *moraliser* des nègres ou des Chinois au profit des comptoirs et des marchands de chair humaine, nous disons, nous, que ce peuple n'a pas conscience du rôle que lui font tenir les dirigeants, et que les millions dépensés à ces fastidieuses conquêtes seraient mieux employés au soulagement des misères de ceux qui de descendants en descendants sont les vrais producteurs de la richesse.

Des peuples modernes, l'Allemagne, le pays des soudards par excellence, nous a devancés, et chez elle, depuis des années, il existe une retraite pour les vieux travailleurs.

Depuis des années, les hommes qui président aux destinées de notre pays ont fait un semblant de bon mouvement dans cette marche — mais, pas plus M. Constans que les autres n'ont hâte de voir aboutir cette solution.

En 1896, M. Jacques Escuyer a fait établir une proposition de loi qui porte son nom et qu'au Congrès de Toulouse (1897) nous avions soumise sur la proposition de diverses organisations.

De son côté, la Fédération des Bourses du Travail en avait fait autant, et à son Congrès de 1897 il fut adopté, dit-on ? Et voyez la bizarrerie des choses, six jours après et avec une partie des mêmes éléments qui l'avait admise au Congrès de la Fédération des Bourses, le Congrès national corporatif la repoussait à une grosse majorité.

Selon nous, les délégués au 9ᵉ Congrès avaient eu raison de repousser ce projet, qui, établi sur des bases insuffisantes, crée une catégorie d'ayants-droit et supprime l'autre partie.

La femme semble abandonnée, et nous ne voyons y figurer *que la veuve pour une pension de 250 francs.*

M. Escuyer, dans sa proposition, admet bien la participation du célibataire « mâle », mais chez la femme point !...

Il y a là une grosse lacune qui suffirait à enterrer à tout jamais cette proposition. L'article 7 dit bien : « L'inscription à la Caisse nationale » de prévoyance est *obligatoire* pour tous les travailleurs mentionnés » à l'article 1ᵉʳ : ouvriers, employés et commis *des deux sexes.* » Alors pourquoi cet article 11 : « La Caisse nationale de prévoyance a » pour but d'assurer à tout travailleur français désigné à l'article 1ᵉʳ :

» 1° A partir de 60 ans, une rente viagère annuelle de 500 francs *s'il* » *est marié*, de 400 francs s'il est célibataire ;

» 2° A un âge quelconque, la gratuité des soins médicaux et des médi-» caments en cas de maladie ;

» 3° Une allocation de 1 fr. 50 par jour de chômage, par jour de » maladie ;

» 4° Le service immédiat de la rente viagère prévue au § 1ᵉʳ du pré-» sent article en cas d'incapacité temporaire ou permanente de » travail

« 5° Le paiement *à la veuve* de tout participant décédé après l'âge de « 60 ans, et laissée sans ressources, de la moitié de la rente viagère à « laquelle le participant avait droit. »

On ne s'explique plus !...

A part les couturières, modistes et blanchisseuses, M. Escuyer voudrait voir la femme, à l'usine ou à l'atelier, venir faire concurrence à l'homme. Si, au contraire, elle reste à la maison pour le bien du ménage, pas de pension. Si, une petite parcelle — à la condition qu'elle n'aura pas contrevenu à la loi du mariage.

Nous n'avons pas l'intention de faire ici une critique à fond de cette proposition de loi. Ce travail nous obligerait à trop nous étendre, et là n'est pas ce qui nous a été indiqué par le Congrès de Toulouse. Nous avons reçu mandat de vous apporter un projet qui comprenne tous les travailleurs des deux sexes, sans tenir compte de la condition sociale qu'ils observent.

Lorsqu'un être a vécu jusqu'à 60 ans, il est de fait qu'il a payé sa dette à la nature et que le pays, quelque malheureuse qu'ait été son existence, en a fait un profit. Il est donc de toute logique que ceux qui en ont bénéficié lui en tiennent compte.

## PROJET DE LOI

L'Etat, reconnaissant que chaque travailleur d'un pays est une artère de la fortune publique, et que, lorsqu'une de ces artères est usée par le travail et l'âge, elle ne doit pas tomber à la merci de la charité, décrète :

ARTICLE PREMIER. — Tout travailleur de l'un ou l'autre sexe, âgé de 60 ans, aura droit à une pension annuelle ainsi établie :

*1re Catégorie.* — Habitant les villes dont la population sera supérieure à 50,000 :

Hommes : six cents francs.

Femmes : cinq cents francs.

*2e Catégorie.* — Habitant les centres inférieurs à ce nombre de population et dont les villes sont soumises au régime fiscal :

Hommes : quatre cent cinquante francs.

Femmes : trois cent cinquante francs.

*3e Catégorie.* — Habitant les communes non soumises au régime fiscal :

Hommes : trois cents francs.

Femmes : deux cents francs.

ART. 2. — Pour avoir droit à ladite pension, il faut être né en France et y avoir habité pendant les vingt dernières années.

ART. 3. — Les droits à ladite pension seront établis sur la présentation de l'acte de naissance qui devra être délivré gratuitement à l'ayant-droit ; de pièces attestant que la personne habitait bien le pays pendant ces vingt dernières années, et que depuis dix ans elle réside dans un centre classé dans une des catégories de l'art 1er.

ART. 4. — La retraite sera payable par le Trésor et par trimestre. Elle sera incessible et insaisissable.

ART. 5. — La présente loi sera applicable au 1er janvier de l'année qui suivra sa promulgation.

ART. 6. — MM. les Préfets et les Maires sont chargés, chacun en ce qui les concerne, d'en assurer l'exécution.

Dans ces conditions, il nous reste à indiquer la dépense qu'entraînerait cette retraite faite aux travailleurs et les moyens d'y pourvoir.

*Moyenne des travailleurs susceptibles d'être pensionnés :*

HOMMES

| | | | | |
|---|---|---|---|---|
| 1re catégorie : | 110,000 à 600 fr.............. | 66.000.000 | | |
| 2e — | 181,000 à 450 fr............ ... | 81.450.000 | | |
| 3e — | 227,000 à 300 fr............. | 68.100.000 | | |
| | | 215.550.000 | 215.550.000 |

FEMMES

| | | | | |
|---|---|---|---|---|
| 1re catégorie : | 106,000 à 500 fr............. | 53.000.000 | | |
| 2e — | 163,000 à 350 fr............ | 57.050.000 | | |
| 3e — | 234,000 à 200 fr............ | 46.800.000 | | |
| | | 156 850.000 | 156.850.000 |
| | | | 372.400.000 |

*Produits permettant d'assurer le paiement de cette somme :*

| | | | |
|---|---|---|---|
| Droits payés par les patrons occupant des ouvriers étrangers (recensement de 1891): 378,600 à 40f. | 15.144.000 | | |
| Suppression des sous-préfectures.......... | 20.000.000 | | |
| Suppression des tribunaux dans les sous-préfectures............................ | 8.000.000 | | |
| Service militaire réduit à deux ans........ | 36.500.000 | | |
| Impôt sur le revenu..................... | 154.900.000 | | |
| Droits sur les successions.............. | 148.540.000 | | |
| Conversion de la rente................. | 31.000.000 | | |
| Impôt spécial sur les vins de crûs........ | 54.000.000 | | |
| | 471.084.000 | 471.084.000 |
| Reste disponible.......... | | 98.684.000 |

Il est un moyen qui permettrait de trancher la question d'une façon favorab'e, au cas où l'un de ces chiffres serait contesté : ce serait d'y ajouter la somme que produirait la suppression du budget des cultes.

Pour le Conseil national :

*Le Secrétaire général,*
A. LAGAILSE.

*Capjuzan*, SYNDICAT DE LA CORDONNERIE OUVRIÈRE DE FRANCE. — Le dernier Congrès avait donné mandat à la Confédération de préparer un projet de loi pour assurer une retraite aux travailleurs des deux sexes.

Il y a trois mois, Lagailse n'avait encore aucun rapport de préparé pour la Confédération et, depuis cette époque, il n'a pas été possible de réunir le Conseil national. C'est donc un projet personnel que Lagailse a communiqué au Congrès. Persuadé que le Conseil national n'avait aucun rapport sérieux sur la question à soumettre au Congrès, Capjuzan a établi un projet de loi qu'il communique au Congrès.

Ce projet est établi sur les bases suivantes :

**PROJET DE LOI** sur les retraites pour la vieillesse et les invalides du travail

Le Congrès National Corporatif de 1897, tenu à Toulouse, ne prit pas en considération le projet de loi Lecuyer, mis à son ordre du jour, estimant que l'appoint individuel demandé pour l'alimentation de sa caisse est impraticable et dangereux et ne peut, dans aucun cas, donner satisfaction au prolétariat.

Tout le monde connaît les bases fondamentales de ce projet, qui sont : participation du salarié, un franc par mois; du patron, un franc cinquante par ouvrier ou ouvrière employés et participation annuelle de l'Etat, 358 millions.

Nous ne nous étendrons pas longuement à réfuter les théories de ce système, que nous croyons mauvaises. Actuellement, les travailleurs en général ne touchent que des salaires de famine et dont ils ne peuvent par conséquent soustraire une somme, si modique soit-elle. Certes, il y a quelques privilégiés, mais nous ne les comptons pas.

Lors même qu'un minimum de salaires serait établi par les Chambres, le chômage étant au *minimum* de quatre mois sur douze, le progrès et la science tendant indiscutablement à le faire progresser, il s'ensuit que malgré toutes les bonnes volontés et tous les sacrifices apportés par les participants, ceux-ci ne pourraient verser leur cote-part individuelle.

Admettons même l'impossible, les ouvriers versant régulièrement pendant qu'ils sont occupés, ils seraient impuissants à verser pendant les douloureuses périodes de chômage. Résultat : les premiers suspendant leurs versements, les patrons suspendant également leur cote-part contributive, ne payant que suivant le nombre de travailleurs employés, l'Etat ferait forcément de même. En conséquence, les ressources de cette caisse étant problématiques, la retraite des ayants-droit le serait également.

Même, transitoirement, cela ne doit pas être proposé par les travailleurs, car, comme nous le disons plus haut, les salariés ne pourront fournir leur part contributive, les périodes de chômage étant appelées à devenir aussi longues que celles du travail. Dans ces conditions, les capitaux disponibles étant absolument aléatoires, la retraite pour la vieillesse serait une cruelle fumisterie.

D'ailleurs, suivant les bases données par le projet Escuyer, nous estimons que 4 ou 500 francs accordés à 60 ans d'âge est une amère dérision que les travailleurs ne sauraient accepter. La dignité prolétarienne s'y oppose. Car ce n'est pas à l'âge où l'on a épuisé toutes ses forces à produire au profit du capital et du patronat, quand ces derniers ont seuls profité de nos labeurs et des richesses produites, lorsque vieillesse et débilité exigeraient des soins plus grands et des aliments plus fortifiants, qu'on leur octroierait un *long calvaire*, juste de quoi ne pas mourir de faim, le logement et le pain : *c'est une absurdité!* Ce serait une honte pour le prolétariat organisé que d'accepter une situation semblable. Les organisations ouvrières ont le devoir absolu d'exiger d'avantage. En conséquence, celles-ci doivent présenter au Parlement un projet qui garantisse les vieux jours des travailleurs non pas d'une façon luxueuse, — ce qui, entre parenthèses ne serait que justice — même pas confortable, mais suffisante.

Pour cela, il faut trouver une combinaison, un système n'effrayant pas trop nos dirigeants, nos exploiteurs. Certes, quant à nous, nous n'avons pas la crainte de les effrayer. Nous voudrions au contraire que, par une action virile et définitive les travailleurs les obligent à rendre gorge. Mais comme nous présentons un projet réalisable, même avec la société que nous sommes obligés de subir, nous sommes dans l'obligation forcée de tabler sur la *légalité*.

Il faut donc trouver un projet ne demandant rien à l'individualité et permettant de donner aux retraités ayant atteint l'âge de 55 ans, une pension de mille francs par an. Nous voudrions que tout individu y ait droit qu'il soit travailleur ou déclassé. Nous devons avoir des idées larges et généreuses. C'est une question d'humanité! Nul ne doit être malheureux dans ses vieux jours. Le problème est là, il s'agit de le resoudre; nous croyons avoir trouvé et venons vous proposer un projet à combinaison simple et d'une grande facilité.

Le Parlement, avec un peu de bonne volonté, prenant pour principe *droit et logique*, peut sans révolution ni perturbations dans le pays, nous donner satisfaction. Dans tous les cas, c'est aux travailleurs à lui forcer la main !...

## PROJET

Nous demandons que les Chambres, par un vote, retirent aux Compagnies d'assurances : incendie, vie, accident, etc. etc., le privilège d'assurer et donnent ce monopole à la Nation. *L'Etat assureur.* Rapportant aux hauts dignitaires des Compagnies : Administrateurs, Agents généraux, hautes sinécures grassement rétribuées, la somme colossale *d'un milliard deux cents millions.*

Cela ne fait aucun doute : en France, tout le monde est assuré, la plupart deux et trois fois. La propriété. les transports, la navigation, les mines, les arts, le commerce et l'industrie le sont pour des sommes considérables ; les primes accordées aux sinistres, décès, accidents, quoique parfois considérables, n'ont jamais atteint plus de la moitié des sommes versées par les assurés.

D'ailleurs, cette réforme s'impose : indépendamment des élus socialistes, un grand nombre de députés l'ont inscrite sur leur programme. Si les Organisations ouvrières s'en occupaient sérieusement, peut-être obligeraient-elles ceux-ci à la voter et à nous donner satisfaction.

Il est bon, croyons nous, de démontrer que les Compagnies ne sont pas si rassurées que l'on peut supposer et, la preuve, c'est que les candidats aux dernières élections ont pour la plupart reçu la lettre ci-dessous dont nous possédons l'original.

## CHAMBRE SYNDICALE DES AGENTS GÉNÉRAUX DES COMPAGNIES FRANÇAISES A PRIMES FIXES

*Contre l'incendie, sur la vie et contre les accidents de toule nature*
DU DÉPARTEMENT DE SEINE-ET-OISE

Le bureau syndical est à Versailles, 11, rue de la Paroisse

N° 244      TIMBRE.

*Versailles le 1ᵉʳ mai 1898.*

MONSIEUR,

En vous présentant à la députation, vous faites appel aux électeurs et vous sollicitez leurs suffrages. Laissant de côté toute idée politique, nous sommes disposés à user de l'influence que nous avons en faveur du candidat qui, se rendant compte de notre situation constamment menacée, prendra l'engagement de s'opposer à toute tentative d'ingérence de l'État dans l'industrie des assurances, sous quelque forme que ce soit, et de repousser les projets qui pourraient être présentés pour subventionner des caisses agricoles, créer des caisses départementales et en général toute proposition émanant soit du Gouvernement, soit de l'initiative parlementaire ayant pour but de substituer d'une manière directe ou indirecte l'État à l'industrie privée.

Si vous adhérez au contenu de cette lettre, nous vous apporterons notre concours. Dans le cas contraire, nous ne pourrons vous appuyer. Le discours du président du Conseil à Remiremont ne nous laissant aucun doute, et en votant pour vous, nous approuverions d'avance les attaques qui menacent nos Compagnies.

Veuillez agréer, Monsieur, nos salutations distinguées.

VU : *Le Trésorier,*                    *Le Président,*
ALBRANCHE.                              G. TARDIF.

*Sans commentaires.*

Les adversaires intéressés de notre projet feront, sans doute, une foule d'objections et diront que les Compagnies ont des capitaux engagés ainsi que des valeurs mobilières et immobilières, et seraient lésées si l'Etat s'emparait de ce monopole. Nous ferons observer que le matériel d'exploitation étant presque nul et les fonds versés par les actionnaires devant par ce fait se trouver soit en valeurs ou espèces intégralement dans les coffres-forts des Compagnies, celles ci ne pourraient être embarrassées pour opérer les remboursements des valeurs aux ayants-droit, nécessités par la suppression d'un privilège injustement octroyé.

Ces Compagnies n'ayant donc pas de capitaux engagés dans un matériel d'exploitation, les meub'es et immeubles leur appartenant pourraient être, après estimation et prix convenu, remboursés par l'Etat. Ensuite, les actions et obligations pourraient être libérées et immédiatement remboursées aux ayants-droit.

Mais, nous dira-t-on, la dissolution de ces Sociétés et le remboursement des valeurs porteraient atteinte aux intérêts des actionnaires, à qui, au moment de la souscription, on a fait miroiter de grands avantages et une longue exploitation. C'est possible... Mais l'Etat leur ayant accordé de grands privilèges, en leur donnant le droit d'assurances, la Nation a le droit de le leur retirer, et même, dirons-nous, le devoir de le faire.

On se récriera encore sur les énormes bénéfices que nous donnons ici. *Un milliard deux cents millions.* Et comme nous ne pouvons fournir de preuves formelles, étant dans l'impossibilité de nous procurer les documents nécessaires. les Compagnies ne publiant que ce qu'elles veulent bien, ensuite nous n'avons pas les loisirs d'une recherche semblable, mais il suffit de connaître l'estimation de la fortune publique et la valeur de la propriété terrienne en France, ainsi que le tant du mille pris par les Compagnies aux assurés, pour établir un total des affaires faites, *à quelques millions près.*

Assurément, les compagnies crieront à l'imposture en nous accusant de donner des chiffres exagérés. Leur triomphe sera de courte durée : car, comme chacun le comprendra, il nous est impossible de donner des preuves indiscutables ; on n'a également qu'à rechercher les gros dividendes touchés par les actionnaires. Le taux des valeurs à l'émission et le taux actuel. Le capital des Compagnies, comment et dans quelles proportions il a augmenté. L'armée de ducs, comtes, marquis, sénateurs, députés et généraux, etc. administrateurs, qui ne prêtent certainement pas leurs noms pour rien, au contraire, touchent des sommes scandaleuses. Les agents généraux touchent également des sommes incroyables, les frais divers montant à des sommes folles et qu'il serait si facile de diminuer.

On n'a qu'à rechercher tous ces faits et l'on sera convaincu que nous sommes au-dessous de la vérité.

Du reste, peu importe le taux exact des bénéfices, nous savons qu'ils sont fantastiques. Notre projet ne repose pas sur des bases à capital fixe. C'est ce qui fait sa force et pourquoi il sera difficile de le combattre. Que demandons nous ? Tout simplement que l'Etat devienne *assureur* et verse intégralement les bénéfices réalisés.

Voilà tout.

Mais, qu'importe, nous maintenons nos affirmations et demandons que l'Etat s'empare au profit des travailleurs d'un privilège qu'il a laissé usurper par les Compagnies. Une année suffira grandement — tout en donnant aux assurés des garanties et avantages plus grands que les Compagnies ne leur accordent — à démontrer que les bénéfices de cette exploitation alimenteraient facilement la caisse de retraites pour la vieillesse.

Quoique partisan avant tout d'*une action violente*, seul moyen pour arriver à notre émancipation complète, le dépôt de ce projet nous impose ici de ne point casser les vitres et d'agir avec *légalité* ; nous demandons que les bénéfices de la première année servent à payer certaines indemnités aux actionnaires, s'il y a lieu. En conséquence, la première année ayant fait taire toutes les réclamations, les bénéfices de la deuxième année iraient intégralement dans une caisse spéciale affectée au service des retraites pour la vieillesse et invalides du travail, soins médicaux et secours de maladie.

Donc, deux années après la promulgation de cette loi, *décision de droit et de justice*, sans versement individuel *impossible*, sans exproprier personne. Puisque, pour cette fois, c'est entendu, il faut agir *légalement* ; la vieillesse aurait ses jours assurés et le monde du travail recevrait satisfaction sur une réforme qui s'impose.

Puisque le projet de loi Escuyer, malgré ses grands défauts, est un des meilleurs que je connaisse, puisqu'il affirme que 650 millions donneraient 4 et 500 francs par an, soins médicinaux et secours de maladie, nous croyons que cette somme donnerait davantage, mais nous ne discuterons pas. Un milliard trois cents millions serviraient donc mille francs de retraite.

Le monopole des assurances donnerait certainement cette somme. Toutefois on pourrait y adjoindre les conclusions de la Commission du Congrès de Toulouse demandant que les employeurs versent une somme de deux francs par travailleur employé en raison du temps qu'ils l'auront occupé.

Mais à condition qu'un minimum de salaires soit établi.

## PROJET

Article premier. — Le privilège des assurances est retiré à ces dites compagnies. L'Etat en prend le monopole.

Art. 2. — Les bénéfices de cette exploitation iront intégralement à une caisse spéciale dite caisse de retraite pour la vieillesse et les invalides du travail.

Art. 3. — Les bénéfices de la première année seront versés, s'il y a lieu, comme indemnité aux actionnaires. Les bénéfices de la deuxième année seront répartis entre les pensionnés qui devront toucher la première mensualité le 25e mois après la promulgation de cette dite loi.

Une somme à déterminer en sera déduite comme provision pour parer aux éventualités et payer les retraites qui, dans le courant de l'année, se déclareraient urgentes.

Art. 4. — Après la première année, l'Etat, avec le concours des Chambres syndicales, fera un appel aux intéressés qui, après l s formalités d'office, seront inscrits d'office comme ayants-droit.

Art. 5. — Cette caisse possédant une année de provisions et d'avance cette somme serait répartie entre les intéressés et payée par mensualité l'année suivante.

Art. 6. — Tout homme ou femme ayant atteint l'âge de 55 ans pourra se faire inscrire comme ayant-droit et participer au bénéfice de cette caisse. Toutefois, s'ils ont des revenus personnels, il ne leur sera servi que la somme supplémentaire pour atteindre 1,00) francs par an.

## ADMINISTRATION

Article premier. — La Caisse de retraite sera administrée par une Commission supérieure, nommée par moitié par le Parlement et par les Chambres syndicales, qui sera chargée de l'exécution de la présente loi.

Art. 2. — Une Commission départementale sera constituée dans chaque département, nommée également par moitié par le Conseil municipal et les Chambres syndicales du chef-lieu du département, chargée de surveiller l'exécution de la présente loi.

Art. 3. — Dans les autres communes, chaque Conseil municipal désignera une Commission, chargée de recevoir les réclamations et demandes d'admissions présentées, qu'elle transmettra avec rapport à l'appui à la Commission départementale, qui, de son côté, fera parvenir à la Commission supérieure, qui statuera immédiatement.

Art. 4. — Les retraites seront accordées par un agent quelconque de l'Etat, sur un bon spécial délivré par les soins de la Commission supérieure. Nulle somme ne pourra être exigée pour frais de timbre etc., pour réclamation et recours formulé.

## CONCLUSIONS

Que l'on ne vienne pas traiter d'utopie une réforme qui depuis long-temps s'impose, tous les monopoles doivent être repris par l'Etat, afin d'alléger la nation des trop lourds impôts qu'elle subit, mais, si pour opérer *légalement*, certains offrent de grandes difficultés, tels que transports, mines, canaux, chemins de fer, etc., où les capitaux engagés dans le matériel sont considérab es, et où, pour aboutir efficacement, il faudrait opérer par expropriation, il n'en est pas de même pour les Compagnies d'assurances, nous le répétons, dont l'Etat peut s'emparer sans expropriation ni emprunt d'aucune sorte, les capitaux de garantie indispensables pour les Compagnie ne seraient d'aucune utilité pour l'Etat.

On objectera que jamais les Chambres ne voteront une proposition semblable. Et pourquoi donc ?

D'ailleurs, il n'est pas dit non plus qu'elles voteront le projet Escuyer, si défectueux soit-il ; ou si encore il est voté, il sera tellement tronqué par les amendements apportés qu'une fois de plus et qu'en réalité les travailleurs n'auront que des sati factions problématiques et complète-ment dérisoires.

Notre projet ne demandant aucune quote-part individuelle, parce que nous affirmons l'impossibiité absolue de cette retenue, il ne faut vrai-ment pas connaître les graves difficultés de l'existence des travailleurs pour affirmer le contraire, ni 3.0 à 400 millions à l'Etat, qu'il devrait se procurer par des impôts nouveaux.

Nous ne demandons même pas un milliard deux cents millions, comme on cherchera à ergoter. Nous demandons simplement une réforme qui depuis longtemps est à l'ordre du jour et qui s'impose, que les bénéfices réalisés par cette exploitation aillent à la caisse de retraites, et comme nous l'avons expliqué plus haut, nous sommes convaincu qu'hommes et femmes ayant atteint l'âge de 55 ans, ainsi que [les invalides non rentés et sans ressources, pourront toucher mille francs par an.

*Tout est là!...*

Un mot sur le personnel des Compagnies. Ces agents ne seraient même pas licenciés et pourraient prendre les mêmes fonctions à l'Etat, excepté toutefois les agents généraux, que nous sacrifions volontiers.

### Travailleurs et Organisations ouvrières

En attendant la prise de possession de tout ce qui nous est dû et nous appartient, nous ne pouvons soutenir qu'un projet de retraite pour nos vieux jours qui ne compromette pas notre dignité et ne soit pas un leurre absolu.

En conséquence, nous vou⁺ présentons le projet ci-dessus, espérant que vous voudrez le faire vôtre et le défendre de toutes vos forces, si toutefois un autre plus avantageux et mieux compris ne vous était pas présenté, et auquel je me rallierai volontiers.

Dans nos demandes, ayons de la volonté et de l'énergie, et je termine en vous disant :

Tout est au travail ! Le travail est tout !

Vive l'émancipation prolétarienne !

X...

La clôture étant demandée, le camarade Besombes, de l'Union des Syndicats de la Seine, la combat en disant qu'il n'est pas possible de prononcer la clôture sur cette question sans avoir fait la discussion.

Néanmoins, le Congrès vote la clôture de la discussion avec les orateurs inscrits.

*Pelloutier*, Comité Fédéral des Bourses, est heureux d'assister au Congrès corporatif, pour pouvoir détruire une légende. On a dit que le Congrès des Bourses de Toulouse avait adopté le projet Escuyer ; c'est inexact.

Le Congrès des Bourses à Toulouse était terminé et, pour employer utilement le temps disponible, le délégué de la Bourse du Travail d'Alger a donné lecture du projet de loi Escuyer. Mais lorsqu'on a voulu faire discuter ce projet, les délégués au Congrès des Bourses ont dit que ce n'était pas la peine. Là est toute l'affaire.

Pelloutier comprend que les députés ne peuvent pas nous servir. Il a procédé à la récollation des lois ouvrières promulguées depuis 1848 jusqu'à nos jours : leur application laisse toujours à désirer. Pelloutier combat tout projet de loi sur les retraites, mais il se tient sur un terrain général, sans chercher à viser tel ou tel projet.

Comment les ouvriers, qui ont accepté la lutte de classes viennent-ils demander des retraites à la société capitaliste ? Nous avons lutté depuis si longtemqs pour faire comprendre aux ouvriers à travailler eux-mêmes à leur bien-être matériel et aujourd'hui on vient soumettre au Congrès des projets de loi pour demander aux capitalistes des retraites ouvrières,

Et puis, lorsqu'il y aura 100 millions d'ouvriers retraités, la puissance d'achats fera augmenter le prix des denrées, et les bienfaits qu'on attend de ces retraites seront ainsi annihilés. Dans les deux projets soumis au Congrès, on n'a admis le principe de la retraite que pour les ouvriers. Pelloutier voudrait que ce principe fut étendu à l'universalité des individus en vertu de droit de tout individu à l'existence, la question étant envisagée ainsi, et, si elle était appliquée, ferait disparaître toute lutte de classes, parce qu'il n'y aurait plus de classes. Mais ce n'est pas aux ouvriers à indiquer les moyens d'assurer leur vieillesse, c'est à la société capitaliste qu'incombe cette obligation. Il ne faut pourtant pas être assez naïf pour croire que la société capitaliste, qui n'accorde rien aux travailleurs tant qu'ils sont pleins de vie, accordera une retraite quand ils ne pourront plus rien produire. Enfin, il ne faut pas que quel que soit le projet que l'on établisse sur les retraites ouvrières, que l'on crée de nouvelles charges pour l'ouvrier.

Le projet Capjuzan, à ce titre, est excellent. Tant qu'à celui du Conseil national, il est étonnant que l'on vienne proposer, dans un milieu socialiste, un impôt sur les ouvriers étrangers. En raison même du principe du droit de tout individu à l'existence, on ne peut approuver cet impôt.

*Trabaud*. Bourse du Travail de Nice, n'est pas de ceux qui disent qu'il ne faut pas demander de retraite; au contraire, il demande l'extension, l'universalité de la retraite à tous les individus de la Société. Mais qu'on ne vote pas un projet qui oblige à une redevance du patron ou de l'ouvrier, le patron ferait toujours du bénéfice sur l'ouvrier. Il faut traiter de même façon les travailleurs, hommes et femmes, mais en tenant compte de la différence de situation qu'il y a entre les villes et les villages. Trabaud conclut en demandant que l'ouvrier qui travaille pendant 40 ans soit sur le même pied que les fonctionnaires qui ont une retraite au bout de 25 ans.

Beausoleil regrette que l'on traite si tardivement cette

importante question qui intéresse tout le monde du travail. Il se demande sur quelles bases le Conseil national s'est arrêté pour établir les différentes catégories contenues dans son projet. Il ne peut accepter l'impôt sur les ouvriers étrangers qui sont chassés de chez eux pour les mêmes causes qui nous font nous-mêmes quitter notre pays. Quant aux différentes suppressions demandées : budget des cultes, Sénat, etc., tout cela ne donnerait pas le dixième des fonds nécessaires à la caisse des retraites.

D'un autre côté si on donnait à l'Etat le monopole des assurances, il faudrait indemniser les capitalistes des sociétés d'assurances, qui reporteraient leurs fonds sur autre chose. Le droit à la retraite est indiscutable, et c'est sur les ruines des églises, sur la suppression des institutions néfastes des privilèges opposés au droit à la vie, qu'il faut affirmer ce droit.

*Lauches*, Union des Ouvriers mécaniciens de la Seine est d'avis opposé à Beausoleil. Evidemment, les deux projet, soumis au Congrès ne sont pas entièrement applicable, mais il y a du bon dans ces deux projets. Il faut prendre ce qu'il y a de bon dans ces deux projets pour en faire un projet unique et si on arrive à établir un bon projet, les Chambres seront, obligées de le discuter.

Et si les Chambres refusaient de discuter ce projet, on pourrait dire qu'elles ne veulent pas de ce qui est bon et juste. On arriverait à substituer une autre Société à celle-ci et on aurait avec soi tous les travailleurs. Ce que nous demandons c'est notre droit et non de la pitié.

*Maynier*, Typographie parisienne, fait une remarque. La question des retraites ouvrières est la tarte à la crème de tous les Congrès ouvriers.

Si on s'en tient aux propositions qui ont été formulées au Congrès, notamment les différentes suppressions d'institutions existantes, dans vingt ans on attendra encore l'institution de la caisse des retraites. Et elle ne se fera pas tant que les travailleurs ne la feront pas eux-mêmes.

Le Président donne lecture des propositions qui sont parvenues au bureau.

1. — Les soussignés croient qu'il est utile que le Congrès
décide de soumettre un projet de loi sur les retraites à la
classe gouvernante pour la mettre en demeure de se prononcer. Le prolétariat sera ainsi édifié sur les sentiments de
cette classe et lui permettra de démontrer avec thèse à
l'appui, que seule la transformation de la Société peut
donner le bien-être auquel le prolétariat a droit.

J. Lauche; H. Galantus; Braun; Lemaitre.

2. — La Bourse du Travail de Dijon adopte le projet
Escuyer à titre de paliatif et préconise la création d'une
caisse de retraites qui sera alimentée par la suppression du
budget des cultes, des préfectures et sous-préfectures, de la
moitié des hommes sous les armes et du retour à l'Etat des
fortunes dépassant 200,000 francs.

U. Petit.

3. — Les soussignés estiment que la création d'une caisse
de retraites étant du domaine de nos revendications légitimes, il ne nous appartient pas de rechercher les voies et
moyens de la faire aboutir, mais qu'il est du droit des
travailleurs de la demander comme une œuvre nécessaire
destinée à sauvegarder nos vieux jours contre la misère.

Constant; Dangin; Trabaud; Philippe.

4. — Les Organisations ouvrières d'Alger maintiennent
que c'est le projet de loi Escuyer qui a le plus de chance de
succès, d'autant plus qu'il a été repris au début de cette législature par le groupe parlementaire socialiste. et que nombre
de candidats, aujourd'hui députés, ont pris des engagements
fermes de le voter.

Liouville.

5. — Les Syndicats des Ouvriers confiseurs, chocolatiers
et biscuitiers de Paris se rallient au projet Capjuzan, parce

que dans ce projet on ne touche pas au budget pour assurer
les retraites, ce qui a lieu dans le projet Escuyer.

L. Brisse.

6. — Le Congrès, reconnaissant que dans les conditions
économiques de la Société actuelle, il ne peut qu'affirmer le
droit de tout individu à l'existence, passe à l'ordre du jour.

Pelloutier, Pouget.

7. — La Fédération de Meurthe-et-Moselle donne mandat
à son délégué de voter le projet Escuyer à titre d'indication
seulement.

Lacaille.

8. — Le Congrès affirme le droit à l'existence pour tous
les travailleurs et récuse tout projet qui ne s'appliquerait pas
à l'universalité.

Beausoleil.

9. — Le Syndicat de la Meunerie d'Ille-et-Vilaine dit que
la Caisse des retraites des travailleurs ne saurait aboutir,
nonobstant l'impôt progressif sur les revenus, le classement
nouveau du foncier non bâti (voies et moyens seuls indispensables).

Th. Coquet.

10. — Les Organisations ouvrières de Bourges ayant établi
un projet de loi sur les accidents que le Congrès ne peut
discuter, émet le vœu que le Conseil confédéral soit saisi de
ce projet, qu'il l'étudie et qu'il y apporte les modifications
qu'il jugera nécessaires, et qu'ensuite il fasse connaître à la
Bourse du Travail de Bourges la teneur de ces décisions.

Millard.

11. — La Bourse du Travail de Tours émet les vœux
suivants :

1° Les travailleurs ont droit à une pension de retraite suffisante pour assurer leurs besoins ;

2° Chaque année il sera inscrit au budget des dépenses de l'Etat la somme nécessaire pour assurer le service de ces pensions ;

3° Il sera établi un minimum de salaire.

FLEURY.

*Besombcs*, UNION DES SYNDICATS DE LA SEINE, demande que les camarades Capjuzan et Lagailse, auteurs de deux projets fassent partie de cette commission.

*Pouget*, SYNDICAT DE L'INDUSTRIE LAINIÈRE DE REIMS, n'est pas de l'avis du camarade Besombes, les auteurs de projets voudraient faire passer leur projet sous une autre forme. La commission peut les entendre si elle le juge à propos. Le Congrès adopte cette proposition et décide que les auteurs de projets de caisses de retraite seront entendus par la Commission, à titre consultatif, mais ne doivent pas faire partie de cette Commission.

Avant de passer à la discussion de la suite de l'ordre du jour, le Président donne la parole au citoyen Riom, de la Fédération du bâtiment, pour donner lecture au Congrès du rapport de la première commission.

### RAPPORT de la première Commission

La Commission a reçu des rapports et des propositions émanant des organisations ci-après :

Travailleurs municipaux, Union des Syndicats de la Seine, Bourse du Travail d'Angers, Estampeurs-Découpeurs, Dijon, Cochers-livreurs, Métallurgie, Restaurateurs-Limonadiers, Bâtiment, Chapeliers, Livre, Cartouchiers, Confédération, Fédération des Bourses, Cordonnerie de France, Nantes, Tours, Instruments de précision, Versailles, Fonderie de cuivre, Employés du Gaz, Comité de la grève générale, Mécaniciens de Marseille, Brest, Confiseurs, Cuirs et Peaux.

Après lecture et classement de ces documents, la Commission a recherché sur quels points des Statuts ils apportaient des modifications. Elle a ensuite entendu les délégués des organisations qui en ont manifesté le désir : Fédération des Bourses, Union des Syndicats de la Seine, Chemins de Fer, Travailleurs municipaux, Confiseurs, Tailleurs de pierres de la Seine, Air comprimé.

La Commission s'est livrée ensuite à une enquête minutieuse sur le conflit existant entre les personnalités desquelles plusieurs délégués ont réclamé l'effacement

A ce sujet, la Commission a la satisfaction de porter à la connaissance du Congrès qu'elle a résolu la question de la façon la plus heureuse. De même que le citoyen Lagailse a informé le Congrès de son intention formelle de ne pas porter sa candidature au secrétariat de la Confédération; le citoyen Pelloutier s'est engagé par écrit à ne jamais poser sa candidature comme délégué de la Fédération des Bourses du Travail au Comité confédéral.

La nouvelle organisation de la Confédération est d'ailleurs conçue de telle façon que le conflit actuel ne peut plus se produire, du moins entre les représentants des mêmes organisations.

## Modifications aux Statuts

S'inspirant de la discussion générale autant que des avis recueillis par elle, la Commission a tracé de la façon suivante les lignes principales des nouveaux Statuts.

S'efforçant de faire cesser tout conflit et persistant à conserver les organisations existantes et à travailler à leur développement, la Commission s'est inspirée de la nécessité de laisser dans leurs rôles respectifs distincts les deux formes de groupement syndical.

La forme professionnelle corporative, par la réunion des Fédérations de métiers, sous le nom de Confédération; la forme locale, administrative, par la Fédération des Bourses du Travail.

Sans considérer l'appoint de la Fédération des Bourses du Travail comme nécessaire à la Confédération, la Commission admet que les deux organisations, tout en restant absolument autonomes, puissent se réunir par intermittence et dans les cas urgents lorsqu'elles en éprouveront le mutuel désir.

La rivalité se transformera alors en émulation, la Confédération s'efforçant d'atteindre le même développement que la Fédération des Bourses, en tentant de faire adhérer les Fédérations de métiers existantes, et en créant là ou il n'en existe pas.

La Commission pense que la question d'étiquette ne doit pas fournir un prétexte aux dissentiments, et elle émet le vœu que toutes les Fédérations de métiers adhérentes soient autorisées, ainsi que la Fédération des Bourses du Travail, à ajouter à leurs titres respectifs le titre générique de Confédération générale du Travail.

# NOUVEAUX STATUTS

## TITRE PREMIER

ART. 1. — Entre les divers Syndicats et groupements professionnels de Syndicats d'ouvriers et d'employés des deux sexes existant en France et aux Colonies, il est créé une organisation unitaire et collec tive qui prend pour titre : *Confédération générale du Travail.*

Les éléments constituant la Confédération générale du Travail se-tiendront en dehors de toute école politique.

ART. 2. — La Confédération générale du Travail a exclusivement pour objet d'unir sur le terrain économique et dans les liens d'étroite solidarité, les travailleurs en lutte pour leur émancipation intégrale.

ART. 3. — La Confédération générale du Travail admet dans ses rangs :

Les Fédérations locales et départementales de métiers et Syndicats isolés dont les professions ne sont pas constituées en Fédérations natio-nales de métiers, ou dont les Fédérations refusent d'adhérer à la Confédération. Ces Organisations, pour être admises, devront avoir six mois d'existence. Elles devront, de concert avec la Confédération géné-rale du Travail, faire tous leurs efforts pour se fédérer nationalement. Ce résultat obtenu, elles ne seront plus admises directement.

En aucun cas ne pourront être admises séparément deux Organisa-tions d'une même profession, ni deux Fédérations locales de métiers d'une même localité.

ART. 4. — Le siège de la Confédération générale du Travail est à Paris. Les Congrès corporatifs pourront toujours changer le siège de Confédération générale du Travail.

ART. 5. — La Confédération étant l'émanation des Congrès corpora-tifs, les statuts seront toujours revisables par lesdits Congrès. Toute-fois, les demandes de changements aux statuts devront être envoyées au Comité confédéral de la Confédération générale du Travail deux mois avant l'ouverture du Congrès. Ces projets seront envoyés pour l'étude un mois avant le Congrès aux organisations confédérées.

## TITRE II

ARTICLE PREMIER. — Le Comité confédéral corporatif est composé comme il va être dit ci-après : de délégués élus et choisis directement par les Organisations adhérentes.

Art. 2.—Chaque délégué, salarié ou appointé, doit appartenir à l'une des Organisations adhérentes.

Art. 3. — Aucun délégué ne pourra représenter plus d'une Organisation adhérente. Dans les délibérations du Comité confédéral, chaque délégué ne pourra avoir qu'une voix.

Art. 4. — Les Fédérations nationales et les Syndicats nationaux auront chacun trois délégués, les Fédérations locales de métiers auront chacune deux délégués et les Syndicats auront chacun un délégué.

Art. 5. — Le Comité confédéral sera nommé pour un an.

Art. 6. — Le bureau sera composé :

        1° D'un sécrétaire géneral ;
        2° D'un sécrétaire adjoint ;
        3' D'un trésorier général ;
        4° D'un trésorier adjoint ;
        5° D'nn archiviste.

Ces membres seront choisis dans le Comité confédéral et nommés par lui. Ils pourront être indemnisés en raison de leurs travaux et de leurs déplacements.

Les autres membres seront répartis dans les Commissions suivantes, avec les attributions ci-dessous désignées :

*Propagande*

Organisation des Congrés corporatifs annuels et exécution de leurs délibérations ; propagande syndicale et fédérale, industrielle et agricole ; unification de l'action corporative.

*Arbitrage*

Contentieux : Service d'arbitrage en cas de conflits entre Syndicats et Fédérations.

*Législation*

Extension et généralisation de l'institution de Conseils de prud'hommes ; Lutte contre la concurrence du travail dans les prisons et couvents ; Lutte pour l'abolition et la répression du marchandage ; Lutte pour l'obtention d'une législation sur le travail, comportant, avec un minimum de salaire, la journée de huit heures au maximum ; Le repos hebdomadaire.

*Commission des grèves*

Grèves partielles ; Caisse de secours ; Grève générale.

*Statistique*

Statistique du travail.

*Commission du journal*

Organisation et fonctionnement du journal.

*Commission d'administration*

Secrétariat : correspondance, archives, relations extérieures ; tréso-
rerie : comptabilité.

Chaque Commission élira un secrétaire, qui sera chargé de l'établissement de ses procès-verbaux.

Art. 7. — Pour assurer le fonctionnement administratif du Comité
confédéral et des institutions créées par le Comité confédéral, ou
ordonnées par le Congrès corporatif annuel, chaque Organisation confédérée devra verser directement et sous sa responsabilité, le 1er de
chaque mois, au trésorier désigné par le Comité fédéral, une cotisation
mensuelle.

Art. 8. — Cette cotisation mensuelle sera proportionnelle au nombre
de membres de chaque Organisation adhérente : elle est fixée sur une
graduation ainsi déterminée :

Pour toute Organisation comprenant :

|  |  |
|---|---|
| 200 membres et au-dessous | 1 franc |
| De  201 à 500 | 2 — |
| —  501 à 1000 | 3 — |
| — 1001 à 2000 | 4 — |
| — 2001 à 3000 | 5 — |
| — 3001 à 4000 | 6 — |
| — 4001 à 5000 | 7 — |
| — 5001 à 6000 | 8 — |
| — 6001 à 7000 | 9 — |
| — 7001 à 10000 | 10 — |

Au dessus de ce chiffre, 10 centimes en plus par millier de membres.

Art. 9. — L'adhésion de toute Organisation confédérée ne sera définitive, et ses délégués ne pourront être admis à siéger au Comité
confédéral, qu'après le versement de la première cotisation mensuelle.

Art. 10. — Tout retard de paiement de trois cotisations mensuelles
entraîne, de son plein droit, la suspension de l'adhésion de l'Organisation débitrice. Ses délégués au Comité confédéral ne pourront, dès
lors, être entendus qu'à titre consultatif.

Art. 11. — La radiation ou l'exclusion de toute Organisation adhérente ne pourra être ordonnée que par les Congrès corporatifs annuels,
après audition des délégués des organisations intéressées.

## TITRE III

Art. 1. — Le contrôle financier du Comité confédéral sera exercé
par sept délégués nommés par les Syndicats et Fédérations adhérents
de la ville où est fixé le siège social.

Art. 2. — Les Organisations syndicales devant constituer la Commission de contrôle seront désignées par tirage au sort, lors de la première assemblée du Conseil.

Art. 3. — Cette Commission de contrôle sera nommée pour un an. Elle rendra compte de sa mission au Congrès annuel corporatif. Elle établira, pour être communiqué aux Syndicats, deux mois avant le Congrès, un rapport moral et financier.

### TITRE IV

Art. 1. — Chaque année, le Comité confédéral invite toutes les Organisations syndicales, adhérentes ou non, à prendre part aux travaux du Congrès corporatif annuel.

Art. 2. — Ce Congrès annuel, qui aura lieu dans le mois de septembre, sera organisé par les soins du Comité confédéral, qui pourra déléguer, sous sa surveillance, tout ou partie de ses pouvoirs aux Conseils administratifs des Organisations syndicales ayant leur siège dans la ville où se tiendra le Congrès.

Art. 3. — Le Comité confédéral établit l'ordre du jour de chaque Congrès; il lui soumet un rapport sur la gestion.

Art. 4. — Ce Congrès fixe la ville où aura lieu le Congrès suivant.

*La Commission,*

BLANCHART, BRANQUE, CONSTANT, CLAVERIE, DALLE, FLEURY, RICHER, RIOM, TRABAUD.

Pour et par ordre :
*Le Rapporteur*, L. RIOM.

*Capjuzan*, SYNDICAT DE LA CORDONNERIE OUVRIÈRE DE FRANCE. — Il y a quelque chose, à son avis, qui, dans l'intérêt de la classe ouvrière, manque au programme général de la Confédération. On n'a pas envisagé les attaques gouvernementales contre le prolétariat. C'est à la Confédération qu'incombe le devoir de le défendre et vu les moments difficiles que nous traversons, on doit donner ce mandat à la Confédération en introduisant une clause quelconque qui lui permette de convier les organisations ouvrières à une action commune.

*Lauche*, UNION DES MÉCANICIENS DE LA SEINE, fait des réserves sur le rapport de la première commission qui ne le satisfait nullement.

Quelle est la solution donnée au conflit qui existait jusqu'à ce jour ? Satisfaction est donnée à la Fédération des Bourses qui se retire de la Confédération. La Confédération est modifiée à la satisfaction de la Fédération des Bourses qui continuera comme par le passé et au prochain Congrès on reviendra avec de nouveaux griefs.

Lauche avait proposé la disparition des deux antagonistes parce que le conflit n'existait qu'à cause des personnalités que suscitait l'attitude de la Fédération des Bourses qui entravait la marche de la Confédération. Tant que les deux organisations seront parallèles on n'aura pas résolu la crise; il y aura toujours antagonisme parce que l'homme des Bourses subsiste et que les Bourses suivront Pelloutier.

Les modifications faites aux statuts de la Confédération ne lui semblent pas heureuses. Les petits Syndicats paieront plus cher que les grands pour ne jouir que des mêmes avantages. En ce qui concerne l'admission des groupements dans la Confédération, on va faire naître un conflit que Lauche essaiera de tous ses efforts d'apaiser, entre l'Union des Mécaniciens et la Fédération de la Métallurgie.

Lauche demande au Congrès si on laissera faire la Fédération des Mécaniciens et si elle pourra adhérer à la Confédération.

*Riom*, RAPPORTEUR DE LA PREMIÈRE COMMISSION, invite le camarade Lauche à se rapporter au compte-rendu du Congrès de Toulouse qui établit que la Confédération admettra les Fédérations de métiers et que les professions pour lesquelles il existe une Fédération nationale d'industrie ne pourront être admises.

*Guérard*, SYNDICAT DES CHEMINS DE ·FER, demande à la commission de procéder à quelques modifications de forme et trouve que l'augmentation proposée pour les cotisations est trop forte.

*Copigneaux*, FÉDÉRATION DES TRAVAILLEURS MUNICIPAUX DE PARIS, est de l'avis de Lauche ; le rapport de la commission ne donne pas satisfaction. Qu'est-ce que les Bourses du Travail : des unions locales de Syndicats ; et la Fédération des Bourses n'est qu'une fédération d'unions locales de Syndicats. Qu'est-ce que la Confédération sinon l'union des Fédérations de métiers ? En laissant la Fédération des Bourses en dehors de la Confédération, la commission procède à la désorganisation du prolétariat. Les Organisations se demanderont qui elles devront suivre : ou la Fédération des Bourses ou le Conseil Confédéral. Il y aura encore des Organisations qui, devant une pareille situation, ne voudront appartenir à aucune fédération. Il eût fallu supprimer les deux individualités qui faisaient obstacle à la bonne marche de la confédération et maintenir l'organisation adoptée à Toulouse. L'acrimonie ne disparaîtra pas entre les deux Organisations et elle ne fera au contraire que s'accroître, chacun voulant accaparer à lui seul les Organisations ouvrières.

*Riom*, RAPPORTEUR. — Quelques membres du Congrès ont demandé, avec beaucoup d'insistance, que les individualités qui se trouvaient à la tête des deux organismes disparaissent. Aujourd'hui, on nous reproche de n'avoir pas supprimé une organisation. La Fédération des Bourses ne nous a pas chargés de disposer d'elle, et il ne pouvait pas venir à l'idée de la commission de statuer sur cette question.

*Braun*, FÉDÉRATION DE LA MÉTALLURGIE, aurait désiré voir la Fédération faire partie de la Confédération, qui devrait comprend e, comme l'avait décidé le Congrès de Toulouse, la Fédération des Bourses et la Fédération des Métiers. On sera obligé de les réunir à nouveau. Le Congrès de Rennes n'aura donc pas fait de bonne besogne. Mais ce qui est inexplicable, c'est que la Fédération des Bourses, tout en n'étant pas de la Confédération, en sera quand même, puisqu'elle aura voix au chapitre, comme par le passé.

Il n'y a pas lieu de créer une nouvelle fédération dans la métallurgie, comme le demande le camarade Lauche ; actuellement, elle comprend trois fédérations. Evidemment, on n'a pas cru mal faire, mais il eût été à désirer que toutes les forces des professions se rattachant à la métallurgie fussent réunies en une seule et unique fédération.

*Peltier*, Syndicat des Ouvriers Tailleurs de Paris, estime que la question, soulevée par le camarade Lauche, est du ressort de la commission des conflits et ne doit pas absorber les instants du Congrès.

*Braun* dit qu'il n'y a pas d'acrimonie entre les professions se rattachant à la métallurgie. Il est convaincu que les trois fédérations seront obligées de se réunir à un moment donné pour ne former qu'une seule et même fédération.

*Besombes,* Union des Syndicats de la Seine. — On a vu avec stupéfaction le citoyen Lauche demander le suicide de la Fédération des Bourses. L'organisation à laquelle appartient Lauche ne fait pas son devoir; ce syndicat des mécaniciens n'est pas fédéré à sa fédération de métier, il n'appartient pas à la Bourse du Travail de Paris. Et c'est le délégué d'une organisation qui ne suit pas les décisions des Congrès qui vient demander la disparition des administrateurs des organisations qui sont le plus utile aux organisations ouvrières. Nous sommes ici pour faire respecter les décisions prises par les Congrès antérieurs, et tout ce que je dis au sujet du syndicat des mécaniciens de la Seine regarde le Congrès. Et pour bien édifier le Congrès, il faut lui faire savoir que cette organisation qui ne veut pas de la loi de 1884, permettant aux Syndicats d'ester en justice et qui ne veut pas venir à la Bourse du Travail parce qu'elle est la propriété du préfet, accepte cependant les subventions offertes par la Ville de Paris.

*Besombes* est surpris de ce que Guérard trouve trop élevé le taux des cotisations établi par la commission. Cette remarque, venant du délégué qui demandait d'élever le nombre de voix des grands Syndicats, est faite pour étonner.

Quant à Copigneaux, qui demande de faire disparaître les deux personnalités qui ont été en conflit et de faire la fusion des deux organismes, il oublie que la Fédération des Bourses est autonome. Le Congrès ne peut pas supprimer son autonomie et elle ne veut pas disparaître. De plus, elle est satisfaite de son secrétaire général et elle n'a aucune raison de le changer.

*Hamelin*, VERRERIE OUVRIÈRE. — Le Congrès de Toulouse lui avait plu, à cause de l'union ouvrière qui s'y était manifestée.

Aujourd'hui on démolit cette union ouvrière parce qu'il y a eu des personnalités. Si on s'était trouvé en présence des démissions des personnalités qui sont en conflit, on n'eût pas songé un seul instant à modifier l'organisation créée à Toulouse. Lagailse a donné sa démission, mais Pelloutier, au contraire, se cramponne et ne veut pas démissionner. Devant cet état de choses, la Commission s'est trouvée embarrassée et les décisions qu'elle a prises ne changeront rien. Il y aura de l'animosité entre les deux organismes comme avant la réunion de ce Congrès.

*Hamelin* insiste sur la situation qui sera faite aux Syndicats de province le jour où une même question sera étudiée par les deux organismes, elle sera tranchée par la Confédération dans un sens et par la Fédération des Bourses dans un autre sens.

*Blanchard*, BOURSE DU TRAVAIL DE NANTES. — Les travailleurs qui assistaient hier soir à la réunion publique organisée par le Congrès sous la halle des Lices, seraient fort étonnés s'ils voyaient en ce moment les camarades de Paris se déchirer entre eux.

Depuis le commencement du Congrès, on n'entend que de violentes attaques contre le citoyen Pelloutier et quand on est allé jusqu'au fond de ces attaques, on n'a rien trouvé de sérieux. Les organisations de Nantes sont satisfaites du travail accompli par Pelloutier; elles l'ont apprécié. Nous avons comparé le travail accompli par lui et celui fait par le citoyen Lagailse : nous savons à quoi nous en tenir là dessus.

*Roche*, SYNDICAT DES COCHERS-LIVREURS DE LA SEINE, estime que les cotisations que l'on réclame des petits Syndicats sont trop considérables pour eux si on compare celles que l'on demande aux grands Syndicats. Il ne faudrait pas grever les petits Syndicats plus que les grands.

*Richer*, BOURSE DU TRAVAIL DU MANS, dit qu'il va droit

au but. La situation est bien nette : on veut la disparation de la Fédération des Bourses quand on demande la disparition de Pelloutier. Si on arrivait à faire disparaître la Fédération des Bourses, on ne s'arrêterait pas là ; on voudrait aussi la disparition des Fédérations de métiers. On ne veut avoir que les Syndicats et, avec eux, on veut avoir des ressources pécuniaires. Ceux-là qui n'ont pas encore fait leurs preuves osent venir demander la disparition de la Fédération des Bourses ; les Bourses n'admettront jamais la disparition de leur Fédération ! *(Applaudissements.)* Les Bourses pourraient aussi demander, pour bien des raisons, la disparition de la Confédération. Où s'arrêterait cette lutte ? Il est très pénible aux délégués de province de voir les représentants des organisations ouvrières de Paris se déchirer entre eux, alors qu'ils devraient montrer l'exemple de l'union dans les revendications. Que répondront-ils, les délégués de la province, lorsqu'ils rentreront chez eux et que les camarades de leurs organisations leur demanderont compte de leur mandat.

Il est également pénible de voir qu'à la réunion publique d'hier soir, on a toujours et constamment parlé de Paris. Il n'y a pas de Paris parmi nous, il y a des Syndicats qui sont tous égaux. *(Applaudissements.)*

Richer conclut en disant qu'il n'y a pas lieu de demander la disparition des Bourses du Travail.

*Lauche,* Syndicat des Ouvriers mécaniciens de la Seine, répond au citoyen Besombes que s'il a pris parti dans la discussion, c'est qu'on a vu et qu'on connaît l'antagonisme qui existait entre Lagailse et Pelloutier. Si on laisse les deux organismes tels que le demande la Commission, nous allons engager les Syndicats dans une situation difficile. Quant au Syndicat des Ouvriers mécaniciens de la Seine, il ne voudra adhérer à aucun des deux organismes, puisqu'ils doivent marcher sans cohésion.

Le Congrès prononce la clôture de la discussion avec les orateurs inscrits.

*Guérard,* Syndicat des Chemins de fer, croyait qu'il n'y

aurait pas de discussion sur le rapport de la Commission, puisqu'on l'avait chargé de trancher cette question difficile : l'antagonisme entre la Fédération des Bourses et la Confédération. La Commission, pour éviter cet antagonisme, laisse sa liberté à la Fédération des Bourses. On ne peut qu'être enchanté de cette solution

Il répond au délégué du Mans qu'il n'y a pas lutte entre les organisations ouvrières de Paris et celles de province ; il serait fâcheux de laisser croire à un tel état de choses que rien n'expliquerait.

Répondant au délégué de l'Union des Syndicats qui s'étonne que le Syndicat des Chemins de fer proteste contre l'augmentation exagérée des cotisations que l'on veut imposer aux grands Syndicats, Guérard dit qu'ils ne pourraient l'accepter que si on tenait également compte de leur importance numérique dans les décisions à prendre. Sous prétexte d'égalité de droits. on craint de leur donner une prépondérance apparente et on veut cependant augmenter leurs charges ; ce ne serait pas logique.

Répondant au même délégué qui reproche à des syndicats de ne pas faire leur devoir parce qu'ils ne veulent pas entrer à la Bourse du Travail de Paris, Guérard dit qu'il faut dissiper une équivoque. Des syndicats. malgré les règlements préfectoraux et ministériels sont entrés à cette Bourse ; c'est leur affaire et nous ne leur en faisons pas le reproche ; mais nous disons que ceux qui n'y sont pas entrés font mieux encore.

*Copigneaux*, FÉDÉRATION DES OUVRIERS MUNICIPAUX DE PARIS. — Lorsque la Commission se trouvait réunie, j'ai dit que le Conflit existant entre le Conseil national et la Fédération des Bourses ne provenait pas de questions de personnalité, mais d'appréciations différentes dans l'application des statuts de la Confédération.

Copigneaux proteste contre ce que vient de dire le délégué du Mans. n'ayant jamais voulu démolir la Fédération. C'est une erreur complète de croire que l'on veuille démolir les Fédérations de métier ; de plus les délégués des organisations de Paris ne veulent pas monter le coup aux délégués des organisations de province.

*Claverie*, Syndicat des Employés du gaz de Paris. — Il ne faut pas oublier qu'il faut adopter ou rejeter le rapport présenté par la Commission qui a reçu mission du Congrès de rechercher la meilleure solution au conflit que tous connaissent.

Au sujet de la remarque que faisait le citoyen Richer, du Mans, je crois devoir lui faire observer que le Congrès n'a pas négligé les délégués de la province. La province a manifesté le désir d'être en majorité dans la première commission et le Congrès lui a donné satisfaction.

On vient de combattre le rapport de la Commission et d'après les critiques qui ont été formulées, il est aisé de voir que ceux qui les ont exprimées ne se sont pas rendu exactement compte des modifications proposées. La commission a entendu tous les délégués qui se sont présentés et elle a tenu compte de toutes leurs opinions. Après avoir entendu toutes les observations de chacun, la commission a procédé à une discussion très approfondie, discussion qui a été fort longue et fort laborieuse. Enfin, hier soir, les membres de la commission étaient tombés d'accord et avaient admis la Fédération des Bourses dans la Confédération comme les Fédérations ordinaires de métiers. Le camarade Riom, rapporteur, avait été chargé d'établir un rapport dans ce sens et, avant de le présenter au Congrès, il était convenu que la commission se réunirait une dernière fois pour en entendre la lecture. Ce matin, sur l'observation de plusieurs membres de la commission qui faisaient observer que la Fédération des Bourses n'était pas une Fédération de métiers, la commission a décidé qu'il valait mieux laisser la Fédération des Bourses hors la Confédération et lui donner sa liberté.

C'est la solution la plus heureuse que l'on pouvait désirer, et il est à souhaiter que le Congrès le comprenne et approuve le rapport de la commission.

Beausoleil fait remarquer au citoyen Guérard qu'il n'y a

pas une grande progression dans le taux des cotisations établi par la commission. Une organisation puissante doit payer davantage que les petites, qui ont bien plus à lutter que les grandes.

Il faut aussi, dès maintenant, se préoccuper du travail que l'on aura à faire dans le prochain Congrès, notamment de la situation des Syndicats isolés.

*Trabaud*, BOURSE DU TRAVAIL DE NICE. — Le camarade Claveria a fait une exposition claire et exacte de la situation et des travaux de la commission. Il a cependant omis de dire que l'on a repoussé de la Confédération, en même temps que la Fédération des Bourses et pour les mêmes motifs, les Fédérations départementales des Syndicats. Trabaud était d'avis d'admettre les Bourses du Travail à la Confédération, mais la commission n'a pas cru devoir entrer dans cette voie. La Fédération des Bourses et la Confédération ont un travail tout tracé qu'elles peuvent réaliser, quoiqu'étant organisées de façons différentes. Ce que la commission désire, c'est que tous ceux qui travaillent soient organisés, et c'est de cela qu'elle s'est inspirée.

*Barlan*, BOURSE DU TRAVAIL DE TOULOUSE. demande que le Comité confédéral envoie les rapports régulièrement à temps aux Organisations ouvrières fédérées et qu'il applique les statuts intégralement.

*Riom*, rapporteur de la 1re commission. — On attaque le rapport de la commission ; celle-ci a le devoir et le droit de se défendre. On ne joue pas avec les mots, et personne n'a le droit de suspecter la commission, qui, on l'a déjà dit, a tout discuté, tout débattu : la commission a agi méthodiquement et envisagé la question sous toutes ses faces. Elle a fait un travail impartial et honnête.

On a dit que puisqu'il n'y avait pas moyen de faire l'entente entre le Conseil national et la Fédération des Bourses, il fallait qu'une de ces deux organisations disparaisse.

Laquelle de ces deux organisations devrait disparaître ?

Toutes deux rendent des services et en rendront encore

davantage à l'avenir. On a démontré au Congrès que nous n'avions pas à disposer de la Fédération des Bourses. Et puis, est-ce une raison, parce que des critiques ont été formulées contre une organisation, pour la faire disparaître?

Alors, il suffirait que les ennemis d'une Organisation viennent l'attaquer pour qu'aussitôt on la supprime? Ce n'est pas admissible.

L'objection tirée de la contradiction possible entre les deux organismes étudiant une même question, aurait toujours la même valeur en maintenant le statu quo; mais avec cette circonstance aggravante qu'au lieu de se produire au sein de deux Organisations séparées, la contradiction aurait lieu au sein même de la Confédération; car on ne pourrait obliger chaque Bourse du Travail à être toujours du même avis que les Fédérations de métiers de tous les Syndicats qui la composent.

Quant à exiger la démission du secrétaire de la Fédération des Bourses, c'est comme si le Congrès émettait la prétention d'imposer la même exigence aux Fédérations de métiers; pas une ne s'y soumettrait, et il faut avouer que nous n'aurions rien à y voir.

Le Président met le rapport de la première Commission aux voix. Le Congrès l'adopte, à mains levées, à l'unanimité moins deux voix.

Le délégué du Syndicat des Ouvriers en instruments de précision de Paris dépose la protestation suivante sur le bureau et demande son insertion au procès-verbal :

« Le Syndicat des Ouvriers en instruments de précision, estimant que la réunion des grandes Organisations simplifie les rouages et concentre les forces du prolétariat organisé, demande que l'on respecte les décisions du Congrès de Toulouse et vote contre le rapport de la première Commission.

« *Le délégué,*

« Auvray (Paul). »

La séance est levée et la prochaine séance renvoyée à demain matin, huit heures.

## ONZIÈME SÉANCE

### Samedi 1er octobre 1898 (matin)

La séance est ouverte à 8 heures du matin, sous la présidence du citoyen Beausoleil ; assesseurs : Cior et Reynier.

Le camarade Cayol, délégué de Marseille, fait l'appel nominal.

Absents : Augé, Dalle, Ganat, Michon, Pouget, Riom et Rozier.

*Hamelin*, VERRERIE OUVRIÈRE. — Pour être logique, après le vote d'hier soir sur le rapport de la première Commission et sur les modifications apportées aux statuts, il faut dégager le citoyen Lagailse de l'engagement qu'il a pris devant le Congrès. En effet, on a décidé que le Comité confédéral restera toujours libre et maître de choisir son secrétaire général, et le Comité ne pourrait prendre le citoyen Lagailse comme secrétaire général si celui-ci n'était pas dégagé.

Le Congrès, consulté sur cette question, à mains levées, dégage le citoyen Lagailse de la démission qu'il a donnée et de l'engagement qu'il a pris de ne plus être candidat aux fonctions de secrétaire général.

*Cayol*, SYNDICAT DES OUVRIERS MÉCANICIENS DE MARSEILLE, lit la déclaration suivante :

Présidant, hier soir, la dixième séance du Congrès, je n'ai pas voulu prolonger davantage l'incident soulevé par notre camarade du Mans. En prenant la parole à ce moment, j'estime que j'aurais manqué à mon devoir de président de séance.

Le camarade du Mans a incriminé nos camarades délégués des organisations de Paris parce qu'ils ont toujours la majorité dans toutes les Commissions nommées par le Congrès et parce qu'ils étaient également la majorité dans les orateurs de la réunion publique tenue, jeudi soir, au marché des Lices.

Je crois devoir répondre que ce camarade n'était pas dans la logique et qu'il aurait dû user de plus d'égards envers nos camarades de Paris, qui n'ont pas plus le droit que les camarades de province, de se servir de pareilles expressions. Nous avons presque tous admis pour devise dans nos corporations :

### Travailleurs de tous pays, unissez-vous !

Camarades, nous ne devons pas avoir aucune distinction entre nous, et si j'ai tenu à faire cette déclaration, c'est que nous sommes tous ici délégués au même titre.

J.-B. CAYOL.

*Le Président* donne la parole au citoyen Meyer, du *Syndicat des Ouvriers pâtissiers de la Seine*, sur les bureaux de placement. Ce dernier, aux applaudissements unanimes du Congrès, donne lecture d'un rapport sur la question.

*Trabaud*, BOURSE DU TRAVAIL DE NICE, dit qu'au Congrès des Bourses du Travail, il a insisté pour que, dans les villes où il n'y a pas de Bourses du Travail, les Syndicats ouvriers demandent aux municipalités de créer un bureau de placement gratuit. On lui a prétexté que si les municipalités organisaient elles-mêmes des bureaux de placement gratuit, on ne pourrait obtenir la création de Bourses du Travail. On semble donc subordonner la raison d'être des Bourses au placement, alors que les Bourses du Travail doivent être revendiquées comme un droit pour les travailleurs et considérées comme lieu de réunions des Syndicats. Trabaud conclut en demandant aux organisations ouvrières, qui ont des bureaux de placement, de faire le plus de propagande possible pour les faire connaître des travailleurs.

*Terrier*, SYNDICAT DES OUVRIERS MARÉCHAUX DE LA SEINE, approuve les déclarations du camarade Trabaud.

*Meyer*, SYNDICAT DES OUVRIERS PATISSIERS DE LA SEINE, approuve également le camarade Trabaud, quand ce dernier recommande aux bureaux de placement gratuits de se faire connaître le plus possible. Il faut demander la suppression radicale, immédiate, des bureaux de placement payants, qui prélèvent dix millions par an sur les travailleurs. *(Applaudissements.)*

*Coquet,* Syndicat des Ouvriers Meuniers d'Ille-et-Vilaine. — Les jeunes gens des campagnes, lorsqu'ils viennent dans les villes chercher du travail, sont pourchassés par des placeurs, congréganistes le plus souvent, qui les exploitent de la façon la plus odieuse. Ces placeurs commencent par se renseigner sur la situation pécuniaire de ces sans-travail, puis les font courir de maison en maison, jusqu'à ce qu'ils n'aient plus d'argent. La Chambre des Députés, à une très grande majorité, avait voté la suppression des bureaux de placement payants, mais le Sénat *malfaisant* n'a pas maintenu cette suppression. Ces agences de placement doivent cependant disparaître, car elles sont immorales. Ce sont des vampires qui se nourrissent de l'épargne des travailleurs. *(Applaudissements).*

*Lacaille,* Fédération des Syndicats de Meurthe-et-Moselle, demande l'approbation pure et simple du rapport du camarade Meyer sur les bureaux de placement.

*Charlot,* Syndicat des Ouvriers Charpentiers de la Seine. — Personne n'est opposé à la suppression des agences de placement, et comme le rapport du citoyen Meyer concerne spécialement cette suppression, le Congrès ne peut qu'approuver la proposition du camarade Lacaille.

*Reynier,* Bourse du Travail d'Aix, demande que l'on supprime les bureaux de placement des communautés religieuses.

*Maynier,* Chambre syndicale des Typographes Parisiens, parlant dans le même sens que le camarade Trabaud, de Nice, invite tous les syndiqués, lorsqu'il viennent à connaître un emploi vacant, à le faire savoir à leur Bourse du Travail.

*Capjuzan,* Syndicat de la Cordonnerie Ouvrière de France, propose d'empêcher les journaux de s'occuper du placement. Vu la pénurie du travail, pour une offre d'emploi seulement, l'employeur voit venir vers lui une vraie procession de quémandeurs. Cela lui permet de faire un choix et d'avoir des employés qu'il paie comme il veut. De plus, ce sont généralement les plus mauvaises maisons qui font ces publications.

Le Congrès adopte le rapport présenté par le camarade Meyer.

**RAPPORT sur la suppression des Bureaux de placement, présenté au Congrès corporatif de Rennes par la Chambre syndicale ouvrière des Pâtissiers de la Seine et approuvé par la Fédération ouvrière des Cuisiniers de France et des Colonies, et par les Syndicats des Employés d'hôtels et des Bouchers de Paris.**

CITOYENS,

Sur cette question de la suppression des bureaux de placement, nous ne nous étendrons pas trop longuement ; la question est certainement connue de la majeure partie de vous tous, et nous aurons votre unanime appui ; ceux-là mêmes qui ne sont pas tributaires de ces agences seront avec nous pour les combattre et à demander leur suppression dans l'intérêt du travail, du Prolétariat, avec ceux-là qu'ils exploitent, et qui en souffrent.

Mais il convient quand même qu'à ce Congrès nous fournissions, nous les principaux et les plus exploités, un rapport assez rationnel, pour faire mieux comprendre à ceux qui édictent les lois que, *toujours au nom de la liberté* de nos droits, *nous resterons réfractaires à toutes les lois, quelles qu'elles soient, tant qu'une parcelle de ces institutions malfaisantes restera debout :* ce que nous voulons, *c'est leur suppression totale,* au nom de la Justice et de l'Honnêteté.

Quelques aperçus historiques sont nécessaires ; il convient de faire ressortir ici que s'ils sont dégénérés ou, pour mieux dire, déshonorés, celui qui a eu la première idée de leur création fut inspiré par une idée saine, honnête et charitable ; et si Théophraste Renaudot renaissait de ses cendres, il serait le premier à renier son œuvre et maudire ceux qui l'ont transformée en repaire de rapine et de vol.

Il est donc nécessaire de rappeler l'origine de l'institution dont nous avons à nous plaindre aujourd'hui ; et nous lisons dans un rapport des plus circonstanciés, présenté en 1893 à la Chambre des députés par M. Arnauld Dubois, sous ce titre : « Aperçu historique », les lignes suivantes : « Sous l'ancien régime, les ouvriers de métiers, hiérarchisés, étaient parqués dans le cadre étroit des corporations ; les serviteurs attachés à la maison se recrutaient en partie dans la clientèle de la famille. »

Tout le monde du travail, quelques compagnons exceptés, se déplaçait peu... Il y avait donc peu sur le pavé des villes en dehors des artisans et des gens de maison, d'ouvriers en quête de travail... Pourtant, en 1610, il vint à l'esprit d'un rêveur du temps, d'établir à l'intention des gens de *peine et d'aventures*, un bureau d'adresses et de rencontres, c'est-à-dire un bureau de placement, toutefois avec cette différence des nôtres, que le placement du pauvre devait y être gratuit, et que l'employeur devait payer à l'intermédiaire le service qu'il en retirait.

Tel était, il y a plus de deux siècles et demi, non point l'industrie, mais le service de placement ; mais l'œuvre du docteur Théophraste Renaudot ne lui a point survécu.

En 1776, Turgot abolit les corps l'Art et Métiers, les Maîtrises et les Jurandes, donne aux institutions de placement qui existaient alors, un caractère policier qu'elles sont loin d'avoir perdu de nos jours.

Dans les articles 2 et 3 de son Edit, il dit en effet qu'il enjoignait à tout entrepreneur de tenir état des compagnons qu'il employait ; une lettre-patente du Roi, enregistrée au Parlement le 3 janvier 1732, assujettissait tous les ouvriers à se faire inscrire au registre de la Police ; un Constituant, Malouet, il convient de retenir son nom, frappé de l'abandon dans lequel se trouvaient les sans-travail, proposait que chaque ville devait avoir son bureau de secours et de travail ; malheureusement, l'Assemblée Constituante n'adopta pas la sage disposition de Mallouet.

Pour arriver à l'origine exacte des placeurs, c'est par une Ordonnance du 20 pluviose an XII, qu'il est établi à Paris des bureaux de placement ; en l'espace d'un an, nous dit le rapporteur de la commission du travail, il en fut créé 17, et en 1810, un inspecteur général fut chargé de leur surveillance ; mais les ouvriers suspectèrent cette institution, les conditions d'inscriptions et de déclarations préalables excitèrent leur défiance, et, dès cette époque, ces institutions du premier Consul furent frappées de suspicion par les travailleurs.

La Restauration créa le placement libre, se fit placeur qui voulut, c'est alors que cette industrie prit le caractère de fraude qu'elle possède encore aujourd'hui et de nombreuses plaintes de la part des ouvriers volés et exploités se produisirent.

Après la Révolution de Février, les plaintes furent si nombreuses, les abus si criants, l'exploitation si honteuse, que le Gouvernement Provisoire décréta (8 mars 1848) :

1° Qu'il serait etabli dans chaque Mairie de Paris, un bureau gratuit de renseignements ;

2° Que les bureaux dresseraient des tableaux de statistique de l'offre et de la demande de travail.

3° Qu'à cet effet il serait tenu deux registres sur lesquels devaient être inscrites les offres et les demandes d'emploi.

En proclamant la gratuité, nous entrions dans la tradition républicaine ; le 28 mars suivant, Causidière supprime les bureaux de placement libres, le régime de placement par les mairies inauguré par Causidière, n'eût pas le temps de faire ses preuves.

L'Empire allait renaître et avec lui allait revivre la tradition de 1891..

Le placement par des préposés, agréés par la Préfecture de police par son décret en date du 25 mars 1852, le gouvernement impérial consacrait ce principe, il est vrai qu'une ordonnance fut édictée le 5 octobre de la même année, cette ordonnance soumettait les placeurs à de très étroites obligations ; ils devaient délivrer gratuitement, avec numéro d'ordre, indiquer par affiches, les conditions du tarif, etc.

Cette ordonnance, mise à exécution, eut pu être d'un salutaire effet ; malheureusement il n'en fut rien ; les détenteurs d'officines, devenus auxiliaires de la police, furent plutôt protégés par elle, et les monstrueux abus qui se commettaient journellement ne furent presque jamais réprimés. Le régime despotique s'accommodait d'ailleurs avec satisfaction d'une institution qui le servait ; peu lui importait que les travailleurs fussent spoliés.

Mais ce qui est fâcheux à dire c'est que le même régime de placement est encore en vigueur aujourd'hui.

Depuis 1884 les efforts tentés par la classe ouvrière, tributaire de ces agences de placement, ont été nombreux à cette époque, une ligue tendant à leur suppression fut fondée, et cette ligue qui comprenait les représentants mandatés par vingt-huit syndicats ou sociétés des Travailleurs de l'alimentation, reçut des pouvoirs publics, des ministres de l'époque les meilleurs encouragements, et le Conseil municipal fit droit à la requête, en instituant la première annexe de la Bourse du Travail.

Car il convient de le proclamer, c'est bien de la campagne accomplie par la Ligue pour la suppression du bureau de placement, que s'est réalisée cette généreuse idée, émise déjà en 1848 par un membre de la Constituante, puis reprise par les Conseillers ouvriers, Joffrin, Chabert, fût créée par le Conseil municipal de Paris.

Depuis, l'œuvre s'est propagée, et rendit certainement au Prolétariat quelques services et lui donna une certaine force. C'est sous les impulsions et la propagande active de la Ligue que furent ouverts dans les mairies de Paris des bureaux spéciaux chargés de recevoir les offres et demandes d'emplois, et depuis, de nombreux projets soumis aux différentes législatures : Mesureur, Millerand, J.-B. Dumay, Coutant, et bien d'autres, reconnaissent l'utilité de supprimer ces agences.

Le Conseil supérieur du Travail, en 1891, étudiait la question, et comme nous même reconnaissait l'utilité de supprimer le décret de 1852.

Nous ne rentrerons pas dans de trop nombreux détails sur les méfaits qui sont reprochés aux agences de placement, et le seul fait qu'elles portent un préjudice matériel et moral aux intérêts corporatifs, qu'elles sont une première cause du marchandage et de la baisse des salaires, est un des éléments pris au service de l'exploitation et de la misère ; le fait aussi qu'elles provoquent l'instabilité dans les emplois, et si nous ajoutons à ces légitimes griefs les faits d'immoralité dont, en maintes circonstances, ont retenti les tribunaux, vous suffiront, Citoyens, pour que, comme aux différents Congrès corporatifs, vous soyez avec nous pour demander leur suppression.

Le projet de loi voté par la Chambre à la fin de l'ancienne législature ne peut nous donner satisfaction ; d'ailleurs, cette loi a été modifiée par le Sénat dans un sens plus favorable aux placeurs.

Car si elle est devenue caduque, elle doit subir un nouvel examen portant l'abrogation du décret de 1852 et de toutes les ordonnances ou réglementation leur donnant un renouvellement.

La proclamation absolue du principe de gratuité entre l'offre et la et la demande, avec coërcitive contre tout délinquant, le placement effectué par les Chambres syndicales, les Bourses du travail, et à défaut par les Municipalités.

Voilà, Citoyens, les conclusions que nous vous présentons à ce Congrès ; nous avons la confiance qu'en tant que résolution, vous voudrez bien lui accorder votre vote.

Louis Meyer,<br>
Membre du Syndicat des Pâtissiers de la Seine.

Le Président donne lecture des propositions qui sont parvenues au bureau :

1. — Attendu que si le placement gratuit et les caisses de chômage n'existaient pas près des organisations ouvrières, le recrutement des syndiqués deviendrait difficile et les Syndicats ne prendraient pas d'extension, le Syndicat des Estampeurs et Découpeurs, et celui des Acheveurs-Coquilleurs, n'approuvent pas la proposition formulée par le délégué de Nice, qui demande la création de bureaux de placement municipaux.

Nicoud.

2. — Que chaque Syndicat des Bourses où il existe un bureau de placement constitue à ce bureau une petite caisse de secours pour les ouvriers de la profession qui se trouvent sans ressources ;

Que la Bourse du travail en constitue une également pour venir en aide aux bonnes et domestiques et les sauver ainsi de la prostitution.

U. Petit.

3. — La Fédération des Syndicats ouvriers de Meurthe-et-Moselle propose que le placement des ouvriers, ouvrières, employés des deux sexes, etc., soit fait exclusivement par les Syndicats ouvriers et par les Bourses du travail.

E. Lacaille.

4. — Dans les communes où n'existeraient ni Syndicats, ni Bourse du travail, les municipalités devront instituer des bureaux de placement gratuits. Les préposés à ces bureaux municipaux devront adresser périodiquement à la Bourse du travail la plus proche un rapport statistique sur le fonctionnement du placement gratuit.

C. Beausoleil.

5. — Attendu que l'insertion dans les journaux de la rubrique : « Offres et demandes d'emplois » permet au patronat de diminuer constamment les salaires, la Chambre syndicale ouvrière de la Cordonnerie de France demande aux organisations ouvrières d'obtenir la suppression de cette rubrique dans tous les journaux.

F. Capjuzan.

6. — Considérant que tous les projets et contre-projets qui ont été présentés au Parlement n'ont pas eu de résultats, il faut engager les organisations ouvrières à redoubler d'énergie auprès des pouvoirs législatifs.

H. Rousseaux.

7. — La Chambre syndicale des Ouvriers boulangers do la Seine engage toutes les organisations intéressées à la suppression des agences de placement à s'initier le plus possible sur cette question, et chaque fois qu'une candidature politique se manifestera, il faut imposer au candidat la suppression effective des bureaux de placement.

TERNET.

8. — Le Syndicat des garçons de magasins et cochers-livreurs, le Syndicat des garçons restaurateurs, limonadiers, le Syndicat des ouvriers chocolatiers, confiseurs et biscuitiers demandent la suppression immédiate des agences de placement et approuvent le rapport du citoyen Meyer.

ROCHE ; CARMANTRANT ; L. BRISSE.

9. — Attendu que les Bureaux de Placement exploitent les misères en demandant de l'argent aux ouvriers sans travail qui, pour acquitter cette dîme sont dans l'obligation de laisser une partie de leur salaire, le délégué de la Bourse du Travail de Bordeaux vote leur destruction.

Eug. GRASSAVAL.

*Pouget*, rapporteur de la commission sur la marque de connaissement, le boycottage et le sabottage, donne lecture, aux applaudissements unanimes du Congrès du rapport de cette commission.

**RAPPORT de la Commission sur la marque syndicale, le boycottage, et le sabottage**

La Commission a fait sien le rapport sur la marque syndicale, présenté par le délégué de la Typographie parisienne où sont exposés, on ne peut plus clairement, les arguments pour l'adoption de ce mode de propagande. La vulgarisation de la marque syndicale, c'est dans la vie courante, à tous moments, la pratique de la solidarité ouvrière, le rappel de la lutte que nous soutenons contre le capital

*RAPPORT présenté au Congrès de Rennes sur la marque syndicale, dite marque de connaissement, par le citoyen J. Maynier, délégué de la Typographie parisienne.*

CAMARADES,

Parmi les multiples questions présentées annuellement à l'étude du Congrès, il en est deux ordres : celles qui se présentent sous forme de vœu et qui ont comme but de donner une indication aux législateurs en leur fournissant la nomenclature des revendications syndicales, et celles qui s'adressent directement aux travailleurs, dont le succès, si les indications sont acceptées et suivies, est assuré et donne des résultats immédiats.

Je ne vous dissimulerai pas un seul instant que les questions qui s'adressent aux gouvernants n'ont dans mon esprit qu'un vague espoir de réussite et qu'une bien faible confiance.

Elles ne sont malheureusement destinées, la plupart du temps, qu'à aller grossir le stock, déjà considérable, des vœux platoniques que le prolétariat formule depuis une vingt·ine d'années environ.

Je crois donc qu'il serait sage aujourd'hui de ne compter que sur nos propres forces ; je ne veux pas dire par là que l'on doive cesser de faire entendre nos objurgations à ceux qui détiennent l'arsenal des lois ; mais j'ai la conviction que l'heure est sonnée où le prolétariat doit commencer la série des réformes qui sont réalisables.

Parmi les propositions soumises au Congrès, la marque de connais·e·ment, ou plutôt la marque syndicale, peut entrer immédiatement dans le domaine des faits si les travailleurs organisés veulent montrer un peu de bonne volonté.

Pour aboutir, cette proposition n'a pas besoin des édiles municipaux ni de la bienveillance préfectorale ; elle se dispense également de la haute protection ministérielle, voire même de l'auguste signature de M. Félix Faure.

Elle a besoin simplement de l'adhésion pure et simple des intéressés, c'est-à-dire des travailleurs.

Aux précédents Congrès de Tours et de Toulouse, les représentants de la Fédération du Livre et de la Typographie parisienne vous demandaient de faire mettre au bas des imprimés la mention : « Travail exécuté par des ouvriers syndiqués. »

Si ce vœu que nous formulions n'a pas été observé par tous, il a été, du moins, suivi par beaucoup d'entre vous, et nous sommes heureux aujourd'hui, non seulement de remercier ceux qui ont exécuté la décision prise à ces deux Congrès, mais de leur dire les heureux résultats obtenus.

A Paris, une vingtaine de journaux, de différentes nuances, ont accepté notre marque. Des journaux hebdomadaires, en grand nombre aussi, ont tenu à s'associer à leurs confrères quotidiens, et pendant la dernière période électorale, nous avons eu la satisfaction de voir les affiches et professions de foi, de candidats divers, revêtues de la mention finale : « Travail exécuté par des ouvriers syndiqués. »

Pendant ces deux années écoulées, près de vingt imprimeurs de Paris sont venus au Syndicat nous demander des ouvriers à seule fin de pouvoir justifier la pose de cette mention.

Sans nous énorgueillir outre mesure, nous devons néanmoins nous féliciter de cet heureux résultat.

Aussi avons-nous pensé qu'un système qui avait donné satisfaction à une coopération devait également, s'il était suivi, en donner aux corporations avoisinantes.

L'Amérique à qui nous empruntons les exemples lorsqu'il s'agit des questions de travail, a, depuis nombre d'années, créé la marque syndicale et les résultats ont toujours eu quelque chose de merveilleux.

Le journal l'*American fédéralionist* nous donnait, dans un de ses derniers numéros, un *fac-simile* de vingt-sept marques de Syndicats.

Ce sont celles des chapeliers, des employés au détail, des ferblantiers, des briquetiers, des brossiers, des ouvriers en métaux, la marque des maisons où la journée de huit heures est acceptée, des brasseurs, des ouvriers du bois, des coiffeurs, des boulangers, des cordonniers, des ouvriers en voitures, des pâtissiers, des cigarières, des fabricants de balais, des tonneliers, des tabacs, des cloutiers, des tailleurs en confection, des fabricants d'insignes, des tailleurs à façon, des imprimeurs allemands, des typographes et des mouleurs en fer, etc.

L'on pourra objecter que certaines professions sont dans l'impossibilité de donner à leur travail une marque syndicale apparente.

Les coiffeurs, les garçons de café, les cochers, etc., etc.

L'auteur de cette proposition ne nourrit pas la sotte vanité d'arriver, d'un seul coup, à cette perfection ; néanmoins, à cette objection, il est facile de répondre.

Si la marque syndicale ne peut s'appliquer sur le travail même, il est facile d'apposer, comme cela se fait en Amérique, la marque dans la maison où le travail s'effectue.

Un patron coiffeur, qui n'occupe que des ouvriers syndiqués, n'aura pas à rougir d'apposer sur une glace de sa boutique une note ou la marque émanant du Syndicat des coiffeurs attestant que le patron de l'établissement n'occupe que des syndiqués.

Au cas où un patron serait rebelle à l'idée syndicale, le devoir d'un client également syndiqué est de faire comprendre au patron son véritable intérêt, et, au cas où celui-ci persisterait dans son idée, faire le vide dans sa maison...

Les cochers peuvent très bien avoir une marque apparente, marque aussi honorable que certaines décorations, ce qui permettrait aux syndiqués, pour les cas fort rares où ils se font véhiculer, de donner la préférence aux travailleurs organisés.

Au cas où la chance ne permettrait pas de tomber sur un cocher syndiqué, l'on peut très bien, au moment de l'arrivée, faire remarquer à l'indifférent antomédon, en lui remettant le prix de sa course, que le pourboire n'est donné qu'aux amis syndiqués.

Pour les garçons de café, de restaurant, même attitude à prendre et à conserver.

Ceux qui lisent assidûment les journaux constateront que fréquemment le *Bulletin social* insère une rédaction conçue à peu près en ces termes :

« Dans une réunion tenue à X..., les ouvriers de la maison Z... ont décidé de verser chaque semaine la somme de 0 fr. 05 en faveur de la Verrerie ouvrière »

Je m'empresse de féliciter ces camarades, mais je dois déclarer que l'action qu'ils accomplissent n'est qu'une demi-action.

Le but que nous poursuivons n'est pas de savoir si 50 ou 100 verriers végèteront à côté de M. Rességuier ; ce qu'il faut, ce que nous devons atteindre, c'est que l'usine de Rességuier croule et que la Verrerie ouvrière vive, mais vive avec deux mille travailleurs.

Le moyen pour réussir ? me direz-vous. Le moyen, le voilà :

Qu'une active propagande se fasse au sein des Syndicats pour que tous les adhérents prennent l'engagement de ne consommer que chez les marchands de vin se fournissant de bouteilles à la Verrerie ouvrière. Cela fera peut-être sourire au premier abord, mais lorsque l'honorable mastroquet verra huit ou dix fois dans la journée des clients quitter son établissement, vous vous apercevrez que ce ne sera pas lui qui rira le dernier.

Il est bien entendu que le Syndicat des Verriers devra préparer une marque qui indiquera que la maison s'approvisionne de bouteilles chez elle, ou, ce qui serait préférable, que chaque flacon porte lui-même la marque.

Cette indication ne sera pas déplacée parmi les multitudes de réclames qui ornent déjà les devantures des établissements de consommation.

Si un liquoriste, un Cusenier ou un Pernod quelconque reste sourd aux propositions syndicales, que nos amis fassent un sacrifice, que pendant quelque temps ils varient leur consommation, cela se répétant pendant quelques jours et se faisant par une centaine de mille de consommateurs, vous verrez bientôt ces fiers Sicambres courber le front et entamer des pourparlers avec nos amis les verriers ! ..

Beaucoup de dévoués syndiqués vous diront : Vous demandez beaucoup de choses, jamais nous ne pourrons faire tout cela...

J'avoue que si l'on est incapable de faire aucun effort, si l'on ne peut s'imposer aucun sacrifice, il faut renoncer à toute revendication, tout accepter et ne formuler aucune plainte.

Si celui qui est intéressé à une chose, qui détient en ses mains la possibilité de la faire triompher, ne peut le faire, comment peut-il émettre la sotte prétention qu'un autre individu, dont les intérêts, la plupart du temps, sont opposés aux siens, puisse faire un effort en faveur de la cause qui lui est chère...

Avec la Grève générale, le timoré peut encore invoquer que ce moyen radical l'effraie, il peut entrevoir la défaite possible des grévistes, la dislocation du syndicat ou du moins la défection des membres non militants, le manque de cohésion, prétendre encore que l'instant choisi ne lui semble pas favorable à pareille tentative, invoquer une gêne dans sa famille, enfin mille autres raisons plus ou moins valables.

Avec le système que nous préconisons, rien de tout cela.

Le syndiqué, s'il est propagandiste, accomplit son devoir : il formule ses observations, soit aux patrons, soit aux employés ; s'il ne se sent pas l'âme d'un apôtre, il n'a qu'à se déranger et à aller chez un partisan de ses idées.

Chez lui, il dit à son épouse : « Dorénavant, tu ne te fourniras que dans tel et tel magasin. »

Pour accomplir pareille besogne, je ne crois pas qu'il est nécessaire d'avoir fait ses premières armes à Fontenoy !

En Amérique où le commerce des tabacs n'est pas un monopole, les cigariers, par suite de l'application de la marque de connaissement, ont fait disparaître, du haut commerce, une des plus puissantes et richissimes Compagnies.

Ne voulant pas se rendre aux justes revendications formulées par les ouvriers cigariers, un index fut mis sur la manufacture, et avec un touchant ensemble les Américains s'abstinrent de fumer les produits de l'omnipotente Compagnie.

Si nous ne craignions de nous étendre et de prodiguer les exemples, nous dirions que les buveurs de bière berlinois surent, pendant quelques mois, à seule fin de faire triompher une cause juste, se priver de leur boisson favorite.

Lorsque nous invoquons ce que les organisations étrangères surent faire suivre par leurs sociétaires, il n'est pas rare d'entendre quelques compatriotes s'écrier :

« Ce qui se fait en Amérique ou en Allemagne ne peut se faire chez nous. »

Je ne sais si la chose est impossible chez nous, mais ce que je sais, c'est que de l'autre côté de la Manche, non seulement la marque syndicale existe, mais la marque nationale y est en grand honneur.

Chaque produit étranger porte une marque indiquant aux fils de l'Angleterre que tel produit est français, belge ou allemand.

Maintenant examinons si la chose est possible chez nous.

Sans vouloir me mêler en rien aux questions politiques et religieuses qui divisent en ce moment l'Algérie, un puissant exemple nous arrive de ce département français.

Un de nos amis qui arrive de ce bouillant pays, nous raconte l'aventure suivante qui lui est arrivée et que vous me permettrez de vous traduire le plus fidèlement possible.

Accablé par la chaleur, il s'asseoit à la terrasse d'un café, un garçon, au blanc tablier, s'approche et demande à notre Montmartrois ce qu'il désire...

— Un Pernod au sucre, répond notre ami.

Le garçon ne répond rien, lui tourne le dos, et vaque à ses occupations.

Ne voyant rien venir, le consommateur altéré s'impatiente, attend toujours tout en continuant à s'éponger le front.

Un Monsieur, placé près de lui, voyant son embarras, se penche amicalement vers lui et lui dit :

— Je vois bien que Monsieur n'est pas algérien, c'est pourquoi je crois devoir vous avertir que votre absinthe ne viendra pas !

Comme notre camarade semblait s'étonner, son voisin s'empressa de lui raconter que, depuis quelques mois, les cafés qui se respectaient ne débitaient plus de Pernod.

Inutile de vous dire que la surprise était grande chez notre voyageur et comme celui-ci n'aurait jamais pu deviner l'énigme, le voisin s'empressa de lui donner l'explication suivante :

— Apprenez, Monsieur, que la maison Pernod a comme principal actionnaire, M. Weil-Picard, et que M. Weil-Picard est un juif...

Pas difficile, notre ami que la soif torturait, s'empressa de demander un rafraîchissant catholique — l'absinthe Berger — qui lui fut servie immédiatement ; il poussa même — nouveau néophyte — la condescendance jusqu'à fumer des cigarettes Max Régis qui, au dire des Algériens, sont aussi agréables au goût que les cigares Edouard Drumont !

Les conséquences à tirer de ces faits prouvent surabondamment que ce que certains esprits peuvent faire, fussent-ils animés d'une idée fausse, des hommes conscients, s'appuyant sur une logique irréfutable, peuvent également le faire.

La marque syndicale avec ses conséquences de propagande, c'est le boycottage constant se faisant sur toutes choses, c'est l'école où l'homme se prépare aux luttes futures qui doivent le mettre à point pour la grande bataille.

Nous pensons donc, camarades, que les délégués ici présents, se pénètreront de l'importance de cette proposition, que vous l'accepterez et que de retour près de vos mandants, par une étude sérieuse de la question, vous choisirez le système qui vous paraîtra le plus pratique, soit une marque spéciale sur les objets fabriqués, soit une indication visible sur les maisons qui vendent'ou produisent les objets émanant des travailleurs syndiqués, soit encore par des avis signalant dans un organe ouvrier les maisons qui sont sympathiques aux syndiqués.

J. MAYNIER.

Pour entrer de suite dans la mise à exécution, la Commission vous propose d'inviter la Verrerie ouvrière à adopter une marque, apposée indistinctement sur toutes les bouteilles qu'elle fabrique. Il est bien entendu que cette marque doit être peu apparente de façon à ne pouvoir, dans aucun cas, être un prétexte à refus d'achat. En outre, cette marque ne devra pas augmenter le prix de vente de la bouteille.

Il est entendu qu'en dehors de cette marque la Verrerie ouvrière continuera à appliquer sur une partie de sa fabrication l'écusson actuel, et qu'elle reste juge de la majoration des prix renius nécessaires par le travail de gravure.

La Verrerie ouvrière devra faire connaître à toutes les organisations, soit directement, soit par le canal de la Confédération ou de la Fédération des Bourses, la marque qu'elle aura adopté. Cette marque sera affichée dans les Bourses du Travail et bureaux de Syndicats.

C'est là aussi que, quand d'autres groupements, soit Coopératives, soit Syndicats, auront adopté des marques spéciales, ces marques devront être affichées, de façon que chacun en prenne connaissance.

Comme sanction à ce qui vient d'être dit, la Commission engage les syndiqués à faire respecter les marques syndicales et à boycotter les fournisseurs divers qui les refuseraient.

La Commission vous soumet un vœu, intermédiaire entre la marque syndicale et le boycottage soumis par la Chambre syndicale des Limonadiers-restaurateurs : il serait à désirer que, lorsque les groupements ouvriers organisent des banquets ou des bals, ils réclament au patron de l'établissement où à lieu la fête l'emploi de syndiqués.

Et la Commission ajoute que cette pratique de solidarité est de facile exécution, il ne s'agit que d'y penser.

En ce qui concerne le boycottage et le sabottage, la Commission, reprenant la question au point où l'a établi le Congrès de Toulouse, pense que les travailleurs ne se pénétreront jamais trop du principe qui devrait guider notre vie : c'est que c'est à nous-même d'agir, et que nous n'avons à compter sur personne pour améliorer notre sort.

C'est donc à nous de sortir de l'expectative et, au lieu d'attendre d'en haut l'amélioration de nos conditions d'existence, de modifier nous-mêmes ces conditions, en résistant continuellement, dans les circonstances petites et grandes, aux empiètements capitalistes.

Dans le milieu actuel, le boycottage et le sabottage peuvent suivant les cas, donner des résultats appréciables.

Nous ne présentons pas ces moyens de résistance comme une panacée devant donner une solution heureuse à tous les conflits; le but final, ne le perdons pas de vue, reste l'émancipation intégrale.

Vis-à-vis des commerçants le boycottage s'indique. Nous regrettons de n'avoir pas à enregistrer, dans le courant de l'année écoulée, une infatigable pratique du boycottage; néanmoins, les cas qui se sont produits nous démontrent que si l'application s'en généralisait, les résultats seraient excellents. C'est pourquoi nous ne saurions trop engager les camarades à se familiariser avec le boycottage et à se bien pénétrer que les bénéfices qu'il donnera seront proportionnels à l'activité que nous aurons déployée.

Les résultats qu'a donnés le sabottage sont, eux aussi, difficiles à mesurer. C'est chose qui relève de l'initiative individuelle et une enquête est à peu près impossible. Ce que la commission tient à indiquer, c'est que le sabottage n'est pas chose neuve; les capitalistes le pratiquent, chaque fois qu'ils y trouvent intérêt; les adjudicataires en ne remplissant pas les clauses de bonne qualité de matériaux, etc., et ils ne le pratiquent pas que sur les matériaux; que sont leurs diminutions de salaire sinon un sabottage sur le ventre des prolétaires ?

Il faut d'ailleurs ajouter que, instinctivement, les travailleurs ont répondu aux capitalistes en ralentissant la production, en sabottant inconsciemment.

Mais, ce qui serait à souhaiter, c'est que les travailleurs se rendent compte que le sabottage peut être pour eux une arme utile de résistance, tant par sa pratique que par la crainte qu'il inspirera aux employeurs, le jour où ils sauraient qu'ils ont à redouter sa pratique consciente. Et nous ajouterons que la menace de sabottage peut souvent donner d'aussi utiles résultats que le sabottage lui-même.

Le Congrès ne peut pas entrer dans le détail de cette tactique; ces choses-là ne relèvent que de l'initiative et du tempérament de chacun et sont subordonnées à la diversité des industries. Nous ne pouvons que poser la théorie et souhaiter que le boycottage et le sabottage entrent dans l'arsenal des armes de lutte des prolétaires contre les capitalistes, au même titre que la grève et que, de plus en plus, l'orientation du mouvement social ait pour tendance l'action directe des individus et et une plus grande concience de leur personnalité.

Comme tout ce que nous venons de formuler est l'expression de tactiques nouvelles en France et qu'il s'agit de vulgariser, votre commission pense que vous approuverez sa résolution : elle a décidé, une fois le Congrès terminé, de ne pas suspendre les relations que ses membres ont nouées et de continuer son œuvre en s'efforçant, soit par des brochures soit autrement, de familiariser les travailleurs avec la tactique du boycottage, du sabottage et des marques syndicales.

*Le Rapporteur*, Emile POUGET.

*Les Membres de la Commission* : AUVRAY, MAYNIER, BRISSE, BROUSSE, CAUCHOIS, BEAUSOLEIL.

Ce rapport est adopté à l'unanimité.

Batbielle donne lecture du rapport de la troisième commission.

### RAPPORT de la 3e Commission sur les Adjudications

CITOYENS,

La 3e Commission, après lecture des rapports présentés par : la Fédération des Travailleurs du Livre ; le Syndicat des Cochers-Livreurs du département de la Seine ; les Chambres syndicales des ouvriers confiseurs, biscuitiers et chocolatiers de Paris; la Chambre syndicale des Ouvriers fumistes en bâtiment de la Seine ; la Bourse du Travail de Dijon; la Chambre syndicale des Ouvriers plombiers-couvreurs-zingueurs de Paris ; la Fédération des Peintres en bâtiment du département de la Seine, et après étude des divers vœux qui lui sont parvenus, a l'honneur de soumettre à votre appréciation le résultat de ses travaux.

Depuis longtemps, des plaintes fréquentes et nombreuses se sont élevées parmi les travailleurs et aussi parmi les patrons sur les conséquences économiques du mode de répartition des divers travaux exécutés pour le compte de l'Etat, des Communes, de l'Assistance publique, etc.

En vertu de l'application rigoureuse des ordonnances de 1836-1837 et du décret de 1882, qui exigent le *concours* et la *publicité*, tous les entrepreneurs de travaux ou de fournitures quelconques pour le compte de l'Etat, des Communes et des départements, doivent être informés des adjudications qui ont lieu et qui les concernent, ils ont le droit d'y prendre part, et en acceptant les clauses indiquées dans le cahier des charges, fixant un minimum de rabais, ils peuvent devenir adjudicataires.

Si les rabais sont insuffisants, l'Administration intéressée a le droit de procéder à une nouvelle adjudication.

Les différentes Administrations astreintes au régime des adjudications provoquent une concurrence chaque jour plus acharnée et ruineuse entre les entrepreneurs, dans les villes de moyenne importance aussi bien que dans les grandes agglomérations. Cette concurrence se manifeste par des rabais de 50 et 60 % et plus. Une enquête sur ce point est tristement instructive.

Ces rabais, connus de tout le monde, sont supportés exclusivement par les patrons entrepreneurs ; il est difficile de croire qu'ils se résignent, dans l'intérêt de la chose publique, à réduire d'autant leurs bénéfices. Outre que pareil désintéressement n'est pas propre à la nature humaine, on pourrait supposer que des devis de travaux permettant de pareilles réductions sont établis d'une manière bien peu consciencieuse. Ou alors, ce qui échappe aux contribuables, c'est qu'il y a dans le système des adjudications des compensations connues seulement de quelques initiés. L'hypothèse est permise.

Sans nous arrêter à cette hypothèse, pourtant vraisemblable, il reste assez d'autres faits à signaler et qui sont la conséquence fatale, inévitable, des rabais scandaleux consentis par les entrepreneurs.

Parmi les plus importants, il faut citer :

1° Qualité défectueuse des travaux et des fournitures ;

2e Réduction du prix de la main d'œuvre ;

3° Emploi abusif des enfants et des femmes ;

4° Concurrence des mauvais patrons au préjudice des bons, les premiers devenant plus souvent adjudicataires que les seconds.

Il semble tout naturel que les entrepreneurs qui offrent de forts rabais établissent leur devis sur des matières premières de qualité inférieure, qu'il s'agisse de métallurgie, de bâtiments ou de fournitures quelconques.

Les démêlés fréquents et graves que la ville de Paris a eus avec les entrepreneurs et les architectes sont une attestation décisive des abus et des fautes provoquées à la suite de l'acceptation de trop forts rabais.

La complaisance coupable de ceux qui sont chargés de la surveillance est encore un autre inconvénient qu'il est bon de ne pas négliger.

Dans les industries se rattachant au bâtiment, la concurrence des entrepreneurs a produit de véritables désastres au triple point de vue de la stabilité du travail, des salaires et de la valeur professionnelle des ouvriers. Le nombre important des patrons qui deviennent adjudicataires par l'appât d'un client solvable, crée une concurrence néfaste et entraîne une instabilité autrefois inconnue. L'abaissement des salaires, l'impossibilité de recruter des ouvriers habiles pour le salaire inférieur qui leur est offert, continuelles contestations entre patrons et ouvriers, telle est la situation dans beaucoup de chantiers alimentés par des travaux administratifs.

Les salaires des ouvriers du bâtiment, autrefois de 0 fr. 75 à 0 fr. 80 l'heure, sont descendus, chez beaucoup d'entrepreneurs, à 0 fr. 50, à 0 fr. 60, et la valeur professionnelle des ouvriers a sensiblement baissé.

Une enquête organisée par la Fédération du Livre et relative précisément aux conséquences du système des adjudications dans cette industrie, nous a appris que, dans les villes de Bordeaux, Lille, Marseille, Bar-le-Duc, Châlons-sur-Saône, Amiens, Agen, Périgueux, Arras, Rennes, Rouen, Tours, Montbéliard, Morlaix, Tonnerre, Sedan, il y a eu baisse de salaires ; dans les villes du Havre, Marseille, Saint-Brieuc, Avignon, Besançon, Constantine, Nice, Bourges, Bône, Alger, Épinal, Oran, Laval, Mont-de-Marsan, Montbéliard, certains patrons adjudicataires ont occupé de nombreux apprentis, des demi-ouvriers ou des femmes auxquels on paye un salaire de 20, 30, 40 ou 50 pour cent inférieur.

Nous cherchons en vain les avantages réels, pour le public, de ce système des adjudications qui nuit à tous les intérêts et provoque de toutes parts des attaques justifiées. Tout récemment, à l'occasion d'importants travaux de l'Exposition, les dix entrepreneurs qui se présentèrent ne soumissionnèrent pas, « parce que des rabais sur les prix « fixés ne leur auraient pas permis de fournir en bonnes qualités les « matériaux demandés et de se tirer d'affaire commercialement. »

Telles sont les conséquences de l'application des ordonnances de 1836-37, et rien ne pourra en triompher ; aucune bonne volonté administrative, aucun fonctionnaire ne pourra se soustraire à leurs prescriptions. Il nous suffira, pour notre démonstration, de reproduire le document suivant, toujours d'actualité, quoique datant déjà de dix ans. C'est une lettre officielle adressée à M. le Préfet de l'Isère, à la suite d'une démarche faite par le Syndicat typographique ouvrier de Grenoble :

RÉPUBLIQUE FRANÇAISE                    « Paris, 22 novembre 1888.

*Ministère de l'Intérieur*

« Monsieur le Préfet, le Conseil général de l'Isère ayant voté, dans sa séance du 25 août dernier, la mise en adjudication de l'impression des procès-verbaux de ses délibérations, des rapports du préfet et des chefs de service, ainsi que d'autres imprimés payés sur les fonds départementaux, vous me faites savoir que la Chambre syndicale des ouvriers typographes de Grenoble vous a demandé, à la suite de ce vote, d'insérer dans le cahier des charges de l'entreprise une clause aux termes de laquelle ne seront admis à concourir que les maîtres imprimeurs ayant adopté le tarif de la Chambre syndicale.

« Ainsi que vous le savez, Monsieur le Préfet, les ordonnances de 1836-1837 et les décrets subséquents qui ont prescrit, sauf les exceptions limitativement prévues, la mise en adjudication des travaux de l'État, des départements et des communes, ont été inspirés par des considérations tirées de l'intérêt des finances publiques et par le désir de voir exécuter ces travaux dans les meilleures conditions d'économie.

« C'est dans cet ordre d'idées que les règlements sur la matière prescrivent une publicité aussi large que possible et une concurrence de nature à *assurer les plus forts rabais*.

« Les clauses contraires aux dispositions essentielles de ces règlements doivent donc être écartées de la rédaction du cahier des charges.

« Celle qui a été proposée par la Chambre syndicale des ouvriers typographes de Grenoble me paraît être de ce nombre, en ce qu'elle aurait pour conséquence de réduire, dans une certaine proportion, le taux des rabais, à raison de l'augmentation des salaires d'ouvriers imposée aux entrepreneurs

« Je crois, en conséquence, devoir vous faire connaître que la proposition de la Chambre syndicale ne me semble pas pouvoir être accueillie.

« Recevez, etc.

« Pour le Ministre :

« Le Conseiller d'Etat, directeur de l'administration départementale et communale,

*Signé :* BOUFFET. »

Cette réponse est catégorique, elle signale dans toute sa rigueur l'interprétation déplorable qu'il faut donner à ces ordonnances et justifie à nos yeux l'intervention des intéressés pour obtenir une modification du système des adjudications et suivre ainsi les nombreux exemples fournis par l'Angleterre, la Belgique. la Hollande, la Suisse. l'Amérique.

Nous allons faire passer sous vos yeux, citoyens, quelques documents de ces différents pays. En Angleterre, plus de deux cents municipalités se sont ralliées à l'introduction du minimum de salaire dans les travaux publics Parmi ces villes, il en est qui ont introduit dans le cahier des charges d'autres clauses : fixation des heures de travail, emploi exclusif d'ouvriers compétents, règlement des sous-entreprises, etc., amendes en cas d'infraction aux conditions du Travail.

L'Administration scolaire de Londres a introduit, dès 1889, la clause relative au minimum de salaires dans les marchés pour les travaux de construction et pour les fournitures 'iverses.

Cette Administration a fait inscrire dans tous les cahiers des charges la clause suivante :

« Partout où le tarif de Londres est appliqué, l'adjudicataire paiera à ses ouvriers un salaire qui ne sera pas inférieur au minimum reconnu dans chaque métier. Dans tous les autres districts où le tarif de Londres n'est pas appliqué, l'adjudicataire paiera aux ouvriers et à toutes les autres personnes employées par lui à l'exécution de ce contrat un salaire qui ne sera pas inférieur au minimum en usage et généralement payé à l'époque et à l'endroit où ces ouvriers seront généralement employés. »

Le Conseil du Comité de Londres a adopté en 1899 la résolution suivante :

« Tout soumissionnaire devra déclarer qu'il observe les conditions du travail (salaire et durée) généralement acceptées comme normales dans son industrie. Si sa déclaration est reconnue fausse, sa soumission ne sera pas acceptée. »

En Belgique, sous l'énergique et persévérante poussée des organisations ouvrières, le Gouvernement a soumis à l'examen du Conseil supérieur du travail cette proposition de l'introduction du minimum de salair dans les cahiers des charges des travaux administratifs mis en adjudication. Une enquête a été également ouverte et, en Belgique comme chez nous, les partisans et les adversaires ont formulé des objections et des arguments pour ou contre les garanties réclamées.

Il nous est impossible, et nous le regrettons beaucoup, de reproduire ici les thèses différentes qui ont été soutenues. Nous nous bornerons seulement à citer les conclusions votées par le Conseil supérieur de Belgique.

L'application de clauses relatives aux salaires dans les travaux administratifs est stipulée dans les cahiers des charges de huit administrations provinciales. Six de ces administrations indiquent dans le cahier des charges le salaire minimum à payer aux ouvriers ; les deux autres provinces demandent aux entrepreneurs d'indiquer dans leurs soumissions les prix minima qu'ils s'engagent à payer à leurs ouvriers ; *si ces salaires sont inférieurs au chiffre moyen* des salaires ordinaires et équitables, l'offre n'est pas accueillie.

D'une enquête entreprise par le Conseil communal de Bruxelles, il résulte que sur 87 communes comptant plus de 8,000 habitants, 51 représentant une population de 2,070,739 habitants ont adopté la clause du minimum de salaire et 36 avec une population de 517,907 habitants ne l'ont pas encore adoptée.

La même enquête établit que toutes les communes, sauf une, ont déclaré que l'application des nouveaux cahiers des charges n'avait amené aucun résultat anormal au point de vue des finances et si quelque part il y a eu majoration de frais, elle doit être attribuée partiellement au renchérissement des matériaux et au développement des constructions dans l'agglomération bruxelloise.

En Amérique, la loi fixe à huit heures la journée de travail et dit que tout entrepreneur sous-traitant chargé de diriger ou de contrôler les ouvriers, qui violera intentionnellement la loi, sera puni d'une amende de 1,000 dollars au maximum *ou d'un emprisonnement de six mois au plus* ou *des deux* à la fois, à la discrétion du tribunal.

En outre, une loi de 1893-94 exige des adjudicataires de travaux publics le dépôt d'un cautionnement destiné à garantir le salaire des ouvriers.

Nous achevons ici la rapide énumération des preuves d'application dans les conditions du travail à l'étranger. Quelle que soit notre intention de faire connaître d'une façon plus détaillée tous les faits qui sont la démonstration indiscutable du caractère pratique de la proposition soumise à vos délibérations, nous avons dû nous limiter, laissant le soin à tous ceux de nos camarades que cette question préoccupe, de mieux fixer leur opinion par la lecture des documents authentiques publiés dans le *Bulletin de l'Office du Travail*, documents qui ont servi à faire le si remarquable rapport présenté au Conseil supérieur du Travail par notre ami Keufer, secrétaire général des Travailleurs du Livre et auquel nous avons fait complètement appel pour vous présenter ces lignes.

Nous ne pouvons faire mieux que de vous mettre sous les yeux un extrait de son rapport où il fustige, de main de maître, l'égoïsme de nos dirigeants.

Voici ce qu'il dit :

. . . . . . . . . . . . . . . . . . . . . . . . . . . . . . . . . . . . . . . . . . . . . . . . . . . . . . . . . . . . . . . . . . . . . . . . .

« Quel prétexte pourra-t-on raisonnablement invoquer, pour ne pas appliquer la proposition qui fait l'objet de ce rapport? La vérité, c'est que nous nous heurtons à une opinion profondément enracin'e dans l'esprit de toute une catégorie de citoyens français pénétrés, dès l'école, et hantés au cours de toute la série de leurs études, de la doctrine du laissez-faire, du laissez-passer, considérant la liberté absolue comme le plus puissant facteur du progrès, et plus tard, dans toutes les hautes fonctions qu'ils ont à remplir, ils sont guidés par cette pensée unique, qu'il faut sauvegarder le principe de la loi de l'offre et de la demande dans tout ce qu'il a d'exagéré, d'abusif, opprimant d'une manière cruelle celui qui aurait surtout le plus besoin de protection. Les mêmes adorateurs de la liberté absolue de la loi de l'offre et de la demande ne sont-ils pas, dans d'autres circonstances, avec le concours de l'Etat, qui met toutes les forces sociales à leur disposition, les énergiques protecteurs des droits et des biens de certaines catégories de citoyens ? Sous le prétexte trompeur que dans l'exécution des travaux administratifs il faut sauvegarder les intérêts des contribuables en assurant le concours et la publicité, sans préoccupation des conséquences qu'entraîne ce système des adjudications, le travailleur sera-t il seul livré sans protection pour l'unique propriété qu'il possède, son travail, son labeur quotidien déjà si disputé et si incertain ? Enfin, suivant l'expression d'un membre de la Commission permanente, ne peut-on prendre autant de souci des intérêts des ouvriers qu'on en prend pour les matériaux à fournir?

« Et les agriculteurs, les industriels, les commerçants ne sont-ils pas aussi protégés et par des mesures beaucoup plus rigoureuses que celles demandées par nous? »

. . . . . . . . . . . . . . . . . . . . . . . . . . . . . . . . . . . . . . . . . . . . . . . . . . . . . . . . . . . . . . . . . . . . . .

En effet, nous pensons qu'il serait profondément dangereux de laisser s'introduire dans l'esprit de la population ouvrière de France cette conviction que ceux qui ont la responsabilité de la direction des affaires ne sont pas accessibles aux mêmes sentiments qui animent à l'étranger les hommes d'Etat, les législateurs et les chefs industriels,

Nous tenons, en outre, à reproduire ici les paroles prononcées par d'autres hommes qui font autorité.

L'opinion publique a pu suivre la campagne menée contre l'Imprimerie Nationale par les maîtres imprimeurs de France, dans le but de réduire l'importance des travaux qui sont exécutés dans cet établissement pour en faire bénéficier l'imprimerie privée.

A cette campagne s'en est ajoutée une autre, menée parallèlement ou plutôt contre la première et par les ouvriers de l'Imprimerie Nationale, qui réclament le respect du décret de 1889. Les Organisations ouvrières de l'industrie du Livre se sont associées, en général, à leurs camarades de l'établissement officiel, car le travail qui s'y fait est exécuté à un salaire rémunérateur, au tarif syndical, tandis que l'éparpillement de ces travaux entre un certain nombre de patrons, par voie d'adjudication, favoriserait inévitablement les imprimeurs qui ne payent pas le tarif, d'où abaissement inévitable des salaires pour les ouvriers occupés aux travaux de l'Etat exécutés auparavant sans son imprimerie.

Pour marquer leur esprit libéral, les ouvriers du dehors, même un certain nombre de ceux employés dans ledit établissement, déclarèrent qu'ils n'auraient aucune raison de s'opposer à la répartition des travaux si, mis en adjudication, les cahiers des charges imposaient aux soumissionnaires le tarif syndical.

Mais le point le plus important à relever, ce n'est pas l'opinion des ouvriers, quelque peu suspecte et considérée comme déraisonnable par certains esprits, esclaves de la liberté absolue; c'est l'opinion de M. Dupont, le notable imprimeur parisien, opinion exprimée dans sa réponse aux attaques de l'Imprimerie Nationale. M. Dupont y dit textuellement ceci :

« ... Comment admettre enfin qu'une entente entre tous les imprimeurs de France puisse supprimer la concurrence acharnée qui existe déjà dans les adjudications, et que les imprimeurs fassent porter sur le salaire normal des ouvriers la baisse des prix résultant de la concurrence aux adjudications? *En tous cas, l'Etat pourrait imposer à ses fournisseurs, pour les ouvriers, le tarif en vigueur au moment de l'adjudication.* »

Ce n'est pas un théoricien, ce n'est pas un rêveur, c'est un patron qui tient une grande place dans l'industrie du Livre et peu enclin à faire du sentiment en faveur des ouvriers, qui proclame la possibilité de l'intervention de l'Etat pour imposer le tarif en vigueur aux fournisseurs. C'est très caractéristique.

En Belgique, M. Nyssens, ministre de l'industrie et du travail, déclarait en pleine Chambre qu'il était depuis longtemps partisan de l'expérimentation de la clause du minimum de salaire dans les adjudications publiques.

Il ajoutait : « Ce que nous disons — et l'on ne peut pas dire autre chose — c'est que l'Etat ne doit pas spéculer sur les salaires pour obtenir des rabais dans les adjudications. De cette manière, nous n'arriverons pas à sauver les salaires, mais à empêcher qu'ils ne diminuent pas l'effet du système d'adjudication en usage pour les travaux publics. »

Au cours de la discussion qui a eu lieu au sein du Conseil supérieur du Travail, M. Prins, inspecteur général des prisons, a formulé une opinion qui renferme, selon nous, un des plus solides arguments que nous puissions invoquer pour justifier l'acceptation de notre proposition :

« Le contrat de travail implique un élément de moralité. Quand l'Etat contracte, il doit donner aux autres l'exemple de la loyauté et de la moralité. Il y est tenu plus que tout autre contractant. En effet, une entreprise de travaux publics est plus recherchée qu'une autre. L'entrepreneur a la certitude d'être payé : il a une sécurité absolue, l'entreprise est une réclame pour lui ; il inspire confiance ; il a donc une situation privilégiée qui implique des devoirs corrélatifs .. »

Est-il possible de mieux définir les devoirs de toute administration qui constitue un pouvoir matériel et moral dans notre société ?

Certes, il y a eu des objections soulevées, des arguments ont été invoqués pour combattre la proposition qui fait l'objet de ce rapport, des inconvénients ont été signalés ; mais existe-t-il une seule mesure quelconque prise en vue de protéger les intérêts généraux qui ne touche ou ne ports atteinte à des intérêts particuliers ou qui ne restreigne la liberté des individus ? Faire une opposition irréductible à notre proposition en exagérant les inconvénients nous semble pousser trop loin les conséquences de la logique, car le même raisonnement pouvait être appliqué partout où des restrictions ou des propositions sont imposées, quelque équitable qu'en soit le but.

La vérité, dans le cas qui nous occupe, n'est ni dans l'intervention constante et tyrannique de l'Etat, ni dans le refus absolu de toute intervention  Les conséquences de ces deux mesures extrêmes seraient dangereuses. Nous persistons à croire que la sagesse et la justice reposent dans une intervention raisonnée, limitée à des cas bien définis, comme celui qui est soumis aux délibérations du Congrès.

En entrant dans cette voie, nous ne nous exposerons pas à des méprises ruineuses, à des marchés onéreux, nous ne ferons que suivre la voie indiquée par les pays tels que la Belgique, l'Angleterre, où la liberté absolue, le laisser faire constituaient, jusqu'en ces derniers temps, un dogme presque inviolable.

Nous sommes partisans de l'initiative des individus, des organisations ouvrières, mais les communes, les départements, l'Etat, en tant qu'Administrations, disposant d'une partie ou de la totalité de l'action publique, ont aussi des devoirs à remplir envers leurs administrés qu'ils représentent en leur demandant de continuels sacrifices.

Trop souvent on reproche aux travailleurs de manquer de sagesse : on exige d'eux une résignation constante, sans tenir compte de la situation pénible qui leur est faite par cette enragée concurrence qui les place dans une situation de plus en plus précaire, sans aucune sécurité du lendemain.

C'est pourquoi nous terminons ce rapport en exprimant avec confiance le vœu de voir le Congrès sanctionner cette proposition, qui permettrait enfin de modifier le système actuel des adjudications qui nuit à la fois aux travailleurs et aux contribuables qu'il prétend défendre. En agissant ainsi, nous ne ferons qu'imiter ce qui se fait depuis longtemps dans des pays monarchiques.

Voici le vœu que votre commission soumet à votre sanction :

*1° Modification des ordonnances de 1836-1882 décidant l'introduction, dans les cahiers des charges, de clauses fixant les conditions de travail et de salaire établies de concert entre les patrons et les syndicats; dans les localités ou professions où n'existent pas de syndicat, ces conditions seront établies sur la moyenne du salaire courant local*

*2° Seront également prévues les dispositions relatives à la loi du 2 novembre 1892.*

*3° Les cahiers des charges seront communiqués aux syndicats patronaux et ouvriers qui en feront la demande; ils pourront en signaler les lacunes ou les abus et surveiller l'exécution des clauses desdits cahiers dans l'intérêt des contribuables.*

*4° Dans toutes les élections municipales, départementales, législatives, les membres de toutes les organisations ouvrières soumettront les clauses qui précèdent à l'acceptation des candidats, sans distinction d'opinion. Le refus d'accepter ces propositions dictera la conduite des travailleurs.*

*5° Ces propositions, après avoir été déposées entre les mains du pouvoir exécutif, et si elles ne sont pas prises en considération, seront l'objet d'un pétitionnement dans tout le pays et, avec le concours de tous les syndicats ouvriers, nous agirons dans le sens indiqué au 4° auprès de nos représentants politiques.*

La violation de ces conditions devra, selon les circonstances, donner lieu :

Soit à la retenue de tout ou partie du cautionnement, et, s'il y a lieu, à l'amende ;

Soit à la résiliation du contrat ou à la mise en régie des travaux à exécuter ;

Soit, en cas de récidive, à l'élimination du délinquant des adjudications de même nature dans le même département.

L'introduction de ces clauses sera obligatoire dans les cahiers des charges des travaux de l'Etat et des Départements. Elle sera facultative pour les travaux des Communes et de ceux des établissements publics, dont les adjudications sont actuellement soumises aux règles de l'ordonnance du 14 novembre 1837.

Votre Commission adopte ensuite la proposition de la Fédération du Bâtiment, ainsi conçue :

Lutte pour l'obtention de la mise en régie des travaux des Communes, des Départements et de l'Etat, création d'une Ligue contre le marchandage ; enfin, établissement d'un programme d'action pour la réalisation des revendications relevant des pouvoirs publics.

*Le Rapporteur :*
BATHELLE.
*La Commission :*
MAYNIER, GANNAT, MORIN, LEMAITRE (Ferdinand),
FERNBACH (Lucien).

Ce rapport est adopté sans observation.

*Philippe* donne lecture du rapport de la cinquième commission :

# LE TRAVAIL DE LA FEMME DANS L'INDUSTRIE

## Rapport de la 5e Commission

CITOYENS,

Votre Commission a étudié et discuté les différentes propositions présentées par les Organisations suivantes :

Syndicat des Cordonniers de Fougères ;
Syndicat de la Typographie parisienne ;
Fédération des Cuirs et Peaux ;
Fédération de Meurthe-et-Moselle ;

Syndicat des Mécaniciens de Marseille ;

Syndicat de la Brosserie de Paris ;

Union des Syndicats de la Seine ;

Bourse du Travail de Saint-Etienne ;

Bourse du Travail d'Angers ;

Bourse du Travail d'Alger ;

Chambre syndicale ouvrière des Limonadiers, Restaurateurs et assimilés de Paris ;

Union syndicale des Employés d'hôtel et assimilés des deux sexes ;

Association syndicale des Garçons restaurateurs, Limonadiers et assimilés ;

Syndicat des Ferblantiers de la Seine ;

Fédération des Travailleurs du Livre ;

Chambres syndicales des Couvreurs, Ferblantiers, Plombiers, Zingueurs du Mans ;

Syndicat général des Garçons de magasin, Cochers-Livreurs et parties similaires de la Seine ;

Bourse du Travail de Dijon, appuyée par les Syndicats des Ornemanistes sur métaux de la Seine, des Métallurgistes de l'Oise, Syndicat des Estampeurs-Découpeurs de Paris, Syndicat des Ouvriers selliers en voiture de la Seine, Société générale des Ouvriers chapeliers de France et Syndicat des Ouvriers et Ouvrières en chapellerie de Paris.

Votre Commission, comme sanction à son étude, vous propose d'adopter les résolutions suivantes :

Que dans tous les milieux, nous nous efforcions de propager cette idée que *l'homme doit nourrir la femme ;*

Que pour la femme, veuve ou fille, obligée, par conséquent, de subvenir à ses besoins, il soit entendu que la formule : *travail égal, salaire égal*, lui sera appliquée ;

Qu'une active surveillance des industries insalubres et dangereuses ait lieu ;

Empêcher l'homme d'accaparer les travaux et les emplois appartenant à la femme, et, réciproquement, empêcher également la femme d'enlever à l'homme le travail lui incombant naturellement ;

Supprimer le travail industriel dans les ouvroirs, couvents et prisons ;

Empêcher, par tous les moyens possibles, le travail de la femme dans certaines professions, telles, par exemple, que bonnes de café, de brasserie, etc., qui sont une cause de démoralisation empêchant l'émancipation féminine ;

Qu'une active propagande soit faite pour arriver à grouper les femmes dans leurs diverses branches d'industries respectives ;

Que la loi de 1892 sur le travail des femmes dans l'industrie soit rigoureusement appliquée aux employées, et qu'une inspection très sévère des ateliers et magasins ait lieu constamment ; que les employées de magasin puissent surtout s'asseoir quand le travail le leur permettra ;

Enfin, application de la journée de huit heures avec repos hebdomadaire à toutes les ouvrières et employées.

Votre Commission aurait voulu, Citoyens, vous présenter un travail beaucoup plus complet, car, s'il est une question qui doit nous préoccuper en premier lieu, c'est assurément celle du travail de la femme dans l'industrie. Malheureusement, le temps nous a fait défaut.

Nous ne saurions, cependant, trop vous engager à réagir, dans vos milieux respectifs, pour remédier à un état de choses absolument déplorable à tous les points de vue, car, dans cette question, comme, du reste, dans presque toutes les questions ouvrières, *il ne faut guère compter sur les pouvoirs publics.* Le remède aux maux signalés est dans les organisations ouvrières, dans les Syndicats, et c'est aux adhérents, c'est à vous citoyens, qu'il appartient surtout d'apporter une solution.

*Le rapporteur*, PHILIPPE.

*Les membres de la commission :* Aug. ALLIBERT,
F. ROCHE, J.-Eugène MORIN, H. ROUSSEAUX,
L. DUGOY, MOREL, H. GALANTUS, H LE CORRE,
E. LANGLOIS.

Le rapport de la cinquième commission est adopté.

Sur la proposition du citoyen *Meyer*, le Congrès procède à la nomination de la commission des vœux.

Trois membres sont reconnus suffisants et les citoyens Brisse, Cauchois et Millard sont désignés.

Le rapporteur de la première commission donne communication au Congrès des nouvelles modifications d'ordre matériel apportées aux statuts de la Confédération sur l'observation de plusieurs délégués. Il communique également le chapitre des cotisations remanié. Ces modifications sont adoptées à l'unanimité.

*Beausoleil* trouve que l'on donne trop de pouvoir au Comité confédéral et craint que ce dernier ne décrète la grève générale à un moment donné, ou prenne telle autre décision sans avoir consulté les organisations fédérées. Il faudrait que le Comité confédéral ne prenne pas de décisions engageant tout le prolétariat, sans avoir consulté tous les Syndicats.

*Hamelin*, Verrerie Ouvrière. — Si ce que vient de dire le citoyen Beausoleil était vrai, il faudrait modifier les statuts de la Confédération. Mais ce n'est pas là l'esprit, ni le sens des statuts et il est bien entendu que le Comité Confédéral ne fera rien de décisif engageant les organisations sans avoir consulté ces dernières.

*Claverie*, Syndicat des employés du gaz de Paris. — Il faut se garder de rien exagérer. Il faut laisser une certaine initiative au Comité Confédéral ou sinon il n'a pas de raison d'être.

Claverie demande que le Congrès ne prenne pas en considération la motion Beausoleil et propose l'ordre du jour pur et simple.

Le Congrès adopte l'ordre du jour pur et simple sur cette motion.

*Hamelin*, Verrerie Ouvrière. — Au cours de la discussion du rapport du Conseil national on a reproché à la Confédération de ne pas être sortie de la Bourse du Travail de Paris. Hamelin dit qu'il faut laisser au Comité Confédéral le soin de quitter la Bourse dès qu'il le pourra et dans le moment qui lui paraîtra le plus favorable.

Le Congrès décide à l'unanimité moins trois voix, de donner toute liberté au Comité confédéral pour quitter la Bourse dès qu'il le pourra.

Girard, *Union du Bronze*, croit que les statuts de la confédération devraient prévoir quelles associations organiseront le Congrès international de 1900.

*Beausoleil* répond au citoyen Girard que la Fédération des Bourses organisera le sien, indépendant de celui de la Confédération.

*Riom*, Rapporteur. — La question soulevée par Girard a été tranchée au Congrès de Toulouse. C'est la Confédération qui doit organiser le Congrès international et s'il faut une entente avec la Fédération des Bourses, on s'entendra, car tout cela a été délimité l'année dernière à Toulouse.

*Lauches* donne lecture du rapport de la commission sur la prud'hommie.

### RAPPORT de la Commission sur l'organisation d'un Congrès de la prud'homie, de son extension, et la juridiction portée à l'ordre du jour (chapitres 7, 8, 9).

CITOYENS,

La Commission chargée de s'occuper de ces trois questions a eu sa tâche simplifiée par le vœu exprimé par le Congrès, qui est : « Vu les discussions et réso'utions des précédents Congrès, qu'un Congrès de la prud'homie ait lieu au plus vite. »

La prud'homie intéresse au plus haut point le prolétariat. Si cette juridiction a rendu des services aux travailleurs, nous devons reconnaître qu'elle aurait dû en rendre davantage, et non seulement à une partie, mais à tous les prolétaires, à tous les salariés, quelle que soit leur pro'ession.

Le prolétariat organisé doit donc porter ses efforts pour arriver à retirer tous les avantages que peut donner cette juridiction, et pour y arriver, la Commission estime qu'un Congrès de la prud'homie doit avoir lieu en 1899.

Ce Congrès, organisé par la Confédération du Travail, ne serait accessible qu'aux Syndicats. Les résolutions qui y seraient prises devront être respectées par les élus prud'hommes et toutes les organisations.

Ce but atteint serait un grand pas vers l'émancipation du travail. La commission ayant étudié les rapports et propositions des organisations suivantes : Syndicat des Ouvriers en instruments de précision. — Fédération de Meurthe-et-Moselle. — Bourse du Travail de Bordeaux. — Chambre syndicale des Ouvriers confiseurs. — Fédération centrale des Chauffeurs-Conducteurs, Mécaniciens. — Fédération des Cuirs et Peaux. — Charrons de la Seine. — Mécaniciens de Marseille. — Chambre syndicale des Cuisiniers. — Chambre syndicale. des Ouvriers serruriers de la Seine. — Conseil local d'Angers. — Des Travailleurs municipaux de Paris.--Organisations de Cholet.—Chambre syndicale de la Tabletterie — Bourse de Nice. — Chambre syndicale des Ouvriers estampeurs-découpeurs sur métaux de la Seine. — Syndicat général des Garçons de magasin, Cochers-Livreurs et parties similaires de la Seine. — Fédération du Bâtiment. — Chambre syndicale des Pâtissiers de la Seine, soumet les principales questions qui devront être traitées dans ce Congrès. D'abord, du choix des organi sations qui ont le plus d'affaires, dans une catégorie, pour désigner un candidat — proposition adoptée par le Congrès de Tours — puis qu'il n'y ait pas plus de deux candidats conseillers dans une corporation, quelle que soit son importance. — Proposition des Pâtissiers de la Seine adoptée au Congrès de Tours.

Que tous les salariés des deux sexes, quel que soit leur mét'er ou emploi, soient justiciables, électeurs et éligibles. En effet, il est pénible de constater que certaines catégories de travailleurs sont non seulement en dehors du choix des prud'hommes, mais encore ne peuvent bénéficier de cette juridiction. Par exemple les chauffeurs-mécaniciens, les employés, les garçons de magasin et toute l'alimentation. Il faut que cette iniquité disparaisse;

Que l'on soit électeur à 21 ans et éligible à 25 ans, tout aussi bien que pour les pouvoirs publics;

Qu'une Cour d'appel de Conseils de prud'hommes soit créée, afin que les arrêts de ces Conseils soient applicables. C'est inique que les Tribunaux de commerce puissent infirmer les arrêts des Conseils de prud'hommes. Cette Cour d'appel serait composée de conseillers prud'hommes qui auraient au moins deux ans d'exercice, et serait nommée par les conseillers prud'hommes mi-patrons mi-ouvriers;

Que les conflits entre le capital et le travail, en matière d'arbitrage, soient soumis aux Conseils de prud'hommes et qu'une loi complète la loi d'arbitrage, pour que les arrêts soient imposés aux deux parties. Nous considérons que pour ces conflits, les conseillers prud'hommes sont mieux placés que les juges de paix;

Que les jugements sans appel soient portés à 600 fr. au moins;

Que la loi sur les accidents du travail soit du ressort des conseils de prud'hommes.

Nous croyons que les juges n'ont pas la compétence voulue pour appliquer cette loi, et qu'elle ne donne pas de la sorte les résultats que nous sommes en droit d'en retirer.

Que les frais faits par des justiciables qui seraient déboutés, puissent être payés par une caisse à la disposition des conseillers prud'hommes;

Que les élections des conseillers aient lieu en dehors de toute ingérence politique; qu'on ne puisse forcer un candidat à adhérer à telle ou telle école et cela, pour éviter les divisions dans les organisations syndicales. Il est d'urgence que cette juridiction soit établie dans toute la France. Là où les juges de paix en sont investi, les travailleurs ne peuvent en retirer ce qu'ils en retirent des Conseils de Prud'hommes.

Que les Conseillers de Prud'hommes soient rétribués suffisamment à seule fin qu'ils soient complètement indépendants, ils rendraient ainsi de plus grands services au prolétariat.

Que les Conseillers prud'hommes se réunissent tous les deux mois au moins pour échanger (1) leurs vues et bien définir leurs attributions. Qu'il est nécessaire que des conférences soient faites sur la prud'homie, pour bien faire connaître aux travailleurs la procédure à employer pour se servir de cette juridiction avec avantage. Voilà les principales questions qui, à notre avis. doivent être portées au prochain Congrès de la prud'homie.

Vous reconnaîtrez avec nous que ce Congrès s'impose et qu'il est nécessaire qu'il ait lieu en 1899, à Paris, et soit organisé par la Confédération du Travail. Nous espérons, citoyens, que vous voudrez bien adopter ces conclusions, à seu le fin que nous arrivions le plus tôt possible à l'émancipation intégrale du prolétariat.

Le Rapporteur,<br>
J. LAUCHES

La Commission :

EUG. GRASSAVAL, A. CARDET. Louis MEYER, J. BRAUN,
CORROMPT, AUVRAY.

*Aubertin*, SYNDICAT DES OUVRIERS SELLIERS DE PARIS, lit la déclaration suivante :

J'ai protesté parce que le Congrès n'a pas voulu passer à la discussion des articles 7. 8, 9 de l'ordre du jour. J'ai reçu un mandat impératif, des trois corporations que je représente ici, pour discuter toutes les questions à l'ordre du jour du Congrès et principalement les questions relatives à la prud'homie. Il y avait urgence, selon les camarades que je représente, à traiter ces questions, car, dans nos corporations. les ouvriers ne sont pas justiciables des prud'hommes.

Chaque fois que nous avons un différent avec nos patrons, la question est portée devant le juge de paix et, neuf fois sur dix, les patrons obtiennent gain de cause.

Je n'ai pas protesté contre la réunion du Congrès de la prud'homie en 1899, mais contre la façon dont le Congrès a traité ces questions.

AUBERTIN

---

(1) Se réunissant tous 'es deux mois au moins, afin d'examiner entre eux les moyens pratiques pour l'unification de la procédure, de la jurisprudence, de l'examen des usages corporatifs, etc,, etc.

*Garcin*, Fédération des Mouleurs en métaux, on a bien dit que c'était à la Confédération d'organiser le Congrès de la prud'homie en 1899, mais l'on a omis de dire qui paierait les frais d'organisation de ce Congrès.

*Riom*, Fédération du Batiment. — Les Syndicats doivent s'occuper des élections prud'homales. Il ne faut pas laisser ces élections aux Comités de vigilance qui ne sont bons qu'à mettre de la discorde.

Le bâtiment a exigé que ce soient les Syndicats ouvriers qui organisent le Congrès de la prud'homie, les conseillers prud'hommes ne pouvant pas prendre l'initiative de l'organiser et les Comités de vigilance étant trop divisés pour le mener à bien. Quànt aux frais d'organisation de ce Congrès, ils devront être supportés par les organisations qui voudront y prendre part. Elles paieront une cotisation à la Confédération qui les fera verser plusieurs mois à l'avance, au cas où la Confédération ne pourrait pas faire les avances. Riom croit qu'il est possible à la Confédération de faire ces avances.

*Batbielle*, Fédération de la Typographie. demande l'extension de la prud'homie à tous les salariés ; cette question intéresse une partie des ouvriers du Livre, qui travaillent dans les Imprimeries de l'Etat et de la ville de Paris, puisque, lorsqu'ils ont une contestation, relative aux salaires, avec le directeur de leur administration, il leur faut, pour appeler celui-ci devant les Prud'homme, en demander l'autorisation au Conseil d'Etat qui l'a toujours refusée ; puis, pour ne pas imposer de trop grands sacrifices aux organisations ouvrières qui voudraient assister au Congrès de la prud'homie, de ne pas faire de Congrès corporatif en 1899.

*Riom* prie le Congrès de ne pas confondre : ce que la Commission a adopté aujourd'hui, c'est l'extension de la juridiction des conseillers prud'hommes et non pas l'extension de la prud'homie à tous les salariés. Cette extension de la juridiction prud'homale a été adoptée dans tous les précédents Congrès. Riom est de l'avis de Batbielle sur la suppression du Congrès corporatif de 1899 et invite les organisations à se préparer dès maintenant pour le Congrès de la prud'homie.

## Le Congrès décide qu'il n'y aura pas de Congrès corporatif en 1899.

*Cardet*, FÉDÉRATION DES CUIRS ET PEAUX, demande que le Congrès de la prud'homie ait lieu au mois de juillet, à cause des élections municipales.

Le Congrès adopte cette proposition.

## En conséquence, le Congrès de la prud'homie aura lieu au mois de juillet 1899,

et le Congrès répond affirmativement à la question du citoyen Peltier, qni demande si tous les Syndicats seront admis à ce Congrès.

*Trabaud*, BOURSE DU TRAVAIL DE NICE. — Il convient de combler une lacune dans ce que l'on vient de décider. Il faudrait que la Confédération convoque à ce Congrès tous les conseillers prud'hommes qui ne seraient pas syndiqués.

*Riom* admet que les conseillers prud'hommes n'ont de valeur qu'autant qu'ils font partie de Syndicats et qu'ils en relèvent. La Confédération ne doit convoquer que les Syndicats et ne pas convoquer les Fédérations, ni les Unions, ni les Comités de vigilance.

Le rapport sur la prud'homie est adopté et Paris est désigné comme siège du Congrès de la prud'homie.

Les organisations ouvrières de Lyon sollicitent l'honneur d'organiser le prochain Congrès corporatif.

Plusieurs délégués font observer que le prochain Congrès corporatif aura lieu à Paris, en 1900, avant le Congrès international, et qu'on ne peut engager l'avenir si longtemps d'avance.

*Riom*, FÉDÉRATION DU BATIMENT, demande que la Fédération soit autorisée à éliminer de l'ordre du jour des prochains Congrès les questions qui ont été traitées définitivement par les précédents Congrès.

*Hamelin*, Verrerie Ouvrière, trouve que le citoyen Riom va un peu loin.

On ne peut pas admettre la proposition qu'il vient de formuler, parce qu'en deux ans il peut survenir de nouvelles transformations pour les questions qui ont été traitées définitivement et il peut se faire que le prolétariat ait besoin de modifier en conséquence les résolutions prises dans les Congrès qui ont eu lieu,

Le Congrès adopte les propositions suivantes :

1º La question de la grève générale sera mise à l'ordre du jour du Congrès international. (Proposition de Girard, de l'*Union du Bronze*) ;

2º Toutes lesquestions que les organisations ouvrières proposeront pour l'ordre du jour du prochain Congrès seront d'abord soumises à la Confédération qui ne retiendra que les plus intéressantes pour que l'ordre du jour soit moins chargé. La Confédération adressera aux Organisations ouvrières l'ordre du jour du prochain Congrès six mois avant la réunion du Congrès.

Le Conseil confédéral a mandat d'établir, pour le prochain Congrès, une classification méthodique des corporations qui devront correspondre à autant de Fédérations nationales de métiers.

Les cadres de ces Fédérations devront être établis d'une manière définitive pour les prochains Congrés quel que soit le nombre des Syndicats adhérents. (Propositions de Beausoleil, *Bourse du Travail de Versailles*).

3º La Confédération adressera l'ordre du jour du prochain Congrès directement aux Syndicats et non par la voie des Fédérations. (proposition de Cayol. du *Syndicat des mécaniciens de Marseille*).

4º La cotisation à verser pour prendre part au Congrès de la Prud'homie, en 1899, ainsi qu'aux Congrès corporatif et international de 1900, sera de cinq francs. (Proposition de Richard, du *Syndicat des ouvriers Fondeurs en fer de la Seine*).

5º Avant de terminer ses travaux, le Congrès tient encore à envoyer ses encouragements aux terrassiers en grève. Il les félicite de leur lutte courageuse contre leurs employeurs et les approuve de ne pas tomber dans le piège des réactionnaires aux abois et des saltimbanques de la politique. (Proposition de Cauchois, des *Cartouchiers d'Issy-les-Moulineaux*). Cette proposition est adoptée à l'unanimité.

La proposition du citoyen Roche, du *Syndicat des garçons de magasin et cochers-livreurs de la Seine*, qui demandait que, une fois les Congrès de 1900 terminés, la cotisation des Congrès corporatifs fût portée à trois francs, n'est pas prise en considération par le Congrès sur les observations des citoyens Peltier et Maynier, qu'on ne peut engager l'avenir.

Le citoyen Lephilipponnat donne lecture du rapport de la dixième commission (création d'Inspecteurs ouvriers).

### RAPPORT de la 10º Commission

Citoyens,

La Commission chargée de présenter un rapport sur la 10º question portée à l'ordre du jour, portant sur la création d'Inspecteurs ouvriers, a reçu les propositions des Syndicats suivants : Porteurs et Employés de journaux, Métallurgistes de Fourchambault, Confédération du rTravail, Fédération du Bâtiment de la Seine, Association des Garçon destaurateurs-limonadiers, plombiers-couvreurs de Paris, Fédération Ces Syndicats de Meurthe-et-Moselle, Cuisiniers-Pâtissiers de France lhambre syndicale des Couvreurs du Mans, Syndicat des Employés de, da Seine, Confiseurs-Biscuitiers-Chocolatiers, Ouvriers en instruments de précision, Bourse du Travail d'Angers, Syndicat de la Meunerie de Rennes, Bourse du travail de Saint-Etienne, Bourse du travail de Bordeaux, Limonadiers-Restaurateurs de Paris, Union syndicale du Bronze, Fédération des Chauffeurs-Conducteurs-Mécaniciens de France Ouvriers cartouchiers d'Issy-les-Moulineaux, Garçons de magasin, cochers livreurs de Paris.

Après étude de ces différentes propositions, la Commission a constaté que toutes ont le même but, c'est-à-dire que les inspecteurs soient exclusivement choisis parmi les travailleurs.

Les Plombiers-Couvreurs et la Fédération du Bâtiment demandent que les inspecteurs du travail soient également chargés de visiter les travaux en cours d'exécution.

Les Chauffeurs-Mécaniciens de France désireraient que ces inspecteurs soient pris moitié parmi les ingénieurs et moitié parmi les Syndicats ouvriers.

Le Syndicat des Employés demande, lui, que la nomination par les travailleurs s'étende aux membres composant le Conseil supérieur du Travail.

La Meunerie de Rennes constatant que, vu les exigences demandées pour pouvoir prendre part au concours d'inspecteur du travail, il est absolument impossible à un ouvrier n'ayant reçu qu'une instruction primaire, et aussi intelligent qu'on le suppose, de pouvoir l'aborder, demande que ce concours soit supprimé.

Deux autres propositions ne sont pas prises en considération par la Commission.

Quatre varient sur le mode de nomination de ces Inspecteurs. Il en est qui voudrait qu'ils soient désignés par les Syndicats, d'autres seraient d'avis que l'on procède par l'élection comme pour les conseillers-prud'hommes, par catégorie de profession; en somme, la majorité se prononce pour que ce soit les Syndicats qui présentent des candidats, es'imant que les citoyens proposés seront aptes à remplir ces fonctions.

Pour ces motifs, la commission décide, à l'unanimité, de présenter les conclu sions suivantes :

1º Que les Inspecteurs du Travail soient chosis parmi les Syndicats ouvriers ;

2º Que le mode d'élection ait lieu dans les mêmes conditions que pour les conseillers prud'hommes et que leur mandat s'étende également à visiter les travaux en cours d'exécution ;

3º Les Inspecteurs, une fois nommés, sont investis des droits suivants :

Munis d'une carte leur donnant le droit de pénétrer dans les ateliers et chantiers à tout instant, afin de constater s'il y a infraction et plus spécialement la nuit dans les ateliers ou l'on travaille souvent jusqu'à des heures très avancées et quelquefois même toute la nuit dans les moments de presse

Ils auront le droit de requérir les agents de l'autorité publique, lesquels devront être mis à leur disposition pour constater et dresser les contraventions immédiatement et sur lieu.

En plus, sur la proposition des cartouchiers d'Issy, la Commission propose, de par une loi à introduire dans les règlements du travail, de forcer les chefs d'industrie à appliquer des débrayages de sûreté de distance en distance, à toutes les transmissions motrices.

*Le Rapporteur,*

CH. LEPHILIPPONNAT.

*La Commission,*

AURIOT, GAUCHOIS, CARMANTRANT, GIRARD.

La Commission d'organisation du Congrès prie les Congressistes qui désirent se faire photographier avec elle de se rendre au Thabor pour une heure et demie.

Le Président donne lecture de la proposition suivante qui vient de parvenir au bureau :

Quantité de camarades ayant absolument besoin de partir ce soir et comme il faut néanmoins que les résolutions du Congrès ne soient pas votées par les banquettes, les soussignés demandent de limiter le temps des orateurs.

En conséquence, ils proposent qu'en dehors de la lecture des rapports chaque orateur n'aura droit à la parole désormais que pendant cinq minutes sur le même sujet.

> FERNBACH, J. COLLET, A. CARDET, LEBRET,
> P.-H. CHARLOT, E. BRY, REYNIER.

Immédiatement le citoyen *Barlan*, BOURSE DU TRAVAIL DE TOULOUSE, propose la mention suivante :

« Le Congrès de Rennes siègera en permanence jusqu'à la solution des questions proposées. »

*Meyer*, SYNDICAT DES OUVRIERS PATISSIERS DE LA SEINE, considérant que tous les membres du Congrès sont des travailleurs et que beaucoup ont pris des engagements avec leurs employeurs pour reprendre leur travail dès dimanche, il ne faut pas que ces camarades manquent à la parole donnée. Plusieurs risquent de perdre leur emploi s'ils ne peuvent partir dans l'après-midi de samedi.

*Cayol*, SYNDICAT DES OUVRIERS MÉCANICIENS DE MARSEILLE, demande que l'on suive le règlement adopté par le Congrès dès les premières séances et que l'on continue les séances de 8 heures du matin à midi et de deux heures à six heures le soir, jusqu'à la fin de la discussion des questions à l'ordre du jour. Cayol demande la priorité pour sa motion.

Le Congrès, consulté, décide de suivre le règlement établi.

Le Président donne la parole au citoyen Lagailse, secrétaire général du Conseil confédéral pour développer les raisons qui ont fait insérer la 20e question de l'ordre du jour.

*Lagailse*. — C'est le citoyen Guérard qui a demandé que cette question fut portée à l'ordre du jour du Congrès. Guérard est d'avis que tous les appels pour secours de grèves devraient passer par la Confédération et que celle-ci devrait centraliser les fonds. Ceci avait été adopté au Congrès de Toulouse.

*Besombes*, UNION DES SYNDICATS DE LA SEINE. — Ne trouve pas que cette proposition soit bien pratique. Lorsqu'une grève se produira dans une ville de province, il faudra que les ouvriers en grève s'adressent à la Confédération. Celle-ci avisera toutes les organisations ouvrières et lorsqu'elle aura centralisé des fonds elle les fera parvenir aux grévistes. C'est cela qu'on nous demande. Ce n'est pas logique et c'est une perte de temps fort préjudiciable aux camarades qui luttent.

*Fleury*, BOURSE DU TRAVAIL DE TOURS. — Est opposé, pour diverses raisons, à la proposition de faire parvenir, par la Confédération toutes les sommes votées pour grèves par les Syndicats. D'abord ce serait du temps précieux de perdu pour la réussite des grèves qui, de la manière proposée, ne pourraient avoir tout de suite les moyens de lutte, puisqu'il faudrait faire passer les fonds par Paris. Ensuite il y a la question économique : il y a avantage à adresser les fonds directement aux grévistes plutôt que de les faire passer par Paris. En envoyant les fonds aux grévistes mêmes il ne faut qu'un timbre-poste et les frais d'un mandat ; tandis que si l'argent passait par la Confédération il y aurait doubles frais, frais d'envoi à Paris et frais d'envoi de Paris aux grévistes.

Pour assurer le bon fonctionnement des secours de grèves et du 5 %, il faut : 1° créer des sous-comités de la grève générale dans chaque Bourse du Travail et partout où il sera possible, ces sous-comités se tiendront en rapport constant avec le comité de la grève générale nommé par les Congrès ; 2° distribuer des brochures, organiser des conférences, etc., en un mot, de faire toute la propagande possible pour développer l'idée de la grève générale jusque dans les hameaux les plus reculés.

Que les organisations retiennent elles-mêmes le 5 % et qu'elles l'adressent intégralement tous les trimestres à la Confédération.

Quant aux secours de grèves, déduction faite de la retenue de 5 %, que les organisations les envoient elles-mêmes aux grévistes sans passer par la Confédération, ni par le Comité de la grève générale.

Il serait bon d'inviter les journaux qui reçoivent des fonds pour les grèves à opérer la retenue de 5 % et de la verser à la Confédération.

Roche et Capjuzan sont partisans de centraliser, de concentrer les fonds de grèves. Il faut éviter, dit Capjuzan, de les envoyer aux journaux : il faut les envoyer de préférence à la Confédération ; c'est un moyen de la vulgariser, de la faire connaître. Qu'une organisation locale, telle que les sous-comités de la grève générale, centralise les fonds d'une même ville ou d'une même région et les envoie ensuite à la Confédération.

*Girard*, Union du Bronze, demande que ce soit la Confédération qui, pour les grèves importantes, envoie les listes de souscription.

*Besombes*, Union des Syndicats de la Seine, ne voit pas très bien l'utilité de centraliser les fonds à la Confédération, pas plus qu'il ne voit l'application de cette proposition. Il maintient ce qu'il a dit et ce que le délégué de Tours a dit également, c'est qu'il y aura une perte de temps et des frais doubles en envoyant les fonds à la Confédération.

*Capjuzan*, Syndicat de la Cordonnerie ouvrière de France. — Il ne faut pas jouer sur les mots, ne pas se faire d'illusion. C'est bien l'Union des Syndicats de la Seine qui est visée par cette proposition. Pourquoi ce qui lui est possible ne le serait-il pas pour la Confédération ? Que l'Union fasse ses appels pour secours de grèves au point de vue local, mais c'est à la Confédération que revient la prérogative des appels généraux aux Syndicats et aux organisations ouvrières.

*Besombes*. — Les appels, n'importent d'où ils viennent, rendent des services, et on ne peut empêcher l'Union des Syndicats de la Seine de rendre tous les services qu'elle pourra rendre au prolétariat.

*Beausoleil*. — On ne peut contraindre les organisations ouvrières à envoyer leurs fonds pour secours de grèves à la Confédération, et on ne peut non plus blâmer l'Union des Syndicats de la Seine, qui veut bien se mettre à la disposition des organisations.

Beausoleil est de l'avis des orateurs qui réclament une mesure à prendre par le Congrès pour les journaux qui reçoivent des fonds pour des grèves.

Le Président met aux voix la clôture de la discussion avec les orateurs inscrits. La clôture est adoptée.

*Meyer*, Syndicat des Ouvriers patissiers de la Seine. — A ceux qui proposent de centraliser les fonds de grève à la Confédération, il convient de poser la question suivante : N'y aura-t-il pas du retard de la part de la Confédération pour faire parvenir ces fonds aux grévistes ? Voilà ce que la Fédération devrait dire. On a dit qu'il y avait une permanence pour la Confédération : ce n'est pas exact, puisqu'à un moment donné pour pouvoir voir Lagailse, il a fallu lui écrire.

*Pouget*, Syndicat de l'Industrie lainière de Reims. — On cherche à compliquer la question du secours à apporter aux grèves : on veut la centralisation des fonds. Pouget estime que ce serait créer une complication inutile.

*Braun,* Fédération de la Métallurgie. — Il y a une confusion. On n'a pas demandé que la Fédération reçoive tous les fonds pour secours de grève, mais simplement qu'elle centralise le 5 % que l'on doit prélever sur ces fonds. Cependant ce qui est possible pour l'Union des Syndicats de la Seine doit être possible à la Confédération. Celle-ci pourrait parfaitement centraliser tous les fonds des organisations de

Paris que l'Union des Syndicats centralise actuellement.
Cette centralisation lui revient de droit puisqu'elle est l'organisation centrale. De plus, de cette manière, le Comité de la
grève générale ne pourrait plus être suspecté, bien qu'actuellement le contrôle existe ou du moins la confédération
doit le faire.

*Besombes*, UNION DES SYNDICATS DE LA SEINE. — Si le
Congrès adopte la proposition du Syndicat des Chemins de
fer, tous les fonds devront parvenir à la Confédération, même
ceux des Fédérations de métiers.

Le *Président*, pour donner une sanction à la discussion
qui vient d'avoir lieu, résume en deux propositions les
opinions exprimées : 1º liberté à toutes les organisations
d'envoyer leurs fonds pour secours de grèves par les moyens
qui leur conviendront, et 2º obligation pour les organisations
fédérées d'envoyer ces fonds par l'intermédiaire de la Confédération.

Les camarades *Lauches* et *Aubertin* demandent la nomination d'une Commission pour traiter cette question.

Le Congrès, consulté sur la nomination d'une Commission,
ne prend pas cette proposition en considération.

*Le Président* met aux voix la proposition du Syndicat des
chemins de fer, qui demandait que les appels pour secours
de grèves parviennent aux Syndicats par l'intermédiaire de
la Confédération.

Le Congrès décide de laisser toute liberté aux associations
ouvrières et repousse la proposition formulée par le Syndicat
des chemins de fer.

*Roche,* du SYNDICAT DES GARÇONS DE MAGASINS ET
COCHERS-LIVREURS DE LA SEINE, proteste contre le vote qui
vient d'être fait. A son avis, la question, mise aux voix, n'est
pas conforme à la discussion qui a eu lieu. On ne demandait
pas la centralisation des fonds de secours des grèves, que
tous considéraient et considèrent comme devant être envoyés
directement. Ce que l'on demandait, c'était la centralisation
du sou de grève.

*Le Président* consulte une deuxième fois le Congrès. qui. maintient le vote émis précédemment

Le citoyen *Girard,* secrétaire du Comité de la grève générale, donne lecture du rapport moral du Comité, et le citoyen *H. Galantus* donne lecture du rapport financier.

# RAPPORT DU CONGRÈS NATIONAL CORPORATIF
## DE RENNES (1898)

**COMPTE-RENDU** des travaux du Comité de propagande nommé par le Congrès corporatif national de Toulouse (septembre 1897).

CITOYENS,

Les Membres du Comité de la grève générale nommés par le Congrès corporatif tenu en septembre 1897, à Toulouse, de retour à Paris, après avoir rendu compte de leur mandat à leurs organisations respectives, se sont réunis une première fois le 12 octobre suivant à l'effet de constituer le bureau du Comité.

Ont été nommés :

*Secrétaire,* le citoyen GIRARD.

*Trésorier,* le citoyen GALANTUS.

Le 26 du même mois, le comité décida l'envoi aux secrétaires des Bourses du Travail d'une *lettre circulaire* les invitant à convoquer les organisations ouvrières afin de leur rappeler les décisions prises par le Congrès de Toulouse.

Ces décistons principales sur lesquelles notre devoir était d'appeler l'attention des grandes organisations en conformité du mandat que nous avions reçu, étaient de deux sortes :

1° Demande dans chacune des ville où existait une Bourse du Travail, la formation d'un sous comité;

2° Conformément à la décision prise au Congrès de Toulouse, opérer sur chacune des sommes versées au profit des grèves partielles une retenue de 5 °/₀ au profit de la caisse du comité de propagande de la grève générale.

*Vingt Bourses du Travail* ont répondu à cette première communication et accepté la formation d'un sous-comité. Nous citons notamment celles de Tours, Toulouse, Rennes, Le Hâvre, etc., etc., qui ont par la suite, procédé à leur formation conformément aux indications fournies.

Voici au surplus, le texte de cette lettre circulaire :

*Paris, le 26 octobre 1897.*

### Au Secrétaire de la Bourse du Travail.

Citoyen,

Le Comité central de la grève générale nommé par le Congrès National corporatif de Toulouse (septembre 1897) vient vous prier de rappeler aux organisations syndicales adhérentes à votre Bourse les décisions prises par ledit congrès ainsi que par ceux qui l'ont précédé concernant la grève générale.

Dans le but de faire une propagande intense de cette idée, le congrès de Toulouse a décidé :

1e Création dans chaque Bourse d'un sous-comité de la grève générale qui se mettra en rapport avec le comité central siégeant à Paris.

2o Retenue de 5 %/o sur toutes les sommes destinées à soutenir les grèves partielles. Il est urgent que cette décision soit appliquée, car le Comité ne peut, sans argent, rien faire au point de vue de la propagande.

Pour la formation des Sous-Comités, vous ferez appel aux citoyens des Syndicats qui auront à nommer un secrétaire et un trésorier, lequels auront pour devoir de veiller à l'exécution de la deuxième décision concernant les 5 %/o dans toute la région sur laquelle rayonne votre Bourse du Travail.

Quant au secrétaire, il se tiendra en rapport avec le Comité central.

Il faut qu'au prochain Congrès national corporatif, chaque Bourse ait son Sous-Comité organisé, lequel aura à fournir un rapport sur les travaux de l'année.

Ces rapports serviront au Comité central à établir un rapport général pour toute la France, indiquant au Congrès les progrès que cette idée aura pu faire et qui, nous l'espérons fermement, aboutira à l'émancipation des travailleurs sans révolution violente.

Nous pensons, Citoyen secrétaire, que dans ces conditions, vous tiendrez à ce que votre Bourse ne soit pas une des dernières à appliquer les décisions du Congrès.

Le Comité vous prie de lui accuser réception de cette lettre et vous envoie un salut fraternel.

Pour le Comité et par ordre :
*Le Secrétaire*, H. Girard.

Nota. — Prochainement paraitra la première brochure de propagande de la grève générale faite par le Comité.

D'autres Bourses nous répondirent qu'en principe les associations les composant étaient favorables à la formation des *sous-Comités*, mais que dans les localités l'on rencontrait de très grandes difficultés à trouver des camarades dévoués qui consentissent à en faire partie et à les organiser ; mais, quand même, ils nous assuraient de leur entier dévouement à la cause et nous donnaient la formelle assurance qu'au moment où l'action devrait s'engager, ils seraient avec nous et sauraient faire leur devoir.

Votre Comité édita, dans les premiers mois de l'année 1898, sa première brochure de propagande, et un nouvel appel fut adressé à toutes les Bourses pour les engager à la répandre à profusion dans tous les centres ouvriers et à en faire l'objet d'une communication aux journaux socialistes et corporatifs de la région, afin d'en faciliter le placement.

Le produit de la vente de cette brochure devait être intégralement affecté à la propagande, et elle avait pour but de faire connaître et vulgariser dans les masses l'idée de la grève générale, en faisant entrevoir au prolétariat les avantages économiques pouvant découler d'une action générale, et les résultats que cette action pouvait produire.

Votre Comité, comme diffusion de l'idée qui a présidé à sa nomination, attachait à ce moyen de propagande un grand prix, et il eût été à souhaiter que toutes les organisations aient mieux compris l'idée qui le faisait agir.

Quelques mois après, nous avons cru qu'il était nécessaire d'adresser aux organisations une nouvelle circulaire leur rappelant les décisions du Congrès relatives au prélèvement des 5 0/0 en faveur de la grève générale et aussi afin de hâter l'organisation des sous-Comités. Cette circulaire eu une importance décisive si les instructions qu'elle comportait avaient été suivies. Nous avons cru utile de la signer des noms de tous les membres du Comité de la grève générale. Voici la teneur de ce document :

### Aux Organisations syndicales

Citoyens,

Les Congrès nationaux corporatifs de Marseille 1892, Paris 1893, Nantes 1894, Limoges 1895, Tours 1896 et Toulouse 1897, se sont successivement prononcés en faveur du principe de la Grève générale, avec une majorité de plus en plus considérable.

Chaque année, depuis 1893, un Comité est nommé par le Congrès national pour propager cette idée au moyen de brochures, journaux et conférences.

Pour donner des moyens d'action au *Comité de la Grève générale,* les Congrès de Nantes et Limoges invitèrent les Organisations ouvrières à retenir 10 0/0 sur le montant des collectes et secours envoyés aux grèves partielles ; cette retenue fut réduite à 5 0/0 par les Congrès de Tours et Toulouse.

Il faut convenir cependant que, depuis sa création, le *Comité de la Grève générale* n'a pas rendu les services qu'on en attendait. Il organisa, il est vrai, un certain nombre de conférences à Paris et aux environs, mais il n'étendit pas sa propagande en provinces.

Des brochures et un journal spécial furent mis en vente, mais il eut été préférable, dans l'intérêt de la propagande, que ces écaits fussent distribués gratuitement.

Si le *Comité de la Grève générale* n'a pu, jusqu'ici, répondre aux désirs des Congrès nationaux corporatifs, cela tient à deux causes principales.

La première est que le Comité siégeant à Paris n'a aucun lien, aucune relation suivie avec les Organisations ouvrières de France. Il a bien été en correspondance avec des militants dévoués, mais il n'a aucune ramification officiel'e dans les départements.

La seconde cause de l'inaction du Comité est que les Organisations syndicales, après avoir approuvé et voté, dans les Congrès, l'obligation d'une retenue sur les secours de grève, n'ont pas, pour le plus grand nombre, observé cette décision. Il en est résulté que le Comité de la Grève générale, privé de ressources, n'avait pas de moyens d'rction et qu'il fut réduit à localiser ses efforts à Paris, où précisément sa propagande est moins utile qu'ailleurs, puisque les travailleurs de la Seine sont presque tous partisans de la Grève générale.

Le dernier Congrès national corporatif, qui s'est tenu à Toulouse, au mois de septembre dernier, a examiné cette situation et constaté que si la décision de la retenue de 5 0/0 n'était pas observée, cela tenait à ce que les organisations des départements n'avaient pas, dans leur ville, un *Sous-Comité de la Grève générale*, auquel elles auraient pu, sans frais, remettre le montant de la retenue.

En conséquence, le Congrès de Toulouse a pris l'importante décision suivante :

1° Dans toutes les Bourses du Travail, et dans toutes les villes où il n'en existe pas, il sera créé un Sous-Comité de la Géve générale, qui se tiendga en rapports constants avec le Comité de la Grève génèrrle ;

2° Les Sous-Comités auront pour mission de recueillir les 5 0/0 préprélevés sur les secours de grèva et d'en faire parvenir le montant au Comité de la Grève générale ;

3° Au lieu d'envoyer au Comité et aux Sous-Comités de la Grève générale, le montant des secours destinés aux grévistes, pour que la retenue de 5 % soit opérée, les organisations ouvrières feront elles-mêmes cette retenue et enverront directement aux grévistes le complément des sommes recueillies ; cela évitera des doubles frais d'envois et donnera plus de promptitude dans la transmission des secours aux grévistes ;

4º Les Sous-Comités devront intervenir auprès des journaux de leur localité qui recevront des secours de grève, pour que la retenue de 5 % soit effectuée sur les sommes que ces journaux recueilleront ;

5º Les Sous-Comités seront chargés de la distribution, gratuite ou à prix de revient, des brochures qui seront éditées ; ils organiseront des conférences avec le concours du Comité de la grève générale ; en un mot, ils feront toute la propagande nécessaire pour développer l'idée de la grève générale et la faire pénétrer jusque dans les hameaux les plus reculés ;

6º Dans les villes où, pour des causes quelconques, la Bourse du Travail ou les Syndicats ne pourraient ou ne voudraient constituer un Sous-Comité de la grève générale, des militants, partisans de cette idée, pourront constituer eux-mêmes provisoirement un Sous-Comité.

Il est indispensable que nous sortions du domaine théorique, où nous sommes confinés, pour entrer résolument dans l'action.

Des événements graves peuvent surgir d'un moment à l'autre. S'il plaisait au Gouvernement, effrayé par la puissance grandissante du prolétariat, de porter la main sur les libertés acquises, en supprimant la loi sur les Syndicats, le droit de réunion, le droit de grève, ou même le suffrage universel, il faut que le peuple soit en mesure de s'opposer sur le champ aux violences de nos gouvernants.

La Grève générale, arme pacifique, serait le seul moyen efficace à opposer à nos adversaires de classe.

L'arrêt du travail, qui placerait le pays dans l'immobilité de la mort, serait nécessairement de très courte durée ; ses conséquences terribles et incalculables amèneraient aussitôt le Gouvernement a capituler. S'il s'y refusait, le prolétariat, révolté d'un bout à l'autre de la France, saurait l'y contraindre, car les forces dont disposent les dirigeants, éparpillées, émiettées sur tout le territoire, seraient sans consistance et ne pourraient opposer la moindre résistance aux volontés des travailleurs enfin maîtres de la situation.

Nous comptons donc, Citoyens, sur toute votre énergie et votre solidarité pour mettre à exécution la décision du Congrès de Toulouse, et nous vous présentons nos salutations fraternelles.

*Le Comité de la Grève générale :*

BARAFORT, de la Fédération des Cuisiniers de France ;
BRAUN, de la Fédération des Métallurgistes de France ;
CAPJUZAN, de la Cordonnerie de France ;

Delesalle, du Syndicat des Instruments de précision ;
Galantus, du Syndicat des Ferblantiers ;
H. Girard, de l'Union du bronze ;
E. Guérard, du Syndicat des Chemins de fer de France
et des colonies ;
A. Lagailse, de la Confédération générale du Travail ;
Soudant, des Travailleurs municipaux de Paris.

*Adresser la correspondance au citoyen* H. Girard, *secrétaire du Comité, 52, rue Saint-André-des-Arts, à Paris.*

*Adresser les fonds au citoyen* Galantus, *trésorier, 2, rue Vilin, à Paris.*

Ici, citoyens, nous arrivons à la période la plus importante des travaux accomplis par votre Comité, période pendant laquelle nous nous sommes vus presque à la veille de passer du domaine dé la théorie dans celui de l'action.

Lorsque nous avons été avisés qu'un conflit était sur le point d'éclater entre le Syndicat national des Travailleurs des Chemins de fer et les Compagnies, nous avons pensé qu'il était de notre devoir de consulter les organisations ouvrières, et c'est sous l'influence de cette pensée que nous avons adressé un *referendum* à tous les Syndicats de France et d'Algérie, leur posant la question suivante, avec prière d'y répondre : « Etes-vous partisans de la grève générale immédiate dans le cas où les Travailleurs des Chemins de fer se mettraient eux-mêmes en grève ? »

Il est fort regrettable que la majorité des organisations qui se prononcent dans les Congrès pour le principe de la grève générale, n'aient plus, quand l'heure de l'action semble avoir sonné, quand, par le fait de l'intervention d'une organisation aussi puissante que celle des Chemins de fer s'apprête à donner le signal du grand combat, les mêmes dispositions et reviennent si facilement sur leurs votes émis précédemment. Il est désastreux de faire une pareille constatation quand on pouvait supposer que par le fait de la grève de nos camarades des Chemins de fer, beaucoup d'autres corporations auraient été obligées, par la force des choses, à cesser elles-mêmes le travail et que c'était là le vrai point de départ de la grève générale et peut-être de cette révolution économique qui seule peut apporter une solution aux grands problèmes posés devant le monde entier.

Néanmoins, nous avons obtenu bon nombre de réponses, de la province surtout, émanant de centres ouvriers importants où les camarades étaient destinés à marcher.

Nous souhaitons et nous avons l'espoir qu'au Congrès de Rennes, toutes les Organisations se prononceront catégoriquement en faveur de

la Grève générale et que les résolutions qui y seront prises ne reste-
ront pas sans sanction.

Votre Comité fut avisé, dans une de ses réunions que, sur la crainte
que faisait naître la menace de la Grève générale, le Président du
Sénat faisait déposer sur le bureau de la Chambre la proposition de loi
Merlin-Trarieux, portant modification des articles 411 et 415 du Code
pénal, visant les grévistes et principalement les organisateurs de grèves
et les frappant de prison et d'interdiction de séjour. Cette loi, si elle
était votée, supprimerait le droit de grève et pourrait, avec quelque
complaisance de notre magistrature bourgeoise, être appliquée à tous
les travailleurs.

En raison de ces faits, le Comité décida de convoquer en réunion privée,
à la salle de l'Harmonie, le 25 juin dernier, toutes les Organisations
ouvrières des départements de la Seine et de Seine-et-Oise.

Voici cette convocation :

### Aux Chambres syndicales, Groupes corporatifs et Fédérations ouvrières

CAMARADES DE TRAVAIL,

Jamais situation ne fut plus inquiétante pour le Prolétariat ; en
dehors des effets désastreux de la loi de concurrence et du développement du machinisme, un ensemble de faits de tout ordre nous
place dans l'obligation de resserrer nos rangs, de nous voir et de
nous entendre.

C'est pourquoi nous vous convions à choisir, parmi vos membres
adhérents, *trois* délégués qui représenteront votre Groupement dans la
réunion privée des Organisations ouvrières du département de la Seine
et de Seine-et-Oise qui se tiendra le *Samedi 25 juin 1898*, à huit
heures et demie du soir, salle de l'Harmonie, 94, rue d'Angoulème.

*Pour les Comités :*
GIRARD, secrétaire, 13, rue Michel-le-Comte.
GALANTUS, trésorier, 2, rue Vilin.

### Carte d'entrée pour le délégué

*Prière d'apposer votre timbre.*

Il fut décidé dans cette réunion, à laquelle plus de deux cents délégués
assistaient, qu'une seconde assemblée aurait lieu dans la même salle,
le 9 juillet suivant, et qu'à l'ordre du jour figurerait non-seulement
une protestation contre le projet de modification des articles 414 et 415
du Code pénal, mais aussi les différentes revendications qui sont formulées par toutes les fractions du monde des travailleurs.

En vue de cette deuxième réunion, le Comité adressa une nouvelle circulaire aux Syndicats. Elle était conçue en ces termes :

### Aux Fédérations, Bourses du Travail, Unions, Chambres syndicales et Groupes corporatifs ouvriers

CAMARADES DE TRAVAIL,

Dans la réunion des délégués des Organisations ouvrières des départements de la Seine et de Seine-et-Oise, tenue le 25 juin, salle de l'Harmonie, il a été décidé :

1° Qu'une seconde réunion privée aurait lieu le samedi 9 juillet, à huit heures et demie du soir, même salle, 94, rue d'Angoulème ;

2° Que les revendications concernant les Cahiers du Travail seront les suivantes :

Journée de huit heures avec minimum de salaire ; *à travail égal, salaire égal.* — Suppression du marchandage et du travail aux pièces. — Suppression du travail *industriel* dans les prisons, couvents, ouvroirs et casernes. — Suppression des bureaux de placement. — Extension de la prud'homie. — Retraite pour les vieillards et invalides du travail. — Liberté entière d'association, de réunion et de coalition. — Abrogation des *articles 414* et *415* du Code pénal. — Abrogation de tous décrets, lois et ordonnances restrictifs de cette liberté ;

3° La réunion des délégués déclare que lesdits cahiers devront être affirmés par *toutes* les Corporations ouvrières de France et des Colonies à la minute même où sera déclarée la grève des ouvriers et employés des Chemins de fer : la solidarité de tous les travailleurs devant être effective ;

4° Que la prochaine réunion aura un caractère définitif : les délégués devant avoir mandat de leur organisation respective ;

5° Que connaissance de ces résolutions devra être donnée à toutes les Organisations de France et des Colonies ;

6° Que les Fédérations, Unions et Syndicats nationaux désigneront dans leur sein, chacun deux membres, pour constituer un sous-Comité de propagande.

Les Organisations sont donc priées d'envoyer leurs trois délégués, et de les mandater sur les questions ci-dessus énoncées.

*Le Secrétaire,* GIRARD.

*Le Trésorier,* GALANTUS.

NOTA. — Vu les dépenses nécessitées par la campagne entreprise, les Comités font appel à la bonne volonté des Organisations.

Envoyer les souscriptions au trésorier général, le citoyen GALANTUS. 2, rue Vilin, à Paris.

Les Organisations répondirent à ce nouvel appel en plus grand nombre encore qu'au précédent, et leurs délégués décidèrent, à une grande majorité, de se prononcer pour le principe de la grève générale et contre toute modification à apporter aux articles 414 et 415 du Code pénal. De plus, ils donnèrent mandat à votre Comité d'organiser un grand meeting public de protestation, salle du Tivoli-Vaux-Hall.

En vue de l'organisation de ce meeting, le Comité adressa aux Associations ouvrières de la Seine et de Seine-et-Oise l'appel suivant :

### Aux Organisations ouvrières des départements de la Seine et de Seine-et-Oise

CITOYENS,

Dans la réunion de vos délégués tenue le 9 juillet, salle de l'Harmonie, 91, rue d'Angoulème, le Comité a reçu mandat d'organiser, dans le plus bref délai, un grand meeting public à Tivoli-Vaux-Hall, afin de soumettre au proléteriat les revendications formulées par les travailleurs et la déclaration éventuelle de la grève générale dans le cas où les camarades des Chemins de Fer cesseraient le travail.

Dans la même réunion, les organisations représentées ont pris l'engagement de couvrir les frais que nécessitera ce meeting.

En conséquence, nous vous prions de faire connaître au Comité, avant le 10 août prochain, quelle somme votre organisation peut mettre à notre disposition.

Pour et par ordre du Comité :
*Le Secrétaire*, H. GIRARD.

Un assez grand nombre d'organisations ont répondu à notre appel, mais pas suffisamment pourtant pour qu'il ait été possible de donner ce meeting avant le Congrès corporatif.

Voilà, citoyens, le bilan des quelques travaux que votre Comité a cru devoir accomplir dans l'intérêt de la cause ouvrière et en conformité du mandat qu'il avait reçu de vous il y a un an. Il aurait, certes, pu faire davantage, comme nous l'avons fait remarquer au cours de ce rapide exposé, si les Organisations avaient répondu avec plus d'unanimité aux questions que nous leur avons soumises.

Aux Congrès tenus de 1893 à 1897, la forme du comité a subi déjà quelques transformations. Nous croyons qu'aujourd'hui encore, il y aurait utilité à le doter d'une organisation nouvelle lui donnant plus de force et le mettant ainsi plus en rapport avec toutes les organisations.

En ce qui concerne la composition du comité, nous proposons que le nombre de ses membres soit porté à quinze, élus par le Congrès et qu'indépendamment de ces quinze membres dont le mandat irait d'un congrès à l'autre, chacune des fédérations soit invitée à s'y faire représenter par un délégué.

Le comité de propagande deviendrait comité d'action dans le cas où éclaterait une grève générale.

Les comités de province ou sous-comités devraient être en rapports constants avec le comité de la grève générale.

Pour la partie financière, nous proposons que toutes les organisations, qui se prononceront pour la grève générale, versent entre les mains du trésorier du comité une cotisation mensuelle de 50 centimes.

Les organisations parisiennes verseraient l'intégralité de la cotisation; celles de province garderaient, pour le fonctionnement du sous-comité local, 25 centimes, l'autre moitié serait adressée au trésorier du comité à Paris.

Voilà, citoyens, les quelques modifications que nous serions heureux de voir apporter à l'organisation actuelle du comité.

Et maintenant, citoyens, malgré les critiques qui pourront se produire au sein du Congrès contre le comité dont le mandat est expiré, nous avons la conscience d'avoir accompli notre devoir, et si l'heure de l'action avait sonné, vous nous auriez vus tous à notre poste.

Ayant reçu du Congrès de Toulouse la mission de porter haut le drapeau de la grève générale, nous n'aurions pas failli à notre tâche.

C'est à vous de juger, camarades, si nous avons été dignes de votre confiance.

Et nous crions, comme toujours : Vive la Grève Générale pour l'émancipation des travailleurs !

*Pour le Comité :*

Le Secrétaire, H. GIRARD.

# COMPTE-RENDU FINANCIER
## du Comité de la Grève générale pour l'année 1898

### RECETTES

Sommes versées par les organisations, provenant de la retenue
du 5 0/0 :

| | |
|---|---:|
| Confédération générale du Travail | 94f 80 |
| Fédération nationale de la Métallurgie | 196 70 |
| — des Mouleurs de France | 77 85 |
| Union des Syndicats | 385 85 |
| Chambre syndicale des Ferblantiers de la Seine | 9 40 |
| — des Outils à découper (Seine) | 1 50 |
| — des Batteurs d'or (Seine) | 32 25 |
| Bourse d'Alger | 6 25 |
| — de Rennes | 5 56 |
| — de Bourges | 6 65 |
| Sous-Comité de Bourges | 8 30 |
| Total | 835 11 |

| | |
|---|---:|
| Vente de brochures | 50f 60 |
| Excédent de provision de l'ancien secrétaire | 27 70 |
| — de l'Union des Chambres syndicales de Boulogne-sur-Mer pour les grévistes de la Seyne et de Nantes | 10 » |
| — d'écot à une réunion à l'Harmonie | 0 40 |
| Citoyen Roucaglio | 1 » |
| — Barton | 0 25 |
| Collecte à l'Harmonie | 2 50 |
| Total | 92f 45 |

Sommes versées par les organisations pour aider le Comité dans sa
propagande et pour l'organisation d'un meeting :

| | |
|---|---:|
| Chambre syndicale des Ferblantiers de la Seine | 35f » |
| — des Services Réunis | 10 » |
| — des Cuisiniers de Paris | 10 » |
| Fédération nationale de la Métallurgie | 20 » |
| Syndicat des Bateaux parisiens | 10 » |
| — des Ouvriers du Bronze | 10 » |
| — des Outils à découper | 10 » |
| — des Confiseurs de Paris | 2 » |
| A reporter | 97 » |

|  |  |  |
|---|---|---|
| *Report*... | 97 » |
| Syndicat des Etireurs au banc | 5 » |
| — des Découpeurs-Estampeurs | 2 » |
| — de la Boucherie de Paris | 20 » |
| — des Mouleurs en cuivre | 10 » |
| — des Dégraisseurs de Paris | 5 » |
| — des Couvreurs-Zingueurs | 5 » |
| — des Boulangers de la Ciotat | 5 » |
| Total | 159ᶠ » |

| | |
|---|---|
| Retenue du 5 0/0 | 835ᶠ 41 |
| Vente de brohures et divers | 92 45 |
| Dons | 159 » |
| Total des Recettes | 1.086ᶠ 56 |

## DÉPENSES

| | |
|---|---|
| Frais d'imprimés et circulaires diverses | 223ᶠ 50 |
| Achat de livres à souches, timbres et copie de lettres | 18 » |
| Frais d'impression de 5,0⁰0 brochures | 182 » |
| Frais de correspondance et d'expédition de circulaires | 122 85 |
| Frais pour réunions et affiches | 40 80 |
| Frais de délégation au Congrès | 160 » |
| Adhésion au Congrès | 5 » |
| Frais pour délégation à Paris et à Montaterre | 15 » |
| Envoyé aux grévistes de la Seyne et de Nantes | 9 50 |
| Versé à l'ancien trésorier (excédent de dépenses de correspondance pour l'année 1897) | 25 40 |
| Indemnité allouée au trrésorier | 20 » |
| Total | 822ᶠ 05 |

| | |
|---|---|
| Recettes générales | 1.086ᶠ 56 |
| Dépenses | 822 05 |
| Reste en caisse au 1ᵉʳ octobre | 264ᶠ 51 |

*Lauches*, UNION DES OUVRIERS MÉCANICIENS DE LA SEINE, ne peut pas discuter les rapports du Comité de la grève générale, son Syndicat ne suivant pas les décisions des Congrès, au sujet de la retenue des 5 %. Cependant, il tient à faire savoir que l'Union des Ouvriers mécaniciens de la Seine est partisan de la grève générale, mais ne peut garantir l'arrêt du travail quand on le lui demandera.

*Capjuzan*, Syndicat de la Cordonnerie ouvrière de France, fait une même déclaration.

*Besombes*, Union des Syndicats de la Seine, ne veut pas discuter les rapports présentés par le Comité de la grève générale, ni le principe de la grève générale qui n'est pas à l'ordre du jour. Il a reçu mandat de combattre les conclusions des rapports, parce que le Comité s'est permis de s'adjoindre un comité politique. Le Comité n'avait pas le droit de s'allier à un comité nommé par associations politiques, ni surtout de mettre sur ses proclamations l'étiquette du Parti ouvrier.

Besombes ne s'explique pas que le Comité de la grève générale, qui ne fait pas partie de la Confédération, vienne demander que les fonds de grève soient remis par l'intermédiaire de la Confédératiion. L'Union des Sndicats de la Seine est presque seule à observer les décisions des Congrès en ce qui concerne la retenue des 5 %. On a critiqué la centralisation faite par l'Union et on a voulu dire qu'elle ne versait pas aux grévistes tous les fonds qu'elle a reçu. Que l'on vienne donc dire celui qui a volé! Quand le Comité de la grève envoie des fonds aux grévistes, où a-t-il pris l'argent?

*Beausoleil* dit que toutes les Associations parisiennes peuvent se rendre compte de la véracité du camarade Besombes en vérifiant la comptabilité de l'Union des Syndicats.

*Besombes*. — Le Comité de la grève générale demande, par son rapport, que dans les villes où il n'y a pas possibilité de constituer de sous-comité de la grève générale par les Organisations ouvrières, de conférer à des militants la liberté de suppléer à l'absence de ces sous-comités.

Cette proposition ne peut pas être adoptée par le Congrès, qui ne doit reconnaître qu'aux Organisations ouvrières le droit de constituer des sous-comités. Les individualités n'ont aucune qualité pour diriger des sous comités; on ne peut avoir aucun contrôle sur eux et, de plus, ils ne relèvent de personne.

*Maynier*, Syndicat de la Typographie Parisienne, a

entendu des phrases qui ne vont pas ensemble. On a voté le principe de la grève générale à une très grande majorité dans des Congrès antérieurs et maintenant on s'étonne de ne pas avoir d'armée.

Maynier voudrait bien savoir s'il y a, dans cette question, une issue favorable pour le prolétariat. Pour lui, il n'y a pas possibilité d'agitation utile dans cette question. Si l'on portait atteinte aux prérogatives des Syndicats, la Typographie parisienne accepterait de faire cause commune avec toutes les Organisations ouvrières. Mais en dehors de là, on ne voit pas quels résultats la grève générale pourrait donner.

*Capjusan*, SYNDICAT DE LA CORDONNERIE OUVRIÈRE DE FRANCE. — Le Congrès corporatif de Toulouse avait donné mandat au Comité de la grève générale de faire de la propagande par tous les moyens. Le Comité s'est adressé à un Comité dépendant d'un parti politique, il est vrai, mais émanant cependant d'organisations ouvrières. Ce Comité politique avait pour mission de faire de la propagande en faveur de la grève générale et il a paru utile au Comité nommé par le Congrès corporatif de faire l'union avec ce Comité. De part et d'autre on a cependant conservé son autonomie et il n'a jamais paru au Comité de la grève générale qu'il y eût inconvénient à travailler avec ce Comité dans l'intérêt du prolétariat.

Le Président avise le Congrès que la suite de la discussion se fera à la prochaine séance ; puis il donne lecture de la communication suivante :

CHAMBRE SYNDICALE DES MÉTALLURGISTES DE FOURCHAM-
BAULT (Nièvre).

Camarades,

Au mois de juillet dernier, 700 camarades de Fourchambault se mirent en grève. Malheureusement la grève fut désastreuse pour eux et ils ont dû reprendre le travail sans avoir obtenu gain de cause. Depuis ce jour, le Syndicat est cruellement décimé, les patrons s'étant coalisés pour le démolir. Ils ont renvoyé le secrétaire, le trésorier et les principaux militants du Syndicat et si ces derniers sont obligés de quitter le pays, le Syndicat sera complètement détruit. Ces militants, qui ont à cœur de faire disparaître les iniquités de la Société bourgeoise, croient qu'il est de leur devoir d'employer tous les moyens possibles pour que cette organisation reste debout. Ils ont pensé que le meilleur moyen de maintenir le Syndicat était d'organiser une Société coopérative de production occupant environ dix ouvriers.

Mais l'organisation de cette Société coopérative de production n'est possible que si toutes les organisations ouvrières veulent bien prêter leur concours pécuniaire.

Les camarades du Syndicat de Fourchambault font remarquer qu'ils ont toujours rempli leur devoir en ce qui concerne les grèves et ils sont toujours disposés à le faire. C'est pourquoi ils sont persuadés que tous les délégués du Congrès de Rennes voudront bien faire une active propagande dans leurs Syndicats pour aider les camarades de Fourchambault à organiser cette œuvre d'indépendance.

*Le Délégué*, GOUMET.

La séance est levée à midi.

---

## DOUZIÈME SÉANCE

—

### Samedi 1er octobre 1898 (soir)

— —

Présidence du citoyen *Fernbach* ; assesseurs : *Brousse* et *Lephiliponnat*.

Après l'appel nominal, le *Président* donne lecture de la dépêche suivante :

### CONGRÈS OUVRIER RENNES

*De Lyon.*

Fédération du cuivre regrette impossibilité envoyer délégué. Adresse son adhésion morale, ses sentiments de solidarité, son acceptation intégrale des résolutions du Congrès.

Vive la Confédération !

BOURCHET, *Secrétaire.*

*Le Président* donne la parole au citoyen *Capjuzan* pour continuer la discussion des rapports du Comité de la Grève générale.

*Capjuzan*, SYNDICAT DE LA CORDONNERIE OUVRIÈRE DE FRANCE. — On reproche au Comité de la Grève générale d'avoir fait de bonne besogne en s'adjoignant le Comité de la Grève générale nommé par le *Parti Ouvrier*. Le Congrès de Toulouse avait donné mandat au Comité de la Grève générale de faire le plus de propagande possible ; celui-ci a cru qu'il était de son devoir de faire une action commune et unique avec le Comité du *Parti Ouvrier*. Mais dans tous les rapports que ces deux Comités ont eu ensemble, on ne s'est jamais occupé de politique.

*Girard*, SECRÉTAIRE GÉNÉRAL DU COMITÉ DE LA GRÈVE GÉNÉRALE. — Les Membres du Comité estiment avoir fait tout leur devoir en n'importe quelle circonstance. On a critiqué l'alliance avec le Comité émanant du Parti Ouvrier, et tous les membres du Comité de la Grève générale peuvent affirmer qu'ils n'ont pas compromis l'autonomie du Comité.

Les militants qui ont lancé le mouvement de la Grève générale restent seuls maintennnt et aujourd'hui on a l'air de craindre cette grève générale pour laquelle on a tant travaillé pendant de si longues années. On ne doit pas reculer au moment décisif qui est proche. Les membres du Comité de la Grève générale ont été jusqu'au bout et sont toujours disposés à aller encore de l'avant. S'ils n'ont pas été plus loin, la faute est aux Organisations de Paris aussi bien qu'à celles de la province ; elles ont l'air de se désintéresser du mouvement qu'elles ont créé. La Grève générale leur fait peur alors que jusqu'à présent on l'avait considérée comme un moyen pour obtenir la réforme sociale du travail. Le jour où on en aura trouvé de meilleur. nous sommes tout disposés à l'accepter. Les politiciens n'en veulent pas également.

*Beausoleil* proteste contre cé que vient de dire Girard. Il a été entendu que l'on n'engagerait pas de discussion sur la grève générale, et Girard discute sur le fond même de la grève générale. En ce moment, on ne doit discuter que sur les rapports présentés par le Comité et sur le Comité lui-même.

*Le Président* dit qu'il sera strict désormais et qu'il n'admettra pas que l'on discute sur le fond.

*Roche*, Syndicat des Garçons de magasin et Cochers-Livreurs de Paris, ne comprend pas que l'on attaque le Comité de la grève générale à cause de sa fusion avec le Comité du *Parti ouvrier*, on ne peut pourtant pas renier les faits qui se sont produits, n'est-ce pas ce parti qui a émis le premier la question de la grève géuérale et l'a voté à son Congrès de 1888, continué à Tours 1891 et à Saint-Quentin 1892. Ce Comité a inscrit en tête de son programme, comme question primordiale, la propagande pour la réalisation de la grève générale, ce n'est qu'au Congrès de Marseille que la notion fut adoptée. En 1892, on avait accepté cette union ; il faut être logiques avec nous-mêmes. Il y a mauvaise foi ou bien l'on joue sur les mots. Le Comité a fait tout son devoir. Et puis, du reste, il ne faut pas craindre de le dire, tout homme est obligé de faire de la politique, soit par la pensée, soit par l'action.

*Braun*, Fédération de la Métallurgie. — Pour traiter cette question de fusion des deux Comités, il faut retourner de deux ans en arrière. Le Comité de la grève, au sortir du Congrès de Toulouse. se trouva en présence d'une délégation du Comité du *Parti ouvrier* qui demandait, puisqu'on avait un même but, de s'unir au lieu de faire une marche parallèle. Ce Comité s'engageait à ne pas faire de politique. On n'a rien dit, il n'y a eu aucune critique de formulée à ce sujet à Toulouse, et pourtant on connaissait cette situation.

Au sujet du prelèvement fait par l'Union des Syndicats

de la Seine sur les 5 0/0, il y a des organisations qui centralisent des fonds pour les grèves et qui n'ont jamais rien retenu sur les 5 0/0. La Fédération des Mouleurs, la Fédération de la Métallurgie ont toujours versé intégralement les 5 0/0. parce qu'au Congrès de Toulouse on avait décidé que les 5 0/0 seraient versés intégralement au Comité de la grève générale.

Si l'Union des Syndicats de la Seine se trouvait gênée en faisant la centralisation des fonds, elle aurait dû proposer quelque chose, il y a un an, au Congrès. Braun conclut en demandant au Congrès d'approuver tout ce qu'a fait le Comité et de nommer de nouveaux délégués.

*Galantus*, Syndicat des Ouvriers Ferblantiers de la Seine. — Aucune critique n'a été formulée contre ce qui a été fait par le Comité, il est étonnant que, dans ces conditions, on lui reproche son alliance avec le comité du *Parti ouvrier*. Il met au défi le délégué de l'Union des Syndicats de prouver qu'on a dit que l'Union volait l'argent. Il a été dit qu'à l'Union des Syndicats on prélevait 18 % sur la retenue des 5 % et il y a quelque chose de vrai si, sur une somme de 23 francs on a retenu 8 francs ; on avouera que c'est un peu excessif.

*Carmantran*, Syndicat de la Tabletterie de la Seine. — Lors de la grève des ouvriers mécaniciens anglais, on a beaucoup dépensé, les frais d'envoi étant bien plus élevés qu'en France. Si on a pris une moyenne à ce moment-là, il n'est pas étonnant que la moyenne ait été assez forte, mais cependant on n'a jamais atteint 18 %.

Un délégué de Toulouse demande que le Comité ne soit nommé que par les organisations adhérentes à la grève générale.

*Baibielle*, Fédération du Livre. — Les Travailleurs du Livre ne sont pas partisans de la grève générale. Le citoyen Girard regrettait que les militants, délégués dans les Congrès, venaient sans mandat voter la grève générale et qu'ensuite ces militants restaient seuls. Ces militants votaient personnellement et s'engageaient à faire de la propagande en faveur de la grève générale. Les Travailleurs du Livre ont été sérieusement consultés et ont tous répondu au questionnaire lors des difficultés du Syndicat des Chemins de fer. La majorité a répondu oui à deux questions et négativement pour la grève : on est fixé maintenant, Batbielle engage toutes les Fédérations de métiers à consulter leurs organisations dans les mêmes conditions, on saura exactement, une fois pour toutes, à quoi s'en tenir sur cette question.

*Beausoleil.* — La question est plus importante qu'on ne se l'imagine. Ce n'est pas acceptable que deux Comités d'émanation différente signent des appels pour des réunions. Et si la grève générale éclatait, ce ne pourrait être que pour des raisons économiques et non pour des raisons politiques, et le soin de la diriger doit revenir au Comité corporatif. Beausoleil se dit personnellement partisan de la grève genérale. Il conclut en formulant les propositions suivantes au nom de l'Union des Syndicats de la Seine :

1º Le Comité de la grève générale sera composé comme il suit : Le Congrès désignera chaque année, non pas des personnalités, mais des organisations, lesquelles seront chargées d'assurer chacune un délégué pendant l'exercice suivant ;

2º Le Comité a pour mission exclusive de faire la propagande concernant la grève générale. Chaque délégué est placé sous la responsabilité du Syndicat auquel il appartient. Le Comité est placé sous le contrôle de la Confédération générale du travail ;

3º Le pouvoir de décréter la grève générale est confié à la Confédération genérale qui n'en décidera qu'après consultation préalable des Fédérations. Le Conseil national sera chargé de consulter les Fédérations de métiers ; le Comité fédéral des Bourses du Travail sera chargé de consulter les Bourses du Travail ;

4º Une fois décidée, la grève générale ne pourra avoir pour objet que des revendications exclusivement ouvrières et économiques. Elle devra être continuée jusqu'à satisfaction intégrale des revendications de tout le prolétariat ;

5° En aucun cas. la Confédération ne devra engager à la grève générale sur des questions d'ordre politique. Les partis politiques restent seuls responsables de toute action basée et provoquée sur ces questions.

Il s'agit de savoir si, dans le cas de la mise en pratique de la grève générale, le Comité nommé par le Congrès corporatif deviendrait le directeur du mouvement. Là est le conflit.

*Girard*, Union du bronze. — On veut s'assurer le monopole de la grève générale en formulant les propositions qu'on vient d'entendre. Cependant un Comité nommé par le Congrès corporatif a plus de poids. plus d'autorité que celui qui serait nommé comme le propose Beausoleil dans ses conclusions. De plus. la propagande serait diminuée. Il ne faut pas que l'on tombe dans le piège : il faut que le Comité soit nommé dans un Congrès.

*Besombes*, Union des Syndicats de la Seine. — On a entendu les conclusions du rapport de l'Union, présenté par Beausoleil. Il est au Congrès le représentant des organisations et on y est pour faire les affaires de ces organisations. Si on ne remplit pas ses engagements, ces organisations peuvent se séparer de nous. Qu'arrive-t-il le jour où un un délégué nommé dans un Congrès pour le Comité de la grève générale vient à quitter son Syndicat ? On doit avoir plus de confiance dans les organisations que dans les individus. De plus, il ne faut pas que le Comité de la grève générale soit maître d'engager l'action sans consulter les organisations.

La liste des orateurs inscrits étant épuisée. le Président donne connaissance des diverses propositions qui sont parvenues au bureau :

1. — Le Comité de propagande de la grève générale demande que le Congrès approuve le rapport du Comité qui lui a été présenté, et proteste contre la qualification de politicien qui lui a été lancée par le délégué de l'Union des Syndicats de la Seine.

H. Galantus.

2. — Le Comité de la grève générale se réunissant avec un Comité politique, la Fédération régionale des Syndicats ouvriers de la Seine-Inférieure et le Syndicat des Ouvriers en instruments de précision de Paris proposent que le Comité de la grève générale soit autonome.

AUVRAY.

3. — Le Congrès considère que les tiraillements de ces derniers mois, à propos de la Grève générale, doivent être un enseignement pour l'avenir.

Les Congrès antérieurs ont voté le principe de la Grève générale sans en prévoir la mise à exécution prochaine; on en parlait, comme on parle de la Révolution, pensant que ça ne tirait pas à conséquence, aussi l'étonnement fut assez considérable quand le Syndicat des Chemins de fer manifesta l'intention d'agir.

L'initiative du Syndicat des Chemins de fer n'en a pas moins été heureuse, car elle a rendu tangible que la grève générale n'est pas une idée nébuleuse et impraticable; elle a prouvé que la crise peut éclater dans un avenir peu éloigné.

Ceci dit, on est obligé de constater que le Syndicat des Chemins de fer n'a pas opéré révolutionnairement; il a fait du parlementarisme au lieu d'agir; en perdant son temps à interroger les Syndicats il a laissé passé l'heure de l'action.

Le Syndicat des Chemins de fer aurait dû, à ses risques et périls, proclamer la grève et son initiative aurait très probablement entraîné les groupements même qui, dans le pétitionnement, ont hésité.

EMILE POUGET.

4. — Le délégué de la Bourse de Dijon vote pour la grève générale.

U. PETIT.

5. — Considérant que pour mettre un terme à l'exploitation du travailleur, il doit rechercher tous les moyens rapides pour s'affranchir des spoliateurs, la Chambre syn-

dicale des Ouvriers boulangers de la Seine engage le Congrès
à se maintenir aux vœux émis aux Congrès de Tours et de
Toulouse, préconisant la grève générale comme moyen efficace pour supprimer les abus.

A. TERNET.

Les organisations soussignées présentes au Congrès déclarent et désirent que bonne note soit prise de leur déclaration,
qu'ils n'entendent en aucune façon se mêler à un mouvement
qui a pour but la grève générale.

Ils font leurs réserves pour le cas où le projet de loi Merlin-
Trarieux serait voté.

BATBIELLE, *Fédération du Livre.* — J. MAYNIER, *de la
Typographie parisienne.* — CONSTANT, *Union syndicale de
Brest.* — DANGIN, *des Conducteurs-Margeurs et Minervis-
tes de Paris.* — LEPHILIPPONNAT, *des Fondeurs-Typogra-
phes de Paris.* — PHILIPPE. *Bourse du Travail du Havre.*
— Arth. ROZIER, *Chambre syndicale des Employés de
Paris.*

7. — La Bourse du Travail de Bordeaux déclare ne pas
prendre part au vote pour la grève générale.

Eug. GRASSAVAL.

8, 9, 10, 11. — Les délégués, dont les noms suivent, déclarent s'abstenir, parce que : 1° la question de la grève générale n'était pas à l'ordre du jour; 2° n'ayant pas reçu de
mandat de leurs organisations, quoiqu'elles sont pour ou
contre la grève générale : COROMPT, *des Chauffeurs-Conducteurs mécaniciens de Paris.* — LACAILLE, *Fédération
des Syndicats ouvriers de Meurthe-et-Moselle.* — LERAY,
*Bourse du Travail de Saint-Etienne.*

12. — Considérant que l'argent versé pour les grévistes
leur appartient *intégralement* ; que l'on ne peut, par conséquent, en disposer sans l'assentiment *de ceux qui donnent et
de ceux qui reçoivent,* les soussignés demandent que la
retenue de cinq pour cent faite jusqu'ici sur le produit des

souscriptions en faveur du Comité de la grève générale n'ait plus lieu dorénavant.

Constant ; Phillippe.

Le Congrès adopte la proposition du camarade Auvray à l'unanimité moins une voix.

Plusieurs délégués demandent que le vote sur les rapports du Comité de la grève générale ne soit accessible qu'aux organisations adhérentes à ce Comité.

*Galantus*, Syndicat des Ouvriers ferblantiers de la Seine, considère que si on ne laisse pas toutes les organisations représentées au Congrès prendre part au vote, il est inutile de faire des Congrès.

*Maynier*, Syndicat de la Typographie parisienne, appuie la proposition des camarades qui demandent que les organisations non adhérentes au Comité de la grève générale ne prennent pas part au vote.

*Galantus* demande que le Comité de la grève générale se compose de onze membres, au lieu de neuf qu'il y avait jusqu'à ce jour. Cette augmentation des membres du Comité est nécessaire à cause de l'importance que prend de jour en jour le Comité.

Cette proposition est adoptée.

*Copigneaux*, Fédération des Travailleurs municipaux de la Ville de Paris, fait remarquer que le Congrès corporatif n'a pas à s'occuper des Fédérations locales ou régionales, ni des Bourses du travail.

*Roche*, Syndicat des Garçons de magasin et Cochers-Livreurs de Paris, est de l'avis de Copigneaux.

Les organisations parisiennes dont les noms suivent sont désignées pour constituer le Comité de la grève générale, et chacune déléguera un de ses membres :

Syndicat des Ouvriers boulangers, Syndicat des Ouvriers en instruments de précision, Fédération ouvrière des Cuisiniers, Fédération des Mouleurs en cuivre, Union du Bronze,

Fédération de la Métallurgie, Syndicat des Ouvriers ferblantiers de la Seine, Union des Ouvriers mécaniciens de la Seine, Syndicat de la Cordonnerie ouvrière de France, Fédération du Bâtiment, Fédération des Chapeliers.

La séance est suspendue pendant cinq minutes ; elle est reprise à 4 h. 15.

Le citoyen Galantus demande que l'on vote sur la proposition qu'il a fait parvenir au bureau.

*Hamelin*, Verrerie ouvrière, demande que cette proposition soit scindée en deux parties et que l'on vote sur ces parties séparément.

La première est ainsi conçue :

« Le Comité de propagande de la grève générale demande que le Congrès approuve le rapport du Comité qui lui a été présenté..... »

Le Congrès adopte ce paragraphe à l'unanimité moins deux voix.

La deuxième partie est repoussée. Elle était ainsi conçue :

..... « et proteste contre la qualification de politicien qui lui a été lancée par le délégué de l'Union des Syndicats de la Seine. »

Les propositions de l'Union des Syndicats sont mises aux voix.

Le premier paragraphe est adopté. Il est ainsi conçu :

« Le Comité de la grève générale sera composé comme il suit : le Congrès désignera chaque année, non pas des personnalités, mais des organisations, lesquelles seront chargées d'assurer chacun un délégué pendant l'exercice suivant. »

Le deuxième paragraphe est également adopté à l'unanimité moins quatre voix.

2° paragraphe : « Le Comité a pour mission exclusive de faire la propagande concernant la grève générale. Chaque délégué est placé sous la responsabilité du Syndicat auquel il appartient. Le Comité est placé sous le contrôle de la Confédération générale du Travail. »

*Guérard*, Syndicat des Chemins de Fer, combat le para-

« 3º Le pouvoir de décréter la grève générale est confié à la Confédération généralé qui n'en décidera qu'après consultation préalable des Fédérations. Le Conseil national sera chargé de consulter les Fédérations de métiers ; le Comité fédéral des Bourses du Travail sera chargé de consulter les Bourses du Travail. »

Il paraît impossible et inadmissible d'adopter ce paragraphe. On avait peur d'un Comité directeur et maintenant on remettrait à la Confédération le pouvoir de décréter la grève générale ; ce serait dangereux. La Confédération a fait une consultation concernant la grève générale ; on a attendu pendant trois mois les réponses des Organisations, elles ont été peu nombreuses. Si on s'en remet à la Confédération on n'aboutira pas.

Les paragraphes III, IV et V sont supprimés à l'unanimité moins 6 voix pour.

Le citoyen Rozier donne lecture du rapport de la Commission sur l'alcoolisme.

# L'ALCOOLISME

**RAPPORT** de la Commission, sur la 2ᵉ question de l'ordre du jour

CAMARADES,

En portant, à l'exemple du Parti Ouvrier Belge, la question de l'alcoolisme à l'ordre du jour du Congrès, les camarades qui ont eu cette initiative n'ont pas pensé qu'il fût possible d'arrêter après quelques heures de discussion, en l'absence de documents probants, de renseignements scientifiques et de statistiques, des décisions de tout repos, définitives autant qu'un Congrès peut faire quelque chose de définitif, et qui deviennent pour le prolétariat la pensée commune.

Le but des initiateurs — cela ressort de la lecture des rapports soumis à votre commission — a été plus modeste : ils ont voulu appeler sur l'alcoolisme l'attention des travailleurs conscients et les encourager à lutter contre les dangers qu'il fait courir à notre classe.

La question est en effet infiniment plus complexe qu'elle n'apparaît au premier abord comme toutes les imperfections, tous les défauts, tous les vices, tous les crimes qui découlent de notre organisation sociale, l'alcoolisme et les moyens à employer pour lutter contre lui, doivent être envisagés aux points de vue philosophique, social, économique, fiscal, hygiénique, ethnologique et ethnographique.

Ce serait de notre part une présomption exagérée que vouloir affirmer *urbi et orbi* des solutions intangibles sur une pareille matière, vous le sentez tous.

Mais ce que nous pouvons faire, ce que, pensons-nous, le Congrès tout entier est décidé à faire, c'est dégager les vérités générales, signaler le péril, appeler la sollicitude de tous sur l'urgence d'organiser la résistance au fléau alcoolique.

L'ordre du jour du Congrès porte : DE L'ALCOOLISME, SES CAUSES, SES EFFETS.

Les rédacteurs de l'ordre du jour nous permettront cette observation, pour la facilité de l'exposé il aurait fallu renverser leur proposition, tenter une analyse du mal et ses EFFETS avant d'en rechercher les CAUSES, employer la méthode expérimentale et sur le DIAGNOSTIC que nous aurions ainsi déterminé, baser notre opinion sur les CAUSES. Mais procédons comme il a été indiqué.

*L'alcoolisme se développe parallèlement à l'intensité du régime capitaliste.*

Le propre du régime capitaliste est de réduire de plus en plus la part d'initiative et conséquemment de responsabilité des hommes.

Permettez-moi à cet égard une figure. Il n'y a pas d'hommes plus réduits à l'état de machine que les hommes appartenant à la profession militaire. Il n'y a pas d'hommes non plus qui s'adonnent plus fréquemment, plus habituellement aux boissons fortes.

Le développement du machinisme a eu pour conséquence de faire de l'ouvrier, on l'a dit, un simple prolongément, un rouage de chair et d'os de la machine.

Ce nouvel état de choses supprimant chez nos frères de misère tout stimulant à leur intelligence technique, tout travail cérébral, faisant disparaître en même temps leur responsabilité professionnelle, a gravement atteint leur faculté de jugement et aussi, faut-il le dire, leur sens moral.

Voilà l'œuvre de la bourgeoisie capitaliste !

D'autre part, si l'organisation du travail demande à l'ouvrier moins d'initiative technique, elle l'a astreint à un mode de production qui achève de le débiliter cérébralement : enfermé pendant de longues journées en des ateliers malsains, accomplissant là une fonction mortellement identique, uniforme, sans air, souvent sans lumière, dans des conditions hygiéniques abominables où rien ne vient surexciter son sens critique, son esprit d'analyse, l'exploité se trouve réduit à l'état de bête de somme.

Mais il y a plus : l'exploitation capitaliste rend la production de plus en plus intensive ; elle demande aux travailleurs de certaines parties professionnelles un effort musculaire plus considérable, plus continu aussi. Le capital demande à nos muscles un maximum d'effet.

Dans les professions métallurgiques, dans celles du bâtiment dans celles des mines, comme encore dans les professions accessoires : hommes de peine, manœuvres, garçons, servants, etc., l'effort physique demandé à l'homme, a atteint un degré qui, raisonnablement, dépasse de beaucoup la force humaine.

Et voilà, camarades. pourquoi vous rencontrez tant d'hommes parmi les nôtres qui s'adonnent à la boisson : d'une part, diminution de la personnalité morale ; d'autre part, exacerbation de l'effort physique.

Comme le mal donne naissance au mal, l'alcoolisme découle tout naturellement de l'état dans lequel sont maintenus tant d'éléments de la classe ouvrière, et il perpétue l'existence, il renouvelle et entretient la puissance du capitalisme.

De telle sorte que ceux qui, comme nous, se préoccupent d'arracher la classe travailleuse à la situation précaire et servile où elle est maintenue, se heurtent au dépérissement intellectuel de notre classe et ressentent plus directement que quiconque les désastreuses conséquences de l'alcoolisme.

L'alcool n'est pas seulement un anesthésiant de la volonté et du sens moral utile à rendre plus facilement exploitable notre classe, il ne constitue pas seulement l'unique plaisir, le seul luxe permis par l'organisation capitaliste au travailleur, il est encore devenu un élément substantiel pour nombre d'hommes,

Il donne à l'estomac humain le carbone que ne lui apportent plus les aliments trop chers qui le pourraient fournir. Il rétablit, aux dépens de la santé générale de l organisme, l'équilibre du budget des forces mis en déficit par l'effort produit dans l'œuvre de production.

La viande et le vin sont chers, et vous savez, citoyens, avec quelle rareté, quelle difficulté ils apparaissent sur nos tables. L'alcool les remplace ou leur suffit pour bon nombre de travailleurs.

Mais ce n'est pas tout : l'alcoolisme ne borne pas le mal qu'il fait à celui qui l'ingère. Il frappe celui-ci dans sa descendance et je ne vous apprends rien en vous disant que non seulement nos asiles d'aliénés se peuplent d'alcooliques à des degrés divers, mais que les hôpitaux se remplissent d'enfants rachitiques, scrofuleux, épileptiques, fruits infortunés de pères alcooliques !

Aussi notre classe, notre pays, notre nation sont menacés dans ce qu'ils ont de plus précieux : leur avenir.

Il faut au mouvement ouvrier des consciences, des cerveaux et des cœurs : l'alcoolisme, qui les détruit, est donc notre mortel ennemi et l'allié le plus sûr, l'agent le plus actif de la bourgeoisie capitaliste.

On a contesté l'utilité qu'une telle question fût portée à l'ordre du jour du Congrès : nous venons de répondre à cette première objection et nous allons aborder la partie difficile de notre tâche : indiquer les solutions qui nous semblent les meilleures pour arrêter l'effrayant fléau.

II

En premier lieu — et sur ce point tout le monde est d'accord — il importe que les travailleurs conscients, que les militants deviennent d'acharnés ennemis des boissons fortes. Il importe que chacun de nous se fasse un propagandiste de tempérance.

Nous devons multiplier les conférences sur l'alcoolisme dans nos Syndicats, dans nos Bourses, partout où l'occasion s'en présentera.

Mais c'est là, il faut bien le dire, un remède bien anodin, comparé à l'étendue et à la gravité du mal. Il nous faut faire plus et mieux : C'est ainsi, par exemple, qu'un grand nombre d'entre nous appartiennent à des Sociétés coopératives. A eux de demander que ces Sociétés suppriment tout débit de boissons spiritueuses ou qu'au moins elles ne les délivrent pas à un prix inférieur à celui du commerce.

Cependant, nous n'aurons atteint, cela faisant et en admettant l'application absolue de nos *desiderata*, qu'une fraction de la population ouvrière. L'autre — la plus nombreuse, hélas ! — continuera à se livrer à l'alcool et sera pour nos amis un continuel mauvais exemple, un perpétuel entraînement.

Il faut donc généraliser les mesures à prendre pour enrayer l'alcoolisme.

Du coup, camarades, le débat s'élève.

D'aucuns nous opposent la théorie de la liberté individuelle, du respect dû à la volonté de chacun.

Au nom d'un libéralisme trop généreux, voilà nos camarades inquiets pour la liberté d'hommes qui chaque jour s'en privent par l'abrutissement alcoolique.

Tout homme volontairement esclave est un danger pour la liberté d'autrui : n'est-ce pas en vertu de ce principe que nous traitons, sinon en ennemis, au moins en adversaires ou en frères égarés, ceux d'entre les travailleurs qui consentent à des salaires inférieurs, ceux qui se tiennent éloignés de leur Syndicat?

D'ailleurs, je le répète : l'alcoolisme est un danger social. Il menace la collectivité dans son ensemble ; des mesures générales s'imposent donc.

Nous sommes de ceux qui professent que le père de famille n'a aucun droit à imposer à son enfant telle ou telle confession religieuse, telle ou telle conception philosophique : Accepterions-nous par hasard qu'il ait par contre, le droit de condamner à la mort intellectuelle et à la souffrance physique sa descendance frappée par ses propres vices et ses misérables passions ?

A un autre point de vue, la société a fait le mal, elle doit le guérir.

En vain l'*action individuelle* des moralistes, des hygiénistes, des médecins s'est exercée contre le fléau alcoolique : elle s'est heurtée à la fatalité économique de laquelle il ne dépend plus de nous, *individuellement*, de nous affranchir.

Il faut donc — c'est le devoir d'un Congrès qui a la légitime prétention de représenter l'ensemble du prolétariat conscient — résolument demander à la société de réparer le mal qu'elle a fait.

Par quels moyens ?

Elle a fait au travailleur des conditions de travail atroces — et c'est notre avis que ces conditions ont été le facteur le plus puissant qui soit de l'alcoolisme.

Pour combattre celui-ci, il faut d'abord garantir à tous les conditions humaines de travail : réduire la journée de travail au *minimum* compatible avec les nécessités économiques — et depuis longtemps il est démontré que la production sociale nécessaire pourrait être assurée par la journée de huit heures — et appliquer intégralement les mesures protectrices du salaire, de l'hygiène, de la vie et de la dignité des travailleurs, mesures réclamées par tous les Congrès ouvriers.

Je ne m'y étendrai pas : vous les connaissez toutes par le menu, et elles font l'objet des délibérations de ce Congrès.

En second lieu, nous considérons que l'alcool étant un produit dangereux, sa production, sa rectification, sa vente et son prix ont lieu d'être réglementés.

En l'état incohérent où nous sommes, l'alcool est une marchandise soumise à toutes les altérations, toutes les sophistications et toutes les fraudes que la rapacité commerciale autorise et que le souci de la concurrence commande.

L'alcool de raisin, considéré comme le meilleur, est produit et rectifié dans des conditions qui défendent de le considérer comme non toxique : les procédés des bouilleurs de cru sont primitifs et insuffisants, leur distillation d'un autre âge et les alcools qu'ils livrent à la consommation ne sont pas moins nocifs que ceux des grands distillateurs d'alcools. Ces derniers, mieux outillés, pourraient, s'ils y trouvaient un intérêt quelconque, ne laisser sortir que des alcools épurés, et, sinon parfaits, au moins débarrassés des huiles et des essences qui centuplent la nocivité. Encore une fois, l'âpreté au gain et la merveilleuse conception de la concurrence dont la bourgeoisie se montre si fière les en empêchent et les contraignent à être des empoisonneurs patentés.

On a proposé de confier à l'Etat le monopole de la *rectification* de l'alcool, de la rectification seulement.

Ce serait là, à notre avis, une mesure insuffisante. Outillés comme ils le sont, les producteurs d'alcools, économiquement armés d'une puissance considérable — il faut répéter que les deux tiers de l'alcool consommé en France sont produits par *23 distillateurs* — la fraude se pratiquerait sur une telle échelle que le contrôle hygiénique de l'Etat serait purement illusoire.

La Société a donc le devoir d'appliquer intégralement la seule mesure qui paraisse pouvoir lui assurer la possibilité de réfréner, de limiter, de réduire et, si le besoin s'en fait sentir, de supprimer totalement toute consommation de l'alcool en tant que boisson alimentaire.

Votre commission vous propose donc de vous prononcer favorablement à la monopolisation par l'Etat de la production, de la rectification et de la vente de l'alcool.

Nous avons le devoir de bien préciser le caractère de la résolution que nous vous proposons de prendre : elle a pour but, sinon exclusif, au moins essentiel, de porter remède à l'alcoolisme.

En Russie, a-t-il été affirmé, le monopole de l'alcool n'empêche pas l'alcoolisme de se développer dans des proportions inquiétantes.

En Norwège, repondrons-nous, la législation prohibitive de l'alcool a supprimé tous les dangers qui résultent de la consommation de celui-ci.

Tout dépend donc du sens qui sera donné au monopole et c'est pour cela qu'il faut crier bien haut que sa justification, sa raison d'être seront de viser à la disparition de l'alcoolisme.

Il n'est pas possible d'entrer aujourd'hui dans le détail des applications de ce monopole, de son fonctionnement et de son organisation. Ce sera l'œuvre des législateurs et, s'ils y faillissent, celle des futurs Congrès ouvriers.

Nous nous bornerons à dire que l'Administration de ce monopole devra être placée sous une direction dans laquelle les travailleurs auront la large part à laquelle ils ont droit et qu'ils réclament dans toutes les industries d'Etat — dans laquelle également devront entrer pour une part aussi large que possible des hygiénistes, des médecins, des chimistes, qui concourront à assurer à l'alcool consommé son *maximum* d'inocuité.

Pour nous résumer, camarades, voici la résolution que nous vous proposons de prendre :

Le X⁰ Congrès national corporatif, IV⁰ de la Confédération générale du Travail, réuni à Rennes, du 26 septembre au 1ᵉʳ octobre 1898,

 Considérant

Que l'alcoolisme, fils naturel de l'organisation capitaliste, est une cause de dépérissement cérébral et d'atrophie physique pour la classe ouvrière;

Qu'il s'est développé et se développera parallèlement et en raison directe de l'intensité de l'exploitation bourgeoise;

Délibère :

L'alcoolisme, mal social, disparaîtra avec la transformation en société égalitaire de la société capitaliste.

Considérant

Qu'en attendant la constitution d'une société égalitaire il y a lieu de poursuivre, dans le sein même de la société bourgeoise les améliorations propres à assurer au prolétariat non seulement de meilleures conditions matérielles, mais encore une plus grande autonomie morale, une plus grande puissance intellectuelle, propres encore à assurer le développement du sens de l'organisation et à .lui en faciliter l'application;

Considérant

Que l'alcoolisme est le plus sûr agent de la bourgeoisie capitaliste en ce qu'il atrophie la conscience et réduit la force de résistance du prolétariat,

Que l'alcool constitue pour le plus grand nombre un élément substantiel, les aliments rationnels lui manquant,

Délibère :

La réduction de la journée de travail, l'application au travail humain de règles hygiéniques rigoureuses, la garantie de conditions humaines de travail, l'exhaussement des salaires donneront au travailleur la possibilité de s'affranchir du besoin d'alcool dans lequel il est maintenant dans la plupart des cas;

Considérant

Que la société a le devoir de poursuivre la disparition d'un mal qui la menace dans la reproduction de l'espèce;

Qu'elle ne peut le faire qu'en réagissant vigoureusement contre la consommation de l'alcool, et en faisant rentrer dans le domaine commun l'industrie de l'alcool, dont l'exploitation privée a développé le fléau qu'il s'agit d'enrayer;

Considérant

Que communisées, la production, la rectification et la vente de l'alcool seront administrées par des Commissions dans lesquelles la science hygiénique et les droits des travailleurs. seront représentés par des délégations qui formeront les deux tiers des conseils de direction, le tiers devant être fourni par l'administration fiscale,

Délibère :

La production, la rectification et la vente de l'alcool seront monopolisées par l'Etat, à charge par lui de donner pour objet à son monopole la raréfaction de la consommation des boissons alcooliques.

Pour la Commission :

*Le Rapporteur*,

Arthur ROZIER.

*Les membres de la Commission :*
A. TERNET, DANGIN, E. BESOMBES.

Le citoyen Pouget donne lecture d'une déclaration faite au nom de la minorité de la Commission.

### Déclaration de la minorité de la Commission

Si dans la société actuelle, le Congrès tient à s'occuper de l'alcoolisme, il ne doit pas le faire en demandant à l'Etat des mesures coërcitives, car, ainsi qu'on l'a observé, on améliorerait peut-être au point de vue hygiénique, mais en aggravant au point de vue fiscal la condition des travailleurs, de laquelle résulte précisément l'alcoolisme.

C'est un cercle vicieux. Il faut d'ailleurs remarquer que l'alcoolisme est proportionnel : 1° à la rigueur du métier ; 2° au taux du salaire.

Plus le salaire est élevé, moins est dur le travail et plus l'alcoolisme diminue.

Il n'y a donc d'autre remède efficace que l'émancipation intégrale.

En attendant, il n'y a pour les militants qu'un moyen de faire la guerre à l'alcoolisme, c'est de prêcher d'exemple en s'abstenant de boissons alcoolisées. Ce n'est que par une sorte de boycottage sur nous-mêmes que nous pouvons, par l'exemple, combattre l'alcoolisme.

POUGET.

Les citoyens Guérard, Lauche, Pelloutier, ont signé et approuvé la déclaration de la minorité de la Commission sur l'alcoolisme.

Le rapport de la Commission est adopté.

Le citoyen E. Morin donne lecture du rapport de la 2° sous-Commission de la 5° Commission.

**5° Commission. — 2° Sous-Commission**

## APPRENTISSAGE

Sur la question du travail et la fixation du nombre des enfants employés dans l'atelier où ils font leur apprentissage, nous vous soumettons les questions suivantes :

La Fédération des Cuisiniers, la Boucherie de Paris, la Chambre syndicale ouvrière des Pâtissiers de la Seine, la Chambre syndicale des ouvriers en outils à découper, la Chambre syndicale des imprimeurs en taille-douce, la Chambre syndicale des ouvriers emballeurs de la Seine, demandent la réglementation des apprentis par les Chambres syndicales. La Chambre syndicale des ouvriers fumistes de la Seine demande la suppression complète, pour la corporation, des apprentis âgés de moins de 16 ans.

La Chambre Syndicale des ouvriers sertisseurs de la Seine, appuyée par l'Union des Syndicats de la Seine, la Bourse du Travail d'Alger, demandent qu'il soit établi par les municipalités, des cours profes sionnels permettant aux apprentis de se perfectionner, tant au point de vue technique que pratique de leur industrie.

La Fédération des cuisiniers-pâtissiers-confiseurs de France et des Colonies, demande que la municipalité parisienne établisse, dans les différents centres ouvriers de la capitale, des cours de cuisine pour instruire les mères de famille sur cette partie économique de la vie domestique.

La Chambre syndicale des Charrons de la Seine, la Chambre syndicale des Ouvriers confiseurs, chocolatiers, biscuitiers de la Seine. la Fédération des Syndicats ouvriers de Meurthe-et-Moselle, la Chambre syndicale de la reliure-dorure, la Fédération des Syndicats de Moulins, et les Chambres syndicales ou Fédérations précédemment citées, demandent une surveillance rigoureuse et permanente des jeunes apprentis, surveillance effectuée par des inspecteurs ouvriers, désignés par les Chambres syndicales.

La Bourse du Travail de Montpellier propose aux délégués présents de demander à leurs organisations qu'elles adressent à leurs municipalités respectives une demande de création de Bourses d'apprentissage au même titre que les Bourses qui sont affectées aux écoles de l'enseignement.

Le Syndicat général des Garçons de magasins, Cochers-Livreurs et parties similaires de la Seine, demande la création par les municipalités et sur un même point d'écoles professionnelles diverses.

La Fédération des Mouleurs de France demande le contrat d'apprentissage avec dédit, afin de supprimer les petites mains qui leur causent un préjudice considérble.

Enfin sur la demande de la Bourse d'Angers, nous appellerons tout particulièrement l'attention du Congrès sur le placement des apprentis confiés aux patrona par les orphelinats ou hospices et nous ne saurions qu'appuyer énergiquement la demande que ces apprentis soient de droit placés sous la surveillance du Conseil des Prud'hommes ou du Juge de paix.

Considérant qu'il ressort de la majeure partie des rapports qui nous ont été soumis, que pour augmenter de plus en plus leurs bénéfices, les patrons occupent de jour en jour un plus grand nombre d'apprentis qui sont opposés aux ouvriers et ouvrières qui se trouvent alors dans l'obligation de chercher ailleurs le moyen de gagner leur vie, en outre que souvent au lieu d'apprendre à leurs apprentis ce qui concerne leur métier, les patrons les occupent soit à des travaux domestiques, soit à faire de longues courses quelquefois avec des fardeaux bien au-dessus de leurs forces.

Considérant que pendant ce temps les enfants ne peuvent apprendre leur métier.

Que, cependant, l'article 12 de la loi du 22 février 1851 sur l'apprentissage stipule expressément ceci :

Le maître doit enseigner à l'apprenti, progressivement et complètement, l'art, la profession ou le métier qui fait l'objet du contrat ;

Considérant qu'il appert des termes de l'article précité que l'enfant placé comme apprenti soit par contrat écrit ou verbal (ce dernier étant valable après deux mois d'essai), doit apprendre, d'une façon complète et satisfaisante, l'état ou la profession de celui qui l'occupe ;

Considérant que l'exploitation de plus en plus exigente et odieuse du patronat à l'égard des enfants placés dans certaines industries à titre d'apprentis augmente de plus en plus l'avilissement des salaires ;

Que cet état de choses ne peut être amélioré que par la réglementation des apprentis dans les ateliers, chantiers, fabriques, usines et manufactures, proportionnellement au nombre des ouvriers ou ouvrières qui y sont occupés ;

Considérant qu'un décret du 13 mai 1893 limitant les charges comme suit :

Les jeunes travailleurs ne doivent pas porter, tant à l'intérieur des ateliers que sur la voie publique, des fardeaux d'un poids supérieur aux suivants :

> Garçons au-dessous de 14 ans...... 10 kilos.
>   — de 14 à 18 ans........... 15 —
> Filles au-dessous de 16 ans....... 5 —
>   — de 16 à 18 ans........... 10 —

Considérant que l'arrêté ministériel du 31 juillet 1894 limite ainsi qu'il suit les charges, véhicule compris, que peuvent traîner les jeunes travailleurs :

1° WAGONNETS SUR VOIE FERRÉE

> Garçons au dessous de 14 ans...... 300 kilos.
>   — de 14 à 18 ans........... 500 —
> Filles au-dessous de 16 ans........ 150 —
>   — de 16 à 18 ans........... 300 —

2° BROUETTES

Garçons de 14 à 18 ans ............ 40 kilos.

3° VOITURES A 3 OU 4 ROUES DITES POUSSEUSES

Garçons au-dessous de 14 ans........ 35 kilos.
    —      de 14 à 18 ans............. 60 —
Filles au-dessous de 16 ans......... 35 —
    —      de 16 à 18 ans............. 50 —

4° CHARRETTES A BRAS, VOITURES A TIMONS

Garçons de 14 à 18 ans........... 130 kilos.

Considérant qu'il existe à Paris et dans la France entière une Société dite Union protectrice des Jeunes Travailleurs des deux sexes, que cette Société, autorisée par arrêté ministériel du 13 avril 1897, a pour but la protection de l'enfance dans l'industrie, en les protégeant contre la rapacité de certains patrons qui leur font traîner ou porter des charges au-dessus de leurs forces, afin d'économ'ser des frais d'homme de peine qu'ils devraient payer à un prix supérieur.

NOTA. — Les adhérents à ladite Société ont le droit, sur la simple présentation de la carte qui leur est délivrée, de requérir pour verbaliser, tout agent de la force publique, lorsqu'ils voient sur la voie publique un enfant surchargé.

CONCLUSIONS :

Considérant que les apprentis placés par les Orphelinats ou les Hospices, quels qu'ils soient, méritent au plus haut point que l'on sauvegarde leurs intérêts, la commission propose au Congrès d'émettre le vœu que ces apprentis soient placés de droit sous la tutelle des Conseils de Prud'hommes ou de Commissions locales nommées par les Municipalités.

La commission propose, en outre, au Congrès de demander une loi fixant le nombre des apprentis, après enquête auprès des Chambres Syndicales de chaque corporation.

La commission engage les Syndicats à réclamer énergiquément l'application de la loi relative au contrat d'apprentissage.

Et les engage également à organiser des cours professionnels à l'usage de leurs adhérents.

*Le Rapporteur,*
J.-Eugène MORIN.

*La Commission :*

F. ROCHE, PHILIPPE, L. DUGOY, MOREL. H. LE CORRE, A. ALLIBERT,
H. GALANTUS, E. LANGLOIS.

*Guérard,* Syndicat des Chemins de Fer, demande où la Commission a puisé les chiffres qu'elle énumère dans le rapport.

Le rapporteur dit que les chiffres relatifs à la limitation des charges à faire porter aux apprentis sont ceux que fixe le décret du 13 mai 1893.

Le rapport est adopté.

Carmantrant invite tous les membres du Congrès à faire partie de la Ligue de protection de l'enfance, et Lephilipponnat engage les congressistes à faire de la propagande en faveur de cette institution susceptible de rendre de réels services.

Le citoyen Dugoy donne lecture du rapport de la 3e sous-Commission de la 5e Commission.

**5e Commission. — 3e Sous-Commission**

## COURS PROFESSIONNELS

Les organisations ouvrières suivantes :
Charpentiers de Paris,
Union du Bronze de Paris,
Tabletterie de Paris,
Coupeurs-Brocheurs de la Seine,
Plombiers de Paris,
Serruriers de Paris et de la Seine,
Maréchaux de la Seine,
Estampeurs-Découpeurs de la Seine,
Fédération des Peintres en bâtiment de la Seine,
Le Comité fédéral des Bourses du Travail,
Ornemanistes sur métaux,
La Bourse du Travail d'Alger,
Charrons de la Seine,
Union syndicale de Brest,
Ouvriers mécaniciens de Marseille,
Fumistes en bâtiment de la Seine,
Métallurgistes de l'Oise,
Selliers en voitures de Paris,
Bourse d'Angers,

La Fédération des Cuisiniers-Pâtissiers, Confiseurs de France et des colonies,

Syndicat des Cochers-Livreurs de la Seine,

Ont émis plusieurs vœux dont la 3° Sous-Commission de la 5° Commission a tiré les conclusions suivantes :

Que pour assurer la vitalité des cours déjà existants et pour faciliter la création de nouveaux, les Conseils municipaux, les Conseils généraux et l'Etat leur accordent des subventions et leur procurent les locaux nécessaires ; que la régence de ces cours soit donnée aux Syndicats qui, en instruisant les jeunes ouvriers et apprentis, leur inculqueront l'idée syndicale et les empêcheront de travailler à des prix inférieurs, et par ce fait empêcheront l'exploitation de l'enfance.

*Le Rapporteur,*
L. Dugoy.

*La Commission :*
H. Galantus, J.-Eugène Morin, H. Le Corre,
F. Roche, Morel, Rousseau, Philippe.

Le rapport est adopté.

Le citoyen Guérard donne lecture du rapport de la Commission du journal quotidien, rapport qui est adopté.

### RAPPORT de la Commission du journal quotidien

Citoyens,

La Commission du journal, s'inspirant non seulement des décisions des Congrès de Tours et de Toulouse, mais encore et surtout de la discussion qui a eu lieu au présent Congrès, a en outre examiné un rapport de la *Confédération du Travail*, ainsi que les propositions, notes ou observations présentées par les organisations ci-après :

Estampeurs-Découpeurs, Métallurgistes de Fourchambault, Bourses du Travail d'Angers, Dijon, Tours et Rennes, Boulangers de la Seine, Cordonniers, Plombiers-Couvreurs-Zingueurs de Paris, Meunerie de Rennes, Confiseurs, Biscuitiers et Chocolatiers de la Seine, Porteurs et Employés de journaux, Fédération des Syndicats Ouvriers de Vichy, Outils à découper, Fédération du Livre, Chemins de fer, Garçons de magasin et Cochers-livreurs de la Seine.

D'accord sur le principe même de la création d'un journal quotidien, propriété du prolétariat, ces organisations proposent divers moyens que nous allons énumérer :

#### 1° PROPAGANDE

Plusieurs procédés de propagande sont indiqués. A notre avis, aucun ne doit être négligé.

Il résulte, en effet, des renseignements recueillis par la Commission, que c'est la propagande qui a le plus manqué.

On a laissé jusqu'ici à la *Confédération du Travail* le soin de faire toute la propagande; elle a fait ce qu'elle pouvait, mais on conviendra que ses moyens sont bien insuffisants et à peu près inefficaces si les militants — et en premier lieu les délégués des Congrès — ne prennent la tâche de l'aider.

Il est, en effet, singulier de constater que, malgré que deux Congrès se soient occupés de la question, des militants ignorent encore aujourd'hui le projet de création d'un organe quotidien

La propagande a été pour ainsi dire nulle; si nos Congrès prennent des résolutions platoniques, c'est parce que, nous reposant les uns sur les autres du soin de les réaliser, nous ne faisons généralement aucun effort pour qu'elles soient suivies d'effet.

Tous les moyens de propagande, dont les Syndicats et les syndiqués disposent, doivent être employés.

L'un des plus importants est l'organe corporatif; tous les journaux des Syndicats et des Fédérations doivent faire connaître, par une succession d'articles, la nécessité pour les travailleurs d'avoir un journa là eux, dégagé de toute attache financière, c'est-à-dire un journal véritablement libre et indépendant.

Des circulaires et même des brochures, résumant les rapports documentés déposés sur la question aux Congrès de Tours et de Toulouse, devraient être adressées, par la Confédération, non pas seulement aux Fédérations et aux Bourses, mais à toutes les organisations syndicales sans exception.

La dépense de ces circulaires et brochures serait largement couverte par les « Cartes de fondateurs » du journal du prolétariat, dont le Congrès de Toulouse a décidé l'émission. Ce moyen n'a pas été suffisamment répandu; il nous semble indispensable que le Congrès ne se sépare pas avant que tous les délégués qui veulent se charger du placement de ces cartes, dont le prix est de 25 centimes, donnent leur adresse au secrétaire de la Confédération pour qu'il leur en fasse parvenir.

Dans toutes les réunions, quel qu'en soit l'objet, dans les ateliers, dans les conversations particulières même, les militants devraient, avec persévérance, propager l'idée du journal quotidien.

Nous croyons même que, si les ressources de la Confédération le permettent, des tournées de conférences organisées par elle, pour ce seul objet, dans les centres importants, auraient des résultats considérables. N'oublions pas que c'est beaucoup par ce moyen que les tickets de la *Verrerie ouvrière* ont pu être placés au nombre de plus d'un million.

La Meunerie de Rennes propose, entre autres moyens, l'organisation de fêtes familiales ; nous croyons que la somme d'efforts que nécessite la préparation d'une fête pourrait être plus utilement employée.

Au lieu de nommer des comités organisateurs de fêtes dont les bénéfices sont toujours aléatoires et sont rarement en rapport avec les efforts accomplis, la Commission du journal préconise la création, dans les grandes villes, de comités de propagande permanents.

### 2° SOUSCRIPTIONS

Les Comités de propagande que nous proposons, recueilleraient, en même temps que la Confédération du Travail, les souscriptions provoquées dans les organisations ouvrières.

On a proposé d'imposer aux Syndicats et aux syndiqués l'obligation d'un versement quelconque. Votre Commission est opposée à ce moyen ; à son avis, les organisations et les syndiqués doivent librement souscrire ce qui leur convient.

Il serait aussi très fructueux dans les réunions, et aussi principalement, dans celles spéciales organisées par les Comités de propagande et par la Confédération, de faire des collectes qui, non seulement couvriraient les frais de ces réunions et faciliteraient par conséquent ce genre de propagande, mais encore donneraient des ressources à la Confédération pour ses brochures et circulaires.

### 3° PRÊTS

Plusieurs organisations, Syndicats, Fédérations, Bourses, ont déjà fait connaître à la Confédération qu'elles s'engageaient à faire l'avance de sommes variant de 50 à 3,000 francs.

Nous adressons un chaleureux appel aux autres organisations pour qu'elles suivent cet exemple dans la mesure de leurs moyens.

### 4° ACTIONS

Le Congrès de Toulouse a décidé que des actions seraient émises. La Commission pense que ce moyen ne devra être employé qu'au dernier moment, quand le journal sera sur le point de paraître. Il n'y a donc pas lieu, à notre avis, de nous étendre sur ce point.

### 5° ABONNEMENTS

Les abonnements sont, pensons-nous, le but auquel, pour le moment, doivent tendre tous nos efforts. Les prêts, les actions serviront aux dépenses de premier établissement du journal ; les collectes et souscriptions permettront de faire une propagande intense, mais cette propagande doit avoir pour seul objectif de recueillir des abonnements.

Nous croyons en effet que ce qu'il faut pour faire vivre notre journal, ce n'est pas un capital qui pourrait être englouti si nous n'avions pas, dès le début, la certitude absolue d'avoir un nombre de lecteurs suffisant pour que les frais généraux d'administration soient entièrement couverts.

Donc, assurons-nous que les lecteurs seront assez nombreux pour atteindre ce but ; en opérant ainsi, nous réussirons sûrement, infailliblement dans notre entreprise ; nous prouverons enfin que les résolutions de nos Congrès ne sont pas platoniques ; nous prouverons surtout que le prolétariat, résolu à les faire aboutir, se montre capable de faire ses affaires lui-même, et qu'il n'a pas besoin, pour orienter ses aspirations, des journaux qui ont la prétention de guider l'opinion publique, mais qui la trompent effrontément, au gré de leurs combinaisons politiques.

En conséquence, la Commission recommande par dessus tout l'abonnement.

A cet effet, il serait indispensable que la Confédération fasse imprimer des bulletins de souscription individuels et non des *listes* de souscription.

Ces bulletins, envoyés aux organisations ouvrières et aux Comités de propagande, seraient distribués dans toutes les réunions, de manière que les auditeurs, au moment même où les conférenciers les auront convaincus, aient le moyen d'apporter leur concours ; autrement, les réunions de propagande risqueraient de rester sans effet.

Les abonnements peuvent être souscrits dans tous les bureaux de poste ; c'est un moyen très pratique que nous recommandons.

Pour faciliter les abonnements à ceux qui ne pourraient en verser le montant en une seule fois, les Syndicats pourraient, sous leur responsabilité, recueillir des abonnements d'un mois ou de trois mois, en acceptant des versements de 50, 25, voire même 10 centimes par semaine. Ces abonnements ne seraient envoyés à la Confédération que lorsqu'ils seraient entièrement versés.

Il reste entendu, ainsi que l'a décidé le Congrès de Toulouse, que, « dans la période d'organisation, il ne pourra rester entre les mains du trésorier de la Confédération, une somme supérieure à 1,000 francs. » Les sommes encaissées pour le journal seront déposées dans une banque, sous la responsabilité du Comité général de la Confédération.

## RÉDACTION

Nous avons maintenant à indiquer ou plutôt à répéter quelle sera la ligne de conduite du journal.

Poursuivant une œuvre exclusivement économique, le journal ne pourrait pas, bien entendu, se désintéresser des faits politiques ; les débats du Parlement y trouveraient aussi leur place, et, détail important pour les travailleurs, on s'attacherait à les présenter non sous forme de commentaires partiaux, mais dans la forme analytique; nos lecteurs seraient ainsi renseignés d'une manière exacte, ce qu'il est impossible de demander aux journaux actuels, quels qu'ils soient.

En matière électorale, le journal ne prendrait parti pour aucun candidat. Il se bornerait à enregistrer les candidatures et à faire connaître les résultats. C'est le seul moyen, pensons-nous, d'éviter la discorde.

Le journal ne négligerait aucune des rubriques que l'on trouve dans les journaux actuels : sciences, arts. théâtres, sports, l'actualité, les faits divers, les informations de toute nature, les articles de grand reportage. (Décision de Tours.) Le roman choisi avec soin ne manquerait pas non plus à notre journal, qui doit avoir la prétention d'être le mieux fait en même temps que le mieux informé.

Les communications émanant des organisations ouvrières seraient de droit insérées, sans commentaires, à la condition expresse qu'elles ne soulèveraient aucune polémique de syndicat à syndicat ou de personnalités.

Mais, quant à publier les articles qu'il plairait à tous les militants, à tous les Syndiqués d'envoyer, on comprend que cela est impossible.

Avouons aussi que nous n'avons pas suffisamment développées les aptitudes nécessaires pour faire du journalisme.

Il faut, à l'article du journal, un tour de main, une forme nette, concise, que nous ne savons pas toujours lui donner.

En un mot, pour faire un journal, il faut des journalistes.

Mais, ainsi qu'il a été convenu après les longues discussions des Congrès antérieurs, les rédacteurs habituels de notre journal, chargés chacun de leur rubrique spéciale, devront, au préalable, accepter formellement la ligne de conduite que nous voulons suivre.

Dans ces conditions, des articles signés de leaders connus seraient pour notre journal un élément de succès qu'il ne faudrait pas négliger.

## CONCLUSION

Après cet exposé un peu long, nous nous résumons en cette simple phrase : *Propagande active par tous les moyens pour recueillir des abonnements nombreux.*

Pour cela, laissant de côté les questions de rédaction et d'administration qu'il y aura lieu d'examiner d'une manière plus approfondie quand le journal sera sur le point de paraître, nous proposons au Congrès les résolutions suivantes, relatives toutes à la période de préparation :

1° *Propagande :*
Par les journaux corporatifs,
Par circulaires et brochures,

Dans les réunions quel qu'en soit l'objet,
Par des tournées de conférences spéciales,
Par la création de Comités permanents dans les départements.

*2° Pour aider à la propagande :*
Les cartes de fondateurs,
Les souscriptions volontaires,
Les collectes dans les réunions.

*3° Pour la mise à exécution :*
Les prêts,
Les actions,

*4° Enfin, pour la vitalité du journal :*
Les abonnements :
Impression et bulletins d'abonnements individuels,
Abonnements payables par semaine.
Ces conclusions renferment toutes les propositions présentées à la commission.

Pour la Commission :

*Le Rapporteur,*

E. Guérard.


Le citoyen Fournet déclare vouloir combrattre le journal tant qu'il n'aurait pas dix mille abonnés d'un mois et cinq cent mille francs de capital pour assurer le tirage qui permettrait de lancer le journal.

Etant du métier et après les exemples donnés par *L'Actualité* et *Le Petit Quotidien Illustré* (coût : deux millions), qui n'ont par réussi, il serait désastreux pour la classe ouvrière de subir un semblable échec.

Le citoyen Hamelin donne lecture du rapport de la 15° Commission.

### RAPPORT de la 15° Commission

## BOULANGERIES MUNICIPALES

La question des boulangeries municipales est déjà venue dans la plupart des Congrès ouvriers socialistes et toujours elle a été résolue dans le même sens : l'installation par les communes de Boulangeries leur appartenant.

Cela aurait le double but de fournir du pain à toutes les familles à un prix aussi bas que possible, la commune ne devant prélever qu'une minime majoration pour assurer l'entretien de l'outillage et permettrait également, en cas de calamité publique, d'assurer des subsistances à tous.

Nous savons que des municipalités déjà ont voulu instituer de ces boulangeries et que le pouvoir central s'y est opposé. Pourquoi et de quel droit? De celui du plus fort, car nos gouvernants craignent qu'après cette revendication réalisée, le prolétariat n'en demande d'autres.

Cependant n'y aurait-il pas intérêt pour tous et même pour nos gouvernants à assurer le pain à un prix raisonnable afin que *la faim ne fasse pas sortir le loup du bois* ?

Ne serait-il même pas du devoir d'un gouvernement républicain et par conséquent qui devrait être prévoyant, d'avoir le monopole des blés ? Alors nous n'assisterions pas à ce spectacle écœurant de payer le pain des sommes fabuleuses comme il y a six et huit mois pendant que de nombreux bateaux chargés de blé sillonnaient toutes les mers et nous faisaient assister au supplice de Tantale.

Si nous examinons la question au point de vue financier, voyons, par des renseignements puisés à bonne source, à quel résultat nous pouvons arriver en prenant pour base la moyenne de 100 kilogrammes de blé :

100 kilogrammes de blé valent actuellement 21 fr. 75 ; ils donnent comme produit 82 kilogrammes de farine à 33 francs les 100 kil., soit 23 fr. 76. Il y a lieu d'ajouter à ces 23 fr. 75 le produit des issues de différentes catégories qui se monte à 5 fr. 74, soit un total de 29 fr. 50. Le meunier a donc, pour moudre 100 kilogrammes de blé, la somme de 7 fr. 75.

Un moulin possédant 6 appareils peut moudre 20 quintaux par heure, ce qui fait une somme de 155 francs par heure. Vous pouvez ainsi vous rendre compte des bénéfices réalisés par la meunerie.

L'Etat pourrait facilement diminuer ces prix et réaliser encore de grands bénéfices.

Si nous examinons la panification, nous arrivons aux résultats suivants :

Les 100 kil. de blé donnent 72 kil. de farine ; cette farine panifiée donne 93 kil. 600 de pain à raison de 34 c. le kil. ce qui fait un total de 32 fr. 55. Actuellement la farine coûte 31 cent. le kil., ce qui fait un total de 22 fr. 32 pour les 72 kil. Le boulanger a donc 10 fr. 20 pour la panification de 72 kilos de farine.

Il s'en suit donc que 100 kilos de blés transformés en pain ont rapporté 17 fr. 95 à la meunerie et à la boulangerie.

On voit quelles ressources, la main d'œuvre retranchée, les communes pourraient retirer de leurs boulangeries, même en vendant le pain moins cher.

Il faut donc qu'une propagande active soit entreprise par tous les syndiqués ; que chacun d'eux, selon ses moyens, en parle dans les réunions publiques, dans les campagnes électorales, et impose à ceux qui réclament un mandat de le mettre dans son programme ; en parle à l'atelier, et partout où il a accès, de façon que l'opinion publique s'émeuve et s'en occupe.

Mais, comme nous ne voulons pas être des utopistes et nous en tenir à des conclusions qui ne peuvent aboutir que dans quelques années, nous croyons qu'il y a un autre moyen de faire faire immédiatement un grand pas à cette question .

Les Sociétés coopératives de consommation, après bien des tâtonnements et des recherches, ont compris qu'elles devaient entrer dans cette voie, et presque partout elles ont institué des boulangeries. Qui n'a entendu parler de ces installations modèles des coopératives belges que nous avons eu le plaisir de visiter au Congrès international de 1891 ?

Est-ce que daus le département de la Seine nous n'avons pas également de grandes boulangeries coopératives ? Le Nord, le Midi de la France en possèdent aussi. Partout on en installe, et d'ici quelques années il y en aura dans toutes les contrées. Ne pourrait-on dès maintenant utiliser ces boulangeries pour l'amélioration du sort du travailleur ? La Commission croit qu'avec un peu de bonne volonté on pourrait préparer par ce moyen les services publics.

## RÉSOLUTIONS

Le Congrès se déclare partisan du monopole de l'achat du blé confié à l'Etat ; de l'installation de moulins à farine départementaux et communaux, et de la création de boulangeries municipales en régie par les organisations ouvrières ;

Il forme le vœu que les Sociétés coopératives de consommation possédant des boulangeries prennent la patente, afin de vendre du pain à tous les travailleurs,

Et invite les coopératives à fonder des boulangeries au moyen d'actions personnelles accessibles à tous les travailleurs.

Le Rapporteur, A. Hamblin.

La Commission :

A. Ternet, de la Boulangerie, auteur de la proposition ;<br>
Larsoneur, de la Brosserie de Paris ; Pelletier, du<br>
Syndicat des Tailleurs de Paris ; Hamblin, du Syn-<br>
dicat des Mineurs de Carmaux ; Coquet, de la Meunerie<br>
de Rennes.

Ce rapport est adopté.

Le rapport de la Commission des vœux, dont la teneur suit et dont le citoyen Cauchois donne lecture au Congrès, est adopté.

### RAPPORT de la Commission des Vœux

Camarades,

Votre Commission composée de trois membres a examiné avec soin les vœux que les Camarades ont déposés au Congrès. Tous concluent à l'émancipation du travailleur et le grand nombre de ces vœux est une preuve que le prolétariat souffre de la lenteur qu'apporte les pouvoirs publics à exécuter les réformes que nous demandons tous ; en conséquence nous vous soumettons les vœux soumis à son examen.

1er vœu. — La Fédération nationale des Syndicats et Groupes ouvriers de la Voiture, à la fin d'un important rapport, réclame la ré'orme des lois prud'homales afin d'aboutir :

1o A l'extension de la juridiction prud'homale à tous les salariés, et, comme conséquence : création de prud'hommes commerciaux et agricoles ;

2o A étendre la compétence à 500 francs et aux accidents survenus à l'occasion du travail ;

3o Constitution d'un tribunal d'appel dans chaque conseil pour résoudre les affaires qui dépassent 500 francs et en dernier ressort ;

4o Que le taux de la demande reconventionnelle ne puisse en rien rendre la demande principale susceptible d'appel à titre de palliatif ;

5o Que les mineurs et les femmes soient admis en demandants et en défendants devant les Conseils de Prud'hommes, sans se faire assister ;

6o Que l'électorat soit fixé à 18 ans et l'éligibilité à 25 ans, sans distinction de sexe ;

7o Que les Préfets appellent les Syndicats intéressés, afin d'élire une Commission chargée de dresser et de classer la liste des électeurs, et cela deux mois avant chaque élection générale ;

8o Que la durée du mandat soit réduite à quatre ans, renouvelable par moitié tous les deux ans ;

9o Que l'indemnité accordée aux conseillers prud'hommes, soit fixée par l'Etat et payée par lui ou par la Municipalité de la ville où siège le Conseil. Aubertin.

2e vœu. — Le Syndicat professionnel des Travailleurs sur métaux de Bourges émet le vœu que la liberté syndicale soit laissée aux ouvriers des établissementss militaires et que ces ouvriers soient justiciables des prud'hommes. A. Millard..

3° vœu. — La Fédération nationale des cuirs et peaux émet le vœu qu'il soit constitué une Fédération des transports : chemins de fer, transports maritimes, tramways, etc. Cette puissante organisation fondée permettrait d'aider puissamment à faire aboutir victorieusement la grève générale.

A. CAUDET.

4° vœu. — La Chambre syndicale ouvrière des Pâtissiers de la Seine demande que les bénéfices de l'inspection du travail soient étendus sans exception à toutes les industries se rattachant à l'alimentation et pour lesquelles une exception a été faite. Dans ces industries s'accomplit un travail toujours pénible, toujours très long, souvent dangereux. La Chambre syndicale ouvrière des Pâtissiers de la Seine demande les bénéfices de cette inspection au même titre que celle exercée dans les ateliers, usines et autres industries en vertu de la loi du 2 novembre 1892 sur le travail des femmes et des enfants, en vertu de la loi du 12 juin 1893 sur l'hygiène et la sécurité des travailleurs dans les établissements industriels.

Louis MEYER.

5° vœu. — La Fédération des syndicats ouvriers Lyonnais de la région envoie son adhésion au Congrès de Rennes et, après discussion sur les Congrès de Montluçon et de Rennes, demande au Congrès de Rennes d'agir de tout son pouvoir pour amener l'*unité* d'organisation et de centralisation des syndicats ouvriers.

Dans ce but, la Fédération Lyonnaise propose aux organisations syndicales représentées à Rennes, de se réunir en un Congrès unique à Lyon pour l'année 1899. La Fédération Lyonnaise se charge de l'organisation de ce Congrès si les Congrès de Montluçon et de Rennes adoptent cette proposition.

Pareil vœu a été adressé au Congrès de Montluçon.

BESSET.

6° vœu. — L'Union du Bronze de Paris émet les vœux suivants :

Que tout l'outillage fabriqué dans les écoles professionnelles soit remis aux associations ouvrières lorsqu'elles en feront la demande ;

Que la Ville de Paris fasse un Musée du Travail, où toutes les pièces qui ne pourraient être utilisées par les associations ouvrières seraient versées ; à l'Ecole Boulle, il existe une section du Bronze et une section de l'Ameublement ;

Enfin, que tous les meubles fabriqués dans cette école soient remis gratuitement aux familles nécessiteuses expulsées faute de paiement de leur loyer.

GIBARD, GUÉRIN, de Cholet ; GALANTUS, GOUMET, BRAUN, CAYOL, CHARLET, LAUCHE, MILLARD, LE CORRE, DUGOY, ROBILLARD.

7e vœu. — Considérant qu'il résulte des déclarations faites ici, dans des séances du Congrès, que des camarades avaient un *mandat ferme* sur des questions à l'ordre du jour ; que cette façon de procéder est absolument contraire à la liberté de la discussion ; qu'il importe, par conséquent, dans l'intérêt des travailleurs, de mettre un terme à cette situation : la Bourse du Travail du Havre émet le vœu que les organisations ouvrières n'envoient plus, dorénavant, autant que possible, des délégués avec des mndats fermes, car si cette façon de procéder venait à se généraliser, les Congrès deviendraient absolument inutiles.

Philipre.

8° vœu. — La Chambre syndicale des ouvriers estampeurs et découpeurs sur métaux du département de la Seine émet le vœu que les villes qui organiseront les Congrès, dans l'avenir, envoient en nombre suffisant l'ordre du jour du Congrès, pour que les membres des Organisations ouvrières puissent l'étudier et le discuter en connaissance de cause.

E. Nicoud.

9e . Vœu. — Le Syndicat de la Brosserie émet le vœu que tous les fabricants de brosserie qui feraient exécuter leur travail dans les prisons soient mis dans l'obligation de payer cette main-d'œuvre au prix intégral des tarifs ouvriers.

Larsonneur.

10e Vœu. — Les travailleurs, constatant l'existence qui leur est créée par les salaires de famine que leur donnent les exploiteurs ; constatant, en outre, qu'ils ne peuvent la plupart du temps renouveler leurs forces par la respiration d'un air pur et vivifiant ; de ne pouvoir revoir également leurs familles restées au pays natal ;

Demandent que l'Etat, de concert avec les Compagnies de Chemins de fer, accorde annuellement 20,000 billets gratuits aux organisations syndicales de France, en laissant à cet dernières le soin de distribuer ces billets.

La Confédération générale du Travail est chargée de faire aboutir cette proposition.

F. Capjuzan ; Millard ; Girard; Guérin, de Cholet ;<br>
Charlet ; Braun ; Galantus ; Majot ; P. Le Maitre,<br>
de Rennes ; Guérin, d'Angers ; Fournet ; Michon ;<br>
Hotte ; Nicoud ; Larsonneur ; Rousseaux ; Cayol ;<br>
Sabourin ; Aubertin ; Roche ; Pellier, du Mans ;<br>
Fourage; Lebret ; Verger ; Chinault ; Carmantrant ;<br>
Liouville ; Luce ; Terrier ; Grassaval ; Levavas-<br>
seur ; Collet ; Pouriel ; Jousse ; Charlot ; Fernbach ;<br>
E. Bry, d'Angers ; Lagailse ; Copigneaux ; Amouroux ;<br>
Lacaille ; Coquet ; Derchain ; Hamelin.

11ᵉ Vœu. — Le Syndicat des Ouvriers galochiers de la ville d'Angers émet le vœu que le travail concernant sa corporation soit supprimé dans les prisons.

BOUYER.

12ᵉ Vœu. — Le Syndicat des Ouvriers vanniers d'Angers émet le même vœu.

13ᵉ Vœu. — Le Syndicat général des Garçons de magasin, Cochers-Livreurs de la Seine, émet le vœu que la limitation des heures de travail soit fixée à huit heures avec minimum de salaire.

ROCHE.

14ᵉ Vœu. — Richer, au nom des cinq Organisations du Mans, demande que le Congrès décide l'annulation du prélèvement du 5 0/0 sur le produit des sommes souscrites en faveur de ceux qui luttent contre l'exploitation patronale ;

Considérant que ces sommes doivent rester indemnes de tout prélèvement, vu qu'elles sont destinées à des familles sans pain, notre esprit humanitaire doit nous guider à rechercher ailleurs les ressources pécuniaires nécessaires à la propagande de la grève générale.

15ᵉ vœu. — Richer, au nom des cinq organisations du Mans, émet le vœu que les Unions locales ou départementales de Syndicats adressent, au nom de ces organisations, des demandes de subventions à leur municipalité pour faciliter d'un commun accord l'envoi de délégués aux Congrès ouvriers, et engage les organisations ouvrières d'une même localité à ne pas adresser partiellement des demandes de subventions qui peuvent, par leur nombre, se rendre nuisibles ou créer entre elles un antagonisme nuisible à l'émancipation intégrale des travailleurs groupés en Syndicats.

16ᵉ vœu. — Richer, au nom des organisations du Mans, émet le vœu qu'à l'avenir, les Chambres syndicales, Fédérations, etc., pour éviter toute équivoque entre les organisations ouvrières, n'oublient jamais d'apposer sur leur correspondance le cachet de leurs organisations respectives.

17ᵉ vœu. — La Bourse du Travail de Saint-Etienne émet le vœu que l'ordre du jour des Congrès soit plus restreint et que les résolutions prises soient mises en pratique avant la tenue du Congrès suivant.

LERAY.

18ᵉ vœu. — La Chambre syndicale des Couvreurs d'Angers émet le vœu que les Chambres syndicales interviennent énergiquement auprès des municipalités pour que celles-ci prennent des arrêtés pour assurer le travail et prévenir les accidents par des précautions prises à cet effet.

GUÉRIN.

19ᵉ vœu. — L'Union syndicale des Employés d'hôels et assimilés des deux sexes émet le vœu que les voyageurs de commerce ainsi que la clientèle des hôtels ne donnent de pourboires qu'aux employés d'hôtels syndiqués.

Dugoy.

20ᵒ vœu — Les Mouleurs en cuivre de Paris émettent le vœu que la grève générale soit déclarée le plus tôt possible, pour réaliser l'émancipation des travailleurs par les travailleurs eux-mêmes.

Morel.

21ᵒ vœu. — La Chambre sydicale des Ouvriers confiseurs de Paris émet le vœu que la loi de 1848, concernant le marchandage, soit remise en vigueur.

L. Brisse.

22ᵒ vœu. — La Bourse du Travail de Montpellier émet le vœu que tous les établissements dénommés : bureaux de bienfaisance, d'assistance publique. etc., etc. soient supprimés et que l'existence des travailleurs soit toujours assurée, jusqu'à leurs derniers jours, sans avoir recours à l'avilissement de l'assistance publique.

J. Brousse.

23ᵒ Vœu. — La Bourse du Travail de Montpellier émet le vœu qu'il soit rigoureusement interdit aux maîtres tailleurs, selliers et cordonniers, etc., etc., de faire d'autres travaux que ceux qui sont seuls destinés à l'usage des militaires.

J. Brousse.

24ᵒ Vœu. — La Bourse du Travail de Montpellier émet le vœu que tous les travaux exécutés dans les prisons, couvents, ouvroirs, etc., soient supprimés ou tout au moins, en attendant leur suppression totale, qu'ils soient soumis aux mêmes obligations contributives que ceux de l'industrie privée.

J. Brousse.

25ᵒ Vœu. — La Chambre syndicale ouvrière des restaurateurs-limonadiers de Paris émet le vœu que les pouvoirs législatifs et publics fassent ouvrir, à chaque élection, le scrutin à *six heures du matin* au lieu de *huit heures* pour permettre à un grand nombre de travailleurs de prendre part au vote.

Rousseaux.

26ᵒ Vœu. — La Chambre syndicale des Ouvriers mécaniciens de Marseille émet le vœu que la Gonfédération générale du Travail avise

les organisations ouvrières que lors de la nomination d'un délégué à
des Congrès ce ne soit pas toujours les mêmes qui soient désignés. Les
organisations ouvrières devront être consultées sur ce vœu par la
Confédération générale du Travail et fixer le délai accordé pour qu'un
syndiqué puisse être de nouveau délégué.

CAYOL; LAUCHE; AUBERTIN; ESNAUT; MAJOT;<br>
ROUSSEAUX; L. BRISSE; CAUCHOIS.

27° Vœu. — La Fédération des Cuisiniers, Pâtissiers, Confiseurs de
France et des colonies ; la Boucherie de Paris ; les Employés d'hôtels
et assimilés des deux sexes ; l'Union des Ouvriers mécaniciens de la
Seine ; les Organisations d'Angers émettent le vœu que dans tout
atelier ou usine il y ait une boîte pharmaceutique, pour, en attendant
la venue du médecin, donner les premiers soins en cas d'accident.

L. DUGOY; LAUCHE; BRY.

Votre Commission conclut, Camarades, en vous demandant de vous
mettre tous à l'œuvre pour l'accomplissement de ces vœux, et comptons
plutôt sur nous, par une propagande sans relâche et sans merci.

Tous à l'œuvre, Camarades, et nous sommes assurés que nous arriverons au but que nous poursuivo s.

*Le Rapporteur*,<br>
CAUCHOIS.

*Les Membres de la Commission :*<br>
BRY, MILLARD.

Le délégué du Syndicat des Ouvriers mécaniciens de Marseille demande que l'on donne lecture au Congrès du vœu
qu'il a déposé. Lecture est donnée de ce vœu.

Le citoyen Hamelin demande à donner lecture d'un vœu
qu'il a déposé et qu'il formule comme suit :

Le Congrès, considérant que les peuples sont frères, et que la guerre
est la plus grande calamité de l'humanité, qu'elle ne sert qu'à maintenir les trônes des tyrans ;

Constatant que la paix armée mène tous les peuples à la ruine, par le
surcroît d'impôts créés pour faire face aux énormes dépenses des armées
permanentes ;

Affirme que l'argent dépensé pour des actes dignes des barbares et
pour entretenir des hommes jeunes, forts et vigoureux, pendant plusieurs
années, serait mieux employée à faire de grands travaux pouvant servir
à l'humanité ;

Forme le vœu qu'un désarmement général ait lieu le plus vite possible.

A. HAMELIN.

De nombreux applaudissements éclatent après la lecture du vœu présenté par le citoyen Hamelin.

*Guérard*, du Syndicat des Chemins de Fer, demande que le Congrès adopte la proposition Hamelin non comme vœu, mais comme résolution.

Adopté.

*Maynier*, Syndicat de la Typographie Parisienne, prend la parole au nom de la Commission des retraites. Cette Commission, qui n'a pu se réunir que pendant 15 minutes environ, n'a pas pu établir de rapport ni procéder à une étude approfondie de la question. La Commission propose d'insérer dans le compte-rendu du Congrès toutes les propositions présentées par les Organisations ainsi que les deux projets établis par les citoyens Capjuzan et Lagailse. Et si le Gouvernement veut donner des retraites ouvrières, il n'aura qu'à puiser dans ces deux rapports.

*Hamelin*, Verrerie ouvrière. — Le Congrès a décidé, dans sa séance du matin, d'envoyer une nouvelle dépêche d'encouragement aux terrassiers en grève. Hamelin aurait pu présenter cette motion qui est due à l'initiative du citoyen Cauchois, d'Issy-les-Moulinaux, mais il déclare être resté étranger à la rédaction de cette proposition. Etant le correspondant du journal *La Petite République*, Hamelin fait parvenir à ce journal toutes les décisions du Congrès en les faisant suivre d'appréciations personnelles. Quelques camarades du Congrès ont lu le compte-rendu qu'il a fait de la séance du matin et les appréciations qu'il a formulées sur le vote de la dépêche aux terrassiers en grève. Ces camarades se préparant à formuler une protestation contre ces appréciations, Hamelin tient à faire remarquer qu'il n'use, en la circonstance, que de l'usage qu'ont les journalistes d'apprécier les faits et d'en tirer telles conclusions qui leur conviennent, cela n'engage en rien le Congrès corporatif et Hamelin revendique l'entière responsabilité de ce qu'il écrit.

Le citoyen Maynier donne lecture de la déclaration suivante :

Les Travailleurs du Livre présents au Congrès déclarent ne pas s'associer à tout vote ayant une couleur politicienne.

Ayant reçu un mandat purement corporatif, ils déclarent conserver leur liberté entière et celle de leur Syndicat au sujet d'une personnalité qui ne mérite aucun reproche pour ses rapports quotidiens avec les Travailleurs du Livre.

T. Maynier, Dangin, Batbielle, Trabaud, Philippe, J. Gannat

Au nom de l'Union syndicale des Travailleurs de Brest, je m'associe à la déclaration du Livre.

Constant.

*Guérard*, Syndicat des Chemins de fer, pour dissiper toute équivoque, propose que l'on donne de nouveau lecture de la dépêche qui a été adoptée à la précédente séance, puis de procéder à un nouveau vote. Le Congrès peut sans inconvénient procéder à un deuxième vote sur cette question.

Après lecture du texte proposé à la séance du matin par le citoyen Cauchois, le Congrès confirme son premier vote.

Les questions à l'ordre du jour étant épuisées et personne ne demandant la parole, le Président, avant de prononcer la clôture du X⁰ Congrès national corporatif, remercie les congressistes d'être venus si assidument aux séances et d'avoir élucidé avec persévérance les questions concernant le prolétariat. Il prononce ensuite la clôture du Congrès en criant : Vive la Révolution sociale !

Le camarade *Cayol*, des Ouvriers mécaniciens de Marseille, proteste contre l'omission que vient de faire le Président. Avant de prononcer la clôture du Congrès, il était nécessaire d'adresser, au nom de tous les délégués, des remerciements à la Commission d'organisation du Congrès pour le dévouement dont elle a fait preuve pendant la durée du Congrès et pour la réception vraiment fraternelle qu'elle a préparée à tous.

D'unanimes applaudissements ratifient les paroles du délégué de Marseille, et les congressistes se séparent au cri de : « Vive l'Union des Travailleurs ! »

# PROPOSITIONS

## relatives à la Prud'homie et remises à la Commission

1. — Le Syndicat des ouvriers en instruments de précision demande la création de Conseils de Prud'hommes dans les villes où il n'en existe pas et propose qu'il soit fait, en 1899, une conférence de prud'homie au lieu d'un Congrès national de prud'homie.

AUVRAY.

2. — Que les questions relatives à la prud'homie soient réunies pour être portées devant le Congrès de la prud'homie. Mais pour ne pas perdre le fruit des travaux apportés au Congrès de Rennes par les Organisations qni comptaient les soumettre, les rapports seront insérés dans le compte-rendu du Congrès.

C. BEAUSOLEIL.

3. — Le Conseil local d'Angers, considérant qu'il est utile pour la classe des travailleurs de faire en 1899 un Congrès de la prud'homie, appuie fermement les conclusions apportées à la loi sur les Conseils de prud'hommes par le Congrès de Lyon.

GUÉRIN.

4. — Les Chambres syndicales des ouvriers confiseurs, biscuitiers et chocolatiers de Paris émettent le vœu que la prud'homie soit étendue à tous les ouvriers ou employés du commerce et de l'industrie, et demandent la suppression de la prépondérance du Tribunal de Commerce sur le Tribunal de Prud'hommes, et que la Cour d'Appel soit remplacée par un Tribunal d'arbitrage.

L. BRISSE.

5. — La Fédération des cuirs et peaux émet le vœu qu'il soit inséré l'article suivant dans le programme des Conseillers prud'hommes ouvriers :

Une réunion générale des Conseillers prud'hommes ouvriers (des quatre Conseils pour Paris) aura lieu tous les deux mois. Dans ces réunions, ils auront à examiner l'unification de la procédure de la jurisprudence, des usages généraux de chaque corporation, etc

A. CARDET.

6 — L'association syndicale des garçons restaurateurs, limonadiers et assimilés de la Seine adopte le Congrès de la prud'homie pour 1899 et demande que toutes les questions préparées pour le congrès de Rennes y soient renvoyées.

CARMANTRANT.

7. — Considérant que les articles 7, 8 et 9 de l'ordre du jour se rapportant tous à la prud'homie, il est incontestable que l'on doit étendre ce principe : 1° en juridiction ; 2° l'application de cette juridiction à tous les salariés ; le Congrès nomme immédiatement une commission chargée de faire connaître au Congrès les moyens d'arriver à ce but et donne mandat à la Confédération générale du travail d'organiser, en 1899, un Congrès de la prud'homie et de faire aboutir les résolutions prises à ce Congrès.

Cette question, ayant été traitée dans tous les Congrès avec avis favorables de ceux-ci, demande l'urgence sur cette proposition pour éviter une perte de temps au Congrès, par la discussion de propositions reconnues indispensables par tous les Congrès, en matière de justice entre le Capital et le Travail, et invite les citoyens qui ont des rapports sur cette question à les déposer à la commission qui établira le rapport.

COPIGNEAUX ; J. FOURAGE ; ALLIBERT ; LAUCHE ; CH. FOURNET ; ROCHE ; TERRIER ; L. MEYER ; DAUGIN ; COROMPT ; CAYOL ; AUBERTIN ; MICHON ; DUGOY ; ROUSSEAU ; ROBILLARD ; DERCHAIN ; L. BRISSE.

8. — La Fédération centrale des Chauffeurs-Conducteurs-Mécaniciens de France demande que le Congrès de Rennes veuille bien insérer à l'ordre du jour du Congrès de la prud'homie : 1º Etude d'un conseiller prud'homme dans le cadre du conseil des prud'hommes ; 2º Etude d'un conseiller prud'homme ouvrier représentant la profession des chauffeurs-conducteurs-mécaniciens du département de la Seine.

Corompt.

9. — La Chambre syndicale des Cuisiniers de Paris, la Fédération des Cuisiniers-Pâtissiers de France et des Colonies, la Boucherie de Paris, l'Union syndicale des Employés d'hôtels des deux sexes, la Chambre syndicale des Pâtissiers de la Seine émettent le vœu que la juridiction des prud'hommes soit étendue à tous les salariés sur tout le territoire de la République et des colonies, et le bénéfice pour les justiciables de l'application de la loi du 27 décembre 1893 sur les contrats de louage.

Ce vœu a été adopté dans tous nos Congrès culinaires.

L. Dugoy ; L. Meyer.

10. — La Bourse du Travail de Bordeaux demande l'extension de la juridiction des prud'hommes, sans limitation, à tous les salariés ; la présidence alternative ; création d'une Chambre d'appel ; élection des conseillers par le scrutin de liste conforme, quant aux conditions d'âge et de durée de résidence, à la loi en vigueur pour les élections municipales ; modifications de la loi sur l'arbitrage et application de la loi sur les accidents du travail par les conseillers prud'hommes.

Eug. Grassaval.

11. — La Fédération du Cher et les Syndicats des Tisserands, Charpentiers, Menuisiers et Cordonniers de Cholet, considérant que la question de la prud'hommie est une de celles qui attirent le plus particulièrement l'attention des Syndicats et groupes corporatifs, considérant en outre que

plusieurs projets distincts et visant le même but ont depuis bien des années été élaborés.

Estiment que les Congrès acceptent une fois pour toutes un projet unique et complet.

Pour ces motifs : les Syndicats sus-mentionnés émettent le vœu suivant :

Que le Congrès corporatif de Rennes étudie et adopte un projet unique s'il lui en est soumis un, ou à défaut de celui-ci, qu'il remette cette proposition à l'ordre du jour du prochain Congrès corporatif, et qu'il charge son Conseil confédéral d'élaborer un projet prud'homal s'étendant à tous les salariés, pour que le prochain Congrès puisse statuer et adopter, à seule fin de n'avoir qu'un seul et unique projet et de n'avoir plus à revenir sur celui-ci, que pour engager les Syndicats à le maintenir et l'appuyer par tous les moyens dont ils disposent, jusqu'à complète satisfaction.

*Les Délégués :*

GUÉRIN, de Cholet ; MILLIARD, des Syndicats du Cher.

CITOYENS,

12. — Considérant que la prud'homie intéresse au plus haut point les Organisations ouvrières, nous proposons que le Congrès National n'ait pas lieu en 1899 et que les Organisations ouvrières s'emploient activement à étudier cette question en un Congrès National de la prud'homie organisé soit par la Confédération, soit par les Comités de vigilance de conseillers prud'hommes.

Ch. HOTTE.

13. — La Fédération de Meurthe-et-Moselle propose qu'un Congrès de la Prud'homie ait lieu en 1899 à Paris.

E. LACAILLE.

14. — La Chambre syndicale des Ouvriers serruriers de la Seine propose que le Congrès de la prud'homie se tienne

à Paris en 1899, et que l'organisation en soit confiée au Comité central électoral du Comité de vigilance des conseillers prud'hommes.

Lebret.

· 15. — Le Syndicat des Estampeurs et Découpeurs sur métaux demande que les experts près le Couseil des prud'hommes qui, quoique intelligents, ne peuvent connaître toutes les corporations, soient pris dans les Chambres syndicales parmi les membres les plus compétents au point de vue des connaissances techniques.

E. Nicoud,

16. — Le Syndicat général des Garçons de magasin et Cochers-Livreurs de la Seine demande qu'un Congrès soit tenu pour discuter surtout l'unification de la procédure et obtenir la réforme et l'extension de la prud'homie à tous les salariés.

Roche.

------

### Premier Rapport sur la Prud'homie

Citoyens,

Depuis nombre d'années, les Congrès corporatifs et socialistes, les Bourses du Travail, ainsi que les citoyens réunis pendant les périodes électorales, réclament l'extension de la juridiction prud'homale pour tous les salariés, des pétitions ont été faites et envoyées aux pouvoirs constitués, cela n'a pas abouti. Cependant, dans l'avant-dernière législature, la Chambre des députés votait une loi. Si l'article premier de ladite loi ne nous satisfaisait pas entièrement, il n'en constituait pas moins une amélioration sensible, en accordant le bénéfice de la juridiction prud'homale aux employés de commerce ou d'industrie, ainsi qu'aux travailleurs agricoles ; mais une autre Chambre était là.

Le Sénat, loin d'étendre l'institution, la restreignait en enlevant ce qu'il y avait de démocratique et de libéral, en en faisant une loi franchement réactionnaire.

Depuis cinq ans, les choses en sont restées là. Chaque année, les Chambres syndicales ouvrières s'occupent à nouveau de la question, des tentatives nouvelles sont faites, aucunes n'aboutissent, la loi est laissée en litige dans les cartons du Sénat et de la Chambre des députés, or, continuer à produire des réclamations de la même manière, c'est, à notre avis, s'exposer aux mêmes résultats, il est de notre avis qu'il faut changer de tactique. A cet effet, nous vous présentons un autre moyen, qui consiste à organiser en 1899 un Congrès national spécial pour l'extension et les réformes de la prud'homie.

Dans ce Congrès, on pourra examiner à fond la question, faire une critique détaillée des vices de l'institution et exposer par des rapports concluants le bien fondé d'étendre la prud'homie à tous les salariés.

Une fois ce travail terminé, imprimé, les Syndicats, dans chacun de leur département respectif, sur l'initiative d'une commission de propagande, auront à mettre en demeure leurs représentants de se prononcer individuellement, puis de se prononcer définitivement devant les pouvoirs publics.

Il est à remarquer que l'extension et les réformes de la prud'homie sont réclamées par l'ensemble des travailleurs organisés et même par des Syndicats de patrons.

La plupart des législateurs ne sont pas éclairés sur la question, il faut qu'ils le soient.

Le Congrès, après discussion, centralisera tous les desiderata des travailleurs, examinera de très près les réformes à apporter à la procédure et les leur soumettra. Alors les représentants pourront se prononcer en connaissance de cause.

Les Chambres syndicales, les Comités de vigilance se sont déjà préoccupés en différentes circonstances de cette question, une commission de douze membres a été nommée à cet effet ; dernièrement encore l'Union des Syndicats du département de la Seine désignait une Commission composée mi-partie par des délégués de Syndicats et mi-partie de Conseillers Prud'hommes, laquelle travaille à l'élaboration d'un projet.

Citoyens, de tous ces vœux, de toutes ces commissions, nous estimons qu'un Congrès National spécial centralisant tous ces travaux, codifiant, pour ainsi dire, les résolutions prises au sein de ce Congrès, elles auront beaucoup plus de poids, plus d'autorité envers nos représentants que les réclamations formulées par quelques organisations ouvrières, malgré leurs légitimes revendications.

Pour satisfaire l'opinion publique, les pouvoirs publics seraient bien obligés, à notre point de vue, de s'en occuper.

A notre avis, le résultat n'est pas douteux, mais à condition qu'une agitation incessante précède et fasse suite aux décisions prises par le Congrès.

Pour toutes ces raisons, nous vous proposons :

1° Le Congrès national corporatif de 1899 se tiendra à Paris ;

2° Il sera organisé par la Confédération générale du Travail, en y adjoignant une délégation de trois membres pour chacune des sections de prud'homie organisées dans le département de la Seine, savoir :

*a)* Trois délégués désignés par les Syndicats appartenant à la section des métaux ;

*b)* Trois délégués désignés par les Syndicats appartenant à la section des Produits chimiques ;

*c)* Trois délégués désignés par les Syndicats appartenant à la section du Bâtiment ;

*d)* Trois délégués désignés par les Syndicats appartenant à la section des Tissus ;

*e)* Un délégué pour chacune des Fédérations de métiers.

### Ordre du jour du Congrès national corporatif :

Extension de la juridiction prud'homale à tous les employeurs et salariés, à quelque titre que ce soit, y compris ceux des Communes, des Départements ou de l'Etat ;

Réformes à apporter à l'institution.

CARMANTRANT,
*Délégué de la Chambre syndicale de la Tabletterie en peignes, éventails et des parties s'y rattachant.*

---

### Deuxième Rapport sur la Prud'homie

On ne s'occupe pas assez de la question des prud'hommes dans les milieux ouvriers. On devrait cependant mieux l'étudier, la mieux connaître, car elle en vaut la peine. Les patrons l'ont très bien compris, et rien n'est négligé par eux pour se tenir constamment au courant de tout ce qui concerne la prud'homie.

Il est surtout regrettable de constater que, faute d'être suffisamment éclairés sur la matière, la plupart des travailleurs hésitent à faire appel à cette justice, par ignorance ou crainte de frais excessifs pour la revendication de leur droit.

Quoique fort éloignée de la perfection ou seulement du concept de militants sincères et compétents en matière de justice arbitrale, la juridiction des prud'hommes peut néanmoins rendre d'utiles services aux spoliés, aux victimes de la mauvaise foi ou des tentatives d'intimidation pratiquées par certains employeurs, auxquels tous les moyens sont bons pour chicaner, rogner, avilir et même s'approprier le salaire des producteurs.

Malheureusement, les Organisations ouvrières ne se préoccupent pas suffisamment de la question au point de vue des intérêts matériels des justiciables et penchent plutôt à porter leur attention du côté des élec teurs pour obtenir leurs suffrages en faveur de leurs candidats respectifs·

Les électeurs, leurrés par des promesses inconsidérées. croient à l'application de programmes les dispensant entièrement de s'occuper de leurs affaires. Imbus d'idées fausses propagées par des professionnels de l'exploitation du bulletin de vote, les justiciables tiennent en suspicion tout ce qui ne concorde pas avec les sophismes que leur ont débités les rhéteurs de l'accaparement des sièges électifs.

Au résultat d'une fausse éducation répandue par des décrocheurs de timbale, il est temps de remédier si l'on veut que les conseils de prud'hommes ne deviennent un traquenard pour les travailleurs. D'autant plus que rien ne fait mieux le jeu de l'élément patronal, dont la tactique évidente est de dégoûter l'ouvrier de recourir à cette juridiction.

L'occasion se présente, cette année, au Congrès de Rennes, auquel est soumise l'idée d'un Congrès national ouvrier de la prud'homie. Il est nécessaire que la tenue de ce Congrès en 1°99 soit décidée par le Congrès corporatif de 1898, et son organisation confiée, non à un comité ou fédération quelconque, mais bien à l'organisation syndicale tout entière, dont les organes autorisés et tout désignés sont la Confédération générale et la Fédération des Bourses du travail.

La juridictiou des prud'hommes, régie par un fatras de lois et décrets sans consistance ni clarté qui se sont succédé depuis 1806, réclame depuis longtemps déjà une loi nouvelle refondant toute la légis'ation spéciale. Depuis que cette loi est sur le chantier, les patrons n'ont pas manqué d'y faire introduire nombre de modifications aussi importantes que réactionnaires. L'une d'elles, entre autres, par laquelle le Sénat confie la présidence au juge de paix — ce qui permet de résumer ainsi le projet de loi : « Article premier : La juridiction des prud'hommes es supprimée. Article 2 : Les juges de paix sont chargés de l'exécution de la présente loi. »

Quoique la Chambre n'ait pas retenu cette disposition, elle n'en reste pas moins dangereuse. On sait quelles étranges concessions le Sénat sait obtenir de la Chambre lorsqu'une loi est sur le point d'aboutir.

Dans le dernier projet de la Chambre, sur lequel nous reviendrons ultérieurement, beaucoup de points sont à critiquer, et le peu qui en soit à peu près équitable est déjà battu en brèche par les Chambres syndicales patronales.

Les Chambres syndicales ouvrières voudront certainement, elles aussi, défendre en cette occurrence les intérêts des corporations qu'elles représentent. Mais chacune d'elles serait impuissante à discuter ou agir isolément. Le caractère particulier de la question des prud'hommes, sa complexité, l'attention spéciale que réclame l'étude des matières qu'elle renferme, tout exige qu'elle soit traitée à part, si on ne veut la noyer parmi les nombreux éléments qui composent l'ordre du jour des congrès corporatifs annuels.

De là, nécessité d'un Congrès spécial, duquel sortira la seule réponse qui convienne aux critiques dont l'institution même des prud'hommes a été si souvent l'objet, soit de la part des patrons qui ont intérêt à la déconsidérer, soit du fait de ceux qui trouvent plus commode de récriminer contre un état de choses que de remédier à ses défectuosités.

Riom, du Bâtiment.

### Troisième Rapport sur la Prud'homie

« L'extension de la juridiction des Prudhommes à tous les salariés nous paraît tellement naturelle que nous nous étonnons fort que toutes les tentatives faites dans ce sens, et depuis si longtemps, aient laissé nos législateurs absolument froids.

« Pourtant, ne serait-il pas équitable que celui qui a un différend avec son patron, à propos de salaire, pût s'adresser à un tribunal de Prud'hommes pour le faire trancher ?

« Est-il loyal, par exemple, qu'un employé de commerce ne puisse faire valoir ses droits que devant un Tribunal de commerce, lequel n'est composé que de négociants, commerçants, industriels, par consé· quent de patrons ?

« Le caractère même de l'employé, qui n'est pas considéré comme ouvrier manuel, s'oppose, dit-on, à cela, les Prud'hommes n'ayant été créés qu'afin de concilier industriels et ouvriers et les qualités essentielles de ces Tribunaux consistant surtout en expertises de travaux.

« Mais, pourquoi, alors, le Tribunal de Commerce et non toute autre juridiction, moins susceptible d'être soupçonnée de partialité ?

« Et si l'on veut absolument s'en tenir à ce Tribunal, pourquoi ne nommerait-on pas des employés juges consulaires, appelés seulement à siéger lorsque des litiges s'élèveraient entre commerçants et employés ?

« Nous estimons, nous, que tout salarié, quel qu'il soit, — lorsqu'une question de salaire est en jeu — devrait avoir le droit de recourir au jugement de ses pairs : le Tribunal des Prud'hommes. C'est juste à nos yeux.

« Un des points les plus importants, c'est celui qui a rapport à la capacité de ces Tribunaux.

« Lors de la création des Conseils de Prud'hommes, en 1806, ceux-ci avaient droit de juger sans appel jusqu'à concurrence de la somme de 60 francs; plus tard, en 1310, cette somme fut portée à 100 francs. La loi de juin 1858 éleva cette capacité à la somme de 200 francs.

« Depuis cette époque — 45 ans — cette somme est demeurée stationnaire, quoique les conditions du travail aient subi des transformations très grandes et que le prix de la main-d'œuvre ait augmenté du double, au moins. D'autre part, la somme de travail que peut produire un

ouvrier de nos jours, par suite des progrès constants du machinisme, est
de beaucoup supérieure à celle qu'il aurait pu produire, dans le même
laps de temps, en 1853.

« Donc, la somme de 200 francs, qui était peut-être suffisante à cette
date, ne l'est plus aujourd'hui. Et afin de rester au moins l'égale de ses
devancières, il faudrait que cette somme fût triplée, c'est-à-dire que la
capacité des Prud'hommes puisse atteindre un jugement de 500 francs,
sans appel.

« Nous demandons aussi que les appels des jugements des Prud'hommes ne soient plus portés devant le Tribunal de Commerce, mais devant
le Tribunal civil.

« Je me permets de vous citer un exemple pour vous en faire connaître
les raisons :

« Je suis ouvrier, travaillant chez un patron qui ne peut me payer
que par acomptes. Le manque de travail ailleurs, m'oblige à accepter
ces conditions. Au bout d'un certain temps, fatigué de ce mode de
paiement et ayant la facilité de me procurer du travail autre part, je le
préviens que je quitte son atelier et le prie de me régler. Il s'y refuse,
prétextant que mon départ lui porte un très grand préjudice. La somme
qui m'est due est de 200 francs. Je l'assigne aux Prud'hommes — tribunal composé mi-patrons mi-ouvriers — afin de rentrer dans mes fonds.
Le Tribunal, comprenant le bien-fondé de ma demande, me donne gain
de cause et le condamne à payer. Le jugement étant sans appel, il
proteste, mais il s'exécute.

« Je travaille chez un autre patron, malheureusement dans des
conditions identiques. Après lui avoir fait un crédit de 205 francs de
travail, je me décide à agir de la même façon que j'ai agi avec le
premier. Le Tribunal prud'homal, faisant droit à ma requête,
condamne le patron au paiement de ce qui m'est dû.

« Mais, cette fois, la somme étant supérieure à 200 francs, le patron,
ayant la loi avec lui, fait appel de ce jugement.

« Cet appel m'amène, non plus devant un tribunal mi-patrons et
mi-ouvriers, mais devant un tribunal composé *exclusivement* de négociants, commerçants, industriels — le Tribunal de Commerce.

« Tandis que mon patron, par ses relations commerciales avec ses
juges, se trouve, en quelque sorte, chez lui, en famille, je me trouve,
moi, complètement hors de chez moi.

« Est-ce logique ? Et encore, s'il n'y avait qu'une question de logique,
le mal serait bénin.

« Certes, je ne veux point insinuer que les juges consulaires aient
des tendances à favoriser les patrons au détriment des ouvriers; loin
de moi la pensée de croire qu'ils seraient capables de partialité à
l'égard d'un des leurs. Mais, néanmoins, j'ai parfaitement le droit de
m'inquiéter du sort défavorable qui m'est fait, et je pourrais supposer,

sans être bien méchant, que ces Messieurs, ne se dépouillant pas toujours totalement de leur qualité de patrons, pourraient avoir la faiblesse
de rendre des services plutôt que des arrêts. La faiblesse est chose
humaine.

« Un autre point, parmi les mille, qui nous paraît digne d'attirer
l'attention de nos législateurs est celui-ci :

‹ Est-ce que le propriétaire qui fait bâtir sur ses terres, en occupant
des ouvriers et leur fournissant les matériaux nécessaires, ne prend
pas les lieu et place de l'entrepreneur? N'a-t-il pas les mêmes avantages
et ne devrait-il pas avoir les mêmes inconvénients ?

« Oui, ce me semble. Eh bien, il paraît que non !

« Non seulement, il ne paie pas de patente, d'abord, et n'est pas
soumis à la visite des inspecteurs du travail, mais encore lorsqu'un
différend surgit entre lui et ses ouvriers, il n'est pas soumis à la
juridiction des Conseils de prud'hommes.

« Pourquoi cette anomalie ? Ne remplit-il pas les mêmes fonctions
que l'entrepreneur ?

« Encore un point qui est digne d'être discuté est le suivant :

« En cas d'accident, un ouvrier demandant une indemnité, ne peut
s'adresser aux prud'hommes, la loi ne le permettant pas. Mais, s'il
réclame les demi-journées de chômage résultant de cet accident, la
compétence est déclarée.

« Il n'y a qu'une question de forme. Est-ce qu'il ne serait pas plus
raisonnable de faire cesser ces questions de forme et d'accorder la
compétence aux prud'hommes, dans les cas prévus par la loi d'avril de
cette année ?

« Nous concluons et nous demandons :

« 1° Que la juridiction prud'homale s'étende à tous les salariés des
deux sexes ;

« 2° Que les jugements sans appel soient portés à la somme de
600 fr. au moins ;

« 3° Que l'appel de ces jugements ait lieu devant le tribunal civil, lequel traiterait l'affaire juridiquement, sans envisager la question de
patronat, et non devant le Tribunal de Commerce ;

« 4° Que si une objection est faite concernant les employés de commerce, ceux-ci aient le droit de nommer des juges consulaires et employés
spécialement commis à siéger lorsqu'il s'agirait de questions de
salaires ;

« 5° Qu'en matière d'accidents, concernant les indemnités, la juridiction des prud'hommes soit compéténte ;

« 6° Que sa compétence s'étende aussi aux différends entre proprié
taires momentanément devenus entrepreneurs et ouvriers du
bâtiment. »

Trabaud.

# ERRATUM

—

*Page 160.— 3ᵉ alinéa :*

*Le Bras*, CHAMBRE SYNDICALE DES OUVRIERS MENUISIERS ET ÉBÉNISTES DE RENNES, demande que toutes les adjudications au dessus de 50,000 fr. soient divisées en lots de 20.000 fr., parce que le cautionnement n'est pas exigible des Associations ouvrières de production lorsque le chiffre des adjudications est inférieur à 50,000 fr, et pour éviter que les grands travaux soient exécutés en dehors de la localité. En effet, lorsque les adjudications, dans la menuiserie spécialement, s'élèvent à 70 et 80,000 fr., ce sont les entrepreneurs étrangers à la localité qui viennent exécuter les travaux, au détriment des ouvriers de la ville qui a ouvert l'adjudication. Avec les adjudications de 20,000 fr., ces entrepreneurs ne peuvent plus soumissionner, les frais de transport étant trop considérables pour les récupérer de leurs travaux.

———

RENNES. — IMP. DES ARTS ET MANUFACTURES, 3, PLACE DE LA HALLE-AUX-BLÉS
*Travail exécuté par des Syndiqués*